D1718952

Finanzdienstleister
der nächsten Generation

Oliver Everling Robert Lempka (Hg.)

Finanzdienstleister der nächsten Generation

Die neue digitale Macht der Kunden

Bibliografische Information der Deutschen Nationalbibliothek

Die Deutsche Nationalbibliothek verzeichnet diese Publikation in der Deutschen Nationalbibliografie; detaillierte bibliografische Daten sind im Internet über http://dnb.d-nb.de abrufbar.

Besuchen Sie uns im Internet: http://www.frankfurt-school-verlag.de

Printed in Germany

ISBN 978-3-940913-62-3

1. Auflage 2013 © Frankfurt School Verlag GmbH, Sonnemannstraße 9-11, 60314 Frankfurt am Main

Inhaltsverzeichnis

Finanzwelt im Umbruch

Digitale Revolution in Vertrieb und Kommunikation

Kunden an die Macht: neue Geschäftsmodelle

Band 68

B ä h r, Jürgen (Hrsg.): Wohnen in lateinamerikanischen Städten - Housing in Latin American cities. 1988. IX, 299 Seiten, 64 Tab., 71 Abb. und 21 Fotos.
ISBN 3-923887-10-8.   44.00 DM

Band 69

B a u d i s s i n - Z i n z e n d o r f, Ute Gräfin von: Freizeitverkehr an der Lübecker Bucht. Eine gruppen- und regionsspezifische Analyse der Nachfrageseite. 1988. XII, 350 Seiten, 50 Tab., 40 Abb. und 4 Abb. im Anhang.
ISBN 3-923887-11-6.   32.00 DM

Band 70

H ä r t l i n g, Andrea: Regionalpolitische Maßnahmen in Schweden. Analyse und Bewertung ihrer Auswirkungen auf die strukturschwachen peripheren Landesteile. 1988. IV, 341 Seiten, 50 Tab., 8 Abb. und 16 Karten.
ISBN 3-923887-12-4.   30.60 DM

Band 71

P e z, Peter: Sonderkulturen im Umland von Hamburg. Eine standortanalytische Untersuchung. 1989. XII, 190 Seiten, 27 Tab. und 35 Abb.
ISBN 3-923887-13-2.   22.20 DM

Band 72

K r u s e, Elfriede: Die Holzveredelungsindustrie in Finnland. Struktur- und Standortmerkmale von 1850 bis zur Gegenwart. 1989. X, 123 Seiten, 30 Tab., 26 Abb. und 9 Karten.
ISBN 3-923887-14-0.   24.60 DM

Band 73

B ä h r, Jürgen, Christoph C o r v e s & Wolfram N o o d t (Hrsg.): Die Bedrohung tropischer Wälder: Ursachen, Auswirkungen, Schutzkonzepte. 1989. IV, 149 Seiten, 9 Tab., 27 Abb.
ISBN 3-923887-15-9.   25.90 DM

Band 74

B r u h n, Norbert: Substratgenese - Rumpfflächendynamik. Bodenbildung und Tiefenverwitterung in saprolitisch zersetzten granitischen Gneisen aus Südindien. 1990. IV, 191 Seiten, 35 Tab., 31 Abb. und 28 Fotos.
ISBN 3-923887-16-7.   22.70 DM

Band 75

P r i e b s, Axel: Dorfbezogene Politik und Planung in Dänemark unter sich wandelnden gesellschaftlichen Rahmenbedingungen. 1990. IX, 239 Seiten, 5 Tab., 28 Abb.
ISBN 3-923887-17-5.   33.90 DM

Band 76

S t e w i g, Reinhard: Über das Verhältnis der Geographie zur Wirklichkeit und zu den Nachbarwissenschaften. Eine Einführung. 1990. IX, 131 Seiten, 15 Abb.
ISBN 3-923887-18-3   25.00 DM

Band 77

G a n s, Paul: Die Innenstädte von Buenos Aires und Montevideo. Dynamik der Nutzungsstruktur, Wohnbedingungen und informeller Sektor. 1990. XVIII, 252 Seiten, 64 Tab., 36 Abb. und 30 Karten in separatem Kartenband.
ISBN 3-923887-19-1.   88.00 DM

Geleitwort

Politiker stehen nicht in dem Ruf, verlässliche Prognosen abzugeben. Die Politik seit Ausbruch der Finanzkrise, die in der von den USA ausgehenden Subprime-Krise wurzelte, über Bankenrettungen bis zu Rettungsschirmen für ganze Staaten reichte, lässt aber eine sichere Prognose zu: Finanzdienstleister der Zukunft werden sich veränderten Rahmenbedingungen gegenübersehen, an sowohl (aufsichts-)rechtlich als auch wirtschaftlich veränderten Eckpunkten ihre Strategien ausrichten müssen.

Die Finanzkrise machte sowohl Versäumnisse der Bankenaufsicht offenkundig als auch das obsolete Geschäftsmodell von Staatsbanken deutlich. Die internationale Koordination der Aufsicht über Finanzdienstleister stand ebenso in der Kritik wie das wenig ursachenbezogene (Re-)Agieren der Politik. Für diese Kritik bedarf es nicht erst des Blickes über die Grenzen in den Süden Europas, sondern auch in Deutschland werden Ursachen und Wirkungen verdreht, wenn in immer mehr staatlichen Eingriffen in den Finanzsektor, in einem immer enger geschnürten Korsett oder gar in der Verstaatlichung von Banken Heilmittel gesucht werden.

Die Finanzkrise schwappte von den USA ungebremst nach Europa hinüber. Die Finanzdienstleistungsaufsicht erwies sich als hilflos, ihrer Aufgabe nachzukommen, die Stabilität des Finanzwesens zu garantieren. Eine Vielzahl von Gesetzeswerken wurde daher auf den Weg gebracht, um den historisch einmaligen Herausforderungen aus dem Finanzsektor zu begegnen.

Die aus den politischen Wertungen folgenden Regulierungen für Finanzdienstleister treffen diese in einer Situation, in der sie ohnehin schon vor bisher ungekannte Herausforderungen gestellt werden. Die neuen Informations- und Kommunikationstechnologien hinterlassen im Bankwesen heute deutlichere Spuren als je zuvor.

Das Bank- und Versicherungswesen hat in Deutschland zwar schon mindestens ein halbes Jahrhundert der Rationalisierung und Konsolidierung hinter sich, wenn man dies z.B. an der großen Anzahl der noch viele Tausend zählenden Institute bis in die 1970er Jahre misst. Die von den Möglichkeiten des Computers getriebenen bankinternen Rationalisierungsprojekte zielten zumeist auf Effizienzsteigerung, Kostensenkung und Serviceverbesserung durch schnellere Abwicklung, weniger jedoch auf die Schnittstelle zum Kunden. Diese war (und ist) zu einem großen Teil noch vom persönlichen Kontakt sowie von Papier und Kugelschreiber geprägt.

Insbesondere Banken befinden sich heute inmitten einer digitalen Revolution, da nun auch die Verbindung zum Kunden zu einer rein digitalen zu werden droht. Wenn fast jeder Teenager oder Twen ein Smartphone mit sich trägt, könnte sich die Wahrnehmung von Finanzdienstleistungen auf Apps reduzieren – mit vorhersehbaren Folgen für die Kunde-Bank-Beziehung.

Inzwischen ist eine neue Generation von Bankkunden herangewachsen, für die Internet und Social Media Selbstverständlichkeiten sind. Einst mächtige Bankhäuser werden ins Wanken gebracht, da sie gleich mehrfach unter Druck gesetzt werden: Interner Rationalisierungszwang, externer Druck durch Regulierung, zugleich Wegbrechen alter Ertragsfelder und Erosion von Marktpositionen zugunsten neuer Wettbewerber sind nur einige Schlagworte aus einer Fülle von Aspekten, mit denen sich die Konkurrenzsituation neu darstellt.

Die derzeitige Geldschwemme zur Bewältigung der Krise führt zu einer Niedrigzinsphase, die jüngst auch noch den Ruf nach Re-Regulierung der Sollzinsen von Banken ertönen lässt, um Banken zu zwingen, niedrige Zinsen auch an ihre Kunden weiterzugeben. Dies würde einen Rückfall in längst überwundene Zeiten bedeuten.

Gut gemeinte Eingriffe in die Preisbildung des Marktes können kaum auf Dauer zur volkswirtschaftlich sinnvollen Allokation von Ressourcen führen. Die innovativen Geschäftsmodelle, die in diesem Buch aufgezeigt werden, zeigen einen marktwirtschaftlicheren Weg auf, Kunden optimal zu günstigsten Konditionen zu bedienen: Indem neue Wettbewerber mit technologiebedingt völlig veränderten Kostenstrukturen in den Markt eintreten, wird nicht nur die Konkurrenz um die Gunst des Kunden erhöht, sondern auch der in der Nachfrage konkretisierte Bedarf besser befriedigt.

Es ist das Verdienst der Herausgeber des vorliegenden Buches, einen Kreis von Autoren zusammengebracht zu haben, die aus unterschiedlichen Perspektiven und Aufgabenstellungen die Frage nach den Finanzdienstleistern der nächsten Generation zu beantworten suchen.

FRANK SCHÄFFLER, MdB

Vorwort

In diesem Buch geht es um die Darstellung von Trends in der Finanzbranche sowie die Vorstellung von neuen Geschäftsmodellen, ermöglicht durch die digitale Revolution und die damit einhergehende Stärkung des Kunden. Es werden Anpassungsprozesse und Veränderungen aufgezeigt, die der Finanzbranche nicht nur durch die Möglichkeiten des Internets bevorstehen, sondern auch durch den Einsatz einer Vielzahl unterschiedlicher Endgeräte, mit denen die Bankkunden von einst zukünftig mit ihren Finanzdienstleistern kommunizieren werden. Indem der Titel auf die Sicht von Investoren bzw. Entscheidern abstellt, wird dem Leser ein Herausgeberwerk geboten, das zwar wissenschaftlich fundiert ist, aber eher als praxisorientiertes Kompendium mit konkretem Nutzen für die Betroffenen Verwendung finden wird.

Somit werden sowohl Leser aus der Internet- und Finanzbranche, Banker und andere Finanzdienstleister angesprochen, als auch Ratingagenturen, Venture Capitalists, Seed Financiers, Business Angels, Investoren, Consultants, Headhunter, Wissenschaftler und Wirtschaftsjournalisten.

Das Internet und die digitale Revolution haben Gesellschaft und Wirtschaft in einem geschichtlich beispiellosen Ausmaß verändert. Nachdem sich Branchen wie das Verlagswesen oder der Handel dadurch in den letzten Jahren teilweise fundamental umorientiert haben, hinkt die Finanzbranche dieser Entwicklung immer noch hinterher. Das Buch zeigt auf, in welcher Weise sich nun auch die Finanzbranche wandelt und welche neuen Geschäftsmodelle und Möglichkeiten dadurch entstehen.

Mit dem „Web 2.0" wurde das Internet durch eine Reihe interaktiver und kollaborativer Elemente angereichert, die Kundenbeurteilungen und Erfahrungsberichte für fast jedes Produkt verfügbar machten. Der Nutzer konsumiert nicht mehr nur den Inhalt, er stellt als „Prosument" selbst Inhalt zur Verfügung. So waren auch Rankings, Scorings und Ratings im Finanzsektor bisher eine Domäne der Medien, der Researchabteilungen von Banken oder anerkannter Ratingagenturen. Neben Kaufempfehlungen von Finanzdienstleistern und Werbung von Banken drängen sich nun zunehmend auch die Erfahrungsberichte von Anlegern bzw. Bankkunden auf. Dies alles erlaubt eine „Demokratisierung" des Finanzwesens in bisher unbekanntem Ausmaß, da sich jedermann über nahezu alle relevanten Aspekte seiner finanziellen Entscheidungen ungehindert informieren kann und nicht länger auf karge Inhalte von Werbebotschaften oder das formaljuristisch korrekte Kleingedruckte angewiesen ist.

Das Buch zeigt erstmals nicht nur die unmittelbaren Konsequenzen der neuen Informations- und Kommunikationstechnologien auf Arbeitsabläufe, Dienstleistungsprozesse und Effizienzsteigerung auf. Es beleuchtet auch die indirekten Auswirkungen, z.B. die inhaltlichen Veränderungen in der Kommunikation zwischen Finanzdienstleistern und Kunden durch Social Media wie Twitter, Blogs und Polltracker. Als Herausgeberwerk lässt es die maßgeblichen Akteure, Investoren, Banken und sonstige Finanzdienstleister, Autoren aus Praxis und Wissenschaft zu Wort kommen.

In Form eines Herausgeberbands ist dieses Buch das erste seiner Art und bietet den mitwirkenden Autoren Gelegenheit, ihre Perspektiven, Beurteilungsansätze, Voraussetzungen, Prozesse, Anforderungen und Erwartungen einem breiteren Fachpublikum zu vermitteln. Die Börsen degradieren angesichts des immensen Strukturwandels in der Finanzbranche selbst manche Aktien ehemals großer Banken zu „Penny Stocks" und erschüttern sogar das Vertrauen in die Nachhaltigkeit der Ertragskraft von Banken, die ihren überholten Geschäftsmodellen verhaftet bleiben. Das Werk liefert einen strukturierten Überblick über die Möglichkeiten, die aktuellen Herausforderungen nicht nur anzunehmen, sondern auch davon zu profitieren: Es hilft, die erfolgversprechendsten Finanzdienstleister – und damit auch Investments – der nächsten Generation zu identifizieren.

Dem Frankfurt School Verlag danken wir für den Auftrag, dieses Buch herauszugeben, das wohl kaum in einem anderen Verlag eine bessere „Heimat" gefunden hätte. Die Nähe zur Hochschule und damit zur „nächsten Generation" sowie die Nähe zum Finanzplatz Frankfurt und damit zu den Entscheidern der Finanzbranche passen zu unserem Buchtitel. Für die gute Zusammenarbeit danken wir recht freundlich Herrn Ulrich Martin (Konferenzleitung) sowie Frau Mechthild Eckes (Redaktion) aus dem Frankfurt School Verlag. Nicht zuletzt gilt unser Dank natürlich unseren Autoren, die mit erstaunlicher Termintreue ihre fachlichen Beiträge ablieferten, wohl eingedenk der Aktualität unserer Thematik.

Frankfurt am Main, Oktober 2012   DR. OLIVER EVERLING

ROBERT LEMPKA

Finanzwelt im Umbruch

Megatrend Next Generation Finance

Robert Lempka/Thomas Winkler/Marc P. Bernegger

1 Einleitung

Das Internet und die digitale Revolution haben Gesellschaft und Wirtschaft in einem Ausmaß verändert, wie es in der Form in der Geschichte bisher nur sehr selten passiert ist. Ursprünglich zur Vernetzung von Universitäten und anderen Forschungseinrichtungen vom US-Verteidigungsministerium initiiert[1], hat sich das Internet innerhalb von nur wenigen Jahren zu einem weltumspannenden Netzwerk entwickelt. In einem schier grenzenlosen Wachstum verschmelzen heute virtuelle mit realen Welten und es ist noch nicht absehbar, in welche Richtung die digitale Revolution führen wird. Mit der Verbindung digitaler Inhalte und mobiler Kommunikation (Stichwort „Smartphones" wie z.B. das iPhone von Apple) haben Milliarden von Menschen von überall auf der Welt erstmals Zugang zu den gleichen Informationen, was einen noch nie dagewesenen Zustand darstellt.[2]

1.1 Fundamentale Veränderungen der Wirtschaft

Auch die Wirtschaft blieb von diesen Entwicklungen nicht unberührt und noch nie fanden in der Geschäftswelt so schnell so viele fundamentale Veränderungen statt wie heute. Berufsbilder, die es vor zehn Jahren noch gar nicht gegeben hat, sind heute aus dem Alltag nicht mehr wegzudenken. Andere Tätigkeiten dagegen, die über Generationen existiert haben, sind teilweise komplett verschwunden. Gleichzeitig haben technologische Entwicklungen dazu geführt, dass Unternehmen aus dem Nichts entstanden sind, mit Produkten, die vor kurzem noch gar nicht existiert haben. Sie setzen Milliarden um und sind innerhalb weniger Jahre zu global agierenden Konzernen geworden. Der Internet-Konzern Google beispielsweise wurde erst vor 14 Jahren von zwei Studenten gegründet. Heute gehört Google zu den größten Unternehmen der Welt[3], beschäftigt mehr als 33 000 Mitarbeiter und hat im 2011 bei einem Gewinn von mehr als 11 Milliarden USD knapp 38 Milliarden USD Umsatz erzielt.[4]

---

[1] Siehe Wikipedia zu „Internet" http://de.wikipedia.org/wiki/Internet.

[2] Gemäß http://www.internetworldstats.com/stats.htm haben aktuell über 2.2 Milliarden Menschen auf der Welt Zugang zum Internet.

[3] Gemäß MSNBC (http://www.msnbc.msn.com/id/44092064/ns/business-us_business/t/ ten-most-valuable-companies-america/#.T1hyZcBs4rc) war Google im 2011 in Bezug auf die Marktkapitalisierung die sechstgrößte Unternehmung der USA.

[4] Siehe Wikipedia zu „Google": http://en.wikipedia.org/wiki/Google.

1.2 Technologischer Fortschritt und Internet als Auslöser dieser Veränderungen

Durch die technologischen Fortschritte sind die Eintrittshürden zu neuen Geschäftsmodellen viel niedriger als je zuvor, was viele Innovationen und neue Startups hervorgebracht hat. Das Internet hat dadurch in den letzten Jahren Branchen wie z.B. das Verlagswesen oder den Handel komplett verändert und neben Google diverse andere globale Konzerne wie eBay oder Amazon hervorgebracht. Es ist offensichtlich, dass, wenn auch um einige Jahre verzögert, nun auch der Finanzindustrie fundamentale Anpassungen bevorstehen, die bestehende Wertschöpfungsketten verändern werden. Dieser Megatrend steht noch ganz am Anfang und wird die Finanzindustrie über viele Jahre prägen.

Auslöser und Treiber für diese Veränderungen sind u.a.

- Die Verfügbarkeit von schnellen Datenverbindungen (Breitband-Internet) als Grundlage für viele der neuen Webservices.

- Smartphones wie das iPhone, die den mobilen und damit immerwährenden Zugriff auf das Internet ermöglichen.

- Globale Sicherheitsstandards im Netz, die insbesondere im Bereich Banking essenziell für die Abwicklung von Transaktionen sind.

- Ein allgemeiner Vertrauensverlust der etablierten Banken, ausgelöst und verstärkt durch die Finanzkrise. Dies führt dazu, dass auch große und global tätige Finanzkonzerne mit bekannten Namen in der Wahrnehmung nicht mehr per se als stabiler als neue Anbieter angesehen werden.

- Kunden erwarten auch im Finanzbereich zunehmend flexible und transparente Dienstleistungen. Der Entscheidungsprozess für ein Produkt orientiert sich dabei eher an dem Produkt selbst als an dem Anbieter des Produkts, d.h. etablierte Finanzinstitute mit hohen Fixkosten verlieren dabei zunehmend an Bedeutung.

- Mehr Transparenz im sprichwörtlichen Finanzdienstleistungs-Dschungel durch unzählige neue Communities und Vergleichs-Portale, wodurch der Endkunde Finanzangebote besser vergleichen kann und besser informiert ist.

- Veränderte Kundenbedürfnisse bei den heranwachsenden Digital Natives sorgen dafür, dass neue Angebote nachgefragt werden. Gerade bei dieser neuen Generation von Endkunden mit zunehmender Finanzkraft stehen neben immerwährender Verfügbarkeit von Dienstleistungen, selbstverständlich auch über neue Kanäle wie Smartphones und Tablets, die Kosten im Zentrum. In diesem Umfeld werden sich daher nur noch Anbieter behaupten können, die mit schlanken und dynamischen Strukturen agieren und einen klaren Kundennutzen anbieten. Die Preisdiskriminierung der Privatanleger wird zukünftig nicht mehr einfach akzeptiert werden.

- Etablierte Finanzinstitute haben in den guten Jahren größtenteils versäumt, in Zukunftstechnologien zu investieren und haben zurzeit nicht die finanziellen Möglichkeiten dazu. Das eröffnet die Chance für stark spezialisierte Anbieter von IT-Dienstleistungen, die eine kosteneffiziente Produktdistribution gewährleisten können.

1.3   Demokratisierung der Finanzindustrie

Wie bereits in anderen Branchen vor einigen Jahren geschehen, führen die durch die digitale Revolution ausgelösten Veränderungen zu einer „Demokratisierung" der traditionellen Geschäftswelt, in unserem Beispiel also der Finanzbranche: Interaktion finden nicht mehr nur direkt zwischen Finanzinstituten und ihren Kunden, sondern vermehrt auch zwischen den Kunden untereinander statt (Stichwort „Social Banking"). Insbesondere die durch Social Networks wie z.B. Twitter und Facebook neu entstandenen Interaktionsformen führen dazu, dass man als Anbieter einer Dienstleistung den Dialog (heute eigentlich passender: den Monolog) mit dem Endkonsumenten nicht mehr selber steuern kann und diese neuen Möglichkeiten der Interaktion erhalten. Bis heute haben nur ganz wenige Finanzinstitute auf diese Veränderungen reagiert und viele scheuen vor allem die möglichen Risiken einer solchen Öffnung des Informationsaustausches von einer Einweg- zu einer Mehrweg-Kommunikation.[5] Social-Media-Aktivitäten werden im Banking, wenn überhaupt, immer noch sehr zurückhaltend eingesetzt und häufig stellen diese eine reine Alibi-Übung dar.[6] Mit dem Blick auf andere Industrien ist es aber nur eine Frage der Zeit, bis sich auch die Finanzindustrie dieser Entwicklung stellen muss und das Internet auch hier zu einer Demokratisierung und mehr Transparenz sorgen wird.[7]

---

[5] Siehe u. a. Artikel im Handelsblatt vom 28.03.2012: Banken und Social Madia – Next Banking oder gespaltenes Bewusstsein? http://www.handelsblatt.com/meinung/gastbeitraege/ banken-und-social-media-next-banking-oder-gespaltenes-bewusstsein/6443170.html.

[6] Siehe die von der Finanzplattform assetinum publizierte Studie „Social-Media-Studie Banken 2012" http://www.assetinum.com/de/social-media-studie-2012.html.

[7] Siehe weiterführende Ausführungen im Interview mit dem Autor dieses Artikels, Marc P. Bernegger, auf Gründerszene vom 17.01.2012 http://www.gruenderszene.de/interviews/ banking-2-0-finance-2-0-marc-bernegger-nextgfi oder im Interview „Wir sehen einen langen Megatrend" in: Handelszeitung, März 2012, http://blog.nextgfi.com/2012/03/15/ next-generation-finance-invest-in-der-handelszeitung.

1.4   Investitionen in das Segment Finance 2.0

Es erstaunt, dass trotz der enormen Möglichkeiten erst wenige Investoren internet-basierte Geschäftsmodelle in der Finanzindustrie für sich entdeckt haben. Das Thema „Finance 2.0" scheint auf der Investitionsseite noch nicht die Bedeutung erlangt zu haben, die das Potenzial in diesem Segment vermuten lässt. Insbesondere in der Früh-phasen-Finanzierung (Seed, Venture, Early Stage) bewegen sich in Europa nur eine Handvoll Business Angels und abgesehen von der an der Berner Börse notierten Betei-ligungsgesellschaft Next Generation Finance Invest (www.nextgfi.com) gibt es keinen institutionellen Investor mit einem dezidierten Fokus auf diese Nische.

Dies bestätigt auch der erfolgreiche Frühphasen-Investor und Mehrfach-Unternehmer (u.a. studiVZ und Rebate Networks) Michael Brehm:[8]

„Michael Brehm, Du bist einer der erfolgreichsten Business Angels in Europa und einer der wenigen, die auch im Segment Internet & Finance investieren. Was sind denn aus Deiner Sicht die Gründe dafür, dass sich erst sehr wenige Investoren in diesem Segment bewegen?"

„Für die Möglichkeiten und die Umwälzungen, die zurzeit stattfinden, könnten sicher deutlich mehr Investoren aktiv sein. Das Feld ist oft viel komplexer zu ver-stehen als eine E-Commerce-Seite und leider auch in manchen Bereichen hoch reglementiert. Die Zulassungsprozesse ziehen sich manchmal sehr in die Länge und sind gerade für Start-ups sehr schmerzlich."

„Und was bewegt Dich selber dazu, als Investor im Segment ‚Finance 2.0' aktiv zu werden?"

„Seit meinem Studium bin ich dort vorbelastet. Einer meiner Schwerpunkte war Finance an der WHU, ich bin im Beirat des Campus for Finance und habe in einer Investmentbank mein Berufsleben gestartet. Durch den Bedarf an Veränderung im Finanzwesen ergeben sich hier ungeahnte unternehmerische Möglichkeiten. Daran mitzuwirken macht mir große Freude."

„Wie wird sich Deiner Meinung nach die Finanzwelt in der nächsten Zeit ver-ändern? Was sind die großen Trends?"

---

[8]   Per E-Mail geführtes Interview zwischen Michael Brehm und Marc P. Bernegger im August 2012.

„Der gesamte Bereich Finanzen wird sich ganz massiv verändern und wird durch zwei Megatrends getrieben:

1) die technologischen Veränderungen und

2) eine Wahrnehmungsänderung bei den Kunden, die nicht mehr alles blind glauben sowie Leistungen und Produkte deutlich kritischer hinterfragen. So ist es nun z.B. erstmals möglich, Mikrokredite einfach und unkompliziert zu vergeben oder internationale Überweisungen deutlich schneller und kostengünstiger als bisher durchzuführen. Auch kann man Kunden hochwertige Beratungen und Portfolioanalysen praktisch auf Knopfdruck zur Verfügung stellen, wie dies z.B. yavalu.de macht."

2 Beispiele von neuen Geschäftsmodellen in der Finanzindustrie

Um die neuen Möglichkeiten, die das Internet in Kombination mit der Finanzindustrie bieten, besser aufzeigen zu können, werden nachfolgend einige Themenfelder anhand anschaulicher Beispiele etwas genauer erläutert. Da eine ausführlichere Erklärung den verfügbaren Umfang dieses Artikels sprengen würde, wird für weiterführende Informationen auf die jeweiligen Websites verwiesen.

2.1 Personal Finance Management: mint (www.mint.com)

Mit Personal-Finance-Management-Lösungen wie *mint* erhalten Endkonsumenten mehr Kontrolle und Transparenz über ihre persönlichen Finanztransaktionen. Via PC oder Smartphone bekommen Nutzer von *mint* jederzeit eine Übersicht über ihre Ein- und Ausgaben und können basierend darauf ihr persönliches Haushaltsbudget besser organisieren. *Mint* visualisiert zudem alle Geldströme, womit endlich klar wird, in welchen Bereichen das zuvor verdiente Einkommen überhaupt wieder ausgegeben wird. Interessant ist auch das Geschäftsmodell von *mint*, denn der Service ist für die Nutzer komplett kostenlos und finanziert sich einzig über zielgruppenspezifische Werbung.

Abbildung 1

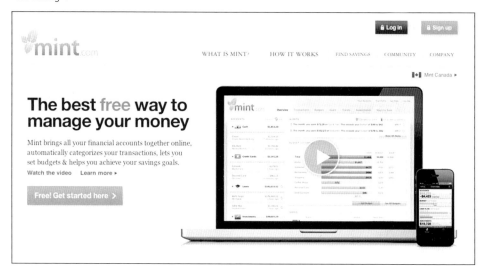

2.2   Crowdfunding: c-crowd (www.c-crowd.com)

Via Crowdfunding (im deutschsprachigen Raum auch „Schwarmfinanzierung" bezeichnet) werden über die Masse (crowd) Projekte finanziert (funding).[9] Insbesondere durch
die Einbindung sozialer Medien ist es heute sehr viel einfacher möglich, eine breite Basis
an Unterstützern zu finden, d.h. Crowdfunding ist eng an die viralen Marketing- und
Vertriebsmöglichkeiten des Internets geknüpft. Das Thema Crowdfunding ist ein in
den Medien mittlerweile sehr ausführlich beleuchtetes Phänomen[10] und inzwischen sind
auf der ganzen Welt weit über 100 Crowdfunding-Plattformen aktiv.[11] Nicht selten wird
dieser Entwicklung das Potenzial vorausgesagt, zumindest für kleinere Finanzierungs-
runden die Finanzierungsindustrie komplett auf den Kopf zu stellen und durch die Masse
zu demokratisieren. Beim amerikanischen Anbieter Kickstarter (www.kickstarter.com)
als Beispiel kam via Crowdfunding für ein einziges Projekt mit der Hilfe von rund 69 000

---

[9]   Siehe Eintrag zu Crowdfunding auf Wikipedia unter http://de.wikipedia.org/wiki/
Crowdfunding.

[10]   Siehe u.a. diverse Medienartikel über die Schweizer Crowdfunding-Plattform c-crowd
unter www.crowdfunding.ch.

[11]   Eine aktuelle Übersicht über die aktiven Crowdfunding-Plattformen auf der ganzen Welt
findet sich unter: http://leanderwattig.de/index.php/2010/10/22/liste-mit-crowdfunding-
plattformen-wer-kennt-noch-andere/.

Unterstützern bereits über zehn Millionen USD zusammen[12] und die Plattform hat bisher für gut 26 000 erfolgreich finanzierte Projekte total über 240 Millionen USD an Kapital vermittelt (Stand: Juli 2012).[13]

Abbildung 2

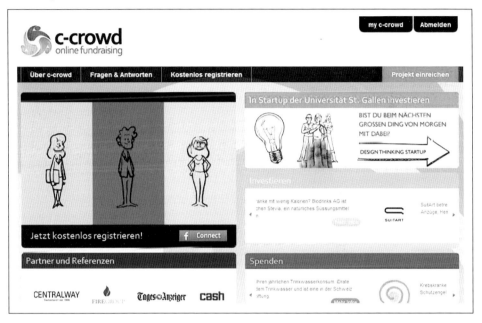

2.3 Peer-to-Peer Lending: Zopa (www.zopa.com) oder Prosper (www.prosper.com) oder Smava (www.smava.de)

Als Peer-to-Peer (P2P) Lending werden Kredite bezeichnet, die direkt von Privatpersonen an Privatpersonen unter weitgehender Ausschaltung einer Bank oder anderen traditionellen finanziellen Institution gewährt werden.[14] Auch bei diesen Modellen ermöglicht das Internet neue Formen des Austausches, welche bis vor Kurzem traditionellen Finanzinstituten vorbehalten gewesen sind.

---

[12] Eine Aufstellung der bisher größten Crowdfunding Projekte unter: http://www.nzz.ch/aktuell/wirtschaft/nzz_equity/das-internet--die-neue-bank-1.17343321.

[13] Unter http://www.kickstarter.com/help/stats?ref=footer können alle relevanten und aktuellen Statistiken zu Kickstarter abgerufen werden.

[14] Siehe Eintrag zu „Peer-to-Peer-Kredit" unter Wikipedia http://de.wikipedia.org/wiki/Peer-to-Peer-Kredit.

Abbildung 3

2.4   Community Banking: Fidor Bank (www.fidor.de)

Die Fidor Bank ist eine in Deutschland zugelassene, internetbasierte Direktbank. Sie nahm im 2009 nach Erhalt der Vollbanken-Lizenz ihren Betrieb auf und ist an der Börse notiert.[15] Unter dem Motto „Banking mit Freunden" überträgt die Fidor Bank die zentralen Wirkprinzipien des Web 2.0 – Offenheit, Transparenz, Authentizität und Dialogbereitschaft – auf das Thema Finanzdienstleistung.[16] Der Dialog mit Kunden, Mitgliedern und Interessenten wird weitgehend öffentlich und im Internet geführt, weshalb die Fidor Bank auf Twitter, Facebook, Xing und Youtube aktiv ist.

Abbildung 4

---

[15]   Weitere Informationen zur Fidor Bank finden sich auf Wikipedia (http://de.wikipedia.org/wiki/Fidor_Bank) und auf der Website der Fidor Bank selbst (https://www.fidor.de/ueber-uns-fidorbankag).

[16]   Siehe Unternehmensportrait der Fidor Bank unter https://www.fidor.de/ueber-uns-fidorbankag.

3 Ausblick

Wie geschildert, befinden sich Banken und die Finanzwelt in einem schmerzhaften Transformationsprozess, der die Branche in einem bisher noch nie dagewesenen Ausmaß verändern wird. Diese Umwälzungen werden nicht von heute auf morgen stattfinden und je nach Thema und Markt wird die Anpassung noch viele Jahre dauern; die Transformation per se ist aber unausweichlich.

Aufgrund von Innovationskraft, neuer Technologien sowie schlanker Geschäftsmodelle werden neue Marktteilnehmer den etablierten Instituten in einigen Bereichen potenziell den Rang ablaufen.

3.1 Next Generation Finance als Megatrend

Die Disintermediation von Banken wird sich in Zukunft verstärken und neue Akteure werden Teilbereiche der Finanzmärkte dominieren. Im Bereich Retail-Forex (Währungshandel für Endkonsumenten) ist dieser Trend bereits stark ausgeprägt. Ein Vorreiter ist hier beispielsweise die Firma OANDA (www.oanda.com). Der Einfluss von neuen Modellen auf die Finanzwelt wird sich absehbar auch in anderen Bereichen weiter akzentuieren.

Stärkere Regulierung wird die Generierung von neuen intransparenten Produkten mit hohen Margen erschweren, die Einkünfte der Finanzinstitute werden auf einem niedrigeren Niveau verharren und starke Einschnitte auf der Kostenseite werden notwendig. „Ein Zehntel des Preises mit einem Zehntel der Leute" könnte zum Credo der Produktmanager werden, was von etablierten Finanzinstituten mit starren Strukturen und hohen Fixkosten schlichtweg nicht abbildbar sein wird. Neue „Greenfield-Player" werden sich darauf fokussieren, bestehende Wertschöpfungsketten aufzubrechen und an die neuen Bedürfnisse angepasst, d.h. mit kostengünstigen, da schlanken Strukturen, bestehen für diese neuen Anbieter bisher noch nie dagewesene Chancen.

Selbstverständlich schauen die etablierten Finanzdienstleister diesem Veränderungsprozess heute nicht völlig tatenlos zu und sichern sich in einigen „Neuen Märkten" ein Standbein durch Produktkooperationen mit aufstrebenden, innovativen und technologiegetriebenen Jungunternehmen. Zumeist werden diese Kooperationen nicht prominent positioniert, sondern oft eher halbherzig und als Absicherung eingegangen, falls sich das betreffende Geschäftsmodell tatsächlich nachhaltig durchsetzt.

Finanzdienstleister setzen auch zunehmend auf Outsourcing, um sich einen Teil des potenziell sehr großen Kuchens zu sichern, gehen jedoch das Risiko ein, bei schnellen und massiven Veränderungen nicht vorne dabei zu sein.

Es bleibt abzuwarten, wie die Chancen für neue Anbieter in diesem Umfeld sein werden und ob sich die neuen Modelle als nachhaltig erweisen und sich langfristig durchsetzen können. Ohne Zweifel wird aber der Margen- und Kostendruck bei den etablierten Finanzdienstleistern weiter massiv zunehmen und sie zu energischem Handeln zwingen, um eine Antwort auf die Umwälzungen im Finanzmarkt, getrieben von Next-Generation-Finance-Geschäftsmodellen, zu finden.

Denken in Generationen: methodische Betrachtungen eines Zukunftsforschers zur nächsten Generation

Andreas M. Walker

1 Was sind „Generationen"?

2 Langfristiges Denken: das Jahr „2050" als neuer Code

3 Nachhaltiges Denken

4 Denken in Szenarien

5 Denken in Restrisiken: Wild Cards und Black Swans jenseits von Pareto

6 Denken mit Hilfe von Megatrends

1 Was sind „Generationen"?

Der Anspruch, Finanzdienstleister der „nächsten Generation" sein zu wollen, fordert in besonderer Weise zum Denken heraus, erleben wir doch gegenwärtig eine pluralistische Gesellschaft, die zerrissen ist in der Orientierung an einer konservativen Wertordnung aus einer romantischen Vergangenheitsvorstellung heraus, an der hedonistischen Genuss- und Gewinnmaximierung in der Gegenwart und an verschiedensten innovativen Visionen für die Zukunft, wobei gerade im deutschen Kulturraum unklar ist, ob es denn überhaupt noch politisch korrekt ist, Hoffnung für eine noch bessere Zukunft zu hegen, oder ob es für die intellektuelle Elite nicht doch eher angemessen ist, in den Kreis der Zweifler und Warner einzustimmen, die die baldige Apokalypse zwischen Überfremdung, Überalterung, Überschuldung und vielen anderen Übermächten erahnen. Wobei der Begriff der „Apokalypse" in den letzten Jahrzehnten eine grundlegende Umdeutung erfahren hat: Jahrhundertelang im christlichen Weltbild und Zeitverständnis verwurzelt, bezeichnete dieser Begriff eben nicht die Endzeit als die letzte historische Epoche, sondern die vorletzte: Ähnlich den Schrecken und Schmerzen einer Geburt sollte zwar das Leben und Wirtschaften auf dieser Welt ein Ende finden – das Ziel bestand aber im Hinüberschreiten in ein neues, himmlisches und ewiges System. Die Apokalypse stand für eine „Wende" – die aktuell in der Bevölkerung weiterhum akzeptierte Vorstellung eines endgültigen „Endes" des menschlichen Lebens ist erst in jüngster Zeit entstanden, insbesondere als Folge des materialistischen Weltbildes, des atomaren Wettrüstens und der kaum noch kontrollierbaren Nebenfolgen des technischen Fortschritts und der daraus resultierenden Umweltbelastung.

„Generation" war für lange Zeit der „Code" für das Leben und für eine Wertvorstellung, die sich über Jahrhunderte von Generationen von Vorfahren und Ahnen in der Vergangenheit entwickelte und bewährte, die in der Gegenwart in fruchtbarer Weise gelebt und gemehrt werden sollte und die schließlich an die kommenden Generationen von Nachkommen und Erben weitergegeben werden sollte.

„Generation" ist seit einigen Jahren ein inflationärer Begriff, insbesondere seit „Innovation" und „Wachstum" kaum hinterfragte Selbstzwecke bzw. Motoren eines sehr kurzlebigen Wirtschaftsverständnisses geworden sind und Produktezyklen sich im weltweiten Wettbewerb schier überschlagen. Das populärste Smartphone wurde seit 2007 bereits in sechs Generationen „geboren", was einer Generation pro Jahr entspricht. Das bekannteste Softwarepaket für Büroarbeiten brachte es seit 1989 auf 14 Generationen – also einer knapp zweijährigen Generationenfolge.

Wie anachronistisch muten sich da die biologischen Randbedingungen des Menschen an – der ja angeblich als Kunde im Zentrum des Wirtschaftens stehen sollte und dessen Bedürfnisbefriedigung eigentlich die hohe Kunst einer Dienstleistungsgesellschaft wäre. So kann der Mensch zu Beginn des 21. Jahrhunderts (in der Schweiz) bei Geburt ein

Lebensalter von rund 80 Jahren erwarten – gegenüber der „guten alten Zeit", sagen wir etwa Mitte des 19. Jahrhunderts, entspricht dies mehr als der Verdoppelung der Lebenserwartung. Ein Angestellter mit Berufsbildung muss während 50 Jahren „im Schweiß seines Angesichtes" seinem Broterwerb nachgehen, bevor er mit 65 Jahren den „Ruhestand" erreicht und einen „Lebensabend" von rund 20 Jahren genießen darf. Da Leben nicht nur aus Arbeit besteht und das Denken in „Generationen" explizit die Frage nach der Fortpflanzung aufwirft, fällt auf, dass eine „Menschengeneration" nicht etwa dem numerischen Ideal eines Jahrzehntes entspricht, sondern die durchschnittliche Mutter in Mitteleuropa gegenwärtig etwa 30 Jahr alt ist, bevor sie das erste Mal neues Leben gebärt – obwohl sie ihre biologische Fruchtbarkeit zwischen dem 10. und 15. Lebensjahr erreicht hätte. Bei einer Lebenserwartung von rund 80 Jahren erlebt der Mensch also knapp drei menschliche Generationen. Tragisch mutet dabei der Umstand an, dass die mittlere Ehedauer nach 15 Jahren abbricht.

Wie häufig möchte und kann nun der Mensch in seinem biologischen Leben sein Finanzgebaren ändern?

2 Langfristiges Denken: das Jahr „2050" als neuer Code

Seit einigen Jahren tauchen im Umfeld von Politik und internationalen Organisationen zahlreiche neue Studien zum Zeithorizont „2050" auf. So finden sich insbesondere Arbeiten zum Zeithorizont 2050 des Club of Rome, der United Nations und ihrer Annex-Organisationen, des Intergovernmental Panel on Climate Change IPCC, der Organisation für wirtschaftliche Zusammenarbeit und Entwicklung (OECD), der Weltgesundheitsorganisation WHO, des Kongresses Planet under Pressure, des World Business Council for Sustainable Development WBCSD bzw. diverser Wirtschaftskonzerne, die Mitglied des WBCSD sind, der Europäischen Union und ihrer Annex-Organisationen, diverser deutscher Ministerien und Annex-Organisationen und deutscher Parteien.

Viele der langfristigen Studien mit Zeithorizonten um 2050 fokussieren auf die Umweltthematik, insbesondere was die Knappheit der fossilen Brennstoffe oder was die durch CO_2 bedingte Klimaerwärmung betrifft. Ebenso finden sich Studien im Zusammenhang mit dem globalen Bevölkerungswachstum, die sich auch mit der globalen Wasser- und Ernährungsfrage befassen.

Die meisten Studien nehmen in technisch wie auch politisch zweckoptimistischer Weise als Absichtserklärungen und politische Machbarkeitsstudien an, dass diese Themen in den kommenden Jahren den nötigen politischen Druck erhalten werden und gemeinsam mit dem nötigen technischen Fortschritt in Mitteleuropa in den kommenden Jahrzehnten viel zum Guten hin bewegt werden kann, d.h. dass es zu keiner Eskalation und Katastrophe kommen wird. Hier ist offensichtlich, dass mit der Methode der zweckoptimistischen politischen Vision gearbeitet wird. Entgegengesetzt finden sich auch Studien, Filme und Games, die eine katastrophale Zukunft aufzeigen, und über die Methode der Angst eine drastische Veränderung des Verhaltens in der Gegenwart provozieren wollen.

Obwohl bei vielen Studien zum Zeithorizont „2050" sehr großer Rechenaufwand betrieben wird und Prognosen bis in den Komma-Bereich formuliert werden (da die Software ja mittlerweile von alleine rechnet), ist schnell ersichtlich, dass das Arbeiten mit einem Zeitraum von 40 Jahren und dem Zeithorizont „2050" nicht im kalendarischen Sinne gemeint sein kann. Vielmehr geht es darum, bewusst mit einem Zeithorizont zu arbeiten, der die üblichen politischen und behördlichen Planungs- und Entscheidungs-Zyklen übersteigt. Es handelt sich hier um eine neue Phase bzw. um eine Renaissance einer Planungskultur, da sich in den vergangenen zwanzig Jahren die konkrete Erwartungshaltung von Wirtschaft, Verwaltung, Politik und Medien im Allgemeinen an kurzfristigen Zeithorizonten und an einem technik- und naturwissenschaftlichen Wissenschaftsverständnis orientiert. So hat sich insbesondere in den Jahren 1990-2010 ein sehr stark gegenwartsorientiertes und kurzfristiges Bewusstsein entwickelt. Für ein derartig langfristiges, generationenübergreifendes Denken zu einer hochkomplexen und dynamischen Fragestellung existiert in Mitteleuropa (noch) keine politisch oder wissenschaftlich anerkannte Planungs- und Entscheidungskultur.

Das Jahr 2050, also ein Zeithorizont von rund 40 Jahren, steht als Code für ein generationenübergreifendes, nachhaltiges Denken und Planen.

3 Nachhaltiges Denken

Im letzten Jahrzehnt ist das Schlagwort „Sustainability" populär geworden – sogar in der Beschreibung von Finanzprodukten und in Rechenschaftsberichten von Banken findet sich diese Begrifflichkeit. Erstaunlicherweise geht es bei diesem Ansatz nicht etwa um „political correctness" oder um „schnell reich werden mit guten Gewissen", sondern um die Sicherstellung der Lebensgrundlagen für kommende Generationen.

„Nachhaltig" bedeutet nicht einfach ein mittelfristiges Entwickeln von Maßnahmen, die nicht bereits wieder korrigiert werden, bevor sie überhaupt Wirkung zeigen konnten. Nachhaltigkeit ist eigentlich eine Verpflichtung zum Denken für kommende Generationen. Der Begriff der Nachhaltigkeit stammt ursprünglich aus der deutschen Forstwirtschaft des 18. Jahrhunderts: So sollte nie mehr Holz gefällt werden, als jeweils nachwachsen kann – oder anders gesagt: Der Großvater pflanzt den Wald, der Vater hegt den Wald, der Sohn erntet, so viel er benötigt.

Dieses Denken macht in der Finanzwirtschaft Sinn, wenn es darum geht, das Vermögen von Dynastien zu hegen und zu pflegen und weiterzuvererben. Nicht der schnelle, spekulative Gewinn, sondern der Erhalt für die kommenden Generationen steht im Zentrum dieses Denkens, wobei der Zusammenhalt innerhalb der besitzenden Familie ein wichtiges Motiv war.

Dieses Denken, das eine starke ethische Komponente auszeichnet, ist in einer Gesellschaft, die durch Antibabypille und Schwangerschaftsabbruch immer häufiger auf eigenen Nachwuchs verzichtet, und die keine generationenübergreifenden Familien, sondern nur noch Lebensabschnittsbeziehungen pflegt, eigentlich eine große Herausforderung.

4 Denken in Szenarien

Der Begriff „Szenario" wird einerseits in der Zukunftsforschung als Methode der Früherkennung, der (politischen) Planung und (politischen) Diskussion und andererseits in der Sicherheitsbranche für Einsatz-, Krisen- und Katastrophenübungen verwendet.

Nachdem in den ersten Jahrzehnten des 20. Jahrhunderts das Weltbild der Planung auch im gesellschafts- und politikwissenschaftlichen Bereich noch stark von mechanistischen Vorstellungen aus den Naturwissenschaften und den Ingenieurtechniken geprägt waren, und die Prognose durch Experten das übliche Tool war, änderte sich dies in der zweiten Hälfte des 20. Jahrhunderts zunehmend.

Die Gefahr von Fehleinschätzungen seitens der Prognostik vergrößert sich in einer Zeit zunehmender Dynamik und Komplexität seit der Mitte des 20. Jahrhunderts erheblich. So traten seit den späten 60er Jahren lineare Methoden wie Zeitreihenanalysen, Trendextrapolationen und Modelle, die ihre Aussagen hauptsächlich aus der Statistik ableiteten, immer mehr in den Hintergrund. Als Beispiel sei etwa an die Fehlaussagen der Bevölkerungshochrechnungen aus den 60er Jahren erinnert.

Seit den 80er Jahren gelten die wissenschaftlichen Bemühungen, aber auch die Anwenderpraxis immer häufiger dem Einsatz der Szenario-Technik. Dabei haben sich verschiedene Schulen herausgebildet, wie Szenarien entwickelt und dargestellt werden. Insbesondere in politisch relevanten Bereichen, in denen keine Einheit in der Problemanalyse und der Zielformulierung besteht, wird häufig mit Szenarien gearbeitet.

Die Szenario-Technik wird für die Erarbeitung und Beschreibung künftiger wahrscheinlicher oder möglicher Entwicklungen bzw. zukünftiger Situationen verwendet. Mit dieser Technik der primär qualitativen Simulationen können insbesondere Faktoren einbezogen werden, die datenmäßig noch wenig belegbar und quantitativ kaum messbar sind.

Sie ist eine Prognosetechnik, die auf der Ebene der langfristigen, strategischen Planung angewendet wird. Entscheidend ist, dass keine Prognose für die Entwicklung berechnet oder formuliert wird. An ihre Stelle tritt die Beschäftigung mit verschiedenen alternativen Zukünften – diese sollen verschieden, aber alle aufgrund der aktuellen Erkenntnisse realistisch sein.

Dabei soll es sich beim Szenario nicht um ein Analysesystem handeln, das mögliche Entwicklungen und Einwirkungen auf einen einzigen Entwicklungs- bzw. Handlungsstrang einengt. Die Szenario-Technik wird vielmehr bewusst dafür eingesetzt, ein Denken in Alternativen zu fördern. Unsicherheit wird bewältigt oder unter Kontrolle gehalten, indem mögliche Verhaltens- und Strukturmuster erarbeitet und vorausdenkend simuliert werden. Statt von prognostizierten zukünftigen Zuständen gehen systemische Manager von wahrscheinlichen, überraschungsarmen und/oder überraschungsreichen Szenarien aus. Diese erlauben es, strategische Entscheidungen zu fällen und zu überprüfen. Sie erlauben auch, Eventualhandlungen zu durchdenken und zu planen.

Der Begriff des „Szenarios" ist dabei aus der Dramaturgie entliehen: Möglichst konkret und vorstellbar sollen vergleichbare Szenen verschiedener möglicher Zukünfte parallel beschrieben werden, damit Entscheidungsträger und Stakeholder gemeinsam darüber diskutieren können, ob diese Art von Zukunft gewollt ist bzw. welche Maßnahmen zur Förderung oder Eindämmung von Auswirkungen ergriffen werden müssen.

Beim Arbeiten mit Szenarien wird – im Gegensatz zur herkömmlichen Prognose – von vornherein darauf verzichtet, die Genauigkeit in der mathematischen Beschreibung zu suchen. Es handelt sich um ein argumentatives Verfahren zur Ermittlung künftig möglicher oder wahrscheinlicher Situationen und Entwicklungen. An die Stelle rechnerischer Genauigkeit tritt die größtmögliche Differenziertheit der Zukunftsbeschreibung.

Die Szenario-Technik schließt – wie allerdings auch die herkömmliche Prognose – subjektive oder vorwissenschaftliche Einflüsse nicht aus. Sie sind beim argumentativen Szenario aber leichter festzustellen und einzuschätzen als bei Modellrechnungen, die eine Scheingenauigkeit suggerieren, die für Außenstehende, Medien und Bevölkerung ohne spezifische Fach- und Modellkenntnisse nicht nachvollziehbar sind.

Mit der Szenario-Methode wird die Hoffnung verbunden, dass im Planungs- und Entscheidungsprozess künftige Wirkungsverläufe samt ihrer Konsequenzen bildhafter dargestellt und damit vom Anwender oder Leser wesentlich besser verstanden und beurteilt werden können. Szenarien sollen deshalb künftige Situationen und Handlungsmöglichkeiten in einer Art beschreiben, die den Umgang mit Veränderungen schult und die Verhaltensänderungen ermöglicht.

Szenarien haben daher die Aufgabe, Verständnis für Zusammenhänge, Prozesse und entscheidungsrelevante Momente zu schaffen und damit die Befähigung zu zukunftsgerechten Handlungen zu vermitteln und nicht primär die Richtigkeit im Sinne von Eintreffwahrscheinlichkeit anzustreben. Um das Denken in Alternativen und Varianten zu ermöglichen und zu fördern, sind Szenarien keine Aussagesysteme, die die künftige Wirklichkeit auf einen einzigen Handlungsstrang einengen. Szenarien sollen abzubildende Komplexität nicht reduzieren, sondern sich dieser möglichst weit annähern.

Szenarien vereinigen tabellarische und grafische Darstellungen, um die Vergleichbarkeit zu ermöglichen, mit ausformulierten verbalen Situations- und Entwicklungsbeschreibungen, die einfach vorstellbar sein sollen.

5 Denken in Restrisiken: Wild Cards und Black Swans jenseits von Pareto

Unsere Gesellschaft wurde 1986 durch die Tschernobyl-Katastrophe in der Ukraine und durch die Schweizerhalle-Katastrophe in der Schweiz herausgefordert. Die Entstehung der „Risiko-Gesellschaft" war die Folge.

Die zwei Börsenkrisen des letzten Jahrzehntes (Dotcom-Blase bzw. Scheitern der New Economy im Frühjahr 2000 und das Platzen der US-amerikanischen Real Estate Blase ab Herbst 2007), die islamistischen Terroranschläge (9/11 und Folgeanschläge), die Angst vor einer neuen globalen Pandemie sowie die kombinierte Erdbeben-, Tsunami- und Nuklearkatastrophe an der japanischen Ostküste um Fukushima herum im März 2011 bescheren uns gegenwärtig eine gesellschaftliche Situation, die als Restrisiko- oder gar Nullrisikogesellschaft bezeichnet werden kann. Insbesondere die beiden Börsenkrisen führten zur Forderung sogenannter „Stresstests" für Banken.

So ist seit einem Jahrzehnt ein neues Tool in der Zukunftsforschung und im Business Continuity Planning aufgetaucht: Das Arbeiten mit „Wild Cards" und „Black Swans".

Auf Grund der Ökonomisierung unseres ganzen Weltbildes und des Verständnisses von Wirtschaft und Gesellschaft in den letzten 20 Jahren wurde in vielen Lebensbereichen das Pareto-Prinzip als Paradigma des Denkens und Handelns eingeführt. Das „Pareto-Prinzip", auch „80-20-Regel" genannt, besagt, dass 80 % des Ergebnisses bereits mit 20 % des Aufwandes erreicht werden kann. Für die letzten 20 % der Zielerreichung wären die restlichen 80 % des Aufwandes nötig. Da das Prinzip der Gewinnmaximierung in unserer Gesellschaft mittlerweile als Grundsatz weit verbreitet ist, werden häufig wahrscheinliche und unmittelbare Bedrohungen und Entwicklungen in der Planung und Risikovorsorge in den Vordergrund gerückt.

Die Methode des Arbeitens mit den eingangs erwähnten Wild Cards und Black Swans will demgegenüber Ereignisse thematisieren, die aufgrund von Wahrscheinlichkeitsüberlegungen eigentlich erst in den letzten 5 % der Planungsarbeit berücksichtigt würden. Da sie aber unverhältnismäßig große, ja katastrophale Auswirkungen zeigen können, genießen sie in der Risikoplanung und Zukunftsforschung eine außerordentliche Bedeutung. Insbesondere im Umgang mit Naturkatastrophen und in der gesellschaftlichen Diskussion der Kernenergie ist dieses Denken sehr wichtig geworden. In der Finanzwelt hat es wieder Einzug gehalten, als Ende der 00er Jahre die „Stresstests" für Banken gefordert wurden.

Der Begriff „Wild Card" stammt aus dem englischsprachigen Umfeld von Gesellschafts- und Glücksspielen. Er wird für den Joker in Kartenspielen verwendet, er entspricht im Tarot-Spiel, das im Bereich der Wahrsagerei eine große Bedeutung hat, dem „Narren", und im Monopoly den „Ereigniskarten", die als Zufallselemente angenehme und unangenehme Überraschungen bieten können

In der Früherkennung, in der Risikovorsorge und in Krisen- und Katastrophenübungen wird der Begriff gebraucht, um überraschende und meist plötzliche Ereignisse zu bezeichnen.

Dabei hat diese Denk- und Planungsmethode einen mehrfachen Wert:

- Da gerade auch Experten und Entscheidungsträger immer wieder in Denkgewohnheiten verfallen, soll mit dieser Methode daran erinnert werden, dass die Welt und die Menschheit keine Maschinen sind und dass die Entwicklung auch einen ganz anderen, überraschenden Weg nehmen könnte.

- In Planspielen und Übungen soll mit Wild Cards zusätzlicher Stress durch überraschende Ereignisse geschaffen werden.

- In der systemanalytischen Früherkennung wird bewusst untersucht, welche wenig beachteten und unterschätzen Schwächen und Verwundbarkeiten eine wirtschaftliche oder staatliche Einheit haben könnte. Wild Cards sind diejenigen Ereignisse, die einerseits möglich und plausibel sein sollen, andererseits aber sehr selten sind und im Allgemeinen unterschätzt werden. Diese Wild Cards sollen an den unterschätzten Verwundbarkeiten des Systems ansetzen und testen, ob das System ein derartiges Ereignis überlebt bzw. wie sich das System ändern würde.

Black Swans – schwarze Schwäne – ist ein Begriff, der vom US-amerikanischen Professor Taleb 2007 eingeführt wurde. Der schwarze Schwan, Cygnus atratus, ist das Wappentier Westaustraliens. In Europa und US-Amerika ist er nur vereinzelt anzutreffen. Selbsttragende Populationen sind in Europa nur in den Niederlanden und in Nordrheinwestfalen bekannt. Der „Schwarze Schwan" ist somit ein Symbol für einen seltenen Vogel, der in der öffentlichen Wahrnehmung als Ausnahme oder sogar als Fehlentwicklung des weitverbreiteten weißen Schwans verstanden wird. Der weiße Schwan ist allgemein bekannt und wird auch in Mythen und Märchen seit alters her thematisiert. Nassim Nicholas Taleb analysierte in seiner Schwarze-Schwäne-Theorie Ereignisse, die eine unverhältnismäßig große Rolle spielen können. Sie sind schwer voraussagbar und derart selten, dass die Öffentlichkeit solche Ereignisse eigentlich als unwahrscheinlich oder sogar unmöglich einstuft. Mit technischen und naturwissenschaftlichen Methoden kann die Wahrscheinlichkeit eines solchen Ereignisses nicht berechnet werden. Falls ein solches Ereignis eintritt, kann es sich zu einem unerwarteten Großereignis entwickeln, dessen Folgen sehr weit reichen können.

In der Praxis der Früherkennung und des Riskmanagements werden die Begriffe „Wild Cards" und „Black Swans" meistens synonym verwenden. Unterschiede sind akademischer Art bzw. erklären sich aus der persönlichen Lektüre und dem Ausbildungshintergrund der jeweiligen Fachleute. Verallgemeinernd kann gesagt werden, dass aufgrund der Popularität von Professor Taleb in den US-orientierten Medien und in der Finanzbranche in den letzten Jahren der Begriff des „Black Swans" sehr populär geworden ist, Fachleute aus Früherkennung und Zukunftsforschung verwendeten aber bereits Jahre früher für ähnliche Ereignisse den Begriff „Wild Card".

Entscheidend bei der Verwendung in der Früherkennung und Zukunftsforschung ist,

- dass es sich um sehr seltene Ereignisse handelt, die auch Jahrhundert- oder Jahrtausendereignisse genannt werden, dabei kann es sich auch um erstmalige Ereignisse handeln,

- dass diese Ereignisse von der Öffentlichkeit, von Entscheidungsträgern und auch von Experten nicht rechtzeitig als relevantes Risiko erkannt werden und sie in Planung und Vorsorge unterschätzt worden sind,

- dass diese Ereignisse weitreichende Folgen provozieren können und insbesondere auch deshalb verheerend wirken können, weil diese Folgen unerwartet sind.

6 Denken mit Hilfe von Megatrends

1982 wurde der Begriff „Megatrend" vom US-amerikanischen Futurologen John Naisbitt geprägt. Der studierte Politologe und gebürtige Mormone John Naisbitt, der auch den Begriff „Globalisierung" bekannt machte, ist einer der bekanntesten Trend- und Zukunftsforscher. Er beriet die US-Präsidenten John F. Kennedy und Lyndon B. Johnson, ist Professor an diversen Universitäten und lebt heute in Wien. Er wurde in Mitteleuropa durch seine Bücher Megatrends (1982), Megatrends 2000 (1990) und Megatrend Asia

(1996) bekannt. John Naisbitt definierte ursprünglich: „Megatrends (…are) large social, economic, political, and technological changes (…), they influence us for some time – between seven and ten years, or longer."

Der Begriff „Megatrend" ist heute bei Fachleuten, Politikern und in den Medien weit verbreitet. Im deutschen Sprachraum versteht man unter Megatrends langfristige soziale, ökonomische, politische oder technische Veränderungen, die Gesellschaft, Wirtschaft, Politik und Technologie über mehrere Jahrzehnte hinweg strukturell beeinflussen. Besonders zu beachten ist, dass Megatrends langfristig sind. Sie sind nicht schon nach zwei Jahren beendet, sondern sie können über Jahrzehnte Einfluss nehmen. Ein Megatrend beeinflusst unser gesellschaftliches Weltbild, er beeinflusst unsere Werte und unser Denken. Dabei ist es eine spannende und nicht endgültig diskutierte Fragestellung, ob ein Megatrend einen Wert verändern kann oder ob ein Wertewandel einen Megatrend initiiert. Ein Megatrend kann fundamental und grundlegend das Angebot und die Nachfrage einer Ware oder Dienstleistung beeinflussen. Meistens beeinflusst er die politische und wirtschaftliche Stellung ganzer Branchen, Organisationen und Länder. Früher wäre wohl der Begriff einer „Epoche" verwendet worden, heute zeigt sich aber, dass sich unterschiedliche, teils sogar widersprüchliche Megatrends überlagern können und dass sie in verschiedenen Regionen der Welt und in verschiedenen sozialen Milieus unterschiedlich wirken können. Der Begriff des „Megatrends" soll sich insbesondere von Modetrends abheben, die keinen tiefergehenden gesellschaftlichen Einfluss haben. Primär im Kleidungs-, Konsum-, Musik- und Freizeitbereich sind sie eigentlich Produkt- oder Branchentrends, die häufig bereits wieder in der nächsten Saison verschwinden und vergessen werden.

Da „Megatrends" relativ offen definiert sind, finden sich in der Fachliteratur eine Vielzahl sogenannter Trends: Megatrends, aber auch Mesotrends und Mikrotrends. Ein allgemein akzeptierter oder etwa gar abschließender Katalog mit verbindlichen Definitionen existiert nicht. Vielmehr ist die Auswahl und die Beschreibung bzw. Entwicklung der langfristigen Zukunftsperspektive der Megatrends jeweils stark abhängig von der Fragestellung und dem Umfang der Studie. Megatrends sind keine Prophezeiungen, sondern beschreiben die Entwicklungen, die von der Gegenwart in die Zukunft führen. Wer die Zukunft antizipieren will, muss deshalb vor allem die Gegenwart beobachten und versuchen zu stehen. Das Denken in Entwicklungen impliziert, dass jeder Megatrend einen Gegentrend verursachen kann.

Die Breite der Megatrends und ihre Beschreibung und Analyse zeigt die Heterogenität und Komplexität der heutigen und zukünftigen Gesellschaft auf.

Die „digitale Revolution", die in diesem Buch als prägende Kraft für das Finanzgebaren unserer aktuellen und der kommenden Generation verstanden wird, kann als Megatrend verstanden werden.

Dabei ist zu beachten, dass dieser Megatrend der „digitalen Revolution" nicht isoliert betrachtet werden darf, sondern dass er im Wechselspiel mit verschiedenen anderen langfristigen Entwicklungen verstanden werden muss:

- Die „digitale Revolution" ist eigentlich ein Teil des Megatrends des „technischen Fortschrittes", der seit Jahrhunderten anhält. Damit verbunden ist ein weithin verbreiteter ungebrochener Fortschritts- und Wachstumsglaube verbunden mit einer hohen Technikakzeptanz. Dieses Weltbild stößt insbesondere bei religiösen, politisch linksgrünen und rechtskonservativen Kreisen zunehmend auf Widerstand.

- Seit Jahrzehnten verzeichnen wir ein schier ungebremstes globales Bevölkerungswachstum, Grundlagen hierzu waren der medizinische Fortschritt und die damit verbundene Hygiene, neue Erkenntnisse in der Ernährungslehre, materieller Wohlstand und damit verbunden insbesondere der Rückgang der Säuglingssterblichkeit.

- Zugleich haben wir in Mitteleuropa einen Strukturwandel in der Bevölkerung. Ein wichtiger Aspekt des demografischen Bevölkerungswandels ist die Langlebigkeit: die mittlere Lebenserwartung in Mitteleuropa liegt gegenwärtig zwischen 80 und 90 Jahren. Große medizinische und insbesondere chirurgische Fortschritte der letzten Jahrzehnte haben diese Entwicklung ermöglicht: klassische Altersgebrechen, die noch bei unseren Großeltern zu einer Vergreisung ab dem 60. Altersjahr geführt haben, können heute operativ behoben werden, seien dies Gelenk- oder Hüftbeschwerden, Herzprobleme, Augen- und Gehörerkrankungen. Das „vierte Lebensalter" der Vergreisung konnte so um rund zwei Jahrzehnte zurückgedrängt werden. Die „digitale Revolution" ermöglicht es den Senioren, bis ins hohe Alter hinein aktiv am Informations- und Kommunikationsgeschehen teilzuhaben.

- Seit vierzig Jahren sind wir zudem durch (zu) niedrige Geburtenziffern herausgefordert. Seit der Erfindung der Antibabypille und der Legalisierung des Schwangerschaftsabbruches ist die menschliche Fortpflanzung kein Gottesgeschenk und kein Schicksal mehr – die aktuelle Angst um die Finanzierung der Altersvorsorge zeigt, dass wir hier ein Gleichgewicht verloren haben. Die kommenden Jahrzehnte werden zeigen, ob der Staat und die Finanzindustrie in der Lage sein werden, diese Aufgabe, die in traditionellen Gesellschaften bei der Familie liegt, auch tatsächlich zu übernehmen.

- Die seit Jahrhunderten zunehmende Globalisierung hat wohl einen Höhepunkt erreicht. Die globale Vernetzung in Wirtschaft, Politik und Tourismus haben zu einer dauernden Mobilität und ungebrochenen Migrationsströme geführt. Die Bedeutung der supranationalen Organisationen ist stark am Wachsen. Und die „digitale Revolution" hat zum Verlust zweier wichtigen Erfolgsfaktoren der Finanzindustrie geführt: Der professionelle „Informationsvorsprung" zu Zusammenhängen und Entwicklungen fremder Märkte ist geschmolzen und in der modernen Portfoliotheorie ist die Diversifikation von Risiken über räumlich verstreute Märkte zu einer Illusion geworden. Die „digitale Revolution" hat die räumliche Entfernung aufgehoben.

- In Mitteleuropa leben bereits heute über 70 % der Bevölkerung in Städten und Agglomerationen. Weltweit werden demnächst über 70 % der globalen Bevölkerung in sogenannten Megacities leben, d. h. in Ballungsräumen mit über 10 Millionen Einwohnern. Verdichtetes Bauen, Nutzungsdurchmischungen und die Entwicklung einer 24-h-Gesellschaft werden durch die digitale Revolution ermöglicht und vorangetrieben. Nur die digitale Revolution macht die Steuerung dieser städtischen Systeme möglich, die Verfügbarkeit von Informations- und Kommunikationsmitteln rund um die Uhr zu einem niedrigsten Preis sind ein prägender Bestandteil dieser neuen städtischen Kultur.

- So zeigt sich auch, dass sich die Wirtschaft von der Dienstleistungs- zur Informationsgesellschaft weiterentwickelt hat, nicht mehr der tertiäre, sondern der quartäre Sektor ist zum Motor der Wirtschaft geworden.

Dieser kleine Einblick in die Welt der Megatrends lässt erahnen, dass in den kommenden Jahrzehnten die Verfügbarkeit von Information und Kommunikation rund um die Uhr zu einem niedrigsten Preis – quer durch die Kontinente, die sozialen Schichten und die Altersgenerationen – unser Verständnis von Macht, Wirtschaften und zwischenmenschlichen Beziehungen massiv verändern wird.

Demografische Herausforderungen für die private Geldanlage

Roland Klaus

1 Demografische Ausgangslage in Deutschland und Europa

Die fortschreitende Alterung und Schrumpfung unserer Gesellschaft ist eine zwar bekannte, andererseits aber auch gerne verdrängte Tatsache. Dabei gleichen die demografischen Veränderungen den tektonischen Verschiebungen der Erdplatten: Ihre Bewegungen gehen vergleichsweise langsam vor sich, haben aber auf lange Sicht gesehen dramatische Auswirkungen. Aber anders als bei Erdbeben, die niemals vorhergesehen werden können, haben demografische Entwicklungen den Vorteil, gut berechenbar zu sein.

Wenn man über Verschiebungen der Altersstrukturen spricht oder über die Entwicklung der Bevölkerungszahl, ist man nur in vergleichsweise geringem Maße auf Schätzungen angewiesen. Denn die Arbeitnehmer des Jahres 2030 sind heute bereits geboren – genauso wie die Rentner des Jahres 2050. Die Aussagen darüber, wie sich Bevölkerungszahl und Altersstruktur eines Landes verändern werden, lassen sich also in hohem Maße auf Basis gesicherter Daten und Fakten treffen.

Demografische Betrachtungen sind weder vage Hochrechnungen noch grobe Schätzungen. Mit einer gewissen Unschärfe versehen sind letztlich nur Punkte wie die Entwicklung von Ein- und Auswanderung eines Landes sowie exogene Schocks wie Epidemien oder Kriege. Die wichtigsten Faktoren der demografischen Forschung stehen fest bzw. können vergleichsweise genau geschätzt werden: Es sind die Zahl der Geburten sowie die Entwicklung der Lebenserwartung.

Sehen wir den Fakten also ins Gesicht: In Deutschland bekommt jede Frau durchschnittlich knapp 1,4 Kinder. Diese Zahl ist eine der niedrigsten Werte in Europa und seit rund 40 Jahren nahezu konstant. Um die Zahl der Bevölkerung konstant zu halten, müsste jede Frau im Durchschnitt 2,1 Kinder bekommen. Sie würde damit sich selbst und ihren Partner ersetzen. Hinzu kommt eine Art „Sicherheitspuffer" für Kinder, die früh sterben oder später nicht in der Lage sind, sich selbst fortzupflanzen. Von diesen 2,1 Kindern sind wir also in Deutschland weit entfernt. Wir liegen ziemlich genau bei zwei Dritteln dessen, was nötig wäre, um die Bevölkerungszahl konstant zu halten.

Abbildung 1: Zusammengefasste Geburtenziffer 2009

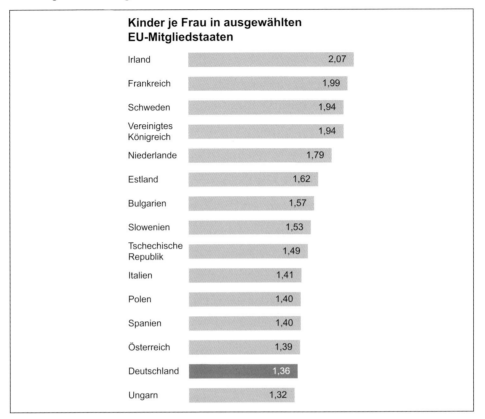

Quelle: Statistisches Bundesamt, Geburten in Deutschland

Das bedeutet, dass jede Generation zahlenmäßig um etwa ein Drittel kleiner ist als die Generation ihrer Eltern. Oder anders ausgedrückt: 100 Angehörige der Elterngeneration haben noch 65 Kinder, 42 Enkel und 27 Urenkel. Das ist ein mächtiger Schrumpfungsprozess. Nur wenige europäische Länder wie Frankreich und Irland kommen überhaupt in die Nähe der Geburtenzahlen, die nötig wären, um die Bevölkerungszahl konstant zu halten. Europa ist also ein schrumpfender und alternder Kontinent – mit Deutschland an der Spitze. Wie wenig diese Tatsache im allgemeinen Bewusstsein verankert ist, zeigt sich jedes Jahr aufs Neue, wenn die Medien wieder erstaunt und mit großen Schlagzeilen über ein neues „Nachkriegstief bei den Geburten in Deutschland" berichten. Dabei ist die Sache so einfach: Frauen, die vor 20, 30 oder 40 Jahren nicht geboren wurden, können auch heute auch keine Kinder bekommen. Es liegt in der Natur der Sache, dass die Geburtenraten in Deutschland kontinuierlich sinken und dies auch weiter tun werden.

2 Auswirkungen auf die private Geldanlage

Diese Entwicklung hat zahlreiche gravierende Auswirkungen auf unser tägliches Leben – und die Folgen werden in Zukunft noch deutlich zunehmen. Betroffen sind beispielsweise die wirtschaftliche Entwicklung eines Landes, die Sozialsysteme und Sozialleistungen sowie der Arbeitsmarkt. Betroffen ist aber auch die private Geldanlage. Besonders deutlich wird dies im Bereich der Altersvorsorge. Die Leistungsfähigkeit der gesetzlichen Rentenversicherung wird in Zukunft deutlich abnehmen. Das Umlageverfahren wird an seine Grenzen geraten. Das zeigt sich schon an einem einfachen Rechenbeispiel. Das Verhältnis von Beitragszahlern zu Leistungsempfängern in der gesetzlichen Rente liegt aktuell bei ca. 1,5. In zehn Jahren wird es auf 1,2 gesunken sein. Im Jahr 2030 wird es auf 1 fallen. Grund ist die Verschiebung innerhalb der verschiedenen Altersklassen der Bevölkerung. Aktuell befindet sich die Altersklasse der sogenannten Babyboomer im Alter von 40 bis 55 Jahren. In den nächsten Jahren wandert diese zahlenmäßig größte Bevölkerungsgruppe in der Alterspyramide kontinuierlich nach oben und erreicht 2030 die Altersspanne von 60 bis 75 Jahren, bevor sie in der zweiten Hälfte der 2030er-Jahre vollständig in das Rentenalter kommt.

Angesichts dieser Verschiebungen bedarf es kaum Phantasie, um sich auszurechnen, wie stark das gesetzliche Rentensystem ausgezehrt sein wird. Gut möglich, dass es dahin noch ein paar Verschiebungen des Renteneintrittsalters geben wird und das Rentensystem zudem noch stärker durch Steuern statt durch Beiträge getragen wird. Dennoch dürfte unter dem Strich für den Versicherten nicht viel mehr als eine Grundsicherung stehen – weitgehend unabhängig von der Höhe der geleisteten Beiträge. Diese Situation wird sich noch verstärken, je mehr Deutschland im Zuge der Schulden- und Finanzkrise über diverse Transfer- und Garantiekonstrukte zur Ader gelassen wird – aber dieses Thema sei hier nur am Rande erwähnt. (Anmerkung: Eine ausführliche Betrachtung der Finanzkrise und ihrer Auswirkungen auf den privaten Anleger findet sich im Buch des Autors: Roland Klaus, Wirtschaftliche Selbstverteidigung, Wiley 2011.)

Der Bedarf an privater Altersvorsorge entspringt daher nicht nur den Verkaufswünschen von Banken und Versicherungen, sondern ist äußerst real. Allerdings sind die von den Finanzinstituten angebotenen Vorsorgeprodukte ebenso ein Opfer der demografischen Entwicklung wie die gesetzliche Rente – wenn auch aus einem etwas anderen Grund.

Das Umlageverfahren der gesetzlichen Sozialsysteme leidet darunter, dass es zu wenige Zahler und zu viele Empfänger gibt. Die private Geldanlage – zumindest die meisten Formen davon – leidet darunter, dass die Zinsen für vergleichsweise sichere und kalkulierbare Anlagen deutlich gefallen sind. Es gibt zwar keine empirischen Beweise für diese These, aber die Annahme liegt nahe, dass auch dies auf demografische Faktoren zurückzuführen ist. Der Transmissionsmechanismus lautet:

Schrumpfende Bevölkerung = weniger Konsum = weniger Wirtschaftswachstum = weniger Investitionen = weniger Kreditnachfrage

Je weniger Kredite nachgefragt werden, desto geringer ist das Zinsniveau. Dazu kommt, dass eine zunehmend alternde Bevölkerung ihr Geld eher anlegt als es auszugeben und dabei eher nach konservativen, also festverzinslichen Anlagen sucht. Auch dies drückt den Zins für solchen Anlagen.

Die Blaupause für das, was uns in demografischer Sicht in vielen Bereichen erwartet, ist Japan. Die Spitzen der Geburtenzahlen, die Babyboomer-Jahrgänge, lagen in Japan rund zehn Jahre vor jenen in Europa und den USA. Demnach ist uns Japan auch in etwa diesen Zeitraum im Schrumpfungs- und Alterungsprozess voraus. Die Zinsen in Japan sind seit etwa Mitte der 90er-Jahre auf einem extrem niedrigen Niveau. Der Aktienmarkt hat 1990 sein Hoch erreicht. Vergleichen Sie dies mit den Entwicklungen an den Finanzmärkten in Europa und den USA, so werden sie feststellen, dass hier ein Vorlauf besteht, der in etwa dem demografischen „Vorsprung" entspricht. Unterstellt man, dass dieser Zusammenhang richtig ist, dann spricht wenig dafür, dass die Zinsen, die stabile Schuldner in Europa in den nächsten Jahren zu bezahlen haben, deutlich steigen werden. Denn in Japan liegen die Zinsen auch derzeit in der Nähe der Null-Linie.

Zwar ist je nach Entwicklung der Inflation durchaus ein **nominaler** Anstieg des Zinsniveaus denkbar. Doch die demografischen Sachverhalte ebenso wie das Beispiel Japan zeigen uns, dass es sehr wahrscheinlich ist, dass der für die Altersvorsorge wichtige **Real**zins sehr niedrig bleiben wird. Vieles spricht sogar für einen negativen Realzins, erst recht nach Betrachtung von Steuern.

In einem solchen Umfeld ist ein Vermögensaufbau mit festverzinslichen Geldanlagen kaum möglich. Dies gilt nicht nur für die klassische festverzinsliche Geldanlage mit Sparbuch, Tagesgeld und Anleihen. Es gilt auch und vor allem für Lebensversicherungen. Diese sind zwar auf den ersten Blick keine festverzinsliche Anlage. Schaut man jedoch unter die Motorhaube der Versicherer, so findet man dort zuweilen 80 % und mehr Anleihen und andere Zinspapiere. Auch diese Anlageform wird also in Zukunft keine auskömmliche Sparform sein, zumal sie häufig mit hohen Kosten belastet ist.

3   Auswirkungen auf die Aktienmärkte

Können beispielsweise Aktien eine Alternative zu festverzinslichen Papieren sein? Durchaus, doch auch hier wirkt die demografische Zeitbombe. Aktien werden an zwei entscheidenden Stellen von der Demografie beeinflusst:

1. Die Demografie wirkt sich auf die Umsatz- und Gewinnentwicklung der Unternehmen aus.

2. Die Demografie wirkt sich auf die Bewertung von Aktien aus.

Schauen wir uns zunächst die Auswirkungen der Alterung auf Umsatz und Gewinn von Unternehmen an. Gewinne sind zweifellos eine der wichtigsten – wenn nicht sogar der wichtigste – Treiber für Aktienkurse. Der amerikanische Zukunftsforscher Harry Dent zeigt einen interessanten Zusammenhang zwischen der Demografie und der Entwicklung der Aktienmärkte und der Wirtschaft auf. Er hat das Konzept der sogenannten Ausgabenwelle („Spending Wave") entwickelt. Darin sieht er den Konsum als die treibende Kraft einer Volkswirtschaft, was zumindest für die USA sicherlich richtig ist. Er untersucht, in welchem Alter die Amerikaner am meisten Geld ausgeben. Die Antwort lautet: in einem Alter zwischen 46 und 50 Jahren. In jüngeren Jahren fehlt ihnen die Finanzkraft, in älteren Jahren sind die wesentlichen Käufe getätigt, die Kinder verlassen das Elternhaus und die Kauflust nimmt wieder ab. Statistiken anderer Länder ergeben nur unwesentliche Abweichungen. Das bedeutet: Für die Umsätze und Gewinne der Unternehmen innerhalb einer Volkswirtschaft liefern die 46- bis 50-Jährigen den wichtigsten Beitrag.

Mit diesem Wissen im Gepäck betrachtet Dent nun die Geburtenzahlen der Vergangenheit und setzt die verschiedenen Altersklassen in Verbindung zu ihrer statistischen Konsumfreude. Es entsteht eine Projektion des Konsumverhaltens, in Form eben jener Ausgabenwelle.

Sie besagt: Je mehr Menschen sich im „konsumstarken" Alter befinden, desto stärker ist das Umsatzpotenzial für eine Volkswirtschaft. Das Interessante an dieser Vorgehensweise: Sie liefert sowohl Zahlen für die Vergangenheit als auch für die Zukunft. Denn wir wissen ja, wie viele Babys heute geboren werden und können – Dents Theorie folgend – auch deren künftiges Konsumverhalten vorhersagen.

Als Nächstes vergleicht Dent seine Zahlen mit der Entwicklung der Aktienmärkte und macht eine erstaunliche Entdeckung. Die Übereinstimmung zwischen der Ausgabenwelle und der – inflationsbereinigten – Entwicklung des Dow Jones ist sehr hoch. Es scheint so, als sei das demografisch abgeleitete Konsumverhalten tatsächlich ein wichtiger Faktor für die Entwicklung der Unternehmensgewinne und damit auch der Aktienkurse.

Abbildung 2

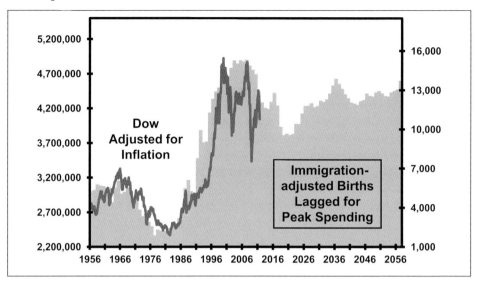

Quelle: Data Source, HS Dent Research, U.S. Census Bureau, Bloomberg, 2012

Dents Indikator sieht demnach für die USA sehr bedrohlich aus. Die USA haben den Höhepunkt der Ausgabenwelle überschritten und stehen vor einem langjährigen Rückgang, der erst in den Jahren 2020 bis 2022 wieder einen Boden findet. Natürlich sind diese Betrachtungen relativ grob und vereinfachend. Sie berücksichtigen beispielsweise nur unzureichend das demografisch wichtige Thema Zuwanderung. Auch der Bereich Export – als Ersatz für einen schwächelnden heimischen Konsum – bleibt außen vor. Und natürlich ist ein solcher Indikator nicht in der Lage, Wirtschafts- und Finanzkrisen oder exogene Schocks wie die Terroranschläge im Jahr 2001 zu berücksichtigen. Dennoch besticht die Analyse durch die relativ simplen und nachvollziehbaren Überlegungen, die ihr zugrunde liegen. Als langfristiger Wegweiser für Börse und Wirtschaftsentwicklung erscheint sie daher beachtenswert. Beeindruckend ist, dass die Arbeit von Harry Dent auch den Niedergang des japanischen Marktes erklärt. Im Vergleich zu den USA lag die Spitze der japanischen Geburtenzahlen deutlich früher. Zudem ergeben die Statistiken, dass die Japaner etwas jünger sind, wenn sie den Höhepunkt ihres Konsums erreichen. Die daraus abgeleitete Ausgabenwelle ergibt einen Höhepunkt im Jahre 1990. Genau zu diesem Zeitpunkt erreichte der Nikkei-Index nach einer sagenhaften Hausse sein Allzeithoch und hat seitdem rund 80 % seines Wertes verloren.

Was sagt nun dieser bemerkenswerte Indikator für Deutschland? Die Deutschen gelten bei Harry Dent als Spätzünder. Sie sparen offenbar ein bisschen länger und leisten sich erst mit 50 ihren Porsche oder ihre Weltreise. Ergo könnten unserer Wirtschaft und unserer Börse noch ein paar gute Jahre bevorstehen. Spätestens 2015 fällt aber auch Deutschland in ein tiefes Loch, das seinen Boden erst 2025 findet. Dabei gilt es jedoch zu beachten, dass die langfristigen Schrumpfungstendenzen hierzulande wesentlich stärker ausgeprägt sind als in den USA. Denn während bei uns die durchschnittliche Geburtenrate ziemlich konstant bei 1,4 Kindern liegt, sackte sie in den USA lediglich zwischen Anfang der 70er und Ende der 80er Jahre deutlich unter den Wert von 2 und hat sich zuletzt sogar leicht über 2 eingependelt.

Die demografischen Faktoren senden also für die Ertragslage der Unternehmen in den Industriestaaten – vorsichtig ausgedrückt – Warnzeichen aus. Harry Dent selbst drückt es drastischer aus: Er erwartet nicht nur deutlich sinkende Aktienkurse, sondern auch einen massiv deflationären Effekt aus der zunehmenden Alterung.

Vor einer Einschätzung der Auswirkungen des demografischen Wandels auf die Aktien märkte soll der zweite wichtige Einflussfaktor angeschaut werden: Wie wirkt sich die Alterung auf die Bewertung der Aktienmärkte aus? Oder plakativer gefragt: Sterben die Aktionäre aus?

Zu dieser Frage gibt es eine interessante Untersuchung des kalifornischen Ablegers der amerikanischen Notenbank. Die FED aus San Francisco kommt zu dem Schluss: In der Vergangenheit gab es einen verblüffend engen Zusammenhang zwischen dem Kurs-Gewinn-Verhältnis von amerikanischen Aktien und der Entwicklung der geburten-starken Jahrgänge. Je mehr Amerikaner sich in dem Alter von 40 bis 49 befanden, in dem die Aktienanlage verbreitet ist, desto höher war das Kurs-Gewinn-Verhältnis, das amerika-nische Aktien aufwiesen.

Abbildung 3

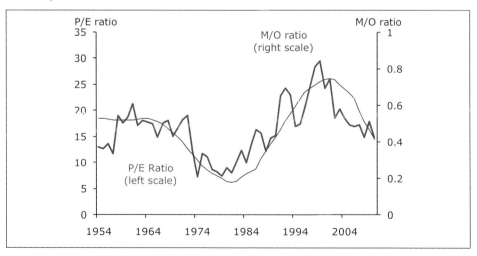

Quelle: Federal Reserve San Francisco

Fakt ist aber, dass die Babyboomer nun aus dem Erwerbsleben ausscheiden. Damit verschiebt sich das Verhältnis deutlich zugunsten der Älteren. In der Grafik äußert sich das in einem sinkenden M/O-Ratio, der roten Linie. Darin wird die Zahl der 40-49-Jährigen („M" wie „middle age") zu den 60-69-Jährigen („O" wie „old") ins Verhältnis gesetzt. Je höher die Linie, desto mehr aktienaffine Amerikaner mittleren Alters gibt es im Verhältnis zu den Alten. Seit etwa dem Jahr 2000 fällt diese Linie jedoch und wird dies auch bis Anfang des nächsten Jahrzehnts noch tun.

Die blaue Linie stellt das durchschnittliche Kurs-Gewinn-Verhältnis des amerikanischen Aktienmarktes dar. Man erkennt auf den ersten Blick, dass beide Linien seit mehr als 50 Jahren einen hohen Gleichlauf aufweisen.

Auf dieser Basis malen die Forscher nun ein ziemlich düsteres Bild für die Zukunft. Ihre Gleichung lautet: Mehr Alte gleich niedrigeres KGV für Aktien. Konkret kommen sie zu der Prognose, dass das durchschnittliche KGV von 15 in 2010 auf nur noch 8,3 in 2025 sinken könnte. Bei gleichbleibenden Gewinnen würde das also fast eine Halbierung der Aktienkurse bedeuten. Selbst wenn die Unternehmen es schaffen sollten, ihre Gewinne zu verdoppeln, würden die Kurse lediglich stagnieren.

Abbildung 4

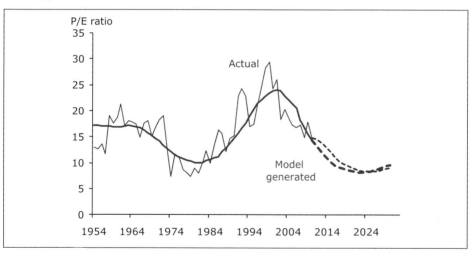

Quelle: Federal Reserve San Francisco

Greifen wir jedoch zurück auf die Untersuchungen von Harry Dent, so sehen wir, dass die Wahrscheinlichkeit, dass die **realen** Unternehmensgewinne der US-Wirtschaft stark steigen, äußerst gering ist. Ganz im Gegenteil ergeben sich aus der demografischen Entwicklung der USA und auch in Europa eher sinkende Gewinnprognosen.

Zu sehen ist also, dass zwei völlig unterschiedliche Betrachtungsweisen der Aktienmärkte zu einem verblüffend einheitlichen Ergebnis kommen. Aus Sicht der Demografie steht den Aktienmärkten ein schwieriges Jahrzehnt bevor – sowohl aus Sicht der Unternehmensgewinne als auch unter dem Aspekt der Bewertungen. Von einem „Crash der Demografie" zu sprechen, mag etwas übertrieben sein. Aber die Untersuchungen machen deutlich, dass auch der breite Aktienmarkt aller Voraussicht nach nicht der Zufluchtsort für den erfolgreichen Vermögensaufbau eines privaten Investors sein wird.

4 Auswirkungen auf den Immobilienmarkt

Wohnimmobilien werden von vielen Deutschen als Basis des eigenen Vermögens und als Grundstock für die Alterssicherung angesehen. Doch gibt es bereits heute eine enorme Spreizung der Immobilienpreise anhand ihrer Lage. Vor dem Hintergrund der demografischen Entwicklung ist zu erwarten, dass die Schere zwischen guten und schlechten Standorten weiter auseinandergeht.

In einem Umfeld schrumpfender Bevölkerungszahlen wird es auch in Deutschland Landstriche geben, in denen Immobilien schwer verkäuflich und nahezu unvermietbar sein werden. Daher wird die Frage nach der richtigen Lage an Bedeutung gewinnen. Das heißt nicht unbedingt, dass es unbedingt die Penthouse-Wohnung im angesagtesten Viertel einer Großstadt sein muss, zumal dort die Preise in den vergangenen Jahren bereits deutlich angezogen haben.

Wichtig ist stattdessen, sich sehr intensiv mit den Zukunftschancen jenes konkreten Ortes zu beschäftigen, an dem Sie entweder bereits eine Immobilie besitzen oder einen Kauf erwägen. Strukturschwache Regionen, die heute bereits unter Abwanderung leiden, können sich in den nächsten Jahrzehnten zu wahren Wohnwüsten entwickeln. Immobilien in wachsenden und strukturstarken Regionen haben dagegen gute Chancen, ihren Wert nicht nur zu bewahren, sondern sogar zu erhöhen.

Um den Chancen und Risiken der Immobilie gerecht zu werden, sollte unterschieden werden zwischen einer selbst genutzten Immobilien und einer Immobilie, die als Kapitalanlage vermietet wird.

4.1   Eigennutzer

Eine selbst genutzte Immobilie ist für viele Menschen eine hoch emotionale Sache. Sie sollte daher nicht ausschließlich unter wirtschaftlichen Faktoren betrachtet werden. Dennoch wäre es töricht, die massiven Wertveränderungen, die die demografische Entwicklung für den Immobilienmarkt mit sich bringen dürfte, zu ignorieren.

Denn jede Immobilie, egal ob gekauft, geerbt oder mit den eigenen Händen erbaut, ist ein Investment. Wichtig ist dabei, sich mit den Tatsachen auseinandersetzen, die uns alle in den nächsten Jahren erwarten dürften. Deutschland hat den Vorteil, dass die Immobilienpreise anders als in anderen Ländern bis etwa zum Ende des ersten Jahrzehnts unseres Jahrhunderts kaum spekulativ überhitzt waren. Das hat sich zuletzt in einigen Regionen geändert, ohne dass dabei von einer Spekulationsblase gesprochen werden kann. Nicht selten liegen die realen Immobilienpreise heute noch auf dem Niveau der 1970er Jahre. Seit 1990 sind nach Berechnungen der Deutschen Bank die realen Immobilienpreise in Westdeutschland um 14 % gesunken.

Im Osten liegt das Minus sogar bei 27 %. Das lässt auf der einen Seite den Schluss zu, dass wir es mit einem vernünftig bewerteten Immobilienmarkt zu tun haben – Spekulationsblasen wie in Spanien oder Irland hat es hierzulande so gut wie nicht gegeben. Auf der anderen Seite zeigt eine solche langfristig maue Wertentwicklung schonungslos auf, dass es auch bei Immobilien keinen automatischen Inflationsschutz und erst recht keine eingebaute Wertsteigerung gibt.

Zwei Trends spielen bei der Betrachtung des Immobilienmarktes eine Rolle: Erstens, Deutschland wird zum Schrumpfland. Zweitens, viele Menschen ziehen aus den ländlichen Regionen in die großen Städte bzw. deren Umland. Beide Faktoren werden zur Verödung bereits heute dünn besiedelter Gebiete führen. Dies wird in etlichen Regionen deutliche Einschnitte der Infrastruktur mit sich bringen. Schon heute klagen beispielsweise ländliche Gebiete, gerade in Ostdeutschland, über eine mangelnde ärztliche Versorgung. Solche Defizite werden sich in Zukunft noch deutlich verschärfen. Zum einen aufgrund der weiter ausgedünnten Besiedlung, zum anderen aufgrund der finanziellen Nöte im Gesundheitssystem. Ähnliches dürfte für Schulen, Nahversorgung und öffentliche Verkehrsmittel gelten.

Die folgende Grafik zeigt, wie sich die Einwohnerzahlen in den einzelnen Regionen Deutschlands voraussichtlich bis ins Jahr 2020 verändern werden. Man sieht, dass vor allem im Osten Deutschlands – mit Ausnahme eines Speckgürtels um Berlin sowie in Jena, Leipzig und Dresden – mit deutlichen Rückgängen gerechnet wird. Im Westen der Republik ist ein großflächiger Bevölkerungsrückgang im nördlichen Hessen, südlichen Niedersachsen, im Ruhrgebiet, im Saarland, im nördlichen Bayern und in Teilen Frieslands zu erwarten.

Abbildung 5: Einwohnerprognose 2010 bis 2020

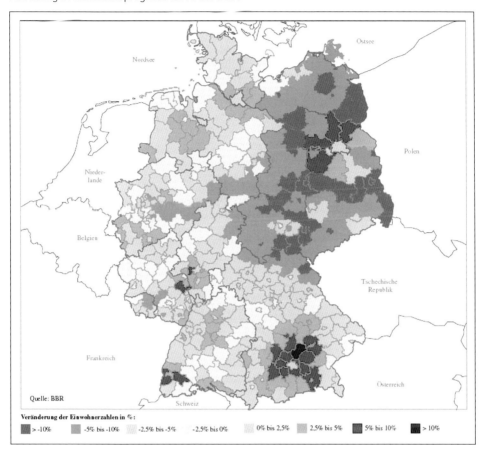

Quelle: BBR, Engel & Völkers

Dagegen ist in den meisten Metropolregionen im Westen mindestens mit einer stabilen Entwicklung zu rechnen. In den Großräumen München, Berlin, Frankfurt und Freiburg soll die Einwohnerzahl bis zum Jahr 2020 ansteigen. Auch die Städte Hamburg, Bremen, Köln, Mannheim, Heidelberg und Stuttgart sowie die Bodenseeregion sollen spürbar wachsen.

Mindestens genauso wichtig wie die Entwicklung der Bevölkerungszahl ist für die Immobilienbranche, wie sich die Zahl der Haushalte entwickelt. In Deutschland gibt es immer mehr Menschen, die alleine wohnen. Dadurch steigt tendenziell die Zahl der Haushalte und damit auch der benötigten Wohneinheiten. Von diesem Trend profitieren vor allem die Großstädte, in denen Singles häufiger anzutreffen sind als auf dem Land. Grundsätzlich spricht also vieles für den Immobilienbesitz in Metropolen oder in deren Nähe.

Allerdings geht es bei der sinnvollen Betrachtung von Standorten nicht ausschließlich um das reine Bevölkerungswachstum. Das Berlin-Institut für Bevölkerung und Entwicklung hat versucht, die regionalen Unterschiede in Deutschland abzubilden. Dabei hat man die verschiedenen demografischen, ökonomischen und sozialen Indikatoren zurate gezogen. Die Wirtschaftskraft spielt dabei genauso eine Rolle wie die Arbeitslosigkeit, der Bildungsstand oder die Altersstruktur der Bevölkerung. Zusammengefasst in einem Index erlaubt die Summe der Indikatoren einen Überblick darüber, wie gut die Städte und Landkreise für die Zukunft gerüstet sind. Die Bewertungen sind dabei am System der Schulnoten orientiert und reichen von 2,58 für den Landkreis München bis 4,73 für Uecker-Randow in Mecklenburg-Vorpommern. Es zeigt aber anhand eines groben Rasters sehr gut auf, welche Standorte sich für den Besitz einer Immobilie eignen. Die Studie „Die demografische Lage der Nation" ist kostenlos auf der Website des Berlin Instituts (www.berlin-institut.org) erhältlich.

Zu guter Letzt sollte ein Standort auch immer einer genauen Mikro-Untersuchung unterzogen werden. Damit ist eine genauere Untersuchung des sozialen Umfelds, der Infrastruktur und nicht zuletzt der lokalen demografischen Situation gemeint. Gerade in ländlichen Gebieten gibt es immer wieder Cluster, in denen sich die demografische Situation gut darstellt, z.B. weil die Schulversorgung überdurchschnittlich gut ist. Informationen dazu gibt es bei den jeweiligen Statistischen Landesämtern, wobei nicht alle Bundesländer über eine gleich gute Datenbasis verfügen. Solche Standorte sind durchaus einen näheren Blick wert, wobei berücksichtigt werden sollte, dass sich dieser lokale Vorteil schnell verflüchtigen kann, z.B. durch Wegzug der jungen Generation.

4.2 Vermieter/Kapitalanleger

Das derzeit niedrige Zinsumfeld bietet ein ideales Umfeld für eine Geldanlage in eine vermietete Immobilie. Dennoch gibt es auch unter dem Aspekt der Demografie in diesem Bereich eine Menge Fallstricke, die es zu beachten gilt: Für den Vermieter spielt die Lage der Immobilie eine noch größere Rolle als für den Selbstnutzer. Vor vermeintlichen Schnäppchen in strukturschwachen Regionen ist daher dringend abzuraten. Denn droht erst einmal der Leerstand, dann entwickelt sich die vermeintlich sichere Anlage – gerade wenn sie über einen Kredit finanziert wird – schnell zum Fiasko. Der Vermieter muss also alles dafür tun, um sein Objekt auch langfristig vermieten zu können. Dazu zählt ein Standort, der auch in ungünstigen Szenarien, wie den genannten gesellschaftlichen Verschiebungen, weiter attraktiv bleibt. Dazu zählt aber auch ein Objekt, das für diese Entwicklungen vorbereitet ist. Beachten Sie daher die Zukunftsfähigkeit Ihrer Immobilie vor dem Hintergrund des demografischen Wandels: Eine Altbauwohnung im fünften Stock ohne Aufzug wird in Zukunft für eine immer kleinere Käufer- oder Mieterschicht attraktiv. Ähnliches gilt auch für das klassische Reihenhaus, das sich über vier Etagen erstreckt. Käufe zu vermeintlichen Schnäppchenpreisen in strukturschwachen oder sozial gefährdeten Standorten dürften sich als Eigentor erweisen.

5 Von der demografischen Entwicklung profitieren

Wie gezeigt wurde, bietet die demografische Situation eine Vielzahl von Herausforderungen für Anleger. Die meisten Implikationen, die sich im nächsten Jahrzehnt für Investoren in den großen Industriestaaten ergeben werden, sind negativer Art. Doch wie bei allen Bedrohungen gilt es, nach den positiven Aspekten und den Chancen Ausschau zu halten.

Bei näherer Betrachtung ergeben sich insbesondere zwei Möglichkeiten, den Folgen der Demografie auszuweichen bzw. gezielt von ihr zu profitieren. Erstens: die Suche nach Unternehmen und Branchen, die von der zunehmenden Alterung profitieren. Zweitens: Investments in Regionen, die auch langfristig eine intakte demografische Perspektive aufweisen.

Wenn die Zahl der Alten wächst, dann müssen wir uns fragen: Wer verdient Geld mit der alternden Bevölkerung? Je älter wir werden, desto häufiger sind wir in der Regel auf ärztliche Hilfe angewiesen. Da der Allgemeinarzt um die Ecke normalerweise nicht an der Börse notiert ist, bleiben vor allem zwei Möglichkeiten: private Krankenhausketten und Pharmahersteller. Beide haben allerdings das Problem, dass sie ihr Einkommen in der Regel nicht direkt von den Patienten beziehen, sondern von den zwischengeschalteten Versicherungen und hier insbesondere von gesetzlichen Versicherungen bzw. von staatlichen Gesundheitssystemen. Im Zeitalter der zunehmenden Belastung der Staatssysteme ist damit zu rechnen, dass auch die Leistungsfähigkeit dieser Versicherungen sinkt. Im Gesundheitssektor dürfte sich also eine Tendenz verstärken, die wir heute bereits sehen: Zunahme der Patienten, aber gleichzeitig Preisdruck von den staatlichen Stellen, die die Rechnungen bezahlen müssen. Für den Gesundheitssektor gilt daher: Er ist zwar grundsätzlich interessant. Allerdings wird er vermutlich das Potenzial, das die Alterung der Gesellschaft mit sich bringt, nicht eins zu eins in zusätzliche Gewinne ummünzen können.

Bleibt die Suche nach Nischen innerhalb des Gesundheitssektors, die sich dem Preisdruck entziehen können. Interessant könnten Aktien von Generikaherstellern werden. Diese Unternehmen produzieren preisgünstige Nachahmer-Medikamente, deren Patentschutz ausgelaufen ist. Sie profitieren somit sowohl von der Alterung der Gesellschaft als auch von der zunehmenden Preissensitivität.

Insgesamt erscheint es recht schwierig, in einem real bestenfalls stagnierenden Aktienmarkt in Europa und den USA, den die demografischen Daten für das nächste Jahrzehnt erwarten lassen, jene Aktien herauszupicken, die sich positiv entwickeln.

Es kann klappen, aber vermutlich nur dann, wenn man sich intensiv mit den jeweiligen Branchen und Unternehmen beschäftigt. Aussichtsreicher erscheint deshalb die zweite Variante, die im Folgenden dargestellt wird.

Diese zweite Möglichkeit, von den demografischen Verschiebungen zu profitieren, besteht darin, dort zu investieren, wo die Bevölkerungsentwicklung noch „gesund" ist und fortgesetztes Wirtschaftswachstum erwarten lässt: in den Schwellenländern Asiens und Südamerikas sowie in den entwickelten Staaten mit einer intelligenten und selektiven Einwanderungspolitik wie Kanada und Australien. Bevölkerungswachstum bedeutet Wirtschaftswachstum. Wirtschaftswachstum bedeutet steigende Aktienkurse. Diese Gleichungen sind zwar stark vereinfacht und mit Sicherheit nicht ohne genaue Überprüfung anzuwenden, aber sie bergen den Schlüssel zum erfolgreichen Investieren mit der Demografie.

Wie stark die Kräfte sind, mit denen die Schwellenländer an uns vorbeiziehen werden, wird an einer Untersuchung von Goldman Sachs deutlich. Sie zeigt, wie sich die Anteile am weltweiten Wirtschaftsvolumen von den Industrieländern in die Schwellenländer verlagern werden. Dazu muss man wissen, dass Goldman Sachs vor einigen Jahren die nach Meinung der Bank vier stärksten Wachstumsstaaten unter dem Begriff „BRIC" (steht für: Brasilien, Russland, Indien, China) zusammengefasst hat und auf die Aktienmärkte dieser Länder diverse Finanzprodukte begeben hat, mit denen Goldman gutes Geld verdient. So gesehen, handelt es sich möglicherweise nicht um eine völlig wertneutrale Betrachtung. Doch dies ändert nichts an den grundsätzlichen Gegebenheiten.

Der Anteil der BRIC-Staaten an der weltweiten Wirtschaftsleistung wird demzufolge von knapp 30 % in 2020 auf rund 50 % in 2050 wachsen und damit die G7-Staaten deutlich hinter sich lassen. Dabei ist jedoch zu beachten, dass zwei der vier BRIC-Staaten, nämlich Russland und China unter demografischen Gesichtspunkten ihren Zenit bereits überschritten haben und mit zunehmender Alterung zu kämpfen haben werden. Während in China ein starkes Wirtschaftswachstum bedingt durch einen steigenden Lebensstandard weiter Teile der Bevölkerung zu erwarten ist, ist diese Dynamik in Russland nicht so stark zu erkennen. Russland erscheint damit unter Wachstumsgesichtspunkten weitgehend uninteressant und dürfte eher mit den Problemen der Industriestaaten zu kämpfen haben, auch wenn diese durch den Rohstoffreichtum des Landes gemildert werden könnten.

Besonders attraktiv erscheint unter demografischen Gesichtspunkten die »zweite Reihe« der Emerging Markets, die Goldman Sachs unter dem Begriff „Next 11" zusammengefasst hat. Diese Gruppe besteht aus Südkorea, Vietnam, Mexiko, Iran, Türkei, Indonesien, Philippinen, Ägypten, Nigeria, Bangladesh und Pakistan. Diese Länder, auch wenn sie teilweise noch an der Schwelle zum Entwicklungsland stehen, weisen allesamt eine gesunde Demografie auf.

Um die Stärken der Emerging Markets zu nutzen, kann direkt in die großen Unternehmen oder in die kompletten Aktienmärkte der jeweiligen Regionen investiert werden.

Die Schwellenländer verfügen aber noch über ein weiteres Ass im Ärmel. Sie sind im Durchschnitt deutlich geringer verschuldet als die Industrieländer. Während die Verschuldung der etablierten Länder in Richtung 100 % des BIP strebt und in einzelnen Fällen wie Japan bereits über 200 % beträgt, liegen die Schwellenländer nur rund halb so hoch.

Und nicht zuletzt durch die positive Demografie werden sie diesen Stand auch voraussichtlich weiter senken können. Die Schulden der Industrieländer werden dagegen sehr rasch in noch ungemütlichere Höhen steigen. Deswegen können auch Anleihen von Schwellenländern ein interessantes Investment sein, zumal sie derzeit häufig noch höhere Renditen bieten als Papiere aus Industriestaaten.

Auch die Währungen dieser Staaten sind aussichtsreich. Zu achten ist dabei jedoch unbedingt auf politische und wirtschaftliche Stabilität – denn was nutzt die beste demografische Basis, wenn ein Staatsstreich einen Strich durch die Rechnung macht?

Zu guter Letzt gibt es die Möglichkeit, sich an weltweit agierenden Konzernen aus den Industrieländern zu beteiligen, die einen großen Teil ihrer Umsätze in den Schwellenmärkten machen. In Deutschland sind dies beispielsweise Unternehmen wie Linde, Henkel, BASF und Adidas, die entweder mit ihren weltweit bekannten Konsumgüter-Marken oder durch ihre starke Position als Weltmarktführer in den Schwellenländern punkten. Nicht umsonst sind die Aktien der genannten Unternehmen zuletzt deutlich besser gelaufen als der gesamte Aktienmarkt. Die meisten dieser Werte befinden sich in der Nähe ihrer Allzeithochstände. Die Börse hat das Thema „Demografie" schon längst entdeckt und sie wird es auch in den nächsten Jahren noch spielen.

6 Fazit

Der eine Teil der Welt altert und schrumpft – der andere Teil wächst weiter und bleibt vergleichsweise jung. Dabei ist das Wachstum der Bevölkerung unmittelbar mit wirtschaftlichem Wachstum verbunden. In diesem Zusammenhang ist es wichtig, sich über eine Tatsache bewusst zu werden: Es wird in den nächsten Jahren vermutlich keinen so synchronen Aufschwung und Abschwung mehr geben, wie das in der Vergangenheit häufig der Fall war. Daran wird auch die starke Verzahnung der Weltwirtschaft nicht allzu viel ändern.

Dagegen wird sich eine fundamentale Verschiebung der wirtschaftlichen Stärke und daraus resultierend auch der politischen Macht geben, die schon längst begonnen hat: Weg von den alten Industriestaaten des Westens hin zu den wachsenden Schwellenländern in Ost-, Südost- und Südasien sowie in Südamerika.

Harry Dent prognostiziert anhand seiner Ausgabenwelle folgenden Fahrplan dafür, wann die einzelnen Regionen den Höhepunkt ihrer wirtschaftlichen Stärke erreichen bzw. überschreiten: Japan hat dies bereits 1990 getan. Europa, einschließlich Osteuropa und Russland, die USA und Australien/Neuseeland folgen zwischen 2010 und 2015, China ab 2020. Südostasien überschreitet den Rubikon erst 2040 bis 2060, Lateinamerika etwa 2050 bis 2060. Indien, Südasien und der Nahe Osten folgen ab 2065. Afrika könnte noch bis mindestens 2085 wachsen.

Der folgende Abschwung dürfte in Nordamerika, Australien und Neuseeland allerdings dadurch gemildert werden, dass es eine beträchtlich starke „Echoboomer"-Generation gibt. Das bedeutet, dass die Zahl der Geburten nach Auslaufen der Babyboomer-Jahrgänge nicht abrupt eingebrochen ist, sondern sich weitere starke Geburtenjahrgänge angeschlossen haben. Zudem profitieren diese Länder besonders stark von Einwanderung. Europa verfügt nur sehr eingeschränkt über diese positiven Effekte.

Was für die wirtschaftliche Stärke gilt, gilt umso mehr auch für die Stärke der sozialen Systeme: Ihre Handlungsfähigkeit wird durch die sinkende Zahl der Beitragszahler und die gleichzeitig steigende Zahl der Leistungsempfänger auf eine massive Belastungsprobe gestellt. Bereits auf Basis der demografischen Zahlen vor der Wirtschafts- und Finanzkrise war abzusehen, dass spätestens im Jahre 2050 die gesetzliche Rente in den meisten westlichen Industrieländern nicht viel mehr bieten wird als Sozialhilfeniveau. Diese Entwicklung dürfte sich durch die Entwicklung der vergangenen Jahre deutlich beschleunigen.

Die hier gezeigten demografischen Entwicklungen sind vorgezeichnet. Die Zeit der gesellschaftlichen und politischen Einflussnahme auf die Entwicklung der nächsten Jahrzehnte ist weitgehend vorbei. Das Berlin-Institut vergleicht die Demografie mit dem Klimawandel. Die Chance, grundlegend gegenzusteuern, ist weitgehend vergeben. Nach dieser Periode der verpassten Chancen gebe es nur noch Anpassungsstrategien. Das bedeutet: Die Fakten kennen und für sich und die eigene Familie das Beste daraus zu machen. Die Vorstellung vom ewigen Wachstum ist überholt, schreiben die Forscher. Sie wird sich in einer schrumpfenden, alternden und vom Konsum her weitgehend gesättigten Gesellschaft nicht mehr erfüllen lassen.

Natürlich dürfen die demografischen Entwicklungen nicht einzige Leitlinie bei der persönlichen Finanzplanung und Geldanlage sein. Aber sie verdienen deutlich mehr Beachtung, als dies heute der Fall ist. Es gibt zwei Konsequenzen, die sich aus dem Megatrend der Demografie ableiten sollte. Die erste lautet: „Versuchen Sie einer Abhängigkeit von staatlichen Transferleistungen in den Industriestaaten aus dem Wege zu gehen. Stärken Sie, soweit möglich, Ihre private oder Ihre berufliche Altersvorsorge." Die zweite Schlussfolgerung heißt: „Nutzen Sie die Staaten mit intakter Demografie als Ziel für Investments."

Paradigmenwechsel im Banking

Mirko Schiefelbein/Holger Friedrich

1 Einleitung

Im Markt für Finanzdienstleistungen vollzieht sich derzeit ein Paradigmenwechsel. Abseits von der durch die Finanz- und Vertrauenskrise dominierten öffentlichen Wahrnehmung des Bankenmarkts findet ein grundlegender Umbruch des Banking statt. Er ist getrieben insbesondere von technologischen Innovationen einerseits und sich wandelnden Verhaltensweisen und Anforderungen der Kunden und Nutzer andererseits. Dieser Umbruch besteht im Kern darin, die Rolle der Bankeninfrastruktur mit ihren Filialen und Beratern ab- und stattdessen die Bedeutung von Services aufzuwerten, mit deren Hilfe sich Kunden informieren und auf deren Grundlage sie agieren können.

Eine Reihe von Spielern hat diese Entwicklung und ihr Potenzial erkannt. Venture Capital-Geber und Startups, Telekommunikations- und Internetunternehmen sowie Handelskonzerne treten als neue, oft branchenfremde Teilnehmer in den Markt für Finanzdienstleistungen ein. Diese „Bank Attackers" greifen mit innovativen Konzepten die Geschäftsmodelle etablierter Banken an, fragmentieren und modifizieren deren Wertschöpfungsketten und kreieren dadurch Mehrwert. Im Ergebnis kommt es zu einer Diversifizierung bei gleichzeitiger Spezialisierung der Anbieter und Produkte im Markt für Finanzdienstleistungen.

Der Umbruch ist umfassend, und er ist radikal; es ist zum gegenwärtigen Zeitpunkt allerdings weitgehend offen, zu welchen Ergebnissen dieser Wandel mit Blick auf die Marktanteile der Wettbewerber langfristig führen wird.

- Der Wandel ist umfassend, da er sich in allen Geschäftsfeldern findet, angefangen bei den Payment Transactions und dem Asset Management über die Lending Operations bis hin zum Personal Finance Management.

- Er ist radikal, weil die bisherigen Angebote im Markt nicht nur ergänzt, sondern in ihrer bisherigen Form infrage gestellt und grundlegend modifiziert werden und weil der Kunde in veränderter Weise adressiert wird.

- Er ist ergebnisoffen, denn es ist derzeit nicht absehbar, ob sich die neuen Marktteilnehmer durchsetzen und signifikante Marktanteile sichern oder ob sie letztlich als Ideengeber für die etablierten Finanzinstitute dienen werden.

Mit den folgenden Überlegungen thematisieren wir diesen Paradigmenwechsel vor dem Hintergrund möglicher zukünftiger Entwicklungen des Banking. Dazu gehen wir zunächst auf die aktuellen Herausforderungen ein, die sich für ein zeitgemäßes Banking-Angebot stellen und denen sich insbesondere, aber nicht ausschließlich die etablierten Banken gegenübersehen. Anschließend geben wir einen Überblick über die in den einzelnen Geschäftsfeldern agierenden Innovatoren und stellen ihr innovatives Potenzial heraus. Daraus leiten sich verschiedene Szenarien ab, wie sich der Markt für Finanzdienstleistungen in Zukunft entwickeln wird in Bezug auf die Banken einer- und die Innovatoren andererseits. Abschließend versammeln wir die im Gang der Untersuchung gewonnenen Einsichten mit Blick auf die Frage, welche Erfolgsfaktoren für ein zukunftsfähiges Banking entscheidend sein werden.

2 Gegenwärtige Herausforderungen im Banking

Bedingt durch den Paradigmenwechsel sehen sich zeitgemäße Banking-Angebote mit Herausforderungen insbesondere in zwei Bereichen konfrontiert. Der erste betrifft eine veränderte Kunden- und Nutzeransprache, was weit mehr involviert als eine neue Form der Präsentation; der zweite Bereich bezieht sich auf die technologischen Voraussetzungen, um den veränderten Anforderungen zu genügen. Von diesen Herausforderungen ist prinzipiell jedes Angebot im Markt für Finanzdienstleistungen betroffen; aufgrund der unterschiedlichen Ausgangslage einerseits neuer Angebote, die sich meist an eine junge Klientel wenden und technologisch neu aufsetzen können, und andererseits der Banken mit ihrem bisherigen Fokus auf die Filiale und den Kunden vor Ort sowie ihrer historisch gewachsenen Technologiebasis wirken sich diese Anforderungen je unterschiedlich aus.

Mit Blick auf den Kunden gibt es einen Wandel von einem klassischen Kundenparadigma hin zu dem der „Digital Natives" oder „Generation Y". Diese Generation der nach 1980 Geborenen ist nicht nur in einer Welt digitaler Kommunikations- und Informationsmöglichkeiten sozialisiert worden, die Angehörigen dieser Generation nutzen die digitalen Kanäle darüber hinaus als primäre Medien der Rezeption und Artikulation über Entfernungen hinweg. Das geht erstens einher mit veränderten Verhaltensmustern, wie sie sich in Bedürfnissen und Erwartungen ausdrücken. Die Angehörigen dieser Generation sind es gewohnt, verschiedene elektronische Kanäle nutzen zu können, und sie erwarten von entsprechenden Institutionen und Services nicht nur eine auch digitale Präsenz, sondern eine Verbesserung und Steigerung ihrer Mobilität, Vernetzung, Kommunikation und Information. Aus der permanenten und hohen Verfügbarkeit von Informations- und Kommunikationsmöglichkeiten folgt zweitens, dass die Vorstellung eines Informations- und Datenmonopols obsolet wird. Der Kunde hat sich vorab informiert und wird sich im Anschluss über das Angebot informieren; er nutzt die präsentische Beratung auf Basis dieses emanzipierteren Selbstverständnisses als einen Informationskanal unter vielen.

An dieser Stelle setzen neue Konzepte an, indem sie etwa anderweitig verfügbare Informationen aggregieren. Sie schaffen damit einen Mehrwert und formulieren ein offenes Informations-Angebot an den Kunden. Für klassische Banken mit ihren Filialen und Bankberatern vor Ort ist das eine strukturelle Herausforderung. Einerseits verfügt der Berater über keinen glaubhaften Informationsvorsprung, andererseits können die Banken kein zu den neuen Konzepten gleichwertiges Angebot formulieren, denn damit würden sie ihr Filialnetz selbst kannibalisieren.

Der zweite Bereich betrifft die IT als technologische Voraussetzung für neue Banking-Ansätze. Technologische Innovationen erreichen den Markt zum einen Teil hardwareseitig, etwa in Form höherer Speicherkapazitäten, wachsender Bandbreiten oder neuer Gerätetypen wie Smartphones und Tablets. Diese Entwicklungen sind gekennzeichnet durch sinkende Preise und eine zunehmende Geschwindigkeit der Marktdurchdringung. Die Innovationen sind zum andern Teil Folge dieses Pushs, beispielsweise als Realtime-Datenverfügbarkeit, als für jedes Ausgabemedium optimierte Frontends im stationären und mobilen Gebrauch oder als global verfügbare, gut ausgebildete und günstige Arbeitskräfte. Diese Innovationen ermöglichen neuartige Angebote, die ihrerseits zu veränderten Standards dessen führen, was Kunden und Nutzer erwarten. Die fortschreitende Industrialisierung des Bankenmarkts hat die Abhängigkeit der Finanzinstitute von Technologien – insbesondere der IT – deutlich gesteigert. Zugleich hat sich gezeigt, dass sich Banken nicht primär über die IT im Kernbankbereich von ihren Wettbewerbern abheben. Mit der IT im Sinne eines Enablers sind vielmehr die Voraussetzungen zu schaffen, damit Banken schnell und umfassend agieren und sich anhand ihrer Produkte und Services in Verbindung mit ihren Marken von Wettbewebern differenzieren können.

Innovative Banking- und Finanzkonzepte setzen auf diesen neuen technologischen Möglichkeiten auf. Voraussetzung dafür ist, entweder neueste Technologien anzuschaffen oder mit Partnern zu kooperieren, die über diese Technologien verfügen. Dagegen sind Banken mit ihrer teilweise bis zu 40 Jahre alten und historisch gewachsenen Technologiebasis im Nachteil. Sie besitzen Softwarelandschaften mit zum Teil Hunderten IT-Applikationen und Schnittstellen. Das zieht nicht allein höhere Run the Bank-Kosten nach sich, sondern führt auch zu einer eingeschränkten Unterstützung Business-seitiger Anforderungen, etwa einer Time-to-Market von mehreren Monaten.

Banken haben diesen Wettbewerbsnachteil durchaus identifiziert und arbeiten an seiner Überwindung. Sie konzentrieren sich erstens auf die Standardisierung ihrer Backends, um Kosten zu senken und Handlungsspielräume zurückzugewinnen. So haben z.B. Postbank, Hamburger Sparkasse, HSH Nordbank und Deutsche Bank ihr Kernbanksystem auf SAP-Standardsoftware transformiert. Andere Institute setzen auf eine grundlegende Modernisierung ihrer Individuallösungen, etwa die Volks- und Raiffeisenbanken mit der „bank21" der GAD als Gesamtbanklösung. Mit dieser Standardisierung der Backends verschaffen sich Banken die Ressourcen, um zweitens aufseiten der Frontends die notwendige Flexibilität zu erreichen. Das kann eine Multikanalfähigkeit sein, wie sie die Postbank über einen Middle-Layer realisiert, oder eine App mit Peer-to-Peer-Payments in Echtzeit, wie außerhalb Deutschlands von der Commonwealth Bank of Australia angeboten, die ihre Transformation auf SAP weitgehend abgeschlossen hat.

Angesichts der Herausforderungen auf Kunden- und Technologieseite verfügen Innovatoren über Vorteile gegenüber etablierten Banken, weil sie kulturell auf das neue Kundenparadigma der Digital Natives fokussieren und sie technologisch ohne Vorlasten agieren können. Das entbindet Finanzinstitute keineswegs von der Aufgabe, geeignete

Lösungen zu finden und Angebote zu formulieren, die den neuen Erwartungen und Anforderungen genügen. Andernfalls droht ihnen schlicht ihre Marginalisierung. Zumindest zum Teil haben Banken die Herausforderungen angenommen; sie arbeiten insbesondere an einem technologischen Step Change, um ihrerseits ein zeitgemäßes Banking-Angebot unterbreiten zu können.

3 Innovatoren des Bankings

Innovatoren finden sich in allen Geschäftsfeldern des klassischen Bankings, angefangen bei Payment Transactions über Asset Management und Lending Operations bis hin zum Personal Finance Management. Die Entwicklungen haben einen Stand erreicht, auf dem sich weitere Differenzierungen innerhalb der einzelnen Segmente verstetigen und innerhalb dieser Unterkategorien wiederum eine Vielzahl von Angeboten im Markt verfügbar ist. Das ist Zeichen zum einen der Nachhaltigkeit und zum andern des wachsenden Reifegrads der durch die Innovatoren initiierten Entwicklungen im Markt für Finanzdienstleistungen.

3.1 Payment Transactions

Abbildung 1: Überblick über Innovatoren im Segment Payment Transactions

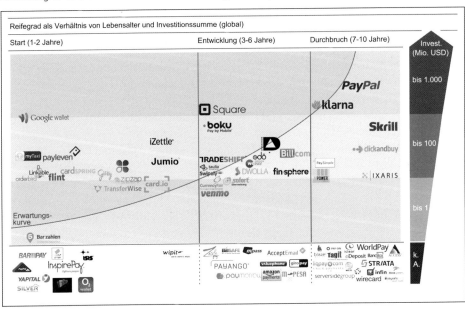

Quelle: COREinstitute 2012. Die abgebildeten Logos stehen im Eigentum der jeweiligen Unternehmen.

Die Produkte und Services im Segment Payment Transactions lassen sich in drei Gruppen einteilen:

- Services im Bereich Online Payments ermöglichen dem Endkunden, Remote-Zahlungen via Internet vorzunehmen. Teilweise richten sich die Services darüber hinaus an Händler, damit diese ihren Kunden diese Option bieten können.

- Im Bereich Mobile Payments finden sich Angebote, die Zahlungsdienstleistungen auf mobilen Endgeräten wie Smartphones und Tablets realisieren.

- Eine dritte Gruppe von Angeboten betrifft Zahlungsoptionen im Nahbereich (Proximity), die zum Teil am Point of Sale (POS) ansetzen, zum Teil einen mobilen Point of Sale (mPOS) schaffen.

Online und Mobile Payments sind seit Längerem als Wachstumsmärkte mit großem Potenzial identifiziert. Laut Prognosen des „World Payments Report 2011" wird es im Jahr 2013 zu 30 Mrd. Online- und 15 Mrd. Mobile-Transaktionen kommen. Das Shoppen und der Kauf von physischen und digitalen Gütern über das Internet sind längst zur Selbstverständlichkeit und festen Größe für den Endkunden wie für den Handel geworden. Mit Blick auf Zahlungslösungen für diese Kanäle erwachsen daraus zwei Anforderungen. Für den Endkunden muss das Bezahlen überall, unkompliziert und schnell vonstattengehen, sei das virtuell, mobil oder stationär; für den Handel ist wichtig, jede Hürde im Kaufprozess weitgehend abzubauen, also den Bezahlvorgang möglichst nahtlos und ohne Medienbruch in den Kauf zu integrieren.

Diese Anforderungen erfüllt eine Reihe von Anbietern im Markt. „PayPal" ist der bekannteste Online-Payments-Service und mit mehr als 16 Mio. Konten und über 40.000 Shops allein in Deutschland Marktführer in dieser Gruppe. Der Service ermöglicht Kunden, mittels eines eigenen Guthaben-Kontos oder durch Hinterlegung ihrer Bank- oder Kreditkartendaten Zahlungen im Internet über ihre Email-Adresse und Passwort vorzunehmen. „Amazon Payments" und „Skrill" sind ähnliche Angebote, die von Händlern unkompliziert in ihre Web-Shops eingebunden werden können, ebenso „sofortüberweisung". „Klarna" und „BillSAFE" bieten Händlern zudem die Option, ihren Kunden den Kauf auf Rechnung anzubieten, und übernehmen eine Ausfallgarantie. Neben anonymen Zahlmöglichkeiten ist noch „Dwolla" zu nennen, das über Guthaben-Konten einen eigenen Geldkreislauf zwischen seinen Kunden etabliert hat.

Im Bereich Mobile Payments finden sich Lösungen, die die Zahlung über mobile Endgeräte wie Smartphones und Tablets ermöglichen. Hier handelt es sich zum einen um sogenannte „Wallets", digitale Geldbörsen, die es Nutzern ermöglichen, via Smartphone Geld zu transferieren. Mit der „O$_2$-Wallet" etwa können Kunden in Großbritannien Zahlungen vornehmen und Geld an Mobilfunknummern und Email-Adressen überweisen. Ähnliche Services sind von anderen Mobilfunkunternehmen gestartet oder angekündigt.

Zum andern bieten Smartphone-Apps die Möglichkeit, aus der App heraus zu zahlen. „myTaxi" z.B. hat eine Zahlfunktion integriert, um nach der Taxifahrt das Geld auf das Smartphone des Taxifahrers über die UMTS-Verbindung zu übertragen. Apple's „Passbook" scheint eine ähnliche Realisierung anzustreben, indem es Apps ermöglicht, über die Funktionsbibliothek von Passbook eine Zahlungsmöglichkeit zu integrieren.

Eine dritte Gruppe von Angeboten betrifft neue Zahlungsoptionen im Nahbereich (Proximity), die zum einen am POS ansetzen, wie die Near Field Communication (NFC), die zum andern mit Hilfe von Kartenlesegeräten einen mPOS schaffen. NFC ist ein kontaktloses Bezahlverfahren, durch das Informationen im Nahbereich per Funk zwischen NFC-Chips übertragen werden. Der NFC-Chip des Endkunden speichert alle bank- und transaktionsrelevanten Daten und kann in das Smartphone genauso wie in Debit- und Kreditkarten integriert werden. „Google Wallet" beispielsweise nutzt NFC-Smartphones, um Zahlungen vorzunehmen und Geschenkkarten und Gutscheine damit zu kombinieren; „Isis", ein Joint-Venture von AT&T, T-Mobile und Verizon Wireless, ist ebenfalls mit einer Wallet gestartet; die Sparkassen forcieren mit „girogo" die Kartenvariante.

Demgegenüber wenden sich mPOS-Lösungen an Kleinunternehmer und den Handel, um mobile Endgeräte mittels Aufsteck-Kartenlesegeräten zum mPOS aufzurüsten. Pionier in diesem Bereich ist das US-amerikanische „Square", das ein Zahlungsvolumen von annualisiert über 8 Mrd. USD abwickelt und mit derzeit mehr als 3 Mrd. USD bewertet wird. „PayPal Here", „iZettle" und „Wirecard" führen ebenfalls Kartenlesegeräte, die zum Teil als White Label-Lösungen im Markt angeboten werden.

3.2 Asset Management

Abbildung 2: Überblick über Innovatoren im Segment Asset Management

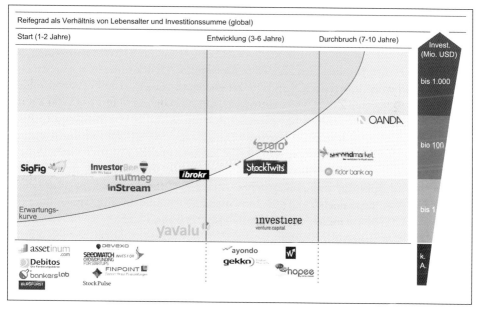

Quelle: COREinstitute 2012. Die abgebildeten Logos stehen im Eigentum der jeweiligen Unternehmen.

Im Segment Asset Management lässt sich ebenfalls eine Einteilung der Services vornehmen:

- Services mit dem Fokus auf Beratung informieren über Anlagemöglichkeiten und bieten Vergleiche mit dem eigenen Investment-Portfolio.

- Handels- und Trading-Services bieten die Möglichkeit, über Trading-Plattformen verschiedene Produkte zu handeln und sich mit anderen Nutzern innerhalb der Community auszutauschen.

- Crowdinvesting-Portale richten sich an Investoren, die in Projekte und junge Unternehmen investieren und an ihnen partizipieren können.

Die Services im Bereich Asset Management setzen am Bedarf von Investoren an. Sie aggregieren und vermitteln Informationen aus verschiedenen Quellen, sie schaffen Kommunikations- und Austauschmöglichkeiten zwischen Investoren und Projekten sowie innerhalb der Community, und sie operationalisieren die Schwarmintelligenz für Anlageentscheidungen. Diese Angebote ersetzen und ergänzen den Bankberater, der seine Unabhängigkeit von provisionsgetriebener Beratung nicht mehr glaubhaft vermitteln kann. Sie füllen seine Rolle der informierenden Beratung mit innovativen Konzepten und ermöglichen es dem Kunden, sich über diese Kanäle aktiv zu informieren, mit anderen zu kommunizieren und auf dieser Grundlage zu agieren.

Die Beratungsangebote fokussieren darauf, Informationen aus verschiedenen Quellen zusammenzutragen, Anlegern ihr Portfolio transparent zu machen und ihnen anhand von individuellen Risikoneigungen Vorschläge zu unterbreiten. „StockTwits", „Stock-Pulse", „Assetinum" und „yavalu" aggregieren Informationen und stellen sie Investoren zur Verfügung. „nutmeg" und „InvestorBee" bieten zugleich die Möglichkeit des Handels. Nutzer können sich in der Community austauschen und einzelne Trades oder das Portfolio von Tradern nachbilden. Eigenständige Trading-Plattformen bieten zudem „brokertainment", „OANDA" und „Gekko Global Markets". Nutzer können je nach Plattform Währungen, Aktien und Indizes handeln. „SecondMarket" bietet einen Graumarkt für nicht börsennotierte Titel.

Darüber hinaus finden sich im Bereich Asset Management Crowdinvesting-Plattformen, die sich gegenüber Crowdfunding-Plattformen stärker an Investoren und Anleger wenden, indem sie eine Beteiligung am finanzierten Unternehmen sowie eine Rendite für das Investment vorsehen. „Seedmatch" z.B. führt Investoren und Projekte zusammen. Damit erhalten Anleger Gelegenheit, von diesen Projekten und den Verantwortlichen zu erfahren, sich näher über sie zu informieren und mit ihnen in Kontakt zu treten. Ebenfalls stärker an Anleger wendet sich „Bergfürst", das zudem einen Graumarkt etabliert, indem es eine Plattform für den Handel der Unternehmensbeteiligungen bietet. „INVESTTOR" schließlich bietet eine Art Crowd Fonds, bei dem die Investoren über die Zusammensetzung des Fonds mitbestimmen.

3.3 Lending Operations

Abbildung 3: Überblick über Innovatoren im Segment Lending Operations

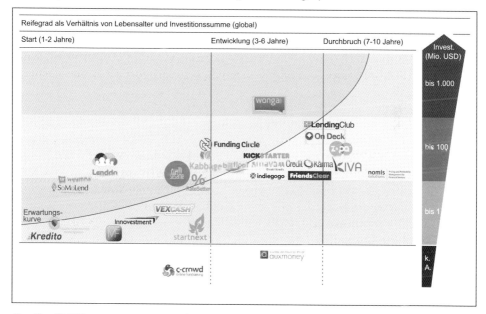

Quelle: COREinstitute 2012. Die abgebildeten Logos stehen im Eigentum der jeweiligen Unternehmen.

Das Segment Lending Operations lässt sich ebenfalls in drei spezifische Bereiche einteilen:

- Mikro- und Konsumentenkredite mit schneller Verfügbarkeit und meist kurzen Laufzeiten werden online angeboten.

- Peer-to-Peer- und Community-Lending-Angebote bieten die Möglichkeit, Kredite von privat an privat oder innerhalb von Communities zu erhalten.

- Crowdfunding-Plattformen bieten Projekten und jungen Unternehmen die Chance, sich über die Crowd zu finanzieren.

Die Services im Segment Lending Operations zeichnen sich dadurch aus, dass sie neue Finanzierungsoptionen entwickeln, im privaten wie geschäftlichen Bereich. Dafür wählen sie neue Kanäle und Plattformen, um entweder neue Bonitätskriterien für die Beurteilung der Kreditwürdigkeit heranzuziehen oder andere Nutzer mit Informationen über den potenziellen Kreditnehmer zu versorgen, damit diese eigenständig über die Kredit- und Förderwürdigkeit entscheiden können. Im Ergebnis setzen die Angebote auf innovative Konzepte für einen Zinsfindungsmechanismus im Sinne eines zwischen den Beteiligten ausgehandelten Risikoausgleichs.

In der ersten Gruppe sind z.B. „Wonga" in Großbritannien und „Vexcash" in Deutschland aktiv. Die Services setzen auf die Schnelligkeit der Kreditentscheidung und die Transparenz der Rückzahlungsmodalitäten. Peer-to-Peer- und Community-Lending wird von „auxmoney", „smava", „Kredito" und „Lenddo" realisiert. Die Portale bringen Kreditgeber und -nehmer zusammen, um Kleinkredite von privat an privat zu vermitteln. Zum Teil werden übliche Bonitätsprüfungen durchgeführt, zum Teil andere Kriterien herangezogen, etwa die Nutzerhistorie in der Community; andere Portale bringen Kreditnehmer und -geber direkt ins Gespräch miteinander.

Crowdfunding-Plattformen wie „Kickstarter", „startnext", „c-crowd" und „Funding Circle" bieten Projekten und Unternehmen die Möglichkeit, sich über die Beteiligung vieler Investoren zu finanzieren. Die Plattformen haben meist einen bestimmten Fokus, etwa auf kreative Projekte im Falle von „Kickstarter". Sie sehen zum Teil eine finanzielle Rendite und Beteiligung für Investoren vor, zum Teil besteht die Rendite in Anerkennung und symbolischen Gesten. Die Plattformen partizipieren meist über einen Anteil der Finanzierungssumme bei erfolgreich finanzierten Projekten. Crowdfunding ist ein etablierter Markt mit rasantem Wachstum. Über das US-amerikanische „Kickstarter" wurden seit seinem Start im Jahr 2009 über 30.000 Projekte mit einem Gesamtprojektvolumen von mehr als 300 Mio. USD erfolgreich finanziert.

3.4 Personal Finance Management

Abbildung 4: Überblick über Innovatoren im Segment PFM

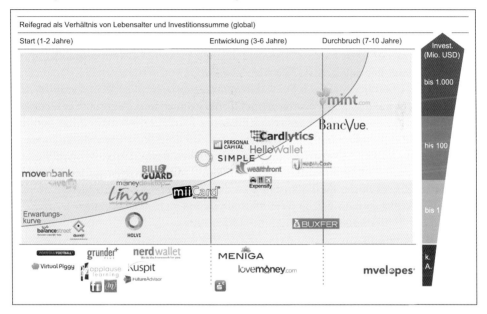

Quelle: COREinstitute 2012. Die abgebildeten Logos stehen im Eigentum der jeweiligen Unternehmen.

Die Services im Segment Personal Finance Management (PFM) können ebenfalls in drei Gruppen eingeteilt werden:

- Bestimmte Dienste verschaffen einen Überblick über die finanzielle Situation und die Ein- und Ausgaben und bereiten die Daten grafisch und nach frei wählbaren Kategorien geordnet auf.

- Weitere Angebote implementieren darüber hinaus Kontoverwaltungs- und Zahlungsfunktionen.

- Ausgehend vom PFM entwickeln einzelne Services ein umfassendes und eigenständiges Banking-Konzept.

Im klassischen Banking galt die eigenständige Aufbereitung von Konten- und Transaktionsdaten als ein Service, der außerhalb der von Banken erbrachten Dienstleistungen lag. Diese Situation hat sich mit der Verfügbarkeit der entsprechenden Daten und der unkomplizierten Mittel zu ihrer grafischen Aufbereitung grundlegend gewandelt. Eine Reihe innovativer Konzepte im Segment PFM aggregiert Konten- und Transaktionsdaten, um den Nutzer in seinem Finanzmanagement zu unterstützen. Sie verschaffen ihm einen Überblick über seine finanzielle Situation, was insbesondere im Kontext von auf Kredit basierenden Konsumgewohnheiten eine wichtige Rolle spielt. Für den Nutzer können sich mit Hilfe dieser Tools zudem neue Handlungsoptionen auftun, etwa das Erreichen von Sparzielen.

Die Services „Mint" und „Meniga" sammeln unabhängig von den kontoführenden Instituten Daten von allen angegebenen Konten des Nutzers und verschaffen ihm damit einen umfassenden Überblick, der nach frei wählbaren Kategorien gegliedert und grafisch aufbereitet werden kann. Zum Teil unterbreiten die Angebote Vorschläge zur Ent-, respektive zur Umschuldung durch Kredite mit besseren Konditionen. „Mint" hat sich mit mehr als 10 Mio. Nutzern als feste Größe auf dem US-amerikanischen Markt etabliert, das isländische „Meniga" wird von 5 % der isländischen Bevölkerung genutzt. Andere Services wie die Apps „Finanzblick" und „S-Banking" oder auch „MoneyMoney" erweitern diesen Überblick um die Funktion, Überweisungen und Daueraufträge einzurichten, und ermöglichen zum Teil ein vereinfachtes Zahlen im Online Bereich.

Von diesem Konzept eines persönlichen Finanzmanagements ausgehend sind mit den Banken „Simple" und „Movenbank" zwei Anbieter entstanden, die umfassende Banking-Angebote machen. Sie stellen PFM im Sinne einer heutigen Gewohnheiten und Möglichkeiten entsprechenden Aufbereitungsform ins Zentrum des Bankings, wie es von den Nutzern erfahren wird. Um ein vollwertiges Banking-Angebot machen zu können, arbeiten diese Banken mit verschiedenen Partnern im Hintergrund. „Simple" greift beispielsweise auf das White-Label-Angebot von „The Bancorp Bank" für Kontoführung, Zahlungsabwicklung und Ausgabe der Debitkarten zurück.

3.5 Zusammenfassung

Aufgrund der Analysen lassen sich einige Grundzüge der Innovatoren in einer allgemeinen Charakteristik festhalten.

Die innovativen Konzepte sind nicht radikal innovativ, sondern bieten innovative Varianten zu etablierten Modellen.

Die Innovationen erfinden nicht das Banking neu. Sie bezweifeln allerdings, dass Banken mit ihrem bisherigen Angebot die zeitgemäßen Potenziale ausschöpfen und formulieren daher innovative Alternativen. Im Asset Management wird beispielsweise nicht an der Rolle der Beratung und der Information gezweifelt, wohl aber am Konzept des Bankberaters, um dagegen innovative Konzepte zu setzen. Im Segment PFM wird ebensowenig die Information über Kontostände bezweifelt, wohl aber, dass der papierne Kontoauszug die zeitgemäße Präsentationsform dafür ist.

*Die innovativen Konzepte formulieren kein umfassendes Banking-Angebot, son-
dern operieren als Spezialdienstleister in Nischen.*

Der Überblick über die innovativen Konzepte im Markt für Finanzdienstleistungen
zeigt, wie umfassend und vielfältig die Ansätze sind, mit denen Innovatoren in diesen
Markt drängen. Der Überblick macht jedoch zugleich deutlich, dass kaum einer der
Innovatoren mit einem umfassenden Banking-Konzept aufzuwarten vermag. Sie sind oft
Spezialdienstleister, die ganz bewusst in Nischenmärkten agieren, um dort ein hoch-
gradig differenziertes Angebot an eine klar umrissene Klientel zu formulieren.

*Die innovativen Konzepte isolieren einen Teil der Wertschöpfungskette und schaf-
fen dort einen Mehrwert.*

Auf Basis ihrer Spezialisierung gelingt es den Innovatoren, an den von ihnen adressierten
Teilen der Wertschöpfungskette einen je spezifischen Mehrwert zu generieren. Sie greifen die Wertschöpfungskette etablierter Finanzinstitute meist nicht direkt an, sondern
erweitern sie um einen neuen Aspekt, der von den bisherigen Angeboten nicht abgedeckt
wird, für den jedoch aufgrund des neuen Kundenparadigmas ein Bedarf besteht und der
sich mit Hilfe neuer technologischer Möglichkeiten realisieren lässt. So ist z.B. die
Sammlung von Informationen aus verschiedenen Quellen für neuartige Beratungsangebote im Asset Management technologisch möglich. Insofern der Bankberater diese Informationen nicht vorhalten und seinen Kunden die entsprechenden Handlungsspielräume
nicht bieten kann, schaffen die innovativen Konzepte hier einen Mehrwert. Im Segment
Payment Transactions besteht ein Bedarf an Zahlungslösungen für Online und Mobile
Payments, weil diese Kanäle für viele Kunden alltäglich geworden sind.

*Die innovativen Konzepte setzen weniger am Preis als an der Systematik und
Transparenz des Preises an.*

Die meisten Produkte und Services verlangen durchaus marktübliche Gebühren, verursachen aus Kundensicht teilweise sogar Zusatzkosten. In vielen Fällen ist die Preis-
systematik allerdings transparenter gestaltet. Das wird in der Außendarstellung dazu
genutzt, die Preiskomponente als wesentlichen Vorteil neuer Produkte anzuführen.

*Die innovativen Konzepte zeichnen sich durch Komfort und Benutzerfreundlich-
keit (Convenience & Usability) aus.*

Komfort und Benutzerfreundlichkeit sind zentrale Kennzeichen der Produkte und Services: Prozesse werden vereinfacht, Produkte sind intuitiv zu handhaben, Informationen
werden auf einen Blick verständlich, transparent und personalisiert präsentiert, mehrere

Kanäle sind synchron integriert. Vordergründig betrachtet scheinen viele Services einen Schwerpunkt auf die farblich-grafische Gestaltung zu setzen, Ursache dafür sind jedoch die damit erreichte Convenience und Usability.

4 Szenarien zukünftigen Bankings

Aus den gegenwärtigen Entwicklungen im Markt für Finanzdienstleistungen lassen sich die Szenarien einmal der Durchsetzung der Banken, dann einer Koexistenz und Kooperation von Banken und Innovatoren und schließlich der Durchsetzung der Innovatoren ableiten. Die Szenarien beschreiben mögliche zukünftige Konstellationen im Verhältnis zwischen Banken und Innovatoren, für jedes von ihnen lassen sich Referenzen aus der Banken- oder anderer Industrien angeben. Die Szenarien schließen einander nicht notwendigerweise aus und erscheinen aktuell gleich wahrscheinlich. Den beobachtbaren Tendenzen im Markt nach werden auf absehbare Zeit alle drei Szenarien das zukünftige Banking prägen.

4.1 Banken als Innovatoren

In einem ersten Szenario erkennen Banken das disruptive Potenzial der innovativen Entwicklungen, wenden sich nicht abschottend dagegen, sondern öffnen sich strategisch diesen Entwicklungen und werden damit selbst zu Innovatoren. Angesichts der umfassenden und vielfältigen Entwicklungen des konservativen Bankenumfelds und der zum Teil internen kulturellen und organisationalen Widerstände mag dieses Szenario kontraintuitiv scheinen. Banken verfügen jedoch über eine Reihe von Vorteilen, die sie im Sinne einer Innovations-Offensive bündeln und sich Innovationen zu eigen machen könnten. Sie haben eine über Jahrhunderte gewachsene Expertise in bankfachlichen Angelegenheiten, in nationalen und internationalen Märkten sowie in der Regulatorik, sie besitzen aufgrund der hohen Kundenzahl und des Kontakts vor Ort eine große Marktmacht, und sie genießen trotz aller Kritik Vertrauen.

Für die Umsetzung dieses Szenarios bieten sich Banken verschiedene Optionen. Sie können einzelne Innovatoren übernehmen und integrieren wie im Falle der Übernahme von „Star Money" durch die S-Finanzgruppe oder strategisch investieren wie im Telekommunikationsbereich die Deutsche Telekom über „T-Venture" und „hub:raum". Sie können zudem untereinander Allianzen bilden, etwa um in bedrohten, aber ertragreichen oder strategisch relevanten Feldern eine gemeinsame Lösung zu entwickeln. Sie können schließlich aus eigener Kraft innovative Dienste anbieten. Außerhalb Deutschlands zeigt die Commonwealth Bank of Australia, welche Möglichkeiten sich bieten, indem sie über ihre Mobile App umfangreiche Banking-Funktionen und Peer-to-Peer-Payments in Echtzeit erlaubt oder sie Händlern ein Kassensystem für Tablets mitsamt Data Warehousing und Entwicklerschnittstelle für individuelles Customizing zur Verfügung stellt.

Die Voraussetzung für dieses Szenario ist, dass Banken ihre Technologie im Back- und Frontend-Bereich transformieren und sich dem neuen Kundenparadigma öffnen. Sie können aus anderen Industrien lernen, sowohl negativ (Autobanken) als auch positiv, etwa mit Blick auf die von der deutschen Automobilindustrie erfolgreich eingesetzten Hebel. Im Ergebnis hätten Banken den Paradigmenwechsel von Infrastruktur- auf Serviceorientierung mit Erfolg vorangetrieben, während die aktuellen Innovatoren als Anreger und Ideengeber in die Geschichte eingingen.

4.2 Banken und Innovatoren

In einem zweiten Szenario kommt es zu einer Koexistenz und Kooperation von Banken und Innovatoren. Die Koexistenz besteht in der Segmentierung und weiterer Ausdifferenzierung des Marktes, während die Kooperation auf die gegenseitige Erbringung von Leistungen verweist. Für dieses Szenario spricht von Bankenseite, dass sich die etablierten Finanzinstitute zwar schwertun mit dem Paradigmenwechsel, sie aber die Veränderungen im Markt aufmerksam und interessiert zur Kenntnis nehmen. Von Innovatorenseite spricht dafür, dass die innovativen Konzepte als Spezialdienstleister einzelne Nischen adressieren und sie zudem mit den Hürden der weiteren Marktdurchdringung zu kämpfen haben.

Der Fall der Koexistenz tritt dann ein, wenn für die Innovatoren kein Vorteil aus einer Kooperation mit Banken ersichtlich ist, sie nicht aus eigener Kraft in weitere Bereich hinein wachsen wollen oder können, und umgekehrt Banken ebenso wenig ein Interesse am Geschäftsfeld der Innovatoren haben, etwa weil dort keine signifikanten Skaleneffekte zu realisieren sind. Dagegen kommt es in diesem Szenario zu Kooperationen, wenn daraus ein wechselseitiger Vorteil zu erwarten ist. Banken können Dienstleistungen im Hintergrund erbringen, um ihre eigenen Systeme auszulasten. Das setzt die JPMorgan Chase-Tochter „Chase Paymentech" um, indem sie die Zahlungsabwicklung für „Square" übernimmt, die Deutsche Bank ist Zahlungsabwickler für Apple's „iTunes Store". Die mit verschiedenen White Label-Lösungen auftretende „Wirecard" zeichnet für die Kreditkarte und für die für 2013 angekündigte Wallet der Deutschen Telekom verantwortlich. Das hat für Innovatoren weit geringere Investitionskosten zur Folge. Sie können sich auf ihre Services konzentrieren und mit Hilfe der Banken die Hürden der Marktdurchdringung überwinden. Für Banken liegt darin allerdings die Gefahr, selber zu Spezialdienstleistern zu werden, nämlich als reine Netzbetreiber an die Peripherie der Wertschöpfungskette gedrängt zu werden.

4.3 Innovatoren als Banken

Ein drittes Szenario geht davon aus, dass Banken angesichts der Herausforderungen des Paradigmenwechsels scheitern und sie durch die überzeugenden Alternativen der Innovatoren vom Markt verdrängt, zumindest an den Rand gedrängt werden. Amazon hat gezeigt, mit welch durchschlagendem Erfolg ein rein auf den Internethandel beschränktes Unternehmen im Buchmarkt agieren kann. Ignoranz, Desinteresse und fehlende Phantasie aufseiten des Managements der Buchhändler dürften für den Erfolg und die Marktdurchdringung von Amazon eine ähnlich gewichtige Rolle gespielt haben wie dessen eigenes Geschäftsmodell.

Die derzeit die Banken umtreibenden Schwierigkeiten dürfen aber nicht darüber hinwegtäuschen, dass sich Innovatoren ebenfalls großen Herausforderungen gegenübersehen. Um den Markt tief und nachhaltig zu durchdringen, müssen sie Hürden überwinden. Diese Hürden bestehen erstens in den Regularien und den Regulatoren. Das ist nicht trivial, wie der Fall von eBay zeigt, das die geplante Änderung der Zahlungsmodalitäten auf seiner Auktions- und Handelsplattform bis auf Weiteres verschieben musste, weil die Bundesanstalt für Finanzdienstleistungsaufsicht (BaFin) eine fehlende Lizenz anmahnte. Sie bestehen zweitens in der kritischen Masse an Kunden und Nutzern. Derzeit sind die Kunden oft Early Adopters, auch wenn einzelne Angebote bereits etabliert sind. Eine dritte Hürde schließlich besteht im institutionellen Vertrauen, das innovative Angebote sich erarbeiten müssen. Die in den USA zu beobachtende Tendenz, dass Kunden stärker auf PFM-Lösungen der eigenen Bank zurückgreifen statt auf solche von Drittanbietern, macht deutlich, dass das Vertrauen in die etablierten Banken in manchen Bereichen ungebrochen und höher als das in Innovatoren gesetzte ist.

Beim derzeitigen Stand der Entwicklungen der innovativen Konzepte sieht das dritte Szenario die Innovatoren als Spezialdienstleister im Markt für Finanzdienstleistungen vor. Daraus gehen zwei Möglichkeiten hervor. Entweder suchen sich Kunden und Nutzer die Dienstleister heraus, die sie im Rahmen ihres Banking-Bedarfs jeweils benötigen. Sie wählen aus einer Vielzahl an Angeboten das für ihre Bedürfnisse und Interessen jeweils passende. Oder Kunden greifen auf solche Banking-Angebote zurück, die für sie diese Auswahl übernehmen. Für einen Kernbereich insbesondere der Kontoführung und für Zahlungsoptionen sorgt die Innovator-Bank selbst, für darüber hinausgehende Dienste etwa der Geldanlage oder der Kreditfinanzierung vermittelt die Bank den Kunden an andere Services oder integriert diese flexibel.

5 Erfolgsfaktoren für ein zukunftsfähiges Banking

Es ist zum gegenwärtigen Zeitpunkt nicht absehbar, ob sich einzelne Innovatoren durchsetzen werden, ob es mit wachsendem Reifegrad des Marktes verstärkt zu Formen der Koexistenz oder Kooperation zwischen Banken und Innovatoren kommen wird oder ob es etablierten Finanzinstituten gelingen wird, den Paradigmenwechsel von Infrastruktur- auf Serviceorientierung zu nutzen und so die innovativen Konzepte zu integrieren und die Innovatoren zurückzudrängen.

Um ein zeitgemäßes Banking-Angebot formulieren zu können, sind fünf kritische Erfolgsfaktoren entscheidend:

1. Eine Kultur des Wandels schaffen, um den Paradigmenwechsel von Infrastruktur- auf Serviceorientierung zu gestalten.

2. Für ein durchsetzungsfähiges Management sorgen, um durch Widerstände hindurch strategische Innovationen umzusetzen.

3. Die IT als Business Enabler und Katalysator begreifen und stärken, um mit ihr innovativ und gleichzeitig effizient zu agieren.

4. Sich von bestehenden Geschäftsmodellen emanzipieren, um eine gleichberechtigte Synthese aus klassischen und neuen Services zu bilden.

5. Für ein adäquates Risikomanagement sorgen, um einen verantwortungsvollen Aufbruch sicherzustellen und nachhaltig erfolgreiche Geschäftsmodelle zu etablieren.

Speziell im deutschen, durch das Drei-Säulen-Modell geprägten Bankenmarkt verfügen Institute mit Blick auf diese Erfolgsfaktoren über unterschiedliche Voraussetzungen. Im öffentlich-rechtlichen Sektor der Sparkassen, Landesbanken, Förder- und Spezialinstitute wird aktiv in die Transformation der IT investiert, Diskurse zu den innovativen Entwicklungen sind initiiert. Wegen der komplizierten organisationalen Struktur und der unterschiedlichen Ausgangslage sind die Überlegungen bisher jedoch nicht in ein gebündeltes Maßnahmenpaket überführt worden. Im Sektor der Genossenschaftsbanken aus Volks- und Raiffeisenbanken sowie Spezialinstituten führt eine doppelte IT-Infrastruktur zu hohen Kosten, die Investments in innovativen Bereichen behindern. Die Privatbanken schließlich haben in einzelnen Segmenten die Notwendigkeit erkannt, aktiv zu werden. Sie transformieren derzeit ihre IT, um die notwendigen Ressourcen und die nötige Flexibilität bereitzuhalten. Die finanziellen Ressourcen sind allerdings knapp, um sich innovativen Konzepten in einem Umfang kritischer Größe zuzuwenden.

Die deutschen Finanzinstitute verfügen insgesamt über gute Voraussetzungen, die Herausforderungen anzunehmen. Es bleibt abzuwarten, inwiefern die Banken ihre Ausgangslage nutzen und sich mit Blick auf die innovativen Entwicklungen im Markt für Finanzdienstleistungen engagieren, um den Paradigmenwechsel zu gestalten und ein zeitgemäßes und zukunftsfähiges Banking-Angebot zu formulieren.

Hilfe, ich bin eine Großbank, holt mich hier raus!

Matthias Lamberti

Die Finanzbranche befindet sich bereits seit Jahren im Umbruch. Großbanken kämpfen um ihre Marktanteile. Die nächste Generation an Finanzstartups könnte ihnen nochmal ganz empfindlich zusetzen. Dabei haben sie vor allem ein Ziel vor Augen: Sie möchten dem Verbraucher die Kontrolle über seine Finanzen zurückgeben. Banken reiben sich ungläubig die Augen.

„Was kann der Bankberater, was mein Handy nicht kann?" Das könnte sich eine wachsende Anzahl von passionierten Smartphonebesitzern in Zukunft immer häufiger fragen. Die Verbreitung der intelligenten Alleskönner ist in den letzten Jahren förmlich explodiert. Der Umsatzanteil verkaufter Smartphones am gesamten Handymarkt liegt laut dem Branchenverband Bitkom in Deutschland inzwischen bei 93 %, Tendenz weiter steigend. Mit der Verbreitung der Smartphones steigt auch die Anzahl der verfügbaren Anwendungen, Apps (Applications; englisch für Anwendung) genannt. Die Anzahl der Apps, allein für die zwei am weitesten verbreiteten Betriebssysteme Android (Google) und iOS (Apple), beläuft sich laut Statista inzwischen auf über 1,5 Mio. Fast 90 % davon werden dem Nutzer kostenlos angeboten.

Unter den Anwendungen findet der Nutzer Angebote für nahezu alle Lebensbereiche. Neben sozialen Netzwerken und Kommunikationsdiensten finden sich unzählige Shopping-Portale, Zeitungen, Spiele, Musikstreaminganbieter, Fotokameras und -bearbeitungsprogramme und Navigationssysteme, um nur einige der beliebtesten Rubriken zu nennen. Während einige Apps eher der Kategorie Zeitvertreib zuzuordnen sind, ermöglichen andere das effiziente Erledigen von Aufgaben des Alltags, erleichtern diese oder geben Hilfestellungen. So können die paar Minuten an der Bushaltestelle, die Mittagspause oder die Zugfahrt sinnvoll genutzt werden. Damit bliebe dem Menschen mehr Zeit für die wirklich wichtigen Dinge im Leben oder eben für noch mehr Arbeit. Die Entscheidung darüber bleibt dem Menschen überlassen.

1 Apps – Die Heinzelmännchen der 10er Jahre

Das Schöne an diesen Apps ist, dass der Mensch selbst bestimmen kann, wann er sie benutzt und wann er sie einfach in seinem klugen Telefon in der Hosen- oder Handtasche schlummern lässt, bis er sie bei Bedarf wieder weckt. Innerhalb von einer Sekunde stehen sie ihm dann mit Rat und Tat zur Seite. Der Mensch befreit sich damit unter anderem vom Stress, sich nach Öffnungs- und Geschäftszeiten richten zu müssen. Die App ist rund um die Uhr für ihn da. Sie nimmt seine Aufträge auch nachts um halb drei noch entgegen, wenn das Personal des Bahninfoschalters tief und fest schläft, hoffentlich. Für den aktuellen Wetterbericht, der darüber entscheidet, ob nun gewandert wird oder nicht, muss er auch nicht den nächsten Nachrichtenblock im Radio abwarten. Für die neue Jeans muss er den Sonnenaufgang genauso wenig abwarten, wie für die Rückzahlung der 30 EUR, die der Freund wieder einmal für ihn auslegen musste, weil er gerade im Biergarten kein Bargeld dabei hatte und wo ja auch keine Karten akzeptiert werden, während man anderenorts die nicht angebotene Bezahlmöglichkeit per Handy kaum verzeihen möchte.

Die zahlreichen Banking- und Finance-Apps sind zweifellos zu den äußerst nützlichen und praktischen Anwendungen zu zählen. Die meisten Banken und Finanzdienstleister haben inzwischen Apps für ihre Kunden gebaut oder vielmehr bauen lassen, um ihnen den Zugang zu deren Konten und Depots zu erleichtern. Damit haben endlich auch lästiges und umständliches Scrollen und Zoomen in den mobilen Browsern ein Ende. Mit den Banking-Apps kann der Kunde zum Beispiel seinen Kontostand samt Umsätzen abfragen, Überweisungen vornehmen oder Aktien kaufen und verkaufen. Außerdem bieten die meisten Apps auch einen guten Überblick über die Kurse an den Wertpapiermärkten und die aktuelle Nachrichtenlage.

2   Großbanken wollen offline beraten und tun es doch nicht

Was die meisten Banking-Apps der großen Großbanken noch nicht leisten können oder wollen, sind Beratungsleistungen. Hier setzen die Banken größtenteils weiter auf eine Beratung vor Ort oder über das Telefon. Für einige Menschen mag dies auch weiterhin unverzichtbar sein, zumindest sind die Großbanken dieser Ansicht. Wer eine wirklich gute Beratung möchte, der soll doch bitte persönlich in die Filiale kommen und ein ausführliches Gespräch mit dem persönlichen Anlageberater führen. So weit und schön die Vorstellung. Allerdings ist diese spätestens seit der so genannten Finanzkrise nicht mehr ganz heile. Die „wirklich gute Beratung" hat sich in vielen Fällen als profitorientierte Verkaufsveranstaltung entpuppt. Genug wurde darüber geschrieben und gesagt. Die so oft gepriesene persönliche Beziehung zum Bank*berater* hat bei nicht wenigen Kunden mehr als nur einen Knacks erlitten. So weit, so schlecht für die Banken.

Aber damit nicht genug. Zu einer guten persönlichen Beziehung gehört auch, dass man sich Zeit füreinander nimmt. Und hier haben viele Banken nun mit den Folgen einer riskanten Strategie zu kämpfen. War das Bankgeschäft einst von Spareinlagen und Krediten bestimmt, verschoben sich die Prioritäten in den letzten zwei Jahrzehnten immer stärker in Richtung Investmentbanking. Banken, wie die Sparkassen oder die Genossenschaftsbanken, die stärker am „klassischen" Geschäft festhielten, wurden verlacht und als rückständig bezeichnet. Und tatsächlich liefen sie den so fortschrittlich wirkenden Großbanken über viele Jahre hinterher, was die Eigenkapitalrenditen anbelangt. Nun, wo die Erträge aus dem Investmentbanking dahinschmelzen wie das Eis auf Grönland, müssen, ob nun zur Sicherung einer Minimalrendite oder gar der Existenz, Kosten eingespart werden. Viele tausend Stellen wurden gestrichen oder nicht neu besetzt. Die Konsequenz ist, dass viele *Berater* mittlerweile Hunderte von Kunden zu betreuen haben. Eine qualitativ hochwertige Beratung, wie man sie eigentlich bei der Vergütung in Form von Gebühren und Provisionen verschiedenster Art, wie sie die Banken und deren Mitarbeiter einstreichen, erwarten dürfte, ist damit nicht mehr realisierbar. Auf Beratungstermine warten Kunden nicht selten Tage oder gar Wochen, um dann häufig in wenigen Minuten abgefertigt zu werden. Auf eine aufwändige Analyse der Situation wird zumeist aus Zeitgründen verzichtet. Vorwerfen kann man dies den Bankmitarbeitern nicht wirklich. Denn würden sie sich adäquat um den einzelnen Kunden kümmern, würde zwangsläufig die Betreuung der anderen Kunden darunter leiden. Noch längere Bearbeitungszeiten oder eine noch oberflächlichere Beratung wären die nahezu unausweichlichen Folgen, im schlimmsten Fall droht den Kunden sogar beides.

3 Berater in der Zwickmühle

Traditionelle Vermögensverwaltungen und selbstständige Anlageberater und Finanzoptimierer haben mit ganz ähnlichen Problemen zu kämpfen. Vermögensverwaltungen sind zudem in der Regel einem eher betuchteren Personenkreis vorbehalten. Mindestanlagesummen von mehreren hunderttausend Euro, gerne auch mal mehr, machen sie in der Regel unattraktiv bis schlicht nicht nutzbar für Normalverdiener. Auch viele große „unabhängige" Finanzoptimierer, die sich mit ihrem Angebot an alle Einkommensschichten richten, kämpfen seit Jahren um ihr Image. Auch sie haben sich in der Vergangenheit nicht immer mit Ruhm bekleckert, wenn es um eine faire und möglichst objektive Beratung ging. Selbst kleine Unternehmen und selbstständige Anlageberater tun sich schwer, den Versuchungen der Provisionsindustrie zu widerstehen. Zwar starten viele von ihnen mit großen Ambitionen, auch was die Moralvorstellungen anbelangt, doch nur wenigen gelingt es tatsächlich, sich mit kleinem Kundenstamm professionell und rentabel aufzustellen. Eine gute individuelle Analyse und Anlageberatung erfordert Zeit und Mühen. Wer nicht auf professionelle Programme zurückgreifen möchte, die bei Analyse und Portfoliozusammenstellung behilflich sind, muss dies selbst übernehmen. Das ist zeitintensiv. Und schon sitzt der ambitionierte Anlageberater oder Vermögensverwalter in der Zwickmühle. Ihm bleibt nur, die Gebühren oder Honorare zu erhöhen oder eben dann doch die aus Provisionssicht lukrativsten Produkte zu empfehlen. In einem Land, in dem der Spargedanke, um es vorsichtig zu formulieren, sehr ausgeprägt ist, wird der Arme häufig fast schon zu einer Entscheidung genötigt.

4 Herausforderung Vertrauensbildung

Eines eint alle Akteure aus der Abteilung Geld & Co.: Durch die schlechten Erfahrungen, die viele Kunden mit Unternehmen aus der Finanzbranche gemacht haben und auch durch die größtenteils berechtigte kritische Berichterstattung zu Unternehmen und deren Arbeitsweisen sind viele Menschen extrem misstrauisch geworden. Dieses berechtigte

Misstrauen liegt wie ein schwarzer Schleier über der kompletten Branche. Hier werden Jung und Alt, traditionell und innovativ, allesamt in einen Topf geworfen. Die Menschen sprechen gerne von „den Banken" oder „der Finanzindustrie" und meinen damit im Prinzip alles, was sich im weitesten Sinne mit dem Thema Geld befasst. Gerade die Anlageberatung wird extrem kritisch gesehen. Denn hier haben viele Anleger viel Geld verloren. Zwar gehen auch immer wieder Fälle durch die Presse, die von überzogenen Nachforderungen zur Kreditbesicherung berichten oder von fragwürdig gekündigten Krediten, doch das größte Misstrauen herrscht im Bereich Geldanlage. Denn hier haben Anleger Geld verloren, welches sie sich bereits erarbeitet hatten, welches ihres war, fest eingeplant für die nächste Investition oder die Rentenzeit. Aus einer Art Schutzhaltung heraus werden hier alle Unternehmen aus der Branche schnell über einen Kamm geschert. Vorwerfen kann man dies den Menschen nicht. Woher soll der Einzelne wissen, welchem Konzept, welchem Unternehmen er vertrauen kann und wovon er besser die Finger lassen sollte. Schließlich behaupten ja alle, dass sie als Kunde bei dem eigenen Unternehmen in besonders guten Händen seien.

5 Warme Worte

Die Suche nach dem heiligen Gral der Vertrauensbildung hat damit längst begonnen. Auch der letzten Bank ist dieses Problem inzwischen bewusst geworden. Der massive Vertrauensverlust kostet bares Geld. Das kann auch nicht durch die zusätzlichen Einnahmen aus der Vermietung von Schließfächern kompensiert werden, in denen verunsicherte Kunden nun ihre neu erworbenen Edelmetallmünzen und Goldbarren aufbewahren. An umfangreichen Kampagnen, die das Vertrauen in das eigene Unternehmen wieder herstellen sollen, sparen die Großen der Branche nicht. Teure TV-Spots und ganzseitige Anzeigen in Zeitungen sollen dem Kunden suggerieren, dass jetzt doch alles ganz anders ist, oder zumindest werden soll. Viel zu oft allerdings bleibt es bei den Kampagnen. Die Beratungsqualität der Banken hat sich verschiedenen Untersuchungen nach wenig verbessert. „Befriedigend" ist die neue Eins, bekommt man den Eindruck. Viele Banken scheinen bereits zufrieden, wenn sie nicht mit „mangelhaft" bewertet werden. Bislang werden diese Studien und Untersuchungen gekonnt beiseitegeschoben und ignoriert. Die alten Floskeln und Methoden scheinen für die Kunden allemal noch gut genug zu sein. Wenn man sich da mal nicht täuscht.

6 Online- und Direktbanken läuteten den Wandel ein

Denn bereits vor Jahren hat sich eine erste Reihe an neuen Mitbewerben formiert: Die Online- und Direktbanken. Sie setzen vor allem auf ein schlankeres und kostengünstigeres Geschäftskonzept. Durch Verzicht auf Filialen und Einsparungen beim Personal, die durch den Einsatz moderner Computersystem möglich wurden, sind sie in der Lage, Produkte und Leistungen günstiger anzubieten als die Filialkonkurrenz. Gerade zur Zeit des Neuen Marktes und der Megahausse des Jahrtausends suchten Börsianer nach günstigen Depotbanken und Onlinebrokern. Hier wurden sie bei der DAB, Cortal Consors oder der Comdirect Bank fündig. Sie waren in der Lage, die Ordergebühren im Vergleich zur Filialbank zu halbieren. Im Neuemissionsfieber, wo Anleger häufig nur in der Hoffnung zeichneten, der Kurs würde sich am ersten Handelstag mindestens verdoppeln, so dass sie die Aktien noch am selben Tag wieder abstoßen konnten, fielen die Ordergebühren bei geringeren Stückzahlen, wie sie von Schülern, Studenten und Neubörsianern häufig geordert wurden, durchaus ins Gewicht.

Dies machten sich Onlinebroker der ersten Stunde zunutze. In dieser Zeit verzeichneten sie starke Kundenzuwächse. Die eine oder andere Onlinebank expandierte in dieser Zeit wie im Goldrausch ins Ausland. Nach dem Höhenflug verschwanden nicht wenige wieder von der Bildfläche, andere mussten einsehen, in Zukunft wieder deutlich kleinere Brötchen backen zu müssen. Börsennotierte Online- und Direktbankenaktien erreichten ihre Höchststände zumeist noch vor 2001. Auch über zehn Jahre später ähneln viele Aktiencharts einem um 5 Grad gekipptem „L". Die meisten werden wohl noch mehrere Jahrzehnte brauchen, um das Allzeithoch noch einmal zu erklimmen. Dennoch wäre es nicht richtig, ausschließlich den Unternehmen die Schuld an dieser doch, zumindest aus Sicht eines Anlegers der ersten Stunde, frustrierenden Entwicklung zu geben. An der Blase des Jahrtausends haben viele mitgewirkt. Und die Allermeisten waren zu unterschiedlichen Zeitpunkten mal Gewinner und mal Verlierer.

Vorbei und – zwar nie vergessen, aber zumindest vorbei. Diejenigen, die die Turbulenzen der Jahre 2001–2003 überlebt haben, haben ihr Geschäft neu organisiert und sind inzwischen größtenteils recht erfolgreich. Durch die Einführung von Girokonten und der Anpassung des Designs sprechen sie mittlerweile eine sehr breite Bevölkerungsschicht an, von der Tagesgeldanlegerin bis zum Hobbybroker, vom Studenten bis zum Geschäftsführer. Viele bieten heute auch Baufinanzierungen und Ratenkredite an und erweitern ihre Angebotspalette kontinuierlich um weitere Bankservices. Was das Design und die Funktionalität der Webseiten angeht, so zählen sie auch heute noch zu den Innovationsführern und setzen die Standards für die gesamte Branche. Die Umsetzung des Onlinebanking-Angebots vieler Filialbanken erinnert dazu im Vergleich nicht selten an Angebote aus dem letzten Jahrzehnt. Man muss sich manchmal schon fast die Frage stellen, ob dies Unvermögen oder Absicht ist. Jedenfalls könnte dieser Umstand den Menschen die Wahl ihrer Hauptkontoverbindung erleichtern. Denn inzwischen nutzt knapp die Hälfte aller Bundesbürger zwischen 16 und 74 Jahren Onlinebanking-Angebote. Das sagen Erhebungen der europäischen Statistikbehörde Eurostat.

7 Fair – mehr als nur ein Trend?

Im Zuge der Bio- und Fairtrade-Bewegung der vergangenen Jahre erleben auch sozial-ökologisch orientierte Banken wie die 1974 gegründete GLS Bank eine Renaissance. Während sich zu Zeiten des Neuen Marktes und der grenzenlosen Gier und Zockermentalität keiner, oder nur sehr, sehr wenige, für soziale Banken interessierte, wächst das Interesse an Konzepten und Unternehmen dieser Art seit einigen Jahren wieder stetig an. Vielleicht musste der eine oder andere einfach mal eine unangenehme Bauch- oder Bruchlandung erleben, um seine Wertevorstellungen zu überprüfen und neu zu ordnen. Nach und nach werden dabei die verschiedenen Lebensbereiche auf den Prüfstand gestellt und neu bewertet. Wer für sich die Entscheidung trifft, biologisch oder lokal produzierte Lebensmittel zu bevorzugen, kauft tendenziell auch häufiger biologisch und umweltschonend produzierte Kleidung. Der Sinneswandel wirkt ansteckend und überträgt sich bei vielen von einem Lebensbereich auf den anderen. Davor sind weder die genutzten Bankprodukte noch die Bankverbindung selbst gefeit. Über ein Drittel der Deutschen interessiert sich inzwischen für nachhaltige Anlagen. Das geht aus einer aktuellen Umfrage hervor, die das Meinungsforschungsinstitut Forsa im Auftrag von Union Investment durchgeführt hat. Auch diese Information hat es in die Chefetage geschafft. Inzwischen bietet jede Bank nachhaltige Anlageprodukte an. Nein, in Sachen Finanzproduktentwicklung kann man den Großbanken und ihren anhängigen Investmentgesellschaften keinen Vorwurf machen – da sind sie durchaus relativ flott und mindestens genauso kreativ unterwegs.

Inzwischen gehen viele Menschen aber noch einen Schritt weiter. Sie möchten ihr Geld auch für die aus ihrer Sicht richtigen Projekte eingesetzt sehen. Dies garantiert die GLS Bank genauso wie die Umweltbank. Beide verleihen die Kundeneinlagen lediglich zweckgebunden an Unternehmen aus ausgewählten Branchen. Sparer bei der Nürnberger Umweltbank dürfen sich sicher sein, dass von dem dort angelegten Geld, Projekte und Unternehmen aus der Umweltbranche profitieren. Die GLS Bank fasst die Förderkriterien ein bisschen weiter, hat sich aber ebenfalls strikte Auflagen bei der Kreditvergabe auferlegt. Was die Guthabenzinsen der sozial-ökologischen Banken angeht, so liegen diese ein ganzes Stück unter denen der Spitzenreiter. Das nehmen immer mehr Menschen gerne in Kauf. Die Prioritätensetzung hat sich für sie verschoben. Sie sind bereit, für eine Idee, für ihre Wertevorstellung, auf einen Teil der möglichen Rendite zu verzichten. Die Gebühren für die Kontoführung bei den wertorientierten Banken liegen im Mittelfeld. Ob es sich bei dem Nachhaltigkeitstrend tatsächlich um eine nachhaltige Entwicklung handelt, ist heute noch schwer abzuschätzen. Wenn man sich die Entwicklung der GLS Bank über die letzten Jahren aber anschaut, kann man diese Entwicklung jedenfalls nicht mehr als kurzfristigen Hype abtun. Seit 2005 ist die Bank in allen Bereichen gewachsen: Die Anzahl der Kunden hat sich seitdem mehr als verdoppelt, die Bilanzsumme vervierfacht.

8 Die nächste Welle rollt bereits

Während Online- und Direktbanken, gerade zu ihrer Gründungszeit, primär über den Preis und Handlingsvorteile aufgrund ihrer Onlineangebote Neukunden akquirierten und sozial-ökologische Banken vor allem Menschen mit postmaterialistischen Wertevorstellungen ansprechen, werden die Bastionen der Großbanken seit wenigen Jahren von einer weiteren Schar kleiner Angreifer umstellt. Sie setzen auf die Technik- und Designaffinität der vor allem jüngeren Menschen zwischen 20 und 45 Jahren, sowie den unstillbaren Durst nach mehr Selbst- und Mitbestimmung und Kontrolle. Das Momentum hin zu fairen und transparenten Finanzdienstleistungen und weg von der Bevormundung und Übervorteilung durch Berater auf Banken- und Finanzdienstleisterseite ist groß. Insgesamt scheinen wir überhaupt in einem Jahrzehnt der kleinen und großen Revolutionen zu leben. Die Welt wird mit jedem Tag ein Stück weit aufgeklarter und fordert das Recht auf mehr Mitbestimmung immer vehementer ein. Obwohl das eine auf den ersten Blick nichts mit dem anderen zu tun zu haben scheint, sind Parallelen zwischen dem Bürgerbegehren zum Nichtraucherschutzgesetz in Bayern, den Demonstrationen gegen Stuttgart 21 und die Atomkraft und den Aufständen und Revolutionen im arabischen Raum mehr als augenscheinlich. Zunächst in den Vereinigten Staaten und mittlerweile weltweit gehen die Menschen für ihre Ansichten auf die Straße und demonstrieren im Rahmen der Occupy-Wallstreet-Bewegung für nichts Geringeres als eine Reformierung des Finanz- und Sozialsystems. Derartige Äußerungen hat man in dieser Größenordnung und mit diesem Nachdruck schon länger nicht mehr vernommen. Die Menschen sind es regelrecht satt, sich bevormunden oder, noch schlimmer, für dumm verkaufen zu lassen, ganz gleich von welcher Macht, Institution oder von welchem Unternehmen. Die weltweite Vernetzung über Handys, soziale Netzwerke und anderen modernen Technologien unterstützt und befeuert diese Entwicklung dabei maßgeblich.

Der Wunsch nach mehr Selbstbestimmung, der Mut der Menschen zur Veränderung und die zunehmende Bereitschaft der Kunden zum Aufbruch scheint in den Chefetagen der Großbanken entweder noch nicht angekommen zu sein, oder aber es wird dort immer noch nicht wirklich ernst genommen. Die fast schon arrogante Haltung nach dem Motto „Ihr kommt doch trotzdem" könnte sich allerdings bald rächen. Denn während die Unzufriedenheit unter vielen Bankkunden weiter wächst und sich Großbanken, Vermögensverwalter und Anlageberater weiter im Phrasen dreschen üben, drängen innovative Start-ups mit neuen Konzepten auf den Markt. Sie erkennen in der derzeitigen Situation, eine Mischung aus Lethargie, Ratlosigkeit, Ahnungslosigkeit und Überheblichkeit, die Gunst der Stunde – und das zu Recht. Sie liefern neue Lösungen für praktisch alle Sonnensysteme des Finanzuniversums. In den Galaxien Bezahlung, persönliche Finanzverwaltung, Beratung und Vermögensverwaltung hat der Klimawandel bereits eingesetzt. Hier schlägt den Etablierten der Wind bereist etwas kälter entgegen. Dafür scheint die Sonne für die Verbraucher umso länger. Die Finanz-Start-ups der jüngsten Generation beantworten mit ihren Konzepten die Frage, wie man die Angebote aus der Welt der

Finanzen so transportiert, dass sich der Verbraucher wieder gerne mit Finanzthemen auseinandersetzt. Und noch ein Ansatz eint all diese Unternehmen: Sie geben dem Kunden durch den Einsatz innovativer Technologien die Kontrolle über seine Finanzen zurück. Durch die Digitalisierung der Finanzleistungen verändert sich zunehmend auch die Art und Weise, wie Menschen sich mit ihren Finanzen auseinandersetzen. Moderne mobile Endgeräte wie Smartphones und Tablet-PCs ermöglichen dem Bankkunden mit Hilfe von Apps einen einfachen und fast spielerischen Zugang zu ihren Finanzen. Per Touch-Technology werden sie wieder zum Herrn oder zur Herrin über ihre Finanzen. Mit ein paar Wischbewegungen haben sie sich innerhalb von Sekunden einen Überblick über sämtliche genutzte Finanzprodukte verschafft. Mit ein paar Displayberührungen schichten sie ihr Portfolio bequem vom Sofa aus um. Dafür reicht ihnen die Werbepause während der Sportschau oder Dr. House. So fühlt sich Chef-Sein an und das lieben die Menschen.

9 Ein individuelles Netz an Partnern

Die Bankverbindung zu wechseln, ist mit einem gewissen Aufwand verbunden – keine Frage. Schließlich laufen über das Girokonto sämtliche Daueraufträge und Einzugsermächtigungen, das Gehalt wird darauf überweisen und eventuell noch eine ganze Menge mehr. Mit der Bank ist es ähnlich wie mit der Adresse. Sie zu ändern ist mit vielen Briefen und Mitteilungen verbunden. Wem graut nicht vor der Vorstellung, beim nächsten Umzug wieder alles abändern zu müssen. Darauf setzen die Banken, seit vielen Jahren. Was viele Großbanken dabei scheinbar übersehen, ist die Tatsache, dass der Kunde im Zeitalter der Apps sich sein persönliches Netz an Leistungsanbietern selbst zusammenstellen kann, ohne dabei immer Alles-oder-nichts-Entscheidungen treffen zu müssen. Der Mensch im 21. Jahrhundert kommuniziert mal per SMS, mal über ein soziales Netzwerk, mal innerhalb eines Forums, mal über ein Chatprogramm und manchmal über einen Kurznachrichtendienst. Er sieht nicht die Notwendigkeit, sich für einen Dienst oder Anbieter zu entscheiden. Wieso auch? Alle funktionieren doch auch super nebeneinander. Der Mensch nutzt eben jenen Dienst, der sich für den einen Zweck besonders gut eignet. Vielleicht lassen sich die traditionalen Filialbanken mit Facebook vergleichen. Beide bieten dem Menschen eine breite Auswahl an Leistungen, die Banken im Bereich Finanzen, Facebook im Bereich Kommunikation. Und obwohl Facebook sehr viel kann, nutzen viele Menschen parallel eine Reihe weiterer Dienste und Möglichkeiten, um mit anderen zu kommunizieren. Für Videotelefongespräche und -konferenzen bevorzugen viele Skype oder Google+. Kurznachrichtendienste wie WhatsApp sind für viele die direkteste, einfachste und kostengünstigste Art der Kommunikation. Mit anderen kommunizieren sie per SMS, vielleicht weil sie das Gefühl haben, es wäre sicherer. Wenn sie fachspezifische Antworten auf spezielle Fragen suchen, fragen sie eines der zahlreichen Foren ihres Vertrauens. Und ja, auch herkömmliche Telefonate zwischen Mobiltelefonen oder gar Festnetzen soll es noch geben. Ein ausführliches Gespräch zwischen Freunden führen viele gerne bequem von der Couch aus, ohne Kamera, sei es aus Gründen des Sitz- oder Liege-komforts oder schlicht, weil man auch die Tatsache schätzt, sich kratzen zu können, wann und wo man es möchte.

Früher mag es für die Bank ein eminenter Vorteil gewesen sein, alle Services an einem Ort anbieten zu können. Dieser Ort ist heute das Internet oder das mobile Endgerät. Während der Mensch früher von Ort A nach Ort B fahren musste, um Dinge bei unterschiedlichen Anbietern zu erledigen oder zumindest Briefe, Faxe, E-Mails verschicken musste, ist das heutzutage kaum noch notwendig. Heute wechselt der Verbraucher in Sekundenschnelle zwischen Webseiten und Apps und kann auf diesem Wege fast alles in einem Bruchteil des früheren Zeitaufwandes erledigen. Neben Zeit spart er vor allem auch noch Geld. Und er nimmt sich die Freiheit, Dienste nach Belieben auszutauschen, hat er eine bessere Alternative gefunden. In weniger als einer Minute hat er eine neue App heruntergeladen und die alte von seinem Smartphone entfernt. Services sind austauschbar wie nie zuvor. Die Produktzyklen werden kürzer und kürzer. Wer nicht ständig nachlegt und Schritt hält, wird schlicht und einfach entfernt. Zuerst vom Smartphone und im schlimmsten Fall später auch komplett vom Markt. Einstige Stars der Szene verschwinden in nur wenigen Jahren aus dem Bewusstsein der Menschen. Nokia und Blackberry-Hersteller RIM mussten das am eigenen Leibe erleben. Derjenige, der von dieser Entwicklung am meisten profitiert, ist der Verbraucher. Schließlich buhlen alle um seine Gunst – naja, fast alle.

10 Markt mit Potenzial

Neben den Verbrauchern bietet diese Entwicklung vor allem jungen Unternehmen eine großartige Chance, sich mit Hilfe von guten Produkten in die Herzen der Verbraucher zu spielen. Gute Leistungen sprechen sich heute schneller herum, als es vielen lieb sein kann. Gerade in unserer vernetzten Welt, in der die Menschen Informationen in wenigen Sekunden teilen und austauschen können, mit ihren Freunden, aber auch mit dem Rest der Welt. Auf zwei Typen von potenziellen Kunden können junge Unternehmen immer setzen: Die Neugierigen, die einfach etwas ausprobieren, um es mit dem Alt-(mehr oder weniger)-Bewährten zu vergleichen. Und auf die Frustrierten, die schlechte Erfahrungen mit den bisher genutzten Services und Produkten gemacht haben und händeringend nach einer Möglichkeit suchen, sich von der Frustration lösen zu können. Während die Gruppe der Neugierigen immer von Natur aus existiert, muss die Gruppe der Frustrierten erst geboren werden. Sie ist am Ende ein Produkt schlechter Leistungen der Branchenriesen. Fehlt die Gruppe der Frustrierten komplett, ist es für ein Unternehmen nicht einfach, ein Produkt am Markt zu etablieren. Je größer diese Gruppe, desto leichter ist es für aufstrebende Unternehmen. Dies ist im Bereich Geldanlage zweifellos der Fall. Das dämmert nicht nur den Banken langsam, den hochmotivierten Start-ups ist das schon länger klar.

Während die Marktmacht der Banken vielen Investoren über die letzten Jahrzehnte vielleicht als zu groß erschien, fließt den jungen Finanzdienstleistern im Zuge der veränderten Situation seit einigen Jahren auch reichlich Kapital zu.

11 Und dann ging alles furchtbar schnell

Die Start-ups erfinden das Rad nicht neu. Sie greifen zum Teil auf altbewährte Konzepte und Theorien zurück, die auch in den großen Vermögensverwaltungen Verwendungen finden. Aber sie schaffen es mit intelligenten Programmen, den Kunden eine individuelle und für jeden verständliche Lösung anzubieten, die noch dazu optisch ansprechend und so cool gemacht ist, dass der Kunde sogar Spaß dabei hat, seine Finanzen abzufragen. „Oh Gott", müssen sich viele Bankangestellten jetzt denken, „wieso sollten die denn dann noch zu uns kommen?" Eine berechtigte Frage. Deren Tragweite die Angestellte am Schalter vermutlich noch vor den Herren aus der Chefetage überblickt. Vielleicht wäre es Zeit für einen Jobtausch, im Stile einer bekannten RTL II-Doku-Soap. Folgende Frage sollten sich die Verantwortlichen einmal in aller Ruhe stellen: Aus welchem guten Grund sollte der Kunde noch eine Bankfiliale besuchen? Dort, wo er häufig auch noch anstehen muss, weil die Filialen inzwischen eh nur noch mit einer Minimalbesetzung ausgestattet werden. Wenn er nicht aufpasst, kommt er auch noch zur falschen Zeit. Zur Mittagspause schließen die Banken als eine der wenigen Branchen für eine Stunde ihre Pforten. Wer sich's leisten kann... Noch schlimmer ist aber die Beschränkung des Schalterverkehrs. Da kann es dem Kunden schon mal passieren, dass, wenn er am frühen Nachmittag in die Filiale kommt – die Tür steht offen – ihm der freundliche Auszubildende selbstbewusst erklärt, dass man um diese Uhrzeit keine Schaltergeschäfte mehr abwickele. „Ah, o.k., interessant…" Ja, so sieht sie inzwischen aus, die neue Filialwelt. Einerseits wollen die Banken, dass der Kunde persönlich vorbeikommt, damit man ihm vom neuen Anlagevehikel berichten kann. Andererseits besteht akuter Sparzwang, so dass man dem Kunden dann vor Ort aber auch keinen Premiumservice mehr bieten kann, oder, mit Blick auf die Rendite, bieten möchte. Wie lange dieser Spagat noch gut geht, bevor die Hose reißt, ist mehr als fraglich.

12 Ich bin eine Großbank und würde es gerne bleiben – geht das?

Bislang setzten die Branchengrößen, wenn es um die Verteidigung ihres Reviers ging, stets auf ihre Marktmacht, ihre umfangreiche Produkt- und Leistungspalette und auf ein um mehr oder weniger flächendeckendes Filial- und Geldautomatennetz. Das sind allesamt tolle Features, wie man heute sagen würde, mit denen die großen Filialbanken aufwarten können, kein Zweifel. Doch das alleine reicht heute nicht mehr aus. Der Druck auf die

Großbanken nimmt zu, von vielen Seiten. Die weichgespülten Finanzmarktregulierungen sind da vermutlich das kleinste Problem. Gelingt es den Großbanken nämlich nicht, zügig ihr Geschäft neu zu sortieren und auszurichten, gibt es bei einigen bald vielleicht gar nichts mehr zu regulieren. Von einer wachsenden Zahl Verbraucher werden sie immer mehr als Logistikunternehmen für das Frachtgebiet Finanzen gesehen. Die emotionale Verbindung zu ihren Kunden haben sie längst verloren. Hier besteht dringender Handlungsbedarf, will man weiter in der ersten Liga mitspielen.

Ja, Großbanken sind am Ende auch nur große Konzerne wie andere auch. Als großer Konzern ist es zugegebenermaßen schwierig, Innovations- und Realisierungstempo hoch zu halten. Das gelingt nur ganz wenigen Unternehmen in der Welt. Apple ist vermutlich das Paradebeispiel. Nicht umsonst ist es das wertvollste Unternehmen der Welt. Eine Verlangsamung des Tempos liegt im Prinzip schon in der Natur der Sache. Die Entscheidungswege werden länger, die Prozesse komplexer. Selbst ein guter Vorschlag hat es nicht leicht. Er braucht einen langen Atem und viel Mut, will er es am Ende ins Paradies der Umsetzung schaffen. Unzählige Sitzungen, Gremien lauern auf ihn, auf seiner langen und beschwerlichen Reise. Und in allen Büros und Konferenzräumen lauern Ordner, aus Pappe und Metall und virtuelle, die ihn am liebsten verschlucken würden, ein für alle Mal. Nicht selten kriegen sie ihn. Dann muss er Tage, Wochen, ja manchmal Jahre in ihnen ausharren, alleine oder auch in stiller Gesellschaft mit anderen Leidensgenossen, die das gleiche Schicksal ereilte. Mit viel Glück findet sich ein mutiger Bankmitarbeiter, der den Vorschlag zumindest temporär wieder aus den Fängen der Ordner befreit. Im besten Fall gelingt es dem Vorschlag tatsächlich, sich gegen viele andere Leidensgenossen durchzusetzen. Die Menschen, die über das Schicksal des Vorschlags entscheiden, agieren dabei nicht selten wie im Dschungelcamp. Aus taktischen Gründen geschmiedete Allianzen und Zweckbündnisse dealen mit ihm und benutzen ihn für ihre ganz eigenen Zwecke und weil all das noch nicht entwürdigend genug ist, drohen sie ständig auch noch mit dem Papierkorb. Ja, ein Vorschlag in einem großen Konzern hat es nicht leicht.

Aber das ist die Bürde, die man zu tragen hat, wenn man es zu so stattlicher Größe gebracht hat. Als Entschuldigung für eine mangelhafte Produkte- und Geschäftspolitik darf das nicht dienen, lässt es der Verbraucher auch nicht gelten. Dabei liegen die Lösungen seit Jahren praktisch auf der Hand. Wären die Großbanken tatsächlich an einer Verbesserung der Situation und an einer zukunftsgerichteten Geschäftspolitik interessiert, würden sie endlich damit anfangen, die Kunden wie Kunden zu behandeln und nicht wie Melkkühe, deren einzige Daseinsberechtigung die Steigerung der Eigenkapitalrendite ist. Sie würden anfangen, mit offenen Karten zu spielen und Beratung von Verkauf abgrenzen. Sie würden klar kommunizieren, was sie zu welchen Konditionen zu leisten im Stande sind und was nicht. Der Kunde hat durchaus Verständnis für den Begriff Preis-Leistungs-Verhältnis. Für eine unprofessionelle Beratung von Personen, die sich damit brüsten, Profis zu sein, hat er allerdings keine – und das auch zu Recht. Sie würden die Produkte auf die Bedürfnisse der Kunden abstimmen und nicht auf die Gewinn- und Verlustrechnung. Sie würden außerdem einfache und standardisierte Beratungstools bauen, die es dem Kunden ermöglichen, seine Finanzen mithilfe einer gut gemachten, transparenten und professionellen Anwendung selbst zu managen, auf dem heimischen PC, vor allem aber auch mobil. Der Kunde will sich befreien von der Fremdbestimmung durch Unternehmen und Institutionen. Er will sich unterstützen und helfen lassen von tollen Diensten und Services, die fair, ehrlich, transparent und supereinfach zu bedienen sind und ihm die vollständige Kontrolle über seine Finanzen zurückgeben.

Banken, die sich dagegen sperren, werden in ein paar Jahren unter Umständen feststellen, dass der Premiumkunde von einst, der damals praktisch die komplette Palette der angebotenen Leistungen nutzte, angefangen beim Girokonto, über Festgeld und Depot samt Sparplan bis hin zum Immobilienkredit und den Kautionssparbüchern, im besten Fall hin und wieder vorbeikommt, um seine Kautionssparbücher nachtragen und anschließend auflösen zu lassen. Und wenn er besonders gute Laune hat, kommt er vielleicht in der Woche darauf wieder, um ein neues anlegen zu lassen. Alle anderen Produkte und Leistungen bezieht er von unterschiedlichen Partnern seines Vertrauens. Sein Girokonto wird bei einer sozial-ökologischen Bank geführt, Depot, Immobilienkredit und Festgeldkonto hat er bei einem Onlinebroker. Die Anlageempfehlungen liefert ihm eine App, welche seine persönliche Situation analysiert und ihm einen individuellen Anlagevorschlag unterbreitet, der laufend auf Aktualität überprüft wird und Anpassungen empfiehlt, sofern diese nötig werden sollten. Anpassungen nimmt er bequem mit ein paar Displayberührungen vor. Eine andere App liefert ihm jederzeit, in augenschmeichelndem Design, einen Echtzeitüberblick über sämtliche von ihm genutzten Produkte und Leistungen. Kautionssparbücher sind dann auch nur noch ein Relikt aus einer früheren Zeit. Bis dahin hat ein anderes Start-up nämlich eine alternative Lösung für Mietkautionssparbücher entwickelt.

Dieses Szenario mag etwas überzeichnet sein, aber die Großbanken sollten sich nicht allzu sicher sein, dass ihnen die Kunden treu bleiben, ohne einen wirklich guten Grund dafür zu haben. Hochmut, Fehleinschätzungen und Innovationsträgheit haben schon häufiger in die Bedeutungslosigkeit, geführt. Dabei hätten die Banken die finanziellen Kapazitäten, um die notwendigen Veränderungen einzuleiten. Es bleibt für Mitarbeiter und Kunden nur zu hoffen, dass die Notwendigkeit von Veränderungen nicht nur erkannt wird, sondern dass auch entsprechende Maßnahmen zur Verbesserung der Wettbewerbssituation eingeleitet werden. Die Zeit ist mehr als reif.

Finanzdienstleister der nächsten Generation

Hendrik Leber

1 Einleitung

Sollten wir nicht eigentlich über die Finanzdienstleister der vorigen Generation sprechen? Über die Investmentrezepte, die seit den Römern richtig sind, die seit 100 Jahren börsenerprobt sind und die immer gültig sein werden? Nämlich: zu einem günstigen Preis ertragsstarke Firmen kaufen und diese sich langfristig entwickeln lassen? Niemals zu viel bezahlen, nie zu viel Hoffnung investieren, Reserven einplanen, sich nicht von der Meinung anderer anstecken lassen, diversifizieren usw.? Da gibt es doch nichts hinzuzufügen.

Oder gibt es doch eine nächste Generation der Finanzdienstleister? Das Buch „Fear Index" von Robert Harris zeichnet eine solche nächste Generation: Ein überragend kluger Computer wertet alle verfügbaren Informationen aus, zieht seine eigenen Schlussfolgerungen und handelt. Daraus entstehen katastrophale Folgen. Der Computer übernimmt die Kontrolle und lässt sich selbst durch Abfackeln des Rechenzentrums nicht mehr aus der Welt schaffen. Nicht nur in Büchern gibt es solche amoklaufenden Maschinen. Jeder Flash Crash an der Börse zeigt, dass börsenhandelnde Maschinen leicht außer Kontrolle geraten können. Und diese Flash Crashs kommen periodisch, mehrfach pro Jahr vor. Leben wir also vielleicht schon in der nächsten Generation?

2 Die Kommunikation macht den Unterschied aus

Wenn man über eine nächste Generation redet, muss man die Frage beantworten, worin der Unterschied zwischen dem Nächsten und dem Vorherigen besteht. Unter allen Fortschrittsbereichen der letzten Jahrzehnte (dazu gehören die Genomforschung, die Hirnforschung, die Quantentechnologie, die erneuerbaren Energien, die Werkstoffforschung, die Computertechnologie und die Kommunikationstechnik) haben wohl nur die Computertechnologie und die Kommunikationstechnik wesentlichen Einfluss auf Geldanlage und Börse. Sie sorgen dafür, dass (im Extremfall) alle Informationen allen zum gleichen Zeitpunkt zur Verfügung stehen. Spielen wir dieses Gedankenexperiment durch: Alle Marktteilnehmer haben Informationen über alle Firmen dieser Welt sofort zur Verfügung und können auf dieser Basis sofortige Entscheidungen treffen.

Ist das nicht heute schon der Fall? Vor rund 100 Jahren, zu den Zeiten des Spekulanten Lawrence Livermore, war dies eindeutig nicht so, wie man in dem Buch „Reminiscenses of a stock operator" nachlesen kann. Vertrauliche Unternehmensinformationen verschafften einen tatsächlichen Wettbewerbsvorsprung an der Börse, Insiderhandeln und Front-Running waren nicht geregelt und damit nicht verboten. Es gab regionale Börsen mit erheblichen Kursdifferenzen, und das Telegramm war der schnellste Weg zu einer Börsenorder. Informationen zwischen Europa und den USA kamen per Schiff. Man konnte das Tickertape lesen und Muster darin erkennen. Täuschen wir uns aber nicht über die guten alten Zeiten – auch damals gab es schon gut informierte Zeitungen, die ausführlich über die Börse berichteten, und die großen amerikanischen „Wire-Houses" etablierten auf der Basis von Telex und Telegramm ein nationales Brokernetz. Der Drang zu intensivem und schnellen Informationsaustausch war schon damals intensiv. Bremsender Faktor war die Technik.

Mit dem Securities Act und Securities Exchange Act begann in den USA in den 30er Jahren die Regulierung: Die Pflicht zur Transparenz, zur Offenlegung, die Regulierung der Marktteilnehmer.

Reuters und Bloomberg als professionelle Datendienstleister sorgten für eine weite Verteilung der Informationen. Der nächste große Schub Richtung Demokratisierung kam mit dem Internet Mitte der 90er Jahre. Informationen über Firmen stehen seitdem ohne Zeitverzug zur Verfügung. Direktbroker ermöglichen es dem Privatkunden seit rund 15 Jahren, Informationen unverzüglich auszuwerten und in Sekunden zu handeln. Der Börsenhandel hat sich enorm beschleunigt, und der althergebrachte kursstellende Börsenmakler ist im Aktienmarkt weitgehend ausgestorben.

3   Wettbewerb um Schnelligkeit

Die Wettbewerbsvorteile haben sich verschoben. Schnelligkeit ist wichtiger geworden:

- Aktuell haben diejenigen Anleger einen Vorteil, die Unternehmensinformationen schneller auslesen können als andere. Text Mining Computer werten Stichworte aus dem Internet automatisiert aus und generieren daraus Aktientransaktionssignale. Da auch viele Berichte automatisiert erstellt werden, sind wir nicht mehr weit davon entfernt, dass Computer mit Computern sprechen und daraufhin handeln. Die Extremversion? Die Buchhaltung der Unternehmen wird unmittelbar für die Börse auswertbar – Börsencomputer hängen direkt in der SAP-Buchhaltungssoftware und interpretieren bereits den Buchhaltungsdatensatz. Dazu gleich mehr.

- Physische Schnelligkeit wird immer wichtiger. Da Elektronen nur mit Lichtgeschwindigkeit reisen, kann ein langes Datenkabel von New York nach New Jersey schon ein unüberwindliches Zeithindernis werden. Ein Kilometer Kabel entspricht 3 Mikrosekunden – das ist zwar noch keine Ewigkeit, aber für einen Hochfrequenzhändler zu viel.

- Die Spielregeln der automatisierten Handelssysteme werden zunehmend unfairer und undurchsichtiger. Es herrscht Krieg zwischen den Handelssystemen. Computer stellen probende Anfragen in den Handel. Wer nicht in Millisekunden reagiert, muss offensichtlich ein Mensch sein und darf ausgenutzt werden. Der Charakter der Handelssysteme drückt sich in den Namen aus. Wenn Programme „Guerilla" oder „Scharfschütze" heißen, ist die Welt der Börse nicht friedlich. Es gewinnen diejenigen Programme, die am rabiatesten und unfairsten mit Tricks und Täuschen fiktive Orders ins Netz stellen, die dazu dienen, bei ernsthaftem Interesse wieder zurückgezogen zu werden. Der positive Effekt ist bisher eine deutliche Reduzierung der Kosten, eine Glättung der Kurse. Negativ: Im Ernstfall ziehen sich die Programme zurück, sie sind äußerst störanfällig und sie nutzen unfaire Programmierungsvorteile.

- Die Börsen zersplittern sich. Während früher der deutsche Börsenzwang oder andere Regularien dafür sorgten, dass eine Aktie vorrangig an einer Börse gehandelt wurden, zersplittert sich heute die Liquidität auf Börsen, elektronische Börsen und Dark Pools.

Entwickeln wir doch die technische Entwicklung der letzten Jahre weiter. Gehen wir an den Endpunkt der Entwicklung und stellen uns eine ausgereizte Welt der Zukunft vor.

4   Kontinuierlicher globaler Börsenhandel mit sofortiger Informationsverarbeitung

Es wird einen kontinuierlichen oder quasi-kontinuierlichen weltweiten, integrierten Handel geben. Alle Orders werden in kleinste Einheiten zerhackt und kontinuierlich in die Handelssysteme eingestellt. Man könnte sich eine minütliche oder sekündliche Auktion über alle Orders vorstellen, die zu einer kontinuierlichen Preisfeststellung führt. Der Takt könnte entweder ein Zeittakt oder ein Volumenstakt sein. Sobald ein gegebener Umsatz gehandelt werden kann, erfolgt die nächste Kursfeststellung. Da die Quotierungen aller Handelsplätze einbezogen werden, entsteht de facto eine einheitliche Börse. Wo das Settlement erfolgt, wird sekundär. Computerhandelssysteme sorgen dafür, dass die gestellten Preise kontinuierlich angepasst werden. Spezialisierte Computersysteme sorgen dafür, dass Ausrutscher für Arbitrageoperationen ausgenutzt werden und dass diese Ausrutscher auf Dauer verschwinden. Allein aus Arbitragegründen muss 24 Stunden gehandelt werden, denn Branchenentwicklungen müssen quer durch alle Märkte gehandelt werden. Arbitrage wird nicht zur zwischen den Aktien eines Landes, aber auch innerhalb einer Branche weltweit, sowie zwischen Aktien- und Rentenmärkten sowie zwischen Cash- und Terminmärkten erfolgen. Denn es geht nicht an, dass die Optionstransaktion in einem australischen Rohstoffproduzent nicht unmittelbar eine Reaktion im Anleihekurs seines kanadischen Wettbewerbers hervorruft. Wie lange das handelsfreie Wochenende erhalten bleibt, ist fraglich. Es entwickelt sich ein großer, vernetzter, kontinuierlicher Börsenstrom.

- Stildifferenzierende Indexfonds ersetzen den aktiven Anleger: Wer handelt eigentlich? Schon heute spielen Indexfonds eine wesentliche Rolle. Fast immer sind Indexfonds auch börsengehandelt. Neben kapitalisierungsgewichteten Indexfonds (zum Beispiel auf Dow Jones, S&P 500 oder Eurostoxx) sind Fonds entstanden, die fundamental gewichten, zum Beispiel nach Umsatz, Gewinn, Volatilität. Auch stilorientierte Index-fonds sind entstanden, z.B. Dividendenfonds, Value-Fonds, Growth-Fonds usw. Die Aufgabe des Analysten, wertbestimmende Kennziffern zu ermitteln, kann durch Computer erledigt werden. Schon heute werden klassische Marktineffizienzen durch Faktoren wie die Value-Prämie, die Momentum-Prämie, die Kapitalisierungsprämie abgegriffen. Es gibt sicherlich 5-10 weitere Ineffizienzen, die in leichtester Weise ähn-lich durch Computermodelle ausgenutzt werden können. Für diese Modelle sind Menschen eher hinderlich.

- Bilanzinformationen rufen Börsentransaktionen hervor: Eine sauber strukturierte Bilanzdatei kann durch eine Maschine besser ausgewertet werden als ein Analysten-bericht. Vieles spricht dafür, dass Firmen ihre Bilanzdaten in strukturierter Datenform bereitstellen, damit Computer diese Daten auswerten und danach investieren können. Sobald eine Bilanzrelation einen bestimmten Wert erreicht, ist eine Aktie kaufenswert. Sobald ein anderer Wert erreicht wird, muss verkauft werden. Die Bilanzkennziffern bestimmen damit das Orderbuch. Dann kann man logischerweise die Analysedatei direkt mit der Börse verbinden. Aus dem situativen Limitbuch der Börse wird ein fundamentales Orderbuch der Investoren, das immer offen ist.

- Unternehmensentwicklungen bewirken real-time Börsentransaktionen: Noch kürzer wäre die direkte Verbindung der Investoren mit den SAP-Buchungsdaten der Ziel-firmen. Warum den Quartalsabschluss abwarten, wenn der Auftragseingang in den ersten 10 Tagen enttäuschend war? Der direkte Blick in die Buchungsdaten des Unternehmens ermöglicht eine unmittelbare Reaktion. Wenn Autofirmen heute so mit ihren Zulieferern zusammenarbeiten, dann können auch Investoren mit ihren Zielfirmen so umgehen.

- Publizierte Inhalte werden gelesen, interpretiert und führen zu Orders: Nicht nur Zahlen sind relevant, sondern auch textliche Informationen. Schnelle Suchmaschinen werten sowohl publizierte Transaktionen von Insidern als auch Texte im Internet aus. Das können journalistische Texte, aber auch Suchabfragen, Emails, Tweets, „Like"s, Gerichtsdokumente usw. sein. Bestimmte Stichworte lösen Kauf- oder Verkaufssignale aus. Schon heute gibt es textliche Scoringwerte, die den Ruf einer Firma widerspiegeln. Diese können direkt in einer Order münden.

- Der Kostendruck vertreibt den Menschen: Rechnen und Kommunizieren kostet immer weniger. Schnelle, recheneffiziente und günstige ETF-Anbieter werden dominanter werden. Damit entsteht ein Druck auf die Kosten der Research-Apparate und der Börsensysteme. Die Gattung des Brokers und des Analysten wird dezimiert werden, weil nicht genügend Geschäftsvolumen da ist, diese Menschen zu bezahlen.

Ist das Utopie? Nein, denn wenn Dinge technisch möglich sind und ökonomisch sinn-voll, so werden sie eintreten. Man kann sie verzögern, aber nicht verhindern. Technolo-gische Entwicklungen verlaufen nicht linear, sondern häufig exponentiell. Ab einem bestimmten Punkt werden Dinge möglich, die vorher undenkbar erschienen. Der Sieg des Schachcomputers über den Menschen erschien lange Zeit als undenkbar, genauso wie das selbstfahrende Auto unmöglich erschien. Beides ist inzwischen erreicht.

5 Wie stabil sind solche Systeme?

Vermutlich werden diese selbstoptimierenden Systeme zwar in sich stabil und aus-gleichend, im Ganzen aber höchst instabil sein. Die Quartalsnachrichten von Firma A im Vergleich zur Firma B werden in Sekundenschnelle und akkurat interpretiert werden, aber selbstverstärkende Effekte durch Kettenreaktionen und gegenseitiges Aufschaukeln werden dramatische Effekte haben. Das kann durch externe Eingriffe geschehen, also zum Beispiel durch die Veränderung der Risikoparameter durch die Endinvestoren, oder durch Kettenreaktion (z.B. Verkäufe – dann steigende Volatität – dann Reduzierung des Risiko-Exposure durch Verkauf – dann weiter steigende Volatilität – dann Erreichen von Stop-Loss-Marken – weitere Verkäufe etc.)

Die Wahl der richtigen Steuerungssysteme und Parameter wird immer zentraler. Hier werden nationale Aufsichtsbehörden eingreifen, und es wird nicht gut sein. Man wird sich auf Steuerungssysteme festlegen, die aufsichtsführenden Beamten einleuchtend erscheinen, und diese Systeme werden immer Mängel haben und damit zu Fehlsteuerungen führen. Ein Beispiel sind die aktuellen Regeln für eine politische unterlegte Risikoanrechnung von Staatsanleihen von Null oder die Regeln, die das Value-at-Risk-System zu einem dominanten Risikosteuerungssystem gemacht haben, obwohl diese Messung keinerlei Aussage zu Extremrisiken machen kann. Falsche Regulierungsvorgaben werden die nächsten Börsenkrisen verursachen.

6 Chancen für den Investor der vorigen Generation

Die extreme Effizienzsteigerung durch die Maschine und die enorme Anfälligkeit für Ausrutscher ermöglicht dem im Stile einer „vorigen Generation" handelnden Investor großartige, aber auch seltene Chancen. Dieser Investor hat keine Chance, die Maschinen in ihrem Basisgeschäft zu schlagen. Aber dieser Investor kann denken. Und er hat den Luxus der Zeit, den die Maschine nicht hat. Er kann Informationen interpretieren, die über eine einfache Wortanalyse eines Computers hinausgehen. Er kann sich Produkt-entwicklungen oder unternehmerische Entscheidungen ansehen, Jahre bevor sie sich in Zahlen niederschlagen. Er kann auch auf die Regulatoren und Endinvestoren schauen und sie bei ihren Allokationsentscheidungen beobachten. Er kann die Schwächen wichtiger Modelle analysieren. Es wird jedoch nicht viele Investoren geben, die die Unabhängigkeit, die zeitliche Ausdauer und die Intelligenz haben, gegen die Fehlentscheidungen von Investoren und Maschinen zu setzen.

Einige mögliche Felder für den Investor der vorigen Generation:

- Es könnte sein, dass aus selbstverstärkenden Bewegungen heraus Aktien hoch volatil und billig werden oder bei geringen Volatilitäten in hohe Börsenkurse hineingetrieben werden. Wer Geduld hat und jahrzehntelange Börsenerfahrung, wird in diesen Situationen sich einseitig für oder gegen die Klasse Aktien entscheiden, egal, was andere Modelle behaupten, und damit viel Geld verdienen.

- Es könnte sein, dass Modelle, die mit fehlerhaften statistischen Standardannahmen arbeiten (ich denke da an die auf fehlerhaften Normalverteilungen beruhenden Risikomodelle) das Risiko von großen Ausreißerrisiken unterschätzen. Wenn die Märkte also falsche Preise setzen, weil sie falsch rechnen, kann man sowohl billige Versicherungen gegen Kursabstürze kaufen oder günstig Optionen auf stark steigende Kurse erwerben. Nassim Taleb, der Autor des Schwarzen Schwans, hält dies für eine vernünftige Investmentstrategie.

- Es könnte sein, dass strukturelle Veränderungen durch Modelle nicht erfasst werden. Was weiß der Computer über die politische Situation im deutschen Energiemarkt und die Genehmigungsverfahren für Stromtrassen und Kraftwerke? Kluge Einsichten kann nur der Mensch und nicht der Computer erlangen.

Für die Börsenteilnehmer und die Investment Manager wird der Wettbewerb knüppelhart, und dies vermutlich schneller, als wir es glauben. Wenn Autos auf unseren Straßen selbstfahrend auftauchen, dann wird es genauso der Investmentbranche an den Kragen gehen. So wie der einfache Sachbearbeiter (zuständig für die Buchstaben A bis B) in deutschen Firmen ausstirbt, weil eine Maschine seine Arbeit erledigt, so wird der mittelmäßige Börsenhändler und der mittelmäßige Analyst oder Asset Manager aussterben. Die Massenarbeit wird durch Computer erledigt, das Nachdenken hingegen erledigen hochwertige Think Tanks. Dazwischen gibt es nicht mehr viel.

Wenn diese Herleitung einigermaßen richtig ist, dann ist es sinnlos, sich dagegen zu stellen. Dann kann man sich nur noch für die nächste Generation oder die vorige Generation entscheiden. Sowohl der IT-Spezialist als auch der altmodische Denker haben ihren Platz.

Wo könnte eine solche Entwicklung herkommen? Die großen Umbrüche in der Welt kommen immer von der Basis. Das Ford T-Modell hat die Nutzung des Autos demokratisiert und nicht der Maybach, Spielecomputer, nicht die Großrechner haben den Computer demokratisiert, Navigationssysteme aus dem Aldi und nicht die aus dem Mercedes haben die Navigation unters Volk gebracht, die kleine Panasonic- oder Casio-Kamera und nicht die große Hasselblad haben die digitale Fotografie für alle ermöglicht. Und so ist es auch an der Börse vorstellbar: Dass Handelsprogramme, die durch Privatleute an einer Discount-Plattform nach Wunsch-Investmentstilen konfiguriert werden, diese moderne Art des Handelns einleiten. Dass sich dann professionelle Anleger diesen Werkzeugen zuwenden, ähnlich wie es auch bei den ersten ETFs geschehen ist. So wird die investierende Basis die Welt verändern, weil die Technik es ermöglicht. Die wichtigste Aufgabe des Kapitalmarktes, Kapital dorthin zu tragen, wo es einen volkswirtschaftlich hohen Nutzen bringt, wird dadurch nicht verbessert. Denn diese Aufgabe haben die Investoren der vorigen Generation schon gut erfüllt.

Bank 2.0 – von der Vision zur Software

Richard Dratva

1 Einleitung

Wird im Kontext mit der nächsten Generation von Banking über die Umwandlungsschritte gesprochen, die ein Finanzinstitut in den nächsten Jahren anzugehen hat, so fallen sehr oft Schlagwörter wie Kundenorientierung, Erlebniswelt oder Spaßfaktor.

Nur sehr selten wird aber der Zusammenhang zwischen diesen wünschenswerten Zielen und den Software-Lösungen hergestellt, über welche diese in der Folge erreicht werden sollen.

In diesem Beitrag soll genau diese Brücke geschlagen und gleichzeitig auch aufgezeigt werden, mit welchen Umwälzungen die Banken hinter den Kulissen umzugehen haben, wenn sie sich auf diese neue Welt einrichten, in welcher der Kunde das Sagen hat.

2 Warum bei „Bank 2.0" die IT Kopf steht

Abbildung 1: Die IT-Welt steht Kopf – „From Users To Choosers"

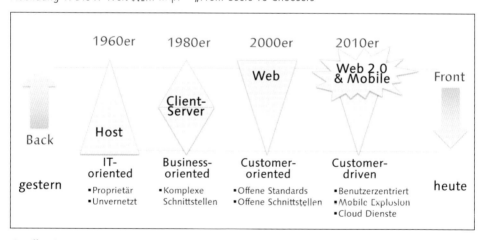

Quelle: CREALOGIX

Die IT-Welt hat sich in den letzten 50 Jahren gewaltig verändert, nicht nur im Bankenbereich. Es hat eine Kippbewegung eingesetzt, welche sich in den letzten 10 Jahren massiv beschleunigt hat und welche heute vollendet wurde – viel rascher, als sich das die meisten Experten noch kürzlich gedacht hätten.

Diese Kippbewegung ist ein wichtiges Element, will man die IT für die Bank von morgen besser verstehen. Denn es braucht eine gewisse Zeit, bis sich das neue Bild in den Köpfen festgesetzt und verankert hat. Früher hatte die IT das Sagen – heute hat sich das Blatt gewendet und der Kunde ist am Schalthebel. Und genau diese Angewöhnungszeit erklärt auch, warum einige Finanzinstitute so viel Mühe mit dieser Umstellung haben.

Der Kunde hat sich viel schneller an die neue Situation gewöhnt als die IT-Abteilungen in der Bankenwelt. Es plant nicht die Bank-IT, sondern es treibt der Kunde. Wenn man hier als Bank in Zukunft am Ball bleiben will, muss man sich entsprechend anpassen und rasch die richtigen (Software-)Werkzeuge zur Hand haben.

Der Kunde sieht sich neu – und mit einem klaren Selbstverständnis – als ebenbürtiger Partner seiner Bank. Er sieht sich nicht mehr in der Rolle des schlecht informierten oder gar eingeschüchterten Bittstellers. An diese Rolle hat er sich – Internet sei Dank oder Internet sei Fluch – in anderen Branchen (siehe nachfolgende Abbildung) sehr gut gewöhnt und er möchte dies auch im Banking zukünftig nicht mehr missen. Denn schon nur das ist ein ganz neues Erlebnis für ihn.

Abbildung 2: Enorme Nutzungsveränderungen innerhalb von 20 Jahren

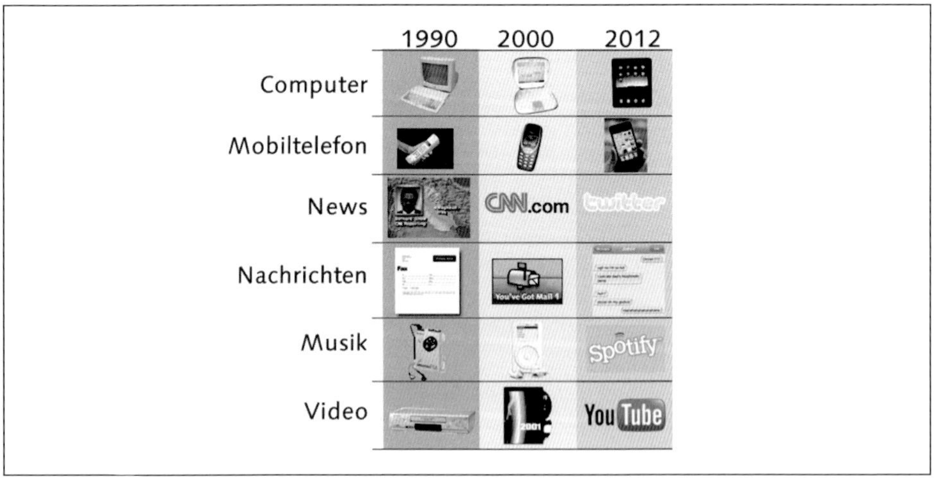

Quelle: Jeff Balke

Bisher haben sich diese enormen Nutzungsveränderungen in den verschiedenen Bereichen wie News, Musik oder Video aber erstaunlicherweise noch nicht allzu stark auf das Banking ausgewirkt. Die Gründe sind vielfältig:

- Banken nutzen im Vergleich mit anderen Branchen die neuen Internet-Technologien weniger ausgeprägt, mehrheitlich aus Sicherheitsüberlegungen.

- Die Vernetzung mit ihren Kunden fällt den Banken aus Vertraulichkeits- und Verschwiegenheitsgründen viel schwerer als anderen Unternehmen.

- Banken leiden oft unter monolithischen IT-Architekturen, welche rasche Anpassungen stark erschweren.

Der Druck der Kunden wird aber steigen und so ist es nur eine Frage der Zeit, bis auch die Finanzbranche ähnlichen Veränderungen ausgesetzt sein wird.

3 Digitales Banking wird erwachsen: von der Transaktions- zur Kundenbetreuungsplattform

Abbildung 3: Offensichtliche Schwingungsunterschiede

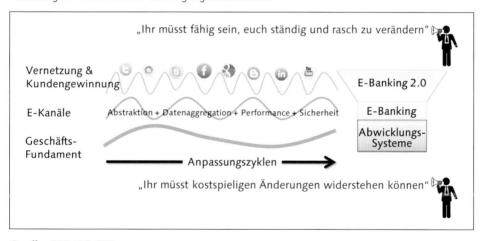

Quelle: CREALOGIX

Die vorangehende Abbildung veranschaulicht die schwierige Anpassungssituation, in der sich Banken heute befinden, auf eine andere Weise. Die Schwingungsunterschiede bei den Anpassungszyklen sind offensichtlich:

- Ganz unten muss es im Tiefton brummen sowie problemlos und günstig funktionieren. Wie ein sparsamer und solider Dieselmotor.

- In der Mitte muss man als Bank fit sein, um mitzuhalten, darf aber auch nicht komplett nach oben ausschwingen, damit der Rest des Zuges nicht abgehängt wird.

- Ganz oben übernimmt das Bank 2.0-Angebot den hohen Anpassungs-Rhythmus. Manchmal muss man in Monats-Frequenz neue Funktionen einspielen. Google macht das genau so.

Deshalb müssen diese drei Wellenlängen mit einer geeigneten Architektur unter einen Hut gebracht werden: Dies ist das Ziel einer modernen Bank 2.0-Architektur.

Auch das Forschungsinstitut Gartner empfiehlt seit 2011 die sogenannte „pace-layered" Strategie, um diesen unterschiedlichen Anpassungszyklen Herr zu werden. Bei Gartner werden die verschiedenen Wellenlängen als Layer mit unterschiedlichen Geschwindigkeiten bezeichnet. Zuunterst sind die Aufzeichnungs-Systeme (oder auch Kernbanken-Systeme), in der Mitte die Systeme zur Differenzierung und zuoberst die Innovations-Systeme. Die Empfehlung lautet, in der heutigen schnelllebigen Zeit von einem monolithischen Denken wegzukommen und für jeden Layer spezifisch und differenziert eine Strategie festzulegen.

Abbildung 4: Kundenorientierung vs. Abwicklungsorientierung

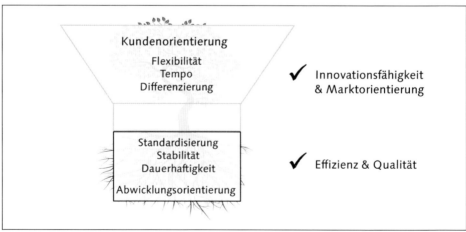

Quelle: CREALOGIX

Weil ein monolithischer Ansatz nicht überzeugt, müssen die beiden grundverschiedenen Themen Kundenorientierung und Abwicklungsorientierung technologisch und organisatorisch möglichst unabhängig voneinander angegangen werden. In beiden Disziplinen müssen die jeweiligen Kernkompetenzen vorangetrieben werden. Dies über offene Schnittstellen zu verbinden, ist einfacher, als in der vollen Breite zu integrieren.

Diese Synergie führt zum Erfolg – in Analogie zum Erscheinungsbild eines Baums. Auch dort braucht es viel weniger Veränderung bei den Wurzeln als in den Baumwipfeln, wo zwischen den Jahreszeiten enorme Unterschiede in rascher Abfolge beobachtet werden können. Wenn man sich dies nicht zu Herzen nimmt, droht die Vollendung einer „Bank 1.5" zu einem Zeitpunkt, wo die Konkurrenz bereits die „Bank 3.0" lanciert hat.

Genau so konnte man es beim E-Commerce beobachten, welches gegenüber dem E-Banking einige Jahre Vorsprung hat. Monolithisch hat es nicht funktioniert: So war beispielsweise SAP zwar auf dem Back End erfolgreich, entschloss sich aber, Sybase zu kaufen, um den Anschluss im mobilen Bereich nicht zu verlieren. Letzthin wurden auch die Internet-Unternehmen Ariba oder Success Factors für Milliardenbeträge gekauft, um die Marktführerschaft auch in der Cloud gewährleisten zu können. Oracle kaufte den Anbieter ATG für einen Milliardenbetrag, um sich im E-Commerce besser zu etablieren, oder zu einem ähnlich hohen Preis die Firma Taleo, um im Online-Personalmanagement besser Fuß zu fassen, obwohl Personalmanagement-Systeme eigentlich zu den Kernkompetenzen gehören.

Abbildung 5: Nächste Generation Multi-Kanal-Banking aus einer Hand

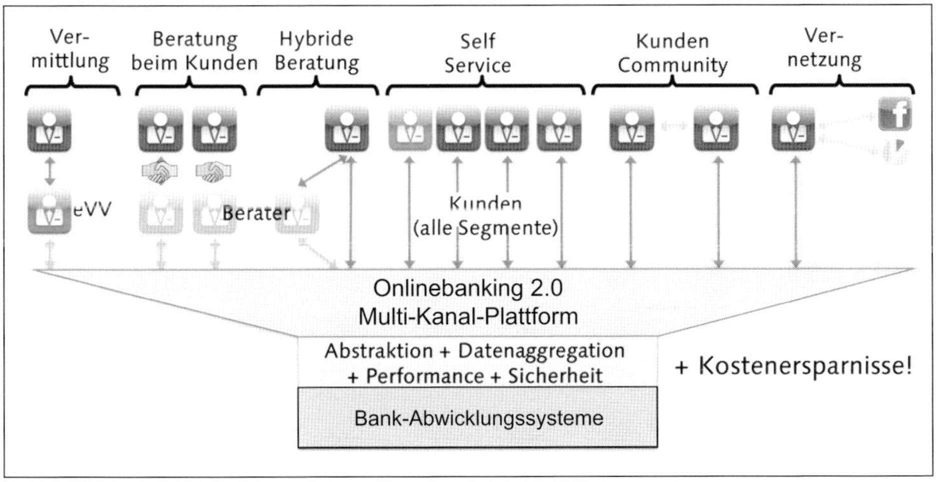

Quelle: CREALOGIX

Bereits heute und vor allem auch in der Zukunft wird der elektronische Kanal aus der Bank heraus viel breiter, als man sich dies noch vor wenigen Jahren vorgestellt hatte. Und es ist vor allem sehr wichtig, dass sämtliche Interaktionen **über einen einzigen Kanal** geschehen und nicht:

- die einen per Browser Onlinebanking machen,

- die anderen sich über Citrix einwählen,

- die Dritten über eine native App einen Seiteneingang bekommen und

- den Vierten bankeigene Notebooks abgegeben werden, wo sie sich durch die komplizierten Anwendungen der Banken-Backends kämpfen müssen.

Denn genau so entstehen hohe Kosten, wenn für jeden Anwendungstyp und sogar für jedes Kundensegment dieser Kanal jeweils gesichert, getestet, und auf Performance getrimmt werden muss. Und dann noch zu allem Überfluss jeder Anwendungstyp vom Erscheinungsbild her ganz anders daherkommt.

Abbildung 6: Onlinebanking-Plattform „2.0"

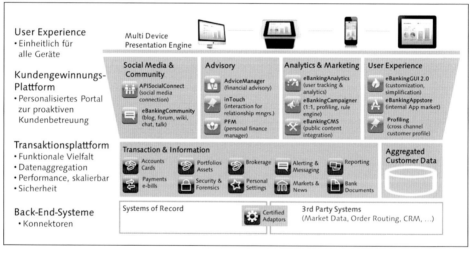

Quelle: CREALOGIX

Man muss sich deshalb sehr genau damit auseinandersetzen, wie sich der E-Commerce Markt in den letzten Jahren entwickelt hat und kann daraus das Schaubild für den Finanzsektor ableiten. Es wird viele und schnelle Veränderungen geben:

- Erstens einmal wird es viel mehr Kunden geben, die hauptsächlich oder gar ausschließlich über diesen Kanal ihre Bankgeschäfte abwickeln.

- Dies wird aber nicht unbedingt auf direkte Weise geschehen, sondern vermehrt auch über bankenunabhängige Drittsysteme. Wenn sich eine Bank nicht vernetzt, dann wird sie zukünftig weniger Kunden haben. Deshalb muss die zukünftige Onlinebanking-Plattform unbedingt offen und nach außen vernetzbar sein. Allein diese Forderung widerspricht dem heutigen Denken diametral.

- Im Onlinebanking selber wird es eine komplette Neuausrichtung geben. Aus der „Raupe" – der in den letzten Jahren perfektionierten Transaktions- und Informationsplattform – wird sozusagen der „Schmetterling" – die Kundengewinnungs-Plattform der Zukunft. Diese Verwandlung erfordert ebenfalls einen Abschied von den heutigen Denkmustern.

Glücklicherweise waren Produktinvestitionen in den letzten 10 Jahren aber nicht sinnlos. Denn nur dank einer performanten und sicheren Transaktionsplattform lassen sich heute diese neuen Bank 2.0-Angebote effizient zusammensetzen.

Und über aller Funktionalität muss eine einheitliche Benutzerführung für sämtliche Arten von Endgeräten stehen.

4 Next Generation User Experience: So sieht das neue Kunden-Cockpit aus

Noch nie hatten Banken so viele Möglichkeiten, mit ihren Kunden zu interagieren. Dies erleichtert nicht nur die Arbeitsprozesse, sondern fördert auch die Kundenbindung und begünstigt ein positives Image. Eine Vielzahl Kontaktpunkte führen aber nicht automatisch zu einer guten Beurteilung. Die Erwartungen der Konsumenten sind gerade punkto Qualität stark gestiegen. Je einheitlicher sich ihnen eine Bank mittels ihrer Kommunikationskanäle präsentiert, desto besser die Bewertung. So wird die sogenannte „Corporate User Experience" zunehmend zum Differenzierungsmerkmal.

Es ist für ein positives Bankerlebnis deshalb besonders wichtig, dass der Kunde über alle möglichen Endgeräte eine einheitliche User Experience angeboten bekommt. So muss er sich nicht ständig umstellen, wenn er das Gerät wechselt und kann seine Bank auch viel einfacher wiedererkennen.

Die Umstellung bzw. Anpassung des gesamten Produktangebotes auf diese Forderung ist sehr anspruchsvoll, da die Front-Ends aller Anwendungen fundamental umgestellt werden müssen, doch die Arbeit lohnt sich. Dies zeigt uns das oft zitierte Beispiel Apple mit aller Deutlichkeit auf.

Abbildung 7: Gleiches Benutzererlebnis auf allen Endgeräten

Quelle: CREALOGIX

Ausgewählte Beispiele von Funktionalitäten einer modernen Bank 2.0-Plattform sind in der nachfolgenden Abbildung aufgeführt:

Abbildung 8: Drei konkrete Beispiele für modernes Erlebnisbanking

Quelle: CREALOGIX

- Financial Stream nennen wir die integrierte Sicht auf alles, was sich im E-Banking abspielt, bzw. seit dem letzten Login abgespielt hat. Die Nutzer kennen dieses Konzept bereits von Anwendungen außerhalb der Bankenwelt, die sie täglich nutzen, wie Twitter oder Facebook.

- Der bankinterne App Market nimmt ebenfalls ein bekanntes Bild auf, damit der Kunde keine Orientierungsprobleme bekommt. Heute sehen alle Kunden Hunderte von Funktionen, wenn sie sich im Onlinebanking einloggen, das muss in Zukunft überhaupt nicht so sein, außer der Kunde wünscht es so.

- Im dritten Beispiel werden Informationen auf eine neue Art ausgewertet und auf visuell ansprechende Weise präsentiert. Im nächsten Kapital wird noch im Detail auf das Thema PFM (Personal Finance Management) eingegangen.

Wie entsteht nun konkret dieses neue Erlebnis beim Onlinebanking? Es werden bestehende Informationen bzw. Funktionen aus dem Onlinebanking genommen und im Rahmen von Bank 2.0 auf neue Art veredelt. Es gibt dabei verschiedene Kategorien und es handelt sich um eine Kombination von visuellen und funktionalen Elementen.

- **Multi-Device** bedeutet, dass bestehende Funktionen in einer neuen grafischen Oberfläche umgestaltet werden.

- Beim **Stream** handelt es sich um eine GUI (Graphical User Interface)-verbundene Funktionalität, welche eine neue Sicht auf die bestehenden Bankinformationen ermöglicht.

- Beim **App Market** wird eine neue User Experience in Analogie zu bekannten bankfremden Anwendungen angewandt.

Und es entsteht eine komplett neue Funktionalität, wenn bestehende Bankdaten mit bankfremden Dritt-Informationen angereichert werden.

Abbildung 9: Wie entsteht das neue Onlinebanking-Erlebnis?

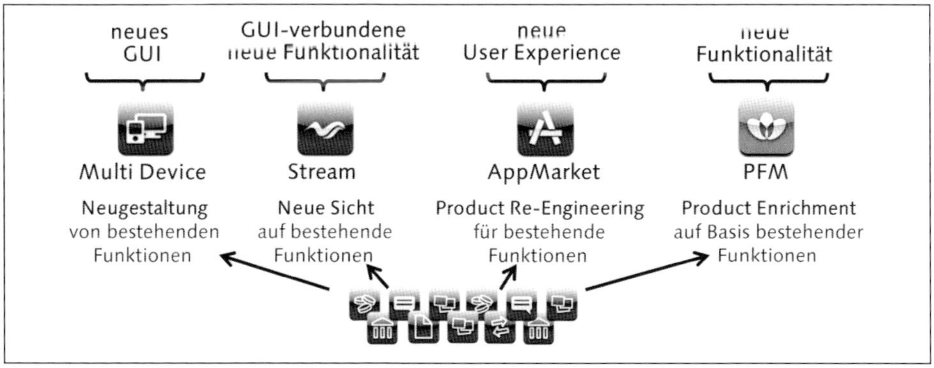

neues GUI	GUI-verbundene neue Funktionalität	neue User Experience	neue Funktionalität
Multi Device	Stream	AppMarket	PFM
Neugestaltung von bestehenden Funktionen	Neue Sicht auf bestehende Funktionen	Product Re-Engineering für bestehende Funktionen	Product Enrichment auf Basis bestehender Funktionen

Quelle: CREALOGIX

5 Personal Finance Management (PFM): Attraktive Einstiegschance in „Bank 2.0"

Seit dem Ausbruch der Bankenkrise musste sich zum Beispiel die Mehrheit der Bevölkerung in Island vielleicht erstmals so richtig Fragen stellen wie: „Wieviel habe ich ausgegeben? Für was? Wann?" Deshalb ist Island so etwas wie die Geburtsstätte von PFM in Europa.

PFM ist eine neue Generation persönlicher Finanzlösungen. Im Kern ist PFM eine hoch automatisierte, web-basierte Software für das Management der persönlichen Finanzen, ausgestattet mit hoher Nutzerfreundlichkeit und um die soziale Dimension des Web 2.0 ergänzt. PFM-Applikationen kategorisieren automatisch. Vor allem in ökonomisch schwierigeren Zeiten schätzen die Kunden PFM und sind ihrer Bank für das Angebot dankbar. Transaktionen von Kundenkonten und Kreditkarten werden von diesen Applikationen visuell präsentiert. Es werden intuitive Tools zur Verfügung gestellt, um die Kunden hilfreich bei der Verwaltung ihrer Einnahmen und Ausgaben zu unterstützen. Das wohl bekannteste Beispiel ist die amerikanische Webseite Mint.com mit inzwischen über vier Millionen Nutzern.

Mit dem Thema PFM konnte der althergebrachte Kontoauszug dank kompletter Überarbeitung wieder in der Werbung verwendet werden.

Wenn Sie einen Marketingchef einer Bank gefragt hätten, wann er die nächste Kampagne zum Thema Kontoauszug machen wird, was denken Sie, hätte er Ihnen vor kurzen noch geantwortet? Mit PFM hat sich das Bild komplett gewendet. Es ist ein Thema, welches gut beworben werden kann. Nicht nur, weil es etwas Neues ist, sondern weil es gut in den Zeitgeist passt und sowohl der Bank wie auch ihren Kunden in gleichen Maße Nutzen bringt.

Abbildung 10: PFM: eine neue Bedeutung für den guten alten Kontoauszug

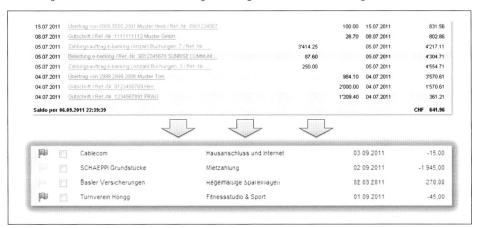

Quelle: CREALOGIX

Welches ist nun der Basisprozess im PFM, von dem aus dann alle weiteren Leistungen abgeleitet werden? In der vorangehenden Abbildung sehen Sie den Kontoauszug, welcher in den neunziger Jahren vom Papier ins Onlinebanking „elektrifiziert" worden ist und immer noch so aussieht wie vor 80 Jahren. Und nun versucht der IT-Zauberstab, Nutzen in diesen Kontoauszug zu bringen.

Und dann entsteht daraus etwas Lesbares: etwas, das für den Kunden verständlich ist und mit dem er leicht etwas anfangen kann. Und das im eigentlichen Sinne des Wortes. Der Auszug wird interaktiv!

Dies bedingt eine Maschinerie im Hintergrund, die aus den bisherigen Transaktionslisten verwertbare Informationen macht, primär durch Kategorisierung von Transaktionen. Das ist eine sehr aufwendige Angelegenheit, denn es ist wie immer: Je simpler etwas vordergründig daherkommt, umso mehr Arbeit ist dahinter versteckt.

Wichtig ist, dass eine möglichst hohe automatische Kategorisierung erreicht wird, damit der Kunde ohne großes Dazutun schon brauchbare Auswertungen bekommt. Denn wir sind alle faul und wollen keine Zeit mit manueller Kategorisierung verbringen. Ein paar Einträge korrigieren wir hingegen sehr gerne.

Abbildung 11: PFM – von der Kontoführung zur „Killer-App"

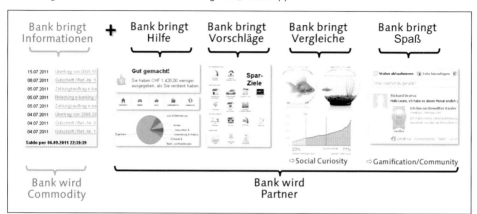

Quelle: CREALOGIX

Mit diesem Transaktions-Veredelungsprozess – wenn er gut gemacht wird – eröffnet sich der Bank ein breites Spektrum an Leistungen, welche sie ihren Kunden neu in Form einer attraktiven Erlebniswelt anbieten kann, ohne dass sie dabei eine einzige Zeile Programmiercode auf ihrem Kernbankensystem anpassen muss:

- Die Bank bringt Hilfe.

- Sie macht Vorschläge.

- Sie ermöglicht Vergleiche, unter dem Motto „social curiosity": Neugier und der Vergleich mit anderen ist eine Grundeigenschaft des Menschen. Ich will wissen, wie ich im Vergleich zu anderen finanziell dastehe, warum ich mehr ausgebe in gewissen Bereichen und wo ich finanziell kompetent bin.

- Die Bank bringt Spaß, unter dem Motto „Gamification" und „Community": Ich gebe nicht meinen Kontostand im Facebook bekannt, aber ich berichte darüber, was für ein schlauer Sparer ich bin, sobald ich ein attraktives Sparziel erreicht habe. Andere sehen das und denken: Das will ich von meiner Bank auch!

Das soziale Element wird integriert ins Onlinebanking-Angebot, ohne dass die Bank dabei den Kunden an Facebook abgeben muss. Und etwas ist dabei ganz wichtig: Es geschieht auf eine Weise, die der Bank gefällt: nämlich anonym.

6 Umdenken – aber nicht nur im Erscheinungsbild

Abbildung 12: Onlinebanking heute und morgen

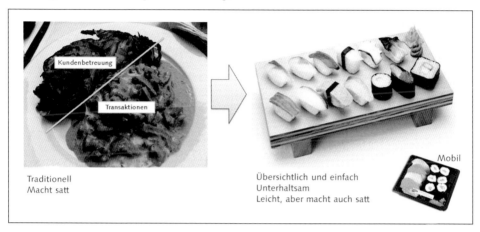

Quelle: CREALOGIX

Und wie in obiger Abbildung soll das Ganze serviert werden, damit es für den Bankkunden zu einem Erlebnis wird:

- Anstatt einer randvollen Portion mit einem traditionellen Zürcher Geschnetzelten sollen es luftige und übersichtliche Sushi Häppchen werden.

- Beim Geschnetzelten ist es so: Hat man die Pilze nicht gern, die dazugehören, so muss man sie mühsam aus der Sauce herauspicken oder trotzdem essen.

- Beim Sushi wählt man aus, was man gern hat. Das Band fährt vorbei und sorgt für Unterhaltung, gleichzeitig sieht man sehr transparent, wie das Essen hinter der Theke frisch zubereitet wird.

- Und versuchen Sie bitte nie, ein Zürcher Geschnetzeltes in einer Plastikbox mobil mitzunehmen!

Mit dieser Metapher aus der Welt des Essens soll auch aufgezeigt werden, dass eine visuelle Umstellung allein für die Bank nicht ausreicht, um sich für die Kunden der Zukunft zu wappnen. Vielmehr muss sich gleichzeitig auch das Selbstverständnis der Bank wandeln. Neben einer vorbildlichen „User Experience" braucht es unbedingt auch eine attraktive „Banking Experience", soll die Investition nicht ins Leere greifen. Nur wenn beides gleichzeitig stimmt, lässt sich der Kunde überzeugen.

Abbildung 13: Bank 2.0 Bildschirmbeispiele

Quelle: CREALOGIX

Wenn Sie als Verantwortlicher Ihrer Bank diese doppelte Herausforderung annehmen und gut umsetzen, dann wird es Ihnen Ihr Kunde danken. Und Sie werden erst noch mehr an ihm verdienen, ohne dass er es Ihnen übel nimmt. Denn auch das muss das Ziel sein von „Bank 2.0".

Ende einer Ära oder Beginn eines neuen Zeitalters? Wie neue digitale Kunden das Banking verändern

Karl Matthäus Schmidt

Das Ende einer Ära ist zugleich der Beginn von etwas Neuem: Die Bankenbranche steckt zum einen in einer selbstverschuldeten Vertrauenskrise, aus der es kein Entrinnen zu geben scheint. Nach einer Umfrage des Instituts für Demoskopie Allensbach vom Februar 2011 landen Banker in der Prestigeskala der Berufe auf dem vorletzten Platz noch nach den Politikern. Zum anderen trägt die Digitalisierung aller Lebens- und Wirtschaftsbereiche zur Erosion eines Geschäftsmodells bei, das sich im Prinzip aus dem 19. Jahrhundert zu uns herübergerettet hat. Mit welchen künftigen Entwicklungen auf dem Bankensektor ist zu rechnen? Was müssen Anbieter von Finanzdienstleistungen tun, um die neuen Kunden von sich zu überzeugen? Welche Trends im Beratungsgeschäft sind zu erwarten?

1 Schöne neue digitale Welt: Wo bleiben die Banken?

Das Internet und seine rasend schnelle Verbreitung von Informationen haben in den letzten zwei Jahrzehnten unsere Gesellschaft und die globale Wirtschaft tiefgreifend verändert. Die digitale Kommunikation beschleunigt den Informations- und Meinungsaustausch, sie stellt spezifische Informationen in Echtzeit zur Verfügung und sorgt für Transparenz in unklaren Situationen. Letztlich kann die Digitalisierung, das haben die Ereignisse im Arabischen Frühling gezeigt, sogar zu einem Machtinstrument werden. Diese Wirkung lässt sich derzeit in der Bankenbranche beobachten.

Die meisten Banken präsentieren sich mit einer Webseite, auf der sie nicht nur für ihre Leistungen und Produkte werben, sondern auch mit dem Kunden interagieren, wenn auch auf sehr statische Weise. Onlinebanking ist selbstverständlich geworden. Einen realen Kontakt mit ihrer Bank erleben Kunden nur noch beim Geldabheben am Automaten oder im selteneren Fall einer Beratung (70 % der Bankkunden nehmen zurzeit keine Beratung in Anspruch). Als Konsequenz geht die Zahl der Bankfilialen und der Bankmitarbeiter seit vielen Jahren kontinuierlich zurück. Nicht selten ist das Girokonto die letzte verbliebene Bindung der Bank zum Kunden, eine Bindung, die sich aufzulösen beginnt.

Es ist also festzustellen: die Digitalisierung hat innerhalb der Finanzbranche bereits Wirkung entfaltet. Was die internen Geschäftsprozesse und das Investmentbanking anbelangt, so hat sie einen enormen Produktivitätsschub ermöglicht. Im Investmentbanking ist das Geld bereits digital. Kann nicht auch der „normale" Bankkunde von der Digitalisierung des Geldes profitieren? Was hat diese Entwicklung bisher aufgehalten?

Der Grund für die verschleppte Modernisierung der Branche ist der Wunsch nach Sicherheit. Kunden wollen ihr Geld sicher wissen. Sie suchen nach einem Bankpartner, dem sie vertrauen können, denn „Vertrauen absorbiert Unsicherheit."[1] Und Vertrauen ist immer noch für viele Menschen mit physischen Strukturen und direktem menschlichen Kontakt verbunden. Bremswirkung entfaltet auch die Komplexität der Bankdienstleistungen, die oft höchst erklärungsbedürftig sind. Dies ist zum Teil gewollt, zum Teil in der Natur der Sache begründet. Nicht zuletzt hat auch der Protektionismus der Bankenlobby dazu beigetragen, die überkommenen Strukturen in der Bankenbranche zu erhalten. Dieser zweifelhafte Schutz ist in Teilbereichen wie dem Aktien-Onlinehandel schon aufgebrochen und wird mit der Machtübernahme durch die neuen digitalen Kunden gänzlich dahinschwinden.

2 Die neuen digitalen Kunden: Immer einen Mausklick voraus

Eine wachsende Zahl von Menschen bewegt sich als *Digital Natives* souverän im Internet und nutzt die Vielfalt der Angebote, ob vom Heim-PC oder mobil per Smartphone. Die digital sozialisierten Menschen werden in naher Zukunft die Mehrheit in unserer Gesellschaft stellen. Sie sind technikaffin und haben Systemvertrauen in das dezentrale, selbstorganisierte Internet und die verbundenen Übertragungstechnologien. Nicht selten sehen sie mit Argwohn auf analog organisierte Systeme und deren Institutionen. Zugleich zeichnet sie eine große Offenheit für neue Produkte und Leistungen aus, die bequemerweise nur einen Mausklick entfernt sind.

Folgende Eigenschaften charakterisieren die neuen digitalen Kunden:

- Sie sind geprägt von den Erfahrungen der Finanzkrise und haben den Glauben an die Institution Bank verloren.

- Sie gehen nur zur Bank, wenn es sein muss. Das intransparente Geschäftsgebaren der Banken verschärft die Bindungsunwilligkeit der neuen digitalen Kunden.

- Sie stehen neuen Anbietern von Finanzdienstleistungen positiv gegenüber, sofern sie ihnen in der digitalen Welt entgegenkommen. Damit werden neue Anbieter gute Chancen haben, in den Markt einzusteigen.

- Sie sind gerne bereit, renommierten digitalen Institutionen (Amazon, Paypal, Apple etc.) einen Vertrauensvorschuss zu geben.

---

[1] Zitat aus Paul Windolf, „Wenn Geiselnahme Vertrauen ersetzt. Ein Rückblick auf die Finanzmarktkrise." In: WZB Mitteilungen, Heft 135, März 2012, S. 34.

Im Rahmen ihrer *customer journey* durch die Netzwelt nutzen die *Digital Natives* eine Vielzahl von Informationsquellen, bevor sie eine Entscheidung treffen. Empfehlungen von anderen Kunden, von Familie und Freunden sind wichtig für sie, da sie mit personalem Vertrauen verstärkt sind. Eine Studie von Ernst & Young vom September 2012 bestätigt, dass die Empfehlungen von Familie und Freunden für 69 % der Bankkunden die wichtigste Entscheidungsgrundlage sind, wenn es um Finanzprodukte geht. Darüber hinaus spielt das Internet eine immer größere Rolle für Bewertungen und Empfehlungen. 58 % aller Bankkunden nutzen Vergleichsportale im Internet, 49 % ziehen Medienberichte als Entscheidungshilfe heran. Die Banken selbst werden dagegen nur noch von 44 % als bevorzugte Informationsquelle genannt.

Abbildung 1: Informationsquellen von Bankkunden

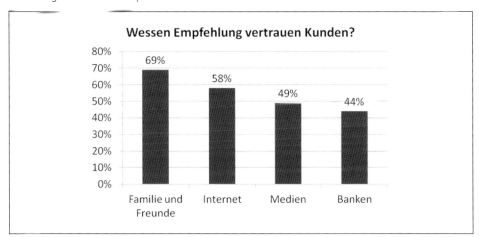

Quelle: Eigene Darstellung nach einer Studie von Ernst & Young, „Global Consumer Banking Survey 2012. The voice of today's banking customer."

3 Sage mir, wie du kommunizierst, und ich sage dir, wer du bist

Die neuen digitalen Kunden stellen die anspruchsvollste Generation von Kunden dar, die es je gab, denn sie wollen behandelt werden wie vermögende Privatkunden. Sie erwarten ihr eigenes Family Office im Internet, individuell auf ihre Bedürfnisse zugeschnitten, flexibel, jederzeit für Sonderwünsche verfügbar. Es sieht ganz danach aus, dass sie es bekommen werden, auch ohne großes Vermögen. Und womöglich zum Discountpreis.

Da die neuen digitalen Kunden an Vielfalt und Sofortverfügbarkeit gewöhnt sind, sind sie ungeduldiger, wählerischer und kritischer. Wenn eine Website nicht auf Anhieb eine

Beziehung zu ihnen herzustellen vermag, verlassen sie sie umgehend. Das gilt erst recht für Finanzprodukte und -dienstleistungen, wenn sie als austauschbar wahrgenommen werden. Um überhaupt einen ersten Kontakt zum potenziellen Kunden herzustellen, müssen Finanzdienstleister auf eine gewinnende digitale Ansprache achten.

Abbildung 2: Eigenschaften einer gewinnenden digitalen Ansprache

Quelle: Eigene Darstellung.

Gelingt das nicht, kommt es unvermeidlich zum Abschiedsmausklick und der Anbieter hat seine Chance vertan. Die neuen digitalen Kunden wollen ad hoc unter einer Vielzahl verschiedener Banking-Dienstleistungen aussuchen. Sie sind nicht mehr bereit, sich aus einer Art institutioneller Bequemlichkeit heraus lange an eine Bank zu binden. Die alte Feststellung, wonach man sich in Deutschland eher scheiden lässt als die Bankverbindung zu wechseln, verliert somit ihre Gültigkeit. Kundentreue wird sich künftig nicht mehr aus einem vertraglich festgezurrten Geschäftsverhältnis mit einer Bank herleiten, sondern aus einer bewussten Entscheidung für Qualität, die jederzeit revidiert werden kann. Das bedeutet: Was Qualität ist, entscheiden künftig die Kunden.

Abbildung 3: Ansprüche der digitalen Kunden an das neue Banking

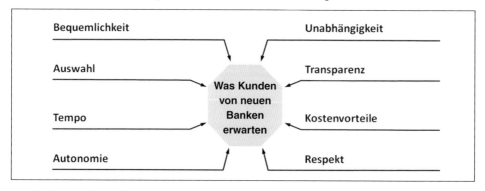

Quelle: Eigene Darstellung.

Die neuen digitalen Kunden bestimmen das Bild der Branche in Zukunft. Sie sind nicht nur anspruchsvoller, sondern auch mächtig genug, ihre Ansprüche durchzusetzen. Für Finanzdienstleister bedeutet das, dass sie das Vertrauen der *digital natives* immer neu erringen müssen.

4 Revolution? Zumindest die Umkehr der Machtverhältnisse

Die Digitalisierung hat, seit sie ihren Siegeszug angetreten hat, einen enormen Kostensenkungsdruck entfaltet. Das gilt für sämtliche Bereiche der Wirtschaft. Die Umsatzentwicklung in der Musikindustrie beispielsweise spiegelt die Auswirkungen wider, die die Digitalisierung von Musikprodukten hatte, und gibt einen Vorgeschmack auf das, was der Bankenbranche bevorsteht. Fakt ist: Sämtliche Finanzdienstleistungen sind komplett digitalisierbar. Wer als etablierter Marktteilnehmer nicht die Flexibilität aufbringt, sich den geänderten Voraussetzungen anzupassen, wer die positiven Möglichkeiten der Digitalisierung nicht in kundengerechte Lösungen umzusetzen vermag, wird am Markt kein Bleiberecht haben. Das bedeutet aber auch, dass Finanzdiscounter und andere neue Player, die bereits ihre Pflöcke in der digitalen Welt eingeschlagen haben, über gute Chancen verfügen, den Markt für digitales Banking zu formen. Viele der aussichtsreichen Kandidaten bringen ihre Kunden möglicherweise gleich mit.

Das bedeutet: Das klassische Bankgeschäft wird sich dramatisch verändern. Bisher hatten die Banken einen Informationsvorsprung vor den Kunden. Sie kannten deren Kreditwürdigkeit und manchmal die Lebensumstände, die Kunden jedoch waren im Unklaren über die Vertrauenswürdigkeit ihrer Bank. Sie waren gezwungen, dem Versprechen von Sicherheit und Rendite zu glauben. Was das Fundament der Geschäftsbeziehung betrifft, bestand lange Zeit eine Informationsasymmetrie zu Lasten des Kunden.

Heute wird es für Banken immer schwieriger, ihr Herrschaftswissen zu verteidigen. Mit der digital gestützten Informationsfülle wird die Asymmetrie verringert; der Kunde wird zum kompetenten Geschäftspartner seiner Bank, die ihn jetzt davon überzeugen muss, dass sie sein Vertrauen verdient und ihre Produkte den Preis wert sind. Der bisherige Schutz, den Banken durch Intransparenz genossen haben, verkehrt sich im Internet in einen Wettbewerbsnachteil. Transparente neue Anbieter, bei denen der Kunde schnell und bequem findet, was er sucht, werden profitieren.

5 Authentizität wichtiger als Objektivität

Die neuen Kunden informieren sich aber nicht nur in der digitalen Welt, sondern sie leben auch in ihr und gestalten sie mit, indem sie aktiv ihre Erfahrungen und Urteile kommunizieren. *Ratings* und *Rankings* sind nicht mehr länger professionellen Dienstleistern und Medien vorbehalten. Jedermann kann öffentlichkeitswirksam ein subjektives Urteil über seine Bank fällen, mag es auch noch so emotional oder irrational sein. Auch falsche und sogar verleumderische Bewertungen halten sich hartnäckig im Netz, werden repliziert und auf diese Weise digital verewigt. Professionelle Anbieter von Bewertungen sind dagegen zumeist an juristische Vorgaben und journalistische Qualitätskriterien gebunden, um so eine gewisse Objektivität zu gewährleisten und ihren Bewertungen Gewicht zu verleihen.

In der digitalen Welt verschafft jedoch gerade die Subjektivität individuellen Äußerungen Bedeutung, denn sie werden als besonders authentisch empfunden und können dadurch personales Vertrauen generieren. Die Bewertungen von Rating-Institutionen hingegen können bestenfalls zum Systemvertrauen beitragen. Finanzdienstleister, die in der digitalen Welt erfolgreich sein wollen, müssen daher entweder an einem allgemein bestehenden Systemvertrauen teilhaben (was bei den meisten großen Bankenmarken derzeit nicht gegeben ist) oder selbst personales Vertrauen erzeugen. Nur einer persönlichen Ansprache des Kunden kann es gelingen, eine individuelle Geschäftsbeziehung aufzubauen, in der das fragile Vertrauen des Kunden gefestigt und sein Wechselwille besänftigt wird. Dazu muss sich der Anbieter authentisch und wahrhaftig äußern und den Kunden und seine Bedürfnisse ernst nehmen. Das kann und das wird auf digitalem Weg geschehen.

Die traditionelle Anbietersouveränität der Banken wird zunehmend durch Kundensouveränität abgelöst, so dass sich die Machtverhältnisse zugunsten des Kunden verschieben. Aus dem passiven Konsumenten wird ein aktiver „Prosument". Banken, die das nicht erkennen, und den souveränen Kunden nicht respektieren, werden zunächst keine Neukunden mehr gewinnen, dann Bestandskunden verlieren und schließlich vom Markt verschwinden.

Die Digitalisierung muss dem strukturkonservativen Teil der Bankbranche schon heute als sehr konkrete Bedrohung erscheinen. Dabei liegen in der Entwicklung auch große Chancen, auch wenn das noch nicht von allen Marktteilnehmern realisiert worden ist. Die entscheidenden Treiber der Branchenveränderung sind:

- die jederzeit mögliche Kostentransparenz für Produkte und Dienstleistungen,

- der für jedermann mögliche Qualitätsvergleich,

- die geballte digitale Problemlösungskompetenz außerhalb des Geschäftsfelds „Banking" sowie

- die sehr hohe Innovationsgeschwindigkeit der neuen Anbieter.

6 Erste Bastion wird bald fallen: der Zahlungsverkehr

Die Digitalisierung ermöglicht bisher branchenfremden Unternehmen, die das Vertrauen der Kunden genießen, in den Markt für Finanzdienstleistungen vorzudringen. Neue Technologien wie die Zahlung mit dem Smartphone werden die Kunden noch weiter von traditionellen Banken entfremden. Für Sicherheit und Vertrauenswürdigkeit werden fortschrittliche Authentifizierungstechnologien wie RFID sorgen. Bisher liegt der Schwerpunkt digitaler Finanzdienstleistungen noch bei Standardgeschäften wie dem Zahlungsverkehr. Aber das könnte sich rasch ändern. Denn das Kontenmanagement und der Zahlungsverkehr wachsen allmählich zusammen.

Ein Wechsel des Anbieters wird für den Kunden immer einfacher. Dabei wird er mit Hilfe neuer Aggregationstools jederzeit über eine bankenübergreifende Liquiditätssicht verfügen und seine Konto- und Depotauszüge auch mobil im Blick behalten. Sein Zahlungsverkehr lässt sich lokal speichern und wird daher nicht mehr mit dem Konto und der Bank verknüpft sein.

Erste kommerzielle Anbieter wie Finanzblick oder Mint stellen bereits Lösungen für das Ausgabenmanagement zur Verfügung, worin die Vorstufe zu einem weitreichenden Liquiditätsmanagement zu erkennen ist. PayPal könnte in naher Zukunft die Führung von Gehaltskonten anbieten. Das iPhone könnte zeitnah als elektronische Geldbörse dienen und ließe sich mit einer Vielzahl von Finanzberatungs-Apps zum mobilen Bankschalter hochrüsten. Die nächsten Schritte werden rasch folgen: Amazon könnte seinem enormen Kundenstamm Anlageprodukte offerieren. So werden Finanzdienstleistungen auch mobil immer tiefer ins Web vordringen, bis Kunden schließlich fragen: Wo bleibt eigentlich die Anlageberatung im Web?

Abbildung 4: Stufen der Digitalisierung in der Finanzbranche

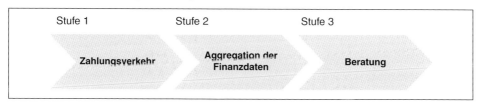

Quelle: Eigene Darstellung.

Den Kampf um den Zahlungsverkehr haben die traditionellen Banken praktisch schon verloren. Das Downsizing im klassischen Bankgeschäft und die erforderliche Restrukturierung werden die Branche über einen langen Zeitraum beschäftigen.

7 Zukunftsszenario: Der Kunde berät sich selbst

Einfache Bankdienstleistungen werden nur noch im Web oder mobil stattfinden, denn der technische Fortschritt lässt zunehmend komplexere Anwendungen auf sichere Weise zu. Die Aggregation und Administration von Bankdaten wird mittels Banking-Tools auf Kundenseite erfolgen. Der Kunde selbst sucht sich die Tools aus, geleitet von den Web-Rankings und Empfehlungen digitaler Vertrauter. Der Umgang damit wird für die digital kompetenten Kunden so selbstverständlich sein wie heute die Nutzung des Geldautomaten. Wie aber werden sich komplexere Bankdienstleistungen entwickeln, genauer gesagt: die Beratung?

Auch ihr Beratungsbedürfnis werden die neuen digitalen Kunden weitgehend im Internet stillen. Die vielen der dort agierenden *Communities* werden dabei an Bedeutung gewinnen.

Die einfache Beratung wird ins Web abwandern. Selbstberatungstools passen sich jeder Bedürfnislage des Kunden an und beraten ihn auf eine transparente, einfache und nachvollziehbare Weise.

Nur für komplexe Beratungssituationen und größere Vermögen bleibt der persönliche Kontakt zwischen dem Kunden und der Bank erhalten, an jedem dem Kunden genehmen Ort. Verstärkt wird das personale Vertrauen in der Kunden-Bank-Beziehung über moderne Kommunikationswege.

Die Komplexität vieler Finanzprodukte, das Volumen der bestehenden privaten und betrieblichen Vermögen sowie die Notwendigkeit, die individuellen Bedürfnisse des Kunden je nach Lebenssituation zu berücksichtigen, begründen weiterhin einen erheblichen Bedarf an Qualitätsberatung. Doch muss diese die webbasierten und mobilen Kommunikationsgewohnheiten der neuen digitalen Kunden verstehen und virtuos bedienen.

Bei dieser Entwicklung werden Filialen zwar weitgehend überflüssig, die realisierten Kosteneinsparungen werden den Verlust des schrumpfenden Geschäftsvolumens jedoch nicht kompensieren. Der Wettbewerbs- und Kostendruck im Bankensektor wird daher enorm steigen, die Preise und Erlöse werden sinken und die Branche zum strukturellen Wandel zwingen.

Was wird von den Banken bleiben, wenn das Bankgeschäft völlig virtualisiert wird und jeder Kunde dank digitaler Unterstützung sein eigener Banker sein kann? Die bisherige Entwicklung vom Bankautomaten zum Onlinebanking und vom Anlageberater zum Online-Trading war erst der Anfang. Weitere Schritte werden folgen:

Die digitalisierte Kommunikation wird allgegenwärtig, sie wird dezentraler und mobiler und sie wird sich weiter enorm beschleunigen. Die Bank, die ihren Vertrauensvorschuss verspielt, wird in Onlineforen an den virtuellen Pranger gestellt werden, was ganz reale Auswirkungen in Form von Kundenverlusten haben wird.

Finanzdiscounter und andere neue Anbieter werden Marktanteile gewinnen. Die Branche wird sich insgesamt im Verbund mit neuen Playern konsolidieren, wobei der Anteil für die klassischen Banken immer kleiner werden wird.

Klassische Banken werden mit ihrer verbliebenen, „analogen" Kundschaft schrumpfen und schließlich untergehen oder müssen sich zum leistungsfähigen Provider von Finanzdienstleistungen für eine neue Generation von digital kompetenten Kunden weiterentwickeln.

8   Die neue digitale Bank: der Liquiditätsbegleiter

In einem Szenario für die nähere Zukunft könnten die neuen Anbieter das Gehaltskonto übernommen haben, massiv Kunden gewinnen und international miteinander kooperieren, um das Online-Anlagengeschäft nach Europa zu bringen. Funktionalität wird dabei ebenso entscheidend für die neuen digitalen Kunden sein wie der Spaß an der Bedienung und das Design. Erfolgreiche Onlinehändler, die den Markt für Onlineshopping dominieren, könnten mit Finanzdienstleistern beim *mobile payment* kooperieren. Sie würden rasch weltweit Milliardenbeträge in den elektronischen Geldbörsen verwalten. Der direkte Zahlungsverkehr zwischen mobilen Endgeräten würde zum Alltag gehören, in dem Onlinehändler oder Mobilfunkanbieter neben ihrem Kerngeschäft Anlageprodukte verkaufen. Eines Tages werden die *Digital Natives* Banken, wie sie heute existieren, nur noch aus Erzählungen ihrer Großeltern kennen.

Für die Anbieter von Finanzprodukten und Leistungen bedeutet die allgegenwärtige Digitalisierung von Information, Kommunikation und Geschäftsprozessen, dass der evolutionäre Veränderungsdruck des *adapt or die* massiv zunehmen wird. Profitieren werden nur die Banken, die folgende Fragen richtig beantworten:

- Was wollen Kunden?
- Was will dieser eine Kunde individuell? Was braucht er?
- Was biete ich Kunden? Was biete ich diesem einen Kunden?
- Wie kommen wir zueinander, damit aus einem potenziellen Kunden mein Kunde wird?
- Was können wir füreinander tun, damit wir beide zufrieden sind?

Dabei bleiben Vertrauen und Integrität das zeitlose Fundament für Finanzgeschäfte. An dieser Tatsache wird die Digitalisierung nichts ändern, im Gegenteil: Gerade in der digitalen Welt muss Vertrauen den Wertekern einer Marke konstituieren. Geht das Vertrauen verloren, ist der Finanzdienstleister verloren. Banken, die sich zum Liquiditätsbegleiter ihrer Kunden weiterentwickeln, und dennoch in der vom raschen Wandel geprägten digitalen Welt ein Stück Nachhaltigkeit verkörpern, haben die besten Chancen am Markt. Deshalb ist die *quirin bank* von Anfang an als Honorarberatungsbank mit transparenten Vergütungsstrukturen und nachhaltigen Anlagestrategien konzipiert worden und hat sich damit als Finanzdienstleister der nächsten Generation aufgestellt. Mittlerweile sind es nicht nur Verbraucherschutzorganisationen, die die Honorarberatung als Voraussetzung für ein neues Vertrauensverhältnis zwischen Kunde und Bank begreifen. Auch die Politik will eine Alternative zur provisionsgetriebenen Finanzberatung etablieren. Das ist ein notwendiger Schritt, um neues Systemvertrauen aufzubauen, auch und gerade in einer digitalisierten Bankenwelt.

Greifbare Zukunftsvisionen: So sieht die Branche in naher Zukunft aus

Neue Player wie z. B. PayPal, Amazon, oder Apple treten im Zahlungsverkehr auf den Markt. Sie vergrößern gemeinsam mit der Nutzung neuer Technologien (Zahlen mit dem Smartphone) die Entfernung des modernen Kunden von den traditionellen Banken. Dadurch werden sich Finanzdienstleistungen weiter virtualisieren.

Mit dem Gehalts- und Girokonto übernehmen die neuen Player die wichtigste und oft einzige Verbindung des Kunden zu seiner Bank. Der Kunde profitiert von der höheren Flexibilität, eventuell auch von Kosteneinsparungen, aber die Banken verlieren ihr mit Abstand wichtigstes Instrument der Kundenbindung.

Die Aggregation von Bankdaten erfolgt mittels Tools beim Kunden. Im Zentrum steht nicht mehr das Produkt, sondern der Kunde mit seinen Wünschen und Bedürfnissen.

Die Digital Natives werden auch für ihr Beratungsbedürfnis vermehrt das Internet und die Communities nutzen – immer weniger die Bank.

Die einfache Beratung findet im Web statt, das heißt: virtuell überall. Die Kunden werden die dazu benötigten Selbstberatungselemente und Tools gebrauchen, wenn sie transparent, einfach und nachvollziehbar sind und gute Ratings erzielen.

Eine persönliche, qualifizierte Beratung wird nur noch bei komplexen Beratungssituationen und für größere Vermögen gesucht. Diese wird an einem dem Kunden genehmen Ort stattfinden und mit digitalen Kommunikationskanälen unterstützt werden.

Mit dem Schrumpfen des klassischen Bankgeschäfts sinken die Preise und Erlöse und setzen die Banken einem starken Kostensenkungsdruck aus.

Demokratisierung der Finanzbranche

Sarah Brylewski

1 Definition Demokratie

Demokratie setzt auf die Freiheit des Individuums, garantiert die Gleichheit des Individuums und stellt sämtliches Handeln auf eine freiwillige Grundlage.

Social Networks und Communities: Nirgendwo sind Menschen so stark wie in einer Gemeinschaft. Viele Stimmen mit einer Nachricht sind lauter, viele Meinungen gemeinsam sind mächtiger. Wir tauschen uns aus, geben Tipps und können öffentlich kritisieren. Niemals war der Verbraucher in der Masse so einflussreich wie heute. Durch Social Media hat sich auch der Ansatz des Marketings verändert. Kunden und Interessenten können über ein Produkt oder eine Dienstleistung im Netz diskutieren. Und wenn der Produktanbieter auf den gleichen Social-Media-Kanälen nicht präsent oder greifbar ist, dann ist das eine verpasste Chance auf einen Kundenkontakt und eine verpasste Chance, eine Marke oder ein Produkt aufzubauen.

Es liegt in der Natur des Menschen, über schlechte Erfahrungen mit einem Produkt berichten und sich Luft verschaffen zu wollen. Kaum jemand gibt sich die Mühe, ungefragt eine positive Erfahrung zu teilen. Wenn jedoch über ein Produkt auf Social-Media-Kanälen positiv und emotional berichtet wird, dann finden sich Kunden, die zustimmen, ihre positive Erfahrung teilen oder mitdiskutieren. Aus diesem Gesichtspunkt heraus scheint es also fast frevelhaft, nicht auf Social-Media-Kanälen Produktmarketing zu betreiben und eine positive Stimmung zu verbreiten.

Wenn nicht das Marketing ein Produkt positiv im Netz belegen kann, wer denn dann? Es ist also moderne Werbung für eine Präsenz und für ein positives Grundrauschen bei den sozialen Medien zu sorgen. Die mindestens nötige Gegenbewegung gegen mögliche negative Kommentare und Emotionen. Denn: Eine Kundenbeschwerde wird nicht mehr nur zu einem Einzelfall, sondern andere Betroffene können sich solidarisieren und schnell eine kritische Masse bilden. Eine Faustregel aus dem Marketing lautet, dass ein zufriedener Kunde fünf anderen von seiner Erfahrung mit einem Produkt erzählt. Der unzufriedene Kunde spricht mit 15 anderen. Social Media hat dieses Verhältnis nochmal verändert. Ein unzufriedener Kunde, der in seinem Netzwerk schreibt, spricht heute mit einer viel größeren Menge von Menschen.

2 Wer wagt, gewinnt

Im Rahmen einer Roadshow von der GfK und der Serviceplan Gruppe heißt es: „Entscheidender Faktor ist dabei die Demokratisierung der Markenführung. Denn die Mitbestimmung der Verbraucher bei der Markenführung hat längst begonnen: 41,8 Millionen Menschen im Alter von 14 bis 69 Jahren sind heute bekanntlich online. Davon reden

25,2 Millionen in einem der Social-Webs aktiv mit. 50 % verfolgen ihre bevorzugten Marken (im Durchschnitt zwölf) im Netz und äußern sich aktiv dazu. Bereits 35 % haben aufgrund der Kommentare anderer User schon Kaufverzicht geübt – und damit massiv Einfluss auf Umsatz und Einstellung zu den betreffenden Marken genommen. Die Chancen, diese rapiden Veränderungen durch kontinuierliches, professionelles Social-Web-Monitoring zu erkennen und den Verbraucher mit seinen Einstellungen und Erwartungen als Teil der Markenführung zu verstehen und aktiv einzubeziehen, werden in der Praxis noch viel zu wenig wahrgenommen."

Wir sind in Deutschland noch am Anfang dieser Bewegung. In einer aktuellen Studie von IAB and Lightspeed Research wurden Unternehmen zum Beschwerdeverhalten der Nutzer befragt. Dabei kam heraus, dass zwar 44 % der Beschwerden über das Web hereinkommen, aber Social-Media-Plattformen wie Twitter oder Facebook jeweils nur einen Anteil von 8 % haben. Moderne und wendige Unternehmen, deren Zielgruppe klar in der Facebook-Generation zu finden ist, sind bezüglich Marketing in sozialen Netzwerken die Vorreiter. Allerdings hat jeder Kunde über 30 Jahren vermutlich noch viele Freunde, die nicht in solchen Netzwerken unterwegs sind. Aber: Das Verhältnis wird sich ändern. Wer sich nicht mit Social Media in der Unternehmenskommunikation auseinandersetzt, verschließt sich einem nachwachsenden Kundenkreis. Verbraucher können sich nur mit Unternehmen identifizieren, die sie auch kennen. Und wenn dann die jüngere Generation sehr viel Zeit in sozialen Netzwerken verbringt, ist es fahrlässig, dort keine Präsenz zu zeigen. All diese direkte Kommunikation ist eine Chance für den Verbraucher, denn Produkte und Dienstleistungen müssen so gut sein wie noch nie, um bestehen zu können. Und Kundenreklamationen, die öffentlich gut gemanagt werden, können auch der Neukundengewinnung dienen. Es gilt, mit kritischen Kunden in den Dialog zu treten, Beschwerden ernst zu nehmen und Missverständnisse aufzuklären. Hier hilft es, transparent zu sein und öffentlich darzustellen, wie mit einer Kritik umgegangen wird.

Ist sie berechtigt, hilft nur noch eine vorbildliche Abwicklung. Ist sie unberechtigt, sollte aufgeklärt werden. Ein weiteres Ergebnis der Studie ist, dass Kunden in sozialen Netzwerken einen professionellen (37 %) und einen freundlichen (33 %) Umgangston bevorzugen und nur eine Minderheit erwartet besonders originelle und coole Kommunikation. Dieses Gefühl, dass man den Tonfall nun völlig anders wählen und versuchen muss, besonders jung zu erscheinen, ist vermutlich oft der Grund für die Zurückhaltung vieler traditioneller Unternehmen. In ein paar Jahren gibt es sicher in den meisten großen Firmen Social-Media-Beauftragte und Social-Media-Redakteure. Denn wer glaubt, Social Media lasse sich mal so nebenbei machen, der irrt. Dieses neue Medium verlangt Schnelligkeit und Treue. Da muss man als Verantwortlicher auch mal am späten Abend noch prüfen, ob es einen Kommentar gibt, auf den reagiert werden muss. Die Verantwortung für das Produkt und das Image ist groß und Fehler werden nur schwer verziehen.

3 Alte Welt – neue Welt?

Offenheit, Transparenz, auf Augenhöhe kommunizieren und Kritik öffentlich begegnen sind nicht unbedingt Schlagwörter, die man mit der traditionellen Finanzbranche verbindet. Diese Branche nähert sich dem Thema recht verhalten. Einige sind dabei, andere sind lieber vorsichtig. Vor lauter hagelnder Kritik an den Bankern und der Branche muss man sich nun mit eingezogenem Kopf und Zahlendruck neu orientieren. Die Bankenbranche ist relativ träge. Zu sehr hat man den Fokus auf Abteilungen gelegt, die in der Vergangenheit viel Geld verdient haben. Zuwenig hat man nach innovativen Geschäftsmodellen, den Möglichkeiten, die das Internet bietet, und nach Social Media geschaut. Der „IT-ler" in Banken war zuständig für Handelssysteme. Web-Developer, Internetstrategen und Social-Media Experten sucht man in der Regel jedoch vergebens. Compliance- und Corporate-Communication-Abteilungen wagen sich nur sporadisch aus der Schonung und scheuen oft die Risiken, die eine solch direkte Kundenkommunikation natürlich auch bergen kann.

Es bietet sich eine Service-, eine Kommunikations- und eine Innovationslücke, die von neuen, wendigen Unternehmen genutzt werden kann. Diese Unternehmen machen die Not des knapp kalkulierten Marketingbudgets zur Tugend. Denn Social Media ist verglichen mit einer PR- und Marketingkampagne eine günstige Form der Werbung. Auch Social-Media-Targeting-Anzeigen zusätzlich zur Unternehmenskommunikation auf den Netzwerken ist eine interessante und neue Dimension des Marketings. Sehr messbar, flexibel änderbar, bezahlbar und jederzeit stoppbar. Und da Unternehmen wie Facebook auch Wege und Mittel finden müssen, um Profit zu generieren, ist es nur wahrscheinlich, dass die angebotenen Werbeformen ausgebaut und weiterentwickelt werden.

In dem Trend-Report 1/2012 der Online-Media-Agentur adisfaction heißt es: „Selbstentscheider und Besitzer von Optionsscheinen nutzen Social Media überdurchschnittlich häufig. Insbesondere Selbstentscheider, die sich bewusst mit dem Thema Geldanlage beschäftigen, sind in sozialen Netzwerken stark engagiert. Der Grund liegt auf der Hand: Wer sich täglich mit Kauf- und Verkaufsentscheidungen beschäftigt, sucht relevante Tipps und den Meinungsaustausch mit anderen Finanzaffinen, Investoren und Experten. Bei diesem Bedarf können Emittenten ansetzen: Die Dialogmöglichkeiten und Services über Social Media sind echte Mehrwerte, die der Kundenpflege dienen und mit denen sich Wettbewerber distanzieren lassen." Quelle dieser Erkenntnisse ist die Communication-Networks 15.0-Strukturanalyse. Das heißt: Wer mit seinen Kunden kommunizieren will, wer aufgeschlossen und modern sein will und für die Zukunft mit einer wachsenden Kundenbasis plant, muss die Chancen des direkten Marketings im Social Web nutzen. Diese demokratische Haltung bezüglich der Kundenbeziehung und der Kundenkommunikation muss sich, um glaubhaft zu sein, auch in den angebotenen Services und Produkten widerspiegeln. Und so ist es besonders reizvoll, diesen Versuch in der als gänzlich undemokratisch geltenden Finanzlandschaft zu unternehmen. Das war die Vision und die Idee, als sich ehemalige Banker und Internetexperten zusammengefunden haben, um gemeinsam an etwas Neuem zu arbeiten. Das Ziel war kein geringeres, als die Finanzdienstleistungslandschaft zu verändern, Innovationen voranzutreiben und die Finanzbranche zu demokratisieren. In welcher Branche gibt es schon nach wie vor eine solch unterschiedliche Behandlung von institutionellen und privaten Anlegern? Dieser Unterschied wird deutlich beim Serviceangebot, bei der Effizienz von Dienstleistungen, wie beispielsweise Orderabwicklungen und -ausführungen und besonders natürlich bei den Gebühren.

4 Demokratisierung geht nicht allein

Gekko Global Markets ist das Kernstück der Next Generation Finance-Gruppe.

Das Netzwerk des Beteiligungsunternehmens Next Generation Finance Invest (NGFI, nextgfi.com) ist im zukunftsorientierten Investmentgeschäft einzigartig: Es treffen innovative Geschäftsmodelle auf zukunftsweisende Technologien im Finanzsektor. Gekko Global Markets, ein CFD-Broker aus Großbritannien, erhielt mit der Handelsplattform TradeHub® eine technisch erstklassige, optisch ansprechende und extrem schnelle Handelsplattform. Um zukünftigen Entwicklungen vorzugreifen, ist es auch möglich, neben Over-the-Counter-Derivaten wie Contracts for Difference (CFD) auch Cash-Produkte wie Aktien und ETFs auf die Plattform zu bringen.

Der Zugriff auf dieses Netzwerk aus innovativen Finanzdienstleistern und Informationsplattformen eröffnet Gekko die Möglichkeit, das eigentlich nüchterne Produkt einer Handelsplattform mit einer Menge Zusatznutzen attraktiv zu machen. In erster Instanz profitiert Gekko von dem Erfahrungschatz des Teams und dessen Blickwinkel auf Finanzprodukte. In der zweiten Instanz bietet das Next Generation Finance Invest-Netzwerk für Gekko die Möglichkeit, die Handelsplattform mit Services und Tools ausstatten, die dem Kunden helfen, richtige Trading- und Investmententscheidungen zu treffen. Es bietet sich damit eine immense Chance, etablierten Finanzdienstleistern Marktanteile streitig zu machen und den Strukturwandel im Finanzbereich nicht nur mitzumachen, sondern sogar voranzutreiben. Zur NGFI-Gruppe gehören beispielsweise auch ayondo (Follow your Top Trader) oder Stockpulse (Internet-Sentiment-Analyse).

Das Ziel von Gekko ist es, für alle Teilnehmer des Finanzmarktes gleiche Bedingungen zu schaffen. Traden und Investieren auf Augenhöhe. Auch für Privatanleger soll gelten: keine Order- und keine Börsengebühren, keine Depot- und geringe Finanzierungskosten. Das Banken- und Beratersystem der heutigen Zeit ist getrieben von Vergütungen, die gezahlt werden müssen, um das Vertriebssystem zu finanzieren. Es ist also in der Regel nicht im Interesse der „Finanzriesen", effizientere Lösungen anzubieten. Aber in den letzten Jahren boomt der Berufsstand der unabhängigen Honorarberater. Lieber zahlen Kunden eine Gebühr für einen ehrlichen Rat, als einem Produktverkäufer die Provision zu finanzieren. Banken wie die Quirin Bank – ein Bankmodell auf Honorarbasis – werben in ihrer Unternehmenskommunikation mit „einer Weiterempfehlungsrate von über 80 %".

5 Nicht ohne meine Kunden

Um die Finanzbranche zu mehr Demokratie zu bewegen, braucht es jedoch auch Kunden, die diese Entwicklung mittragen.

Und hier sind wir dann wieder bei der Definition von Demokratie: „Demokratie setzt auf die Freiheit des Individuums, garantiert die Gleichheit des Individuums und stellt sämtliches Handeln auf eine freiwillige Grundlage." Demokratisierung kann also nur funktionieren, wenn die Anleger und Kunden bereit sind zu agieren und aufgeschlossen sind für Innovationen. Da Demokratie in der Finanzbranche unter anderem bedeutet, für eine große Masse erschwingliche und erreichbare Produkte zu kreieren, kann Demokratie in dieser Branche nur mit Hilfe des Internets umgesetzt werden. Nur online sind Skaleneffekte erreichbar, die demokratische Geschäftsmodelle effizient werden lassen.

Abbildung 1: Trend Online-Investments – In den letzten 3 Monaten für Anlagegeschäfte genutzte Kanäle (in %)

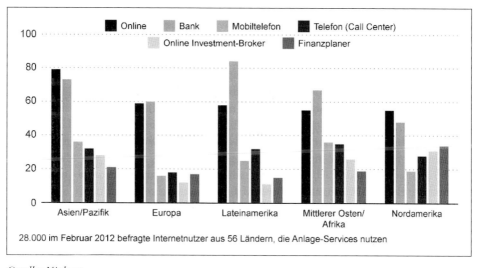

Quelle: Nielsen

Die Verteilung der Kunden, die ihre Anlagegeschäfte via Bankfiliale oder aber online abwickeln, hat sich fast angeglichen. Durch den Generationenwechsel und durch verbesserte Mobil-Möglichkeiten wird die Säule der Banknutzung mehr und mehr abnehmen. Unsere Aufgabe besteht also darin, den Verbraucher durch attraktive Angebote hinzuführen an innovative Finanzdienstleistungen. Wir müssen Nachfrage schaffen und den Verbraucher animieren, sich zu informieren und kritisch zu sein.

Wir als Anbieter müssen eine solche Demokratisierung vorantreiben wollen und die Dienstleistungen, Services und Produkte so gestalten, dass sie für den Verbraucher einen offensichtlichen Nutzen und Mehrwert bringen. Nur auf dieser Grundlage lässt sich ein Kunde auf Innovationen ein, möchte von dem Angebot profitieren und wird aktiv. Nur dadurch gelingt der Schritt vorwärts. Ein Produkt muss also attraktiv genug sein.

6 Produktattraktivität

- Was macht ein Produkt so attraktiv, dass es die Demokratisierung der Finanzbranche vorantreiben kann? Der wichtigste Faktor ist: ein Produkt muss einen Mehrwert bringen. Negative Konjunkturaussichten, steigende Arbeitslosenzahlen, steigende Lebenshaltungskosten und geringere Renten lassen den monetären Spielraum vieler Kunden kleiner werden. Daher muss das Produkt in jedem Fall finanziell attraktiv sein. Wenig Gebühren und Kosten, hohen Nutzenversprechen.

- Außerdem muss ein Produkt den erhöhten Mobilitäts- und Flexibilitätsanforderungen der Gesellschaft entsprechen. Smartphones und Tablets sind für Verbraucher selbstverständlich und notwendig – weil sich das Leben und der Alltag angepasst hat – und sie sind verbunden mit einem Unterhaltungsfaktor, den ein attraktives Produkt ebenfalls liefern sollte. Somit ist es wichtig, das Produktangebot mit Apps und mobilfähigen Internetlösungen zu ergänzen.

- Ein dritter Aspekt ist, dass ein Produkt eine stimmige Geschichte haben muss. Marketing, Kundenansprache und PR müssen dem Bedürfnis nach bewusstem Konsum des Verbrauchers entsprechen. Für die Finanzbranche heißt das: Ein Produkt muss sich von dem Negativimage der Banken und Banker distanzieren. Finanzdienstleister müssen sich auf Augenhöhe zum Kunden positionieren und ein gutes, vertrauenswürdiges und nachhaltiges Image transportieren.

Bei Markteintritt war die Werbebotschaft von Gekko Global Markets für den Britischen CFD-Markt „Levelling the Playingfield". Gleiche und faire Bedingungen für private und institutionelle Kunden, zwischen Anbieter und Kunden. Gekko distanziert sich also von den traditionellen Banken, von fragwürdigen Brokern. Gekko bietet die günstigsten Gesamtkosten und eine Handelsplattform, die eine Apple-Anmutung hat. Es gibt ein mobiles Angebot und Social Media-Kundenkommunikation. Diese Voraussetzungen verleihen dem Anspruch also ausreichend Substanz.

In einer Pressemitteilung der Serviceplan Gruppe für innovative Kommunikation sagt Dr. Peter Haller, Gründer und Partner: „Wir müssen zur Kenntnis nehmen: Der Verbraucher will bei Marken, die ihm täglich begegnen und die seinen Lebensstil beeinflussen, heute und in Zukunft noch verstärkt aktiv mitreden."

7 Kundenbeteiligung

Ist das der nächste Schritt nach der Öffnung durch Social Media? Kundenbeteiligung? Wir müssen unseren Kunden die Möglichkeit geben, Einfluss auf das Produkt und in letzter Konsequenz auch auf das Unternehmen auszuüben. Schließlich ist Mitbestimmung ein zentraler Bestandteil der Demokratisierung. Und dass Mitbestimmung in Form von Mitarbeiterbeteiligung zur Profitabilität eines Unternehmens beiträgt, haben ebenfalls viele Studien bewiesen. Hilft Mitbestimmung also der Kundenzufriedenheit?

In der Wahrnehmung ist ein Unternehmen, von dem ich einen Anteil habe, nicht gegen mich. Vielleicht bin ich als Kunde nicht jederzeit und immer mit allem einverstanden, jedoch habe ich dann vielmehr den Ehrgeiz zu kommunizieren, mich gegebenenfalls zu beschweren, aber ich würde nicht einfach kommentarlos dem Unternehmen den Rücken kehren und die Produkte nicht mehr nutzen. Der Kunde wird über Beteiligung zum Partner. Die positive Sicht auf das Unternehmen ist von Kundenseite mit Interesse an Innovationen und an guter Kommunikation und Unternehmensstrategie verbunden. Beteiligte Kunden interessieren sich für ein Unternehmen, lesen E-Mails, die sie geschickt bekommen, sind offen für die Marketingbotschaften.

8 Social Holding

Ist „Social Holding" also die kleine Schwester des Social Media? Ein Weg, die Finanzbranche zu demokratisieren, ist es also, die Kunden zu beteiligen. Nun hat die Deutsche Bank, die Commerzbank oder die Citigroup jede Menge einzelner beteiligter Kunden. Und hier würde man sicher nicht von Demokratisierung der Finanzbranche reden. Es bedarf also einer gewissen Maximalgröße der Unternehmung, einer Überschaubarkeit und gleichzeitig braucht man das Gefühl, am Anfangszeitpunkt einer Unternehmensentwicklung zu stehen. Junge und kleinere bis mittlere Unternehmen wie beispielsweise Gekko, oder aber große Unternehmen, die extreme Vorreiterschaft verkörpern wie beispielsweise Apple, sind optimal, um den Beteiligungsgedanken zu tragen und sich mit dem Kunden zu verbünden und ihn zu binden.

Dass die Demokratisierung der Finanzbranche einen festen Platz selbst in der „alten Welt" eingenommen hat, ist durch die Aktion „Kundencharta" (einforderbare Rechte der Kunden) und „Kundenbeirat" der Commerzbank, für die sich 2008 mehr als 5400 Interessenten beworben haben, deutlich geworden. Das ausgerufene Ziel des Kundenbeirats: „Einen kontinuierlichen Dialog zwischen Kunden und dem Vorstand der Bank zu verankern. Zuhören. Mitreden. Verbessern." Eine große Privatbank hat eine innovative Idee, die dann jedoch von der Finanzkrise überschattet wurde und ironischerweise landen am Ende mehr als genug Anteile an der Bank beim Steuerzahler.

9   Fazit

Also ist doch ein Neuanfang nötig, um die Demokratisierung der Finanzbranche voranzutreiben? Die Finanzkrise scheint ein guter Zeitpunkt für einen Einschnitt und eine Neuorientierung zu sein. Ein „Davor" und ein „Danach". Die Fidor Bank nutzte genau diesen Zeitpunkt und das entstandene Bedürfnis nach Gerechtigkeit. In der Fidor-Unternehmenskommunikation heißt es: „Gegründet in den Wirren der Finanzkrise setzen wir auf Offenheit, Fairness und die Einbindung unserer Kunden." Der Claim der Fidor Bank ist: „Banking mit Freunden". Wenn man den Kunden nicht nur als Anteilseigner an sich bindet – Freunden unterstellt man in der Regel nun wirklich keine schlechten Absichten mehr. Und einfach trennen mag man sich im Normalfall auch nicht.

Die Fidor Bank hat ein „Moneyfest" ausgegeben. Die erste Broschüre, die nicht nur von Bankmitarbeitern, sondern auch von Community-Mitgliedern verfasst wurde.

Charta, Beirat, Manifest...Die Demokratisierung der Finanzbranche ist also in vollem Gange und lebt von innovativen Unternehmen und innovationsfreudigen, aufgeschlossenen und internetaffinen Kunden.

Wir sind noch lange nicht angekommen, aber auf gutem Weg. Alle die Demokratisierung vorantreibenden Unternehmen müssen selber dafür sorgen, dass diese Bewegung keine Modeerscheinung, sondern ein zukunftsweisender Trend ist.

Müßig zu erwähnen, dass es Gekko-Kunden auch möglich ist, die Next Generation Finance Invest-Aktie an der Börse zu kaufen und somit schon ab dem Betrag einer Aktie am Wachstum des Unternehmens zu partizipieren und über Strategie und Ausrichtung aus erster Hand zu erfahren und mitzubestimmen.

Die Finanzbranche steht vor einem Strukturwandel. Wir von Gekko wollen diesen Wandel nicht nur mitgehen, sondern gestalten. Machen Sie mit?

Digitale Revolution
in Vertrieb und Kommunikation

Auf dem Weg zur Kundenzentrierung: neue Chancen durch digitale Medien

Jürgen Moormann/Elisabeth Z. Palvölgyi

1 Einleitung

Kunden kommen nicht freiwillig zur Bank. Und auch nicht zum Versicherungsvertreter. Diese Problematik ist Finanzdienstleistern hinlänglich bekannt, denn weder Bank- noch Versicherungsprodukte befriedigen unmittelbar die Bedürfnisse der Kunden. Vielmehr sind Finanzprodukte lediglich Mittel zum Zweck; sie können die Erfüllung der eigentlichen Bedürfnisse von Kunden nur unterstützen. Bank- und Versicherungsprodukte sind zudem immateriell und damit für den Kunden wenig greifbar. Darüber hinaus sind sie häufig mit negativen Assoziationen wie etwa „Für den Kredit muss ich Zinsen zahlen" verknüpft.

Damit stellt sich die Frage, wie Finanzdienstleister aus Kundensicht attraktiv gemacht werden können. Und zwar so, dass das Interesse der Kunden tatsächlich im Mittelpunkt der Aktivitäten des jeweiligen Finanzdienstleisters steht. Neue Möglichkeiten dazu bieten Medien wie Smartphones, Tablets und soziale Netzwerke. Wenn es Banken und Versicherern gelingt, sich in die digitale Lebenswelt ihrer Kunden zu integrieren, entstehen Chancen, die es in der Vergangenheit schlicht nicht gab.

In diesem Beitrag skizzieren wir, wie sich Finanzdienstleister einen Wettbewerbsvorteil erarbeiten können, indem sie sich vom reinen Produktanbieter zum Unterstützer für verschiedene Lebenssituationen des Kunden entwickeln. Insbesondere Apps und soziale Netzwerke können genutzt werden, um dem Kunden genau dann und dort Produktangebote zu machen, wenn diese von ihm benötigt werden. Das Ziel ist es, einen echten Mehrwert für den Kunden zu schaffen.

Zunächst erläutern wir die Notwendigkeit kundenzentrierter Geschäftsmodelle im Kontext der heutigen Marktsituation. Anschließend zeigen wir auf, wie Kundenzentrierung durch eine ganzheitliche Unterstützung von Kundenprozessen erreicht werden kann. In den folgenden Abschnitten schlagen wir ein Konzept im Sinne der Kundenzentrierung vor. Das Konzept wird an einem Beispiel aus dem Retail-Geschäft erläutert. Es basiert im ersten Schritt auf dem Einsatz einer Smartphone-App und im zweiten Schritt auf der Nutzung sozialer Netzwerke. Der Beitrag schließt mit einer Zusammenfassung der wichtigsten Schritte zur Umsetzung eines kundenzentrierten Geschäftsmodells.

2 Kundenzentrierung als Alternative zum Preiswettbewerb

In gesättigten Märkten mit sinkenden Margen wie in Deutschland wird der Wettbewerb mehr und mehr zu einem reinen Preiskampf. Angesichts online verfügbarer Produkte wird das Aufrechterhalten eines umfassenden, kostspieligen Filialnetzwerks immer fragwürdiger. Das Wegfallen der einst hohen Eintrittsbarriere „Filialnetz" haben insbesondere Direktbanken genutzt, um sich klare und nachhaltige Wettbewerbsvorteile zu erarbeiten.[1] Nun kommen branchenfremde Anbieter wie Paypal, Prosper, Smava, Zopa und Yavalu hinzu, die immer mehr Teile der klassischen bankbetrieblichen Wertschöpfungskette übernehmen.

Kritisch wird es insbesondere dann, wenn branchenfremde Anbieter die Kundenschnittstelle besetzen. Ein Beispiel sind Handy-Versicherungen, die dem Kunden bei Abschluss eines Mobilfunkvertrags direkt vom Mobilfunkanbieter mitverkauft werden. Damit gelingt diesen Anbietern etwas, womit sich vor allem Banken und Versicherungsunternehmen immer noch schwer tun: dem Kunden das Finanzprodukt an genau dem Ort und zu der Zeit anzubieten, wo bzw. wann das Produkt benötigt wird. Mit dem Verlust des direkten Kundenkontakts verlieren Finanzdienstleister die Möglichkeit, Kundenbindung aufzubauen und zu erhalten. Als Folge daraus können ganze Produktlinien an branchenfremde Anbieter verloren gehen.

Darüber hinaus hat sich das Kundenverhalten in den letzten Jahren enorm verändert. Dafür gibt es viele Gründe, die vom Vertrauensverlust aufgrund der Finanzmarktkrise bis hin zu breiten soziokulturellen Veränderungen reichen. In diesem Beitrag wollen wir uns auf die stattfindende Digitalisierung und deren Auswirkungen auf das Verhalten der Kunden konzentrieren.

Informations- und Preistransparenz haben in allen Branchen zu einer stark erhöhten Preissensitivität der Kunden und einer damit verbundenen erhöhten Wechselbereitschaft geführt. Dazu hat die rasante Verbreitung von mobilen Endgeräten wie Smartphones und Tablets beigetragen. Kunden gewöhnen sich daran, jederzeit und überall Zugriff auf alle möglichen Informationen zu haben. Gleichzeitig sind auch die Kunden jederzeit und überall erreichbar und reagieren beispielsweise auf E-Mails und SMS innerhalb von Minuten. Dementsprechend erwarten Kunden dieses Verhalten immer mehr auch von ihrer Bank bzw. ihrem Versicherer. Die Erfüllung dieser Erwartungen erfordert seitens der Finanzdienstleister einen drastischen Perspektivenwechsel: Die bisher übliche „Inside-out"-Orientierung in der Leistungserbringung muss von einer kundenzentrierten „Outside-in"-Perspektive abgelöst werden (Abbildung 1).

---

[1] Vgl. Deutsche Bank AG (2012), S. 4.

Abbildung 1: Inside-out- versus Outside-in-Orientierung von Geschäftsmodellen

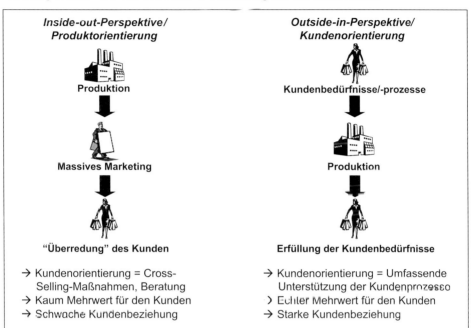

Banken und Versicherer, die in ihrer klassischen *Inside-out-Orientierung* verharren, werden die neuen Herausforderungen kaum meistern können. Bei solch einer produkt-bezogenen Herangehensweise sehen die Unternehmen hauptsächlich die eigenen Fähig-keiten und zur Verfügung stehenden Ressourcen als Ausgangspunkt der Produktent-wicklung. Das Kundenbedürfnis spielt dabei eine untergeordnete Rolle und ist den Unternehmen auch nur in Ansätzen bekannt. Anstatt das Produktangebot so zu gestal-ten, das es den Kunden in seinen Prozessen bestmöglich unterstützt, versucht man, durch verstärkte Marketing-Maßnahmen den Kunden zum Kauf eines seinen Bedürfnissen nur eingeschränkt gerecht werdenden Produkts zu „überreden". Unter Kundenorientierung verstehen solche produktfokussierten Finanzdienstleister hauptsächlich Cross-Selling-Initiativen und ein umfassendes Beratungsangebot.[2] Ob ein solcher Ansatz dem Kunden einen echten Mehrwert bringt, ist mehr als fraglich. Ist für den Kunden jedoch kein Mehrwert erkennbar, wird er das passende Angebot aufgrund des Preises auswählen. Ein Preiskampf mit den kostengünstiger agierenden Direktanbietern ist für traditionell auf-gestellte Finanzdienstleister jedoch aussichtslos.

---

[2] Vgl. Wallace, V. et al. (2010).

Dagegen stellt die *Outside-in-Perspektive* rigoros die Kundenbedürfnisse in den Mittelpunkt, um von ihnen die Produktangebote abzuleiten.[3] Ausgehend von den originären Bedürfnissen der Kunden werden alle Prozesse, Strukturen und Informationssysteme des Finanzdienstleisters gestaltet.[4] Eine solche konsequente Ausrichtung der gesamten Aktivitäten eines Unternehmens auf die Forderungen, Erwartungen und Wünsche seiner Kunden wird als *Kundenzentrierung* bezeichnet.[5] Auf diese Weise können die Ausgestaltung und Bereitstellung des Produkts genau auf die Art und Weise erfolgen, wie sie vom Kunden benötigt wird. Der Wettbewerb wird somit nicht mehr über den Preis, sondern über die Qualität und den Kundennutzen ausgetragen. Die Entwicklung solch eines kundenzentrierten Ansatzes ermöglicht es Finanzdienstleistern, den Kundenkontakt weiterhin selbst zu halten, anstatt zum Back-Office branchenfremder Anbieter zu werden.[6] Sie haben damit eine Chance, sich mittels Differenzierung im Wettbewerb zu behaupten.

3 Kundenprozesse als Ausgangspunkt der Kundenzentrierung

Kunden konsumieren Finanzprodukte üblicherweise nicht aus Begeisterung über das Produkt, sondern nutzen dieses, um ein übergeordnetes Bedürfnis zu befriedigen. Beispielsweise nehmen Kunden einen Kredit auf, um sich ein bestimmtes Gut kaufen zu können, oder schließen eine Versicherung ab, um dieses Gut unbeschwert nutzen zu können. Der Kauf und die Nutzung dieses Gutes sind wiederum Teil eines viel umfangreicheren Prozesses, des sogenannten *Kundenprozesses*. Diesen durchläuft der Kunde, um sein übergeordnetes Bedürfnis zu befriedigen.[7]

Ein solches übergeordnetes Bedürfnis kann z.B. der Wunsch nach Entspannung und Genuss sein. Dieses Bedürfnis könnte durch eine Urlaubsreise befriedigt werden. Der Kundenprozess „Reisen" würde jedoch nicht nur den Abschluss des Kaufvertrags, sondern auch eine Reihe vorgelagerter (z.B. Informationssuche, Auswahl des passenden Angebots, Packen) und nachgelagerter Schritte (z.B. Zeigen der Urlausbilder, Prüfung der Kreditkartenabrechnung) beinhalten.

---

[3] Vgl. Hammer, M. (2002).
[4] Vgl. Heckl, D./Moormann, J. (2007); Shah, D. et al. (2006).
[5] Bruhn, M. (2002) verwendet den Begriff „Integrierte Kundenorientierung".
[6] Vgl. Alt, R. et al. (2010); Dohmen, A./Moormann, J. (2011), S. 26.
[7] Vgl. Behara, R.S. et al. (2002).

Kundenprozesse lassen sich in die vier Phasen des Customer Buying Cycle gliedern.[8] In der Stimulationsphase wird sich der Kunde seiner Bedürfnisse bewusst und beginnt, diese zu konkretisieren. Während der Evaluierungsphase sucht der Kunde nach Informationen, wie er sein Bedürfnis befriedigen könnte und vergleicht und bewertet verschiedene Angebote. Darauf folgt die Kaufphase, in der der Kunde seine Entscheidung trifft, den Kaufvertrag abschließt und die entsprechenden Transaktionen durchführt. In der After-Sales-Phase nutzt der Kunde letztendlich das Produkt und führt weitere Aktivitäten durch, wie etwa das Zahlen von Raten des Konsumentenkredits oder die Inanspruchnahme des Kundenservice.

Traditionelle Geschäftsmodelle von Finanzdienstleistern zielen typischerweise auf die Befriedigung einzelner Teilbedürfnisse von Kundenprozessen ab. In dem Prozess „Reisen" wären das z.B. der Verkauf von Fremdwährung, der Verkauf einer Prepaid-Kreditkarte für die Reise oder das Angebot einer Reiserücktritts- bzw. einer Reisekrankenversicherung. Dies bedeutet, dass der Kunde die für die Umsetzung der einzelnen Schritte seines Prozesses erforderlichen Informationen, Produkte und Dienstleistungen bei den verschiedensten Anbietern selbst zusammensuchen muss. Im Falle des Kundenprozesses „Reisen" könnte sich der Kunde beispielsweise in einer Buchhandlung Literatur über das mögliche Reiseziel kaufen, über ein Online-Portal eine Unterkunft buchen, bei einer Fluggesellschaft Flüge buchen, bei seiner Krankenkasse eine Reisezusatzversicherung abschließen, in seiner Bankfiliale Fremdwährung kaufen und bei einer Direktbank eine Prepaid-Kreditkarte beschaffen.

Anstatt einzelne Schritte des Kundenprozesses punktuell mit Produktangeboten zu unterstützen, sollte sich der Dienstleister an den gesamten, sich aus einem Kundenprozess ergebenden Bedürfnissen orientieren. Aus diesen werden dann die Angebote des Dienstleisters hergeleitet. Das heißt, dass der Anbieter *alle* Bedürfnisse eines Kundenprozesses ansprechen und damit den *gesamten* Prozess unterstützen sollte, um dem Kunden einen wahren Mehrwert zu schaffen und damit letztlich Differenzierungsvorteile zu schaffen.[9] Dabei muss der Finanzdienstleister mit seinen Produkten keineswegs alle Kundenbedürfnisse selbst abdecken, sondern kann entsprechend seines Geschäftsmodells Angebote anderer Anbieter in einem Kooperationsnetzwerk bündeln und vermitteln.

---

[8] Vgl. Flück, B. (2002); Heinrich, B. (2002).
[9] Vgl. Schmid, R. et al. (2000), S. 3 f.

Anbieter in anderen Branchen haben die Potenziale solcher Modelle bereits erkannt. Eine Reihe von Online-Reiseportalen bietet einen großen Teil der im Prozess „Reisen" benötigten Produkte aus einer Hand an. In diesen von den Reiseportalen geleiteten Kooperationsnetzwerken können die Finanzdienstleister nur noch die Rolle der Zulieferer wahrnehmen. Es gibt jedoch viele weitere Kundenprozesse, die sich für eine ganzheitliche Unterstützung eignen. Beispiele sind die Kundenprozesse „Mieten und Einrichten einer Wohnung", „Autokauf/-verkauf", „Aus- und Weiterbildung", „Renovierung/Hausinstandsetzung", „private Verwaltung (Aufbereitung für Einkommensteuererklärung usw.)", „Heirat/Trennung", „Kinder großziehen", „Vorbereitung des Ruhestands", „Tod und Erbschaft" sowie „Kauf und Versicherung von hochwertigen Gütern".[10]

Aber auch Kundenprozesse wie der Prozess „Reisen", die auf den ersten Blick nicht die Unterstützung durch einen Finanzdienstleister erwarten lassen, können für Banken und Versicherer interessant sein. Denn gerade die Erfüllung von Bedürfnissen, die dem Kunden nicht bewusst waren, kann seitens des Kunden einen emotionalen Mehrwert und einen überproportionalen Anstieg seiner Zufriedenheit bewirken und damit zu einem Wettbewerbsvorteil führen.[11] Abbildung 2 zeigt, wie sich die Kundenbedürfnisse in den einzelnen Schritten des Kundenprozesses „Reisen" durch Angebote des Finanzdienstleisters und seiner Kooperationspartner ansprechen ließen.

---

[10] Vgl. dazu Kahmer, N./Moormann, J. (2005), S. 34 f.
[11] Vgl. Sauerwein, E. (2000), S. 25.

Abbildung 2: Kundenbedürfnisse und Unterstützungsmöglichkeiten im Kundenprozess „Reisen"

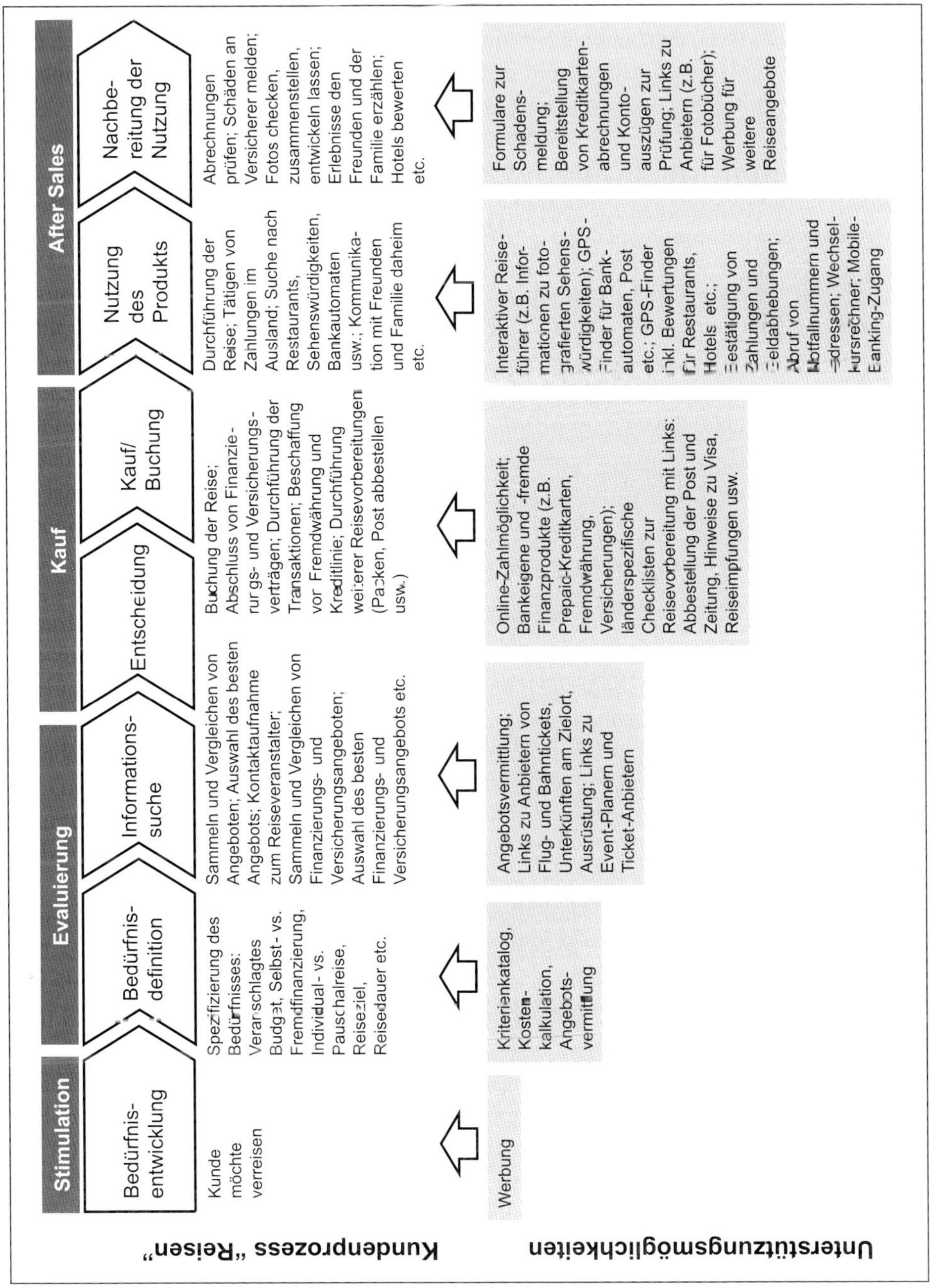

Kundenprozess „Reisen"

Stimulation

Bedürfnis-entwicklung

Kunde möchte verreisen

Evaluierung

Bedürfnis-definition

Spezifizierung des Bedürfnisses: Veranschlagtes Budget, Selbst- vs. Fremdfinanzierung, Individual- vs. Pauschalreise, Reiseziel, Reisedauer etc.

Informations-suche

Sammeln und Vergleichen von Angeboten; Auswahl des besten Angebots; Kontaktaufnahme zum Reiseveranstalter; Sammeln und Vergleichen von Finanzierungs- und Versicherungsangeboten; Auswahl des besten Finanzierungs- und Versicherungsangebots etc.

Kauf

Entscheidung

Kauf/Buchung

Buchung der Reise; Abschluss von Finanzierungs- und Versicherungsverträgen; Durchführung der Transaktionen; Beschaffung von Fremdwährung und Kreditlinie; Durchführung weiterer Reisevorbereitungen (Packen, Post abbestellen usw.)

After Sales

Nutzung des Produkts

Durchführung der Reise; Tätigen von Zahlungen im Ausland; Suche nach Restaurants, Sehenswürdigkeiten, Bankautomaten usw.; Kommunikation mit Freunden und Familie daheim etc.

Nachbereitung der Nutzung

Abrechnungen prüfen; Schäden an Versicherer melden; Fotos checken, zusammenstellen; Erlebnisse den Freunden und der Familie erzählen; Hotels bewerten etc.

Unterstützungsmöglichkeiten

Werbung

Kriterienkatalog, Kostenkalkulation, Angebotsvermittlung

Angebotsvermittlung; Links zu Anbietern von Flug- und Bahntickets, Unterkünften am Zielort, Ausrüstung; Links zu Event-Planern und Ticket-Anbietern

Online-Zahlmöglichkeit; Bankeigene und -fremde Finanzprodukte (z.B. Prepaic-Kreditkarten, Fremdwährung, Versicherungen); länderspezifische Checklisten zur Reisevorbereitung mit Links: Abbestellung der Post und Zeitung, Hinweise zu Visa, Reiseimpfungen usw.

Interaktiver Reiseführer (z.B. Informationen zu fotografierten Sehenswürdigkeiten); GPS-Finder für Bankautomaten, Post etc.; GPS-Finder für Restaurants, Hotels etc.; Bestätigung von Zahlungen und Geldabhebungen; Abruf von Notfallnummern und -adressen; Wechselkursrechner; Mobile-Banking-Zugang

Formulare zur Schadensmeldung; Bereitstellung von Kreditkartenabrechnungen und Kontoauszügen zur Prüfung; Links zu Anbietern (z.B. für Fotobücher); Werbung für weitere Reiseangebote

141

Die Gliederung des Kundenprozesses entsprechend des Customer Buying Cycle erscheint jedoch nicht nur für den Gesamtprozess sinnvoll, sondern auch für die einzelnen Schritte des Kundenprozesses. Auch innerhalb eines Kundenprozesses wird dieser Zyklus bei der Befriedigung der Teilbedürfnisse immer wieder durchlaufen. Demzufolge wird jeder Schritt des Kundenprozesses mit einer erneuten Stimulationsphase eingeleitet. Idealerweise sind die Zyklen der einzelnen Schritte miteinander verbunden, indem die Befriedigung des Bedürfnisses im ersten Prozessschritt als Stimulus zur Generierung oder Bewusstmachung des Bedürfnisses im nächsten Schritt dient. Beispielsweise können mit der Buchungsbestätigung gleichzeitig Hinweise zu notwendigen Versicherungen für die Reise vorgeschlagen werden. Ziel der Bank oder des Versicherers sollte es daher nicht nur sein, die in den verschiedenen Schritten auftretenden Kundenbedürfnisse zu befriedigen, sondern auch einen Stimulus zum Anstoßen des nächsten Prozessschritts zu liefern. Der Kunde wird damit motiviert, seinen Prozess weiterzuführen, anstatt zu pausieren oder ihn gar abzubrechen. Konsequenterweise endet dann der Gesamtprozess nicht mit der Befriedung des übergeordneten Bedürfnisses, sondern mit einem Stimulus zum erneuten Durchlaufen des Kundenprozesses (z.B. einer weiteren Reise) oder zum Beginn eines anderen Kundenprozesses (z.B. Autokauf/-verkauf). Im Interesse des Finanzdienstleisters liegt es also, diesen Stimulus zu erzeugen bzw. zu verstärken, um den Kunden zur Durchführung des nächsten Prozessschritts bzw. des nächsten Kundenprozesses anzuregen.

4 Digitale Medien als Enabler der Kundenzentrierung

Die neuen Informations- und Kommunikationsmedien treiben nicht nur die Verschärfung des Wettbewerbs voran, sondern bieten auch die Chance, Geschäftsmodelle mit einer konsequenten Kundenzentrierung zu entwickeln. Im Gegensatz zu Filialen bieten digitale Medien und insbesondere mobile Endgeräte die Möglichkeit, sich dort in die Prozesse der Kunden „einzuklinken", wo sie stattfinden. Viele Finanzdienstleister haben die Bedeutung mobiler Endgeräte für den Kunden erkannt.[12] Mobile-Banking-Angebote gehören weitgehend zum Standard und werden vom Kunden auch erwartet. Um Kundenzentrierung zu erzielen, müssen die Banken und Versicherer jedoch weiter gehen, als lediglich die punktuelle Unterstützung einzelner Bedürfnisse im Kundenprozess auf digitale bzw. mobile Kanäle zu übertragen. Erst die Kombination einer umfassenden Kundenprozessunterstützung mit der Verfügbarkeit des Angebots über neue Informations- und Kommunikationsmedien kann zu einer wahren Kundenzentrierung führen.

---

[12] Vgl. Moormann, J./Schaefer, A. (2012).

Erste Ansätze für kundenprozessorientierte Angebote zeigen sich beispielsweise auf der Website der Sparkasse KölnBonn. Hier wird das Produktangebot nicht nur nach den üblichen produktbezogenen Kategorien wie „Konto und Karte", „Kredite und Finanzierungen" oder „Sparen und Anlegen" gegliedert. Daneben findet sich eine weitere Darstellung, die sich deutlich an den Prozessen und Lebenssituationen der Kunden orientiert. Der Kunde kann seine aktuelle „Lebenslage" (z.B. Studium, Familiengründung, aktiver Ruhestand) oder seine „Wünsche" (z.B. „Auf Reisen gehen", „Für den Nachwuchs vorsorgen", „Eine Immobilie erwerben") auswählen und erhält dann eine Übersicht verschiedenster Produkte, die für ihn relevant sein können. Zur Lebenslage „Familiengründung" bietet die Sparkasse beispielsweise Sofortkredite, Kinderbausparen, Gebäude- und Hausratsversicherungen und über einen externen Partner die Vermittlung von Immobilien an. In einer herkömmlichen, produktorientierten Struktur müsste sich der Kunde diese Angebote aus den verschiedenen Produktsparten selbst zusammensuchen. Dies ist nicht nur umständlich, sondern birgt auch die Gefahr, dass der Kunde selbst gar nicht auf die Idee kommt, dass bestimmte Produkte für seine Bedürfnisbefriedigung hilfreich sein könnten. Ein kundenprozessorientiertes Angebot steigert also nicht nur den Komfort für den Kunden, sondern bietet auch eine bessere Chance zur Realisierung von Cross Selling.

Im Vergleich zu Websites bieten Apps viele weitere Möglichkeiten, die zu einer größeren Nutzerfreundlichkeit und einer verstärkten Kundenprozessorientierung führen können. Da Smartphones vom Kunden heutzutage immer und überallhin mitgenommen werden, können die Bedürfnisse des Kunden mittels Apps zu den Zeitpunkten und an den Orten erfüllt werden, an denen sie entstehen. Außerdem lassen sich die spezifischen Funktionalitäten von Smartphones, wie z.B. die GPS-Funktion, in der App nutzen.[13] Damit können Apps Funktionalitäten bieten, die mittels klassischer Websites nicht darstellbar sind.

---

[13] Vgl. Moormann, J./Leyer, M. (2012), S. 66 f.

Ein weiterer Aspekt ist der emotionale Mehrwert, der durch eine App erzeugt werden kann. Kunden sehen ihr Smartphone heutzutage als Ausdruck ihres Lifestyles und bewerten es dementsprechend hoch. So zahlen Kunden ihre Mobilfunkrechnung, noch bevor sie andere Verbindlichkeiten, wie etwa Mieten oder Kreditratenzahlungen, begleichen.[14] Gelingt es einem Finanzdienstleister, eine gut durchdachte und dem Kunden einen Mehrwert schaffende App zu platzieren, können die mit dem Smartphone verbundenen positiven Emotionen des Kunden auf den Finanzdienstleister projiziert werden und dieser darüber hinaus als besonders innovativ wahrgenommen werden.[15]

Eine Banking-App könnte auf oberster Ebene wie folgt aussehen (Abbildung 3): Öffnet der Kunde auf seinem Smartphone die App, so erscheint eine Liste von Bedürfnissen bzw. Kundenprozessen, aus denen sich der Kunde den für ihn relevanten auswählt (Schritt 1). Im Anschluss kann der Kunde sein Bedürfnis spezifizieren (Schritt 2). Im Falle einer Reise könnte er beispielsweise die Art der Reise (Pauschal-/Individualreise), das vorgesehene Budget, das Reiseziel usw. bestimmen. Daraufhin wird dem Kunden sein individualisierter Kundenprozess mit allen Schritten angezeigt, die zur Erfüllung seines Wunsches notwendig sind (Schritt 3). Im Falle einer Reise könnten das die Schritte „Angebotssuche", „Finanzierung", „Buchung", „Abschluss von Versicherungen", „Reisevorbereitung" etc. sein. Der Kunde kann diese nun der Reihe nach abarbeiten.

Zu jedem Schritt bietet der Finanzdienstleister Informationen und Produkte an, die zur Abarbeitung des Schrittes benötigt werden (Schritt 4). Dabei kann es sich sowohl um eigene als auch um fremde Angebote handeln. Für die obengenannten Schritte könnte die App beispielsweise Angebote von Reiseveranstaltern vermitteln, eigene Finanzprodukte anbieten (z.B. Reiserücktritts-, Kranken- und Unfallversicherung, Prepaid-Kreditkarte, Fremdwährungen) und länderspezifische Checklisten für die Reisevorbereitung (z.B. Informationen über Visa und zum Impfbedarf für das jeweilige Land) zur Verfügung stellen.

---

[14] Vgl. Steward, D. (2009).
[15] Vgl. Schaefer, A./Moormann, J./Rosemann, M. (2012), S. 78.

Abbildung 3: Oberfläche einer kundenprozessorientierten Smartphone-App

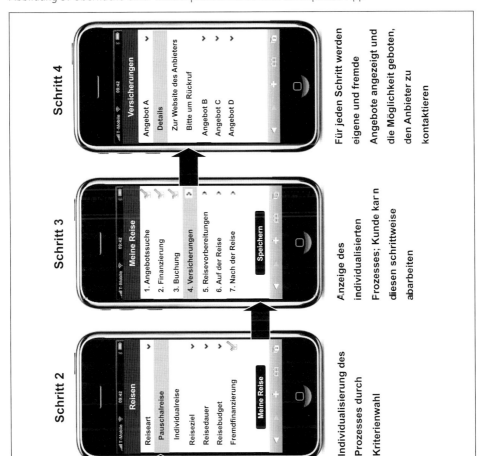

Zur Unterstützung des Kundenprozesses „Reisen" kann auf die spezifischen Funktionalitäten des Smartphones zurückgegriffen werden. Die GPS-Funktion kann z.B. während der Reise für die Suche nach nächstgelegenen Bankautomaten, Tankstellen, Hotels und Restaurants genutzt werden. Die Möglichkeit der eindeutigen Identifikation des Kunden über das Smartphone kann zur zusätzlichen Absicherung von Transaktionen im Ausland genutzt werden. Mit der Kamera-Funktion aufgenommene Urlaubsfotos könnten über die App hochgeladen und z.B. als papierhafte Postkarten direkt an Freunde und Familie geschickt werden.

Ein bemerkenswertes Beispiel für eine bereits umgesetzte Nutzung der Kamera-Funktion von Smartphones zur Unterstützung eines Kundenprozesses liefert die australische Commonwealth Bank: Kunden können spontan ein Haus fotografieren und erhalten innerhalb von Sekunden den Wert dieses Hauses und die letzten Kauf-/Verkaufsdaten mitgeteilt. Auf diese Weise schafft es die Commonwealth Bank von Anfang an, sich in den Kundenprozess „Wohnen" zu integrieren. Die Bank kann dem Kunden dann weitere Immobilienangebote, andere Unterstützungsleistungen und gegebenenfalls auch auf das Kundenprofil abgestimmte Finanzierungsangebote liefern.

Ein Beispiel für ein bereits existierendes App-Angebot einer Bank für den Prozess „Reisen" ist die App „Haspa Urlaub" der Hamburger Sparkasse. Diese App enthält u.a. Checklisten für die Urlaubsplanung. In diese „Erledigungs-" und „Pack-"Listen integriert die Haspa sowohl eigene Angebote (z.B. eine Online-Bestellmöglichkeit für Sorten) als auch Angebote von Partnern (z.B. zur Buchung von Reisen, Flug- und Bahntickets im „HaspaJoker Reise-Shop") und externen Anbietern (z.B. Link zu amazon.de zur Bestellung von Reiseführern). Mit weiteren Funktionalitäten der App wie etwa der Auflistung von Notfallnummern oder der Abrufmöglichkeit von Staumeldungen begleitet die Hamburger Sparkasse ihre Kunden in vielen ihrer Prozessschritte vor und während der Reise. Damit nutzt sie die Chance, die Frequenz der Kundeninteraktion wesentlich zu erhöhen und Cross-Selling-Angebote zu platzieren.

Zur Realisierung eines solchen App-Angebots ist eine umfangreiche Datensammlung notwendig.[16] Die verschiedenen Kundenprozesse, ihre möglichen Ausprägungen und die dazugehörigen Schritte sind in einer Kundenprozessdatenbank des Finanzdienstleisters zu hinterlegen. Zur Erstellung von individuell auf den einzelnen Kunden abgestimmten Angeboten ist außerdem eine Verknüpfung mit der Kundendatenbank notwendig. Darüber hinaus müssen die Daten und Angebote der externen Partner der Bank bzw. des Versicherers in einer Partnerdatenbank vorgehalten werden. In Abhängigkeit vom Umfang und der Veränderlichkeit des Partnerangebots kann auch eine Integration mit den Datenbanken der externen Anbieter sinnvoll sein.

---

[16] Vgl. Schaefer, A./Moormann, J./Rosemann, M. (2012), S. 77.

Zum Abschluss von Kaufverträgen mit externen Partnern des Finanzdienstleisters sollte der Kunde stets auf die Systeme des jeweiligen Anbieters weitergeleitet werden, da dieser rechtlich für den Kaufvertrag verantwortlich ist. Es sollte jedoch eine Rückkoppelung zum Kundenprozess stattfinden, um den Status des Prozesses aktualisieren und je nach Bedarf Veränderungen in den nachfolgenden Schritten vornehmen zu können. Nach und nach kann sich der Kunde auf diese Weise durch seinen Prozess arbeiten. In der App sieht er, welche Schritte bereits erledigt sind und welche noch folgen. So wird der Kunde im gesamten Prozess vom Finanzdienstleister aktiv begleitet.

5 Nutzung sozialer Netzwerke zur Kundenzentrierung

Genauso wie mobile Endgeräte gehören auch soziale Netzwerke mittlerweile zur Lebensrealität vieler Kunden. Die Kunden sind es gewohnt, sich permanent mit Freunden und Bekannten auszutauschen, über eigene Erlebnisse zu berichten und die Erlebnisse anderer zu kommentieren. Dazu gehört auch der Austausch von Erfahrungen bezüglich der Nutzung von Produkten und der Servicequalität von Dienstleistern. Diese Verhaltensweise wird auch bei der Abarbeitung der jeweiligen Kundenprozesse auftreten. Eine Integration sozialer Netzwerke in kundenprozessorientierte Smartphone-Apps kann dem Kunden daher einen weiteren Mehrwert liefern.

Beispielsweise wäre im ersten Schritt des Kundenprozesses „Reisen" das Einholen von Tipps von Freunden und Bekannten zu Reisezielen oder Reiseveranstaltern interessant. Ein automatisches Posten von Reiseplänen auf einer sozialen Plattform wie Facebook könnte die Freunde des Kunden dazu animieren, diesbezüglich Kommentare und Hinweise abzugeben. Auf der Reise wiederum wäre eine Erweiterung der Suchfunktion nach nahegelegenen Unterkünften oder Restaurants um entsprechende Bewertungen durch andere Reisende hilfreich. Dies könnte durch die Einbeziehung von Daten eines Bewertungsportals erreicht werden. Ein für den Kunden potenziell attraktives Angebot im Anschluss an die Reise wäre die Möglichkeit, die auf GPS-Koordinaten basierende Reiseroute zusammen mit Kommentaren und Fotos auf eine soziale Plattform hochzuladen.

Smartphone-Apps können dazu beitragen, den Kunden an dem Ort zu unterstützen, an dem er diese Unterstützung benötigt. Dafür muss der Kunde jedoch zunächst selbst aktiv werden, d.h. er muss die App in einem App-Store suchen und herunterladen. Die Voraussetzung dafür ist, dass der Kunde über die Existenz der App informiert ist und zudem motiviert ist, die App auszuprobieren. Diese Anfangshürden würden entfallen, wenn sich Finanzdienstleister dort in die Prozesse ihrer Kunden einklinken würden, wo sich der Kunde von sich aus fast täglich bewegt: in sozialen Netzwerken.

Anstatt soziale Netzwerke in bestehende Angebote des Finanzdienstleisters zu integrieren (z.B. durch eine App), könnte die Bank oder der Versicherer also Kundenprozesse *direkt im* sozialen Netzwerk unterstützen. Damit würde der Finanzdienstleister noch näher an den Kunden heranrücken.

Prinzipiell lässt sich das oben vorgestellte Konzept einer kundenzentrierten Smartphone-App auf die Umsetzung in sozialen Netzwerken übertragen. Bei der Abarbeitung seiner Prozesse kann der Kunde dabei im permanenten Austausch mit seinem sozialen Umfeld bleiben und von den damit verbundenen Vorteilen profitieren.

Die potenziellen Kundenprozesse können als Werbung auf der Profilseite des Kunden im sozialen Netzwerk erscheinen. Analog zur Smartphone-App kann der Kunde daraus den für ihn interessanten Prozess auswählen und im ersten Schritt sein Bedürfnis spezifizieren. Im Kundenprozess „Reisen" würde der Kunde beispielsweise das Budget eingrenzen, Kriterien bezüglich des Reiseziels und weiterer Features (z.B. Strandurlaub vs. Rundreise) festlegen und daraufhin entsprechende Angebote erhalten.

Jede Aktion des Kunden wird seinen „Freunden" auf der jeweiligen Plattform gemeldet. Dadurch werden diese ständig darüber informiert, mit welchem Schritt des Prozesses sich der Kunde gerade beschäftigt. Dies ermöglicht es ihnen, ihren „Freund" in seinem jeweiligen Prozessschritt zu unterstützen. Um die Assoziation der jeweiligen Aktion mit dem Ziel des Kundenprozesses zu verstärken, können solche Meldungen durch Bilder des gewünschten Objekts, wie z.B. des Reiseziels, ergänzt werden. Dadurch werden der Kunde und sein soziales Umfeld immer wieder an das gewünschte Objekt erinnert und zum weiteren Verfolgen dieses Ziels motiviert.

In den ersten Schritten „Bedürfnisdefinition", „Informationssuche" und „Entscheidung" könnten die „Freunde" den Kunden hinsichtlich vorgeschlagener Angebote beraten und Tipps für Alternativen geben. Durch die Einbeziehung seines gesamten Netzwerks könnte der Kunde von einer breiten Wissensbasis profitieren und erhielte auch von Bekannten Input, zu denen er seltener Kontakt hat bzw. denen er dieses Wissen nicht zugetraut hätte. Das geballte Wissen des sozialen Netzwerks kann dabei das Know-how eines Bankberaters übertreffen.[17] Die Kriterien für die Suche nach einem passenden Angebot könnten dabei, je nach Informationsinput des Umfelds, immer weiter verfeinert oder auch verändert werden, bis das passende Angebot gefunden wird.

---

[17] Vgl. Buhl, H.U. et al (2012), S. 48.

Der Schritt „Finanzierung der Reise" könnte in zwei Teilschritte gegliedert werden. Zunächst könnte der Kunde versuchen, einen ersten Finanzierungsbetrag von Freunden und Bekannten zu erhalten, um dann den verbleibenden Betrag mit einem Bankkredit zu decken. Denkbar wären zweckgebundene, direkt über das soziale Netzwerk abgewickelte Geldgeschenke der „Freunde". Ebenfalls möglich wären über das soziale Netzwerk verliehene Mikrokredite der „Freunde" an den Kunden zur Realisierung seines Wunsches bzw. Prozesses. Meldungen über die Geldgeschenke oder Mikrokredite auf der sozialen Plattform können andere „Freunde" zum Nachahmen des Spendens bewegen und damit weitere potenzielle Spender mobilisieren. Damit entsteht eine Art von „Crowdsourcing" – eine Vorgehensweise, die ohne die Nutzung sozialer Netzwerke sehr viel schwerer umzusetzen wäre.

Die Abwicklung von Kundenprozessen in sozialen Netzwerken kann demzufolge eine Unterstützung durch das soziale Umfeld erfahren, die im Rahmen eines herkömmlich verlaufenden Kundenprozesses nicht möglich wäre. Somit kann sich die Durchführung des Kundenprozesses, im Vergleich zu einer nicht durch soziale Netzwerke unterstützten Variante, zum Vorteil des Kunden verändern. Unterstützungsmöglichkeiten der weiteren Schritte durch soziale Netzwerke am Beispiel des Kundenprozesses „Reisen" zeigt Abbildung 4.

Abbildung 4: Unterstützungsmöglichkeiten des Kundenprozesses „Reisen" in sozialen Netzwerken

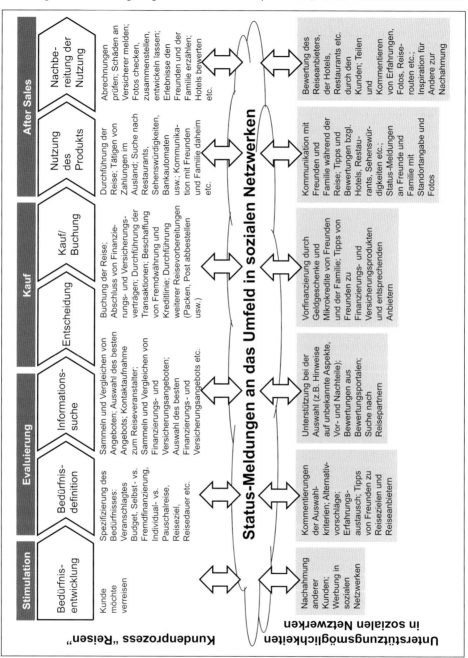

Banken und Versicherer können durch die Einbeziehung sozialer Netzwerke in die Ausgestaltung ihrer Leistungserbringung dem Kunden einen emotionalen und praktischen Mehrwert bieten, damit Kundenzufriedenheit schaffen und die Kundenbindung erhöhen. Darüber hinaus bringt die Unterstützung von Kundenprozessen in sozialen Netzwerken gegenüber Smartphone-Apps einen weiteren Vorteil für den Finanzdienstleister: Die Berichterstattung im sozialen Netzwerk über die Prozessfortschritte des Kunden und die Realisierung des Ziels kann das Umfeld des Kunden zur Nachahmung motivieren. Diese „automatische" Werbung kann besonders wirksam sein, da sich im sozialen Umfeld des Kunden häufig Menschen in vergleichbaren Lebenssituationen mit ähnlichen Bedürfnisstrukturen befinden. Daher können möglicherweise gerade Nicht-Kunden erreicht werden, die sich in der Folge für den Finanzdienstleister interessieren könnten.

Zur Realisierung einer ganzheitlichen Unterstützung von Kundenprozessen direkt in sozialen Netzwerken stellt sich die Frage, wer bei der Umsetzung dieses Konzepts im Lead wäre – der Finanzdienstleister, der Betreiber des sozialen Netzwerks oder ein dritter Anbieter (z.B. Reiseveranstalter, Automobilhersteller, Immobilienvermittler). Gerade für die Betreiber sozialer Netzwerke könnte solch ein neuartiges Konzept eine willkommene Ergänzung zu den üblichen Ertragsquellen wie herkömmliche Werbung oder Mitgliedsbeiträge sein. Grundsätzlich sind alle Varianten möglich; entscheidend wird sein, wer als erster ein derartiges Konzept entwickelt und wie die Verteilung der Machtverhältnisse unter den Playern aussieht. Der Finanzdienstleister könnte sich daher als Manager eines entsprechenden Kooperationsnetzwerks oder als Lieferant in einem solchen Netzwerk positionieren.[18]

6 Schritte zur Umsetzung eines kundenzentrierten Geschäftsmodells

Den Ausgangspunkt für die Umsetzung eines kundenzentrierten Geschäftsmodells bildet stets das Kundenbedürfnis. Die Aktivitäten des Kunden zur Befriedigung des Bedürfnisses spiegeln sich in seinen Kundenprozessen wider. Die Kenntnis dieser Prozesse ist daher eine elementare Voraussetzung für die Realisierung eines Geschäftsmodells nach dem Outside-in-Ansatz. Hat man sich einen Überblick über die generischen Kundenprozesse verschafft, sind diejenigen Prozesse auszuwählen, die vom Finanzdienstleister tatsächlich unterstützt werden sollen.

---

[18] Zu den Rollen in einem Kooperationsnetzwerk vgl. Winter, R. (2003).

Dies ist eine strategische Entscheidung und muss mit dem Geschäftsmodell der Bank bzw. des Versicherers korrespondieren. Sind die zu unterstützenden Kundenprozesse bekannt, werden diese inklusive der potenziellen Ausprägungen der Prozesse detailliert ausgearbeitet, so dass im nächsten Schritt festgelegt werden kann, welche sich aus dem Prozess ergebenden Kundenbedürfnisse vom Finanzdienstleister selbst und welche von externen Partnern befriedigt werden sollen. Entsprechend den Ergebnissen dieser Analyse ist ein Kooperationsnetzwerk aufzubauen. Alternativ oder additiv kann der Finanzdienstleister als Lieferant in einem solchen Netzwerk auftreten, um punktuell auch solche Prozesse zu unterstützen, die für den Finanzdienstleister weniger interessant erscheinen.

Im folgenden Schritt muss festgelegt werden, auf welche Art und Weise die unterschiedlichen Bedürfnisse in den ausgewählten Kundenprozessen angesprochen werden sollen. Ziel ist es, die Leistungserbringungsprozesse des Finanzdienstleisters möglichst in den Kundenprozess „einzuklinken", d.h. die Kundenbedürfnisse direkt dort zu befriedigen, wo sie entstehen. Dies kann insbesondere durch die Nutzung digitaler Medien, wie z.B. den Einsatz einer kundenprozessorientierten Smartphone-App, erreicht werden.

Ist das funktionale Konzept zur ganzheitlichen Unterstützung der identifizierten Kundenprozesse entwickelt, sollte ein Prototyp, evtl. zunächst nur für einen Kundenprozess, erstellt und anschließend auf einem Teilmarkt getestet werden. Im Falle eines erfolgreichen Tests und gegebenenfalls nach einigen Nachbesserungen des Prototyps kann die Lösung schließlich im Gesamtmarkt eingeführt werden.

Das Verhalten der Kunden ändert sich heutzutage sehr schnell. Insbesondere werden Veränderungen durch den technischen Fortschritt und das Aufkommen immer neuer Kommunikationsmedien (Tablets, interaktives Fernsehen usw.) getrieben. Dementsprechend müssen die unterstützten Kundenprozesse in regelmäßigen Abständen überprüft werden. Auch neue Trends in der digitalen Welt sind hinsichtlich ihres Potenzials für die Unterstützung von Kundenprozessen permanent zu durchleuchten. Folgen Finanzdienstleister konsequent diesem Ansatz, können sie dauerhaft ein kundenzentriertes Geschäftsmodell etablieren. Sie können sich damit als innovativ positionieren, sich differenzieren und sich so einen klaren Wettbewerbsvorteil erarbeiten.

Literatur

Alt, R./Möwes, T./Puschmann, T. (2010): Neue Wege zum Kunden – Innovationen in der Kunde-Bank-Interaktion, in: Wirtschaftsinformatik und Management, 2. Jg., Nr. 4, S. 40-46.

Behara, R.S./Fontenot, G.F./Gresham, A.B. (2002): Customer process approach to building loyalty, in: Total Quality Management, 13. Jg., Nr. 5, S. 603-611.

Bruhn, M. (2002): Integrierte Kundenorientierung. Implementierung einer kundenorientierten Unternehmensführung, Wiesbaden.

Buhl, H.U./Eistert, T./Fridgen, G./Moser, F./Weiß, C. (2012): Die digitale (R)evolution, in: Die Bank, 111. Jg., Nr. 6, S. 46-50.

Deutsche Bank AG (2012): Initiating coverage on online banks: attractive retail business. Deutsche Bank Markets Research, 24.07.2012, London.

Dohmen, A./Moormann, J. (2011): Kundenzentrierung in der Finanzbranche – Ansätze und Perspektiven. In: Marketing Review St. Gallen, 17. Jg., Nr. 1, S. 26-32.

Flück, B. (2002): Identifizierung neuer Prozesse im Finanzdienstleistungsvertrieb, in: Leist, S./Winter, R. (Hrsg.), Retail Banking im Informationszeitalter, Berlin, S. 167-182.

Hammer, M. (2002): Business Back to Basics, München.

Heckl, D./Moormann, J. (2007): How to design customer-centric processes in the banking industry, in: Journal of Financial Transformation, 21. Jg., o. Nr., S. 67-76.

Heinrich, B. (2002): Die konzeptionelle Gestaltung des Multichannel-Vertriebs anhand von Kundenbedürfnissen, in: Leist, S./Winter, R. (Hrsg.), Retail Banking im Informationszeitalter. Berlin, S. 73-91.

Kahmer, N./Moormann, J. (2005): Alignment of Web Sites to Customer Processes: A Study in the Banking Industry. Proceedings of the 7th International Conference on Enterprise Information Systems, Miami/FL, Bd. 4, S. 32-39.

Moormann, J./Leyer, M. (2012): Retail Banking muss kontextsensitiv werden, in: Die Bank, 111. Jg., Nr. 10, S. 64-68.

Moormann, J./Schaefer, A. (2012): Smartphone-Apps im Banking. Internationale Untersuchung des State of the Art von Smartphone-Apps im Bankgeschäft, in: IM. Information Management und Consulting, 27. Jg., Nr. 1, S. 46-53.

Sauerwein, E. (2000): Das Kano-Modell der Kundenzufriedenheit. Reliabilität und Validität einer Methode zur Klassifizierung von Produkteigenschaften, Wiesbaden.

Schaefer, A./Moormann, J./Rosemann, M. (2012): The rise of smartphone apps: opportunities for customer-centric retail banking, in: Banks and Bank Systems, 7. Jg, Nr. 1, S. 73-82.

Schmid, R./Bach, V./Österle, H. (2000): Mit Customer Relationship Management zum Prozessportal, in: Bach, V./Österle, H. (Hrsg.), Customer Relationship Management in der Praxis. Berlin, S. 3-56.

Shah, D./Rust, R.T./Parasuraman, A. (2006): The Path to Customer Centricity, in: Journal of Service Research, 9. Jg., Nr. 2, S. 113-124.

Steward, D. (2009): Say Hello to Mobile Banking. In: ABA Bank Marketing, 41. Jg., Nr. 5, S. 16-23.

Wallace, V./Burns, P./Smith, F./Fritzson, T. (2010): Making Customer Centricity Pay in Good Times and Bad: Lessons from Ten Leading Companies, Booz & Company, Inc. (www.booz.com, Zugriff am 01.10.2012).

Winter, R. (2003): Modelle, Techniken und Werkzeuge im Business Engineering, in: Österle, H./Winter, R. (Hrsg.), Business Engineering: Auf dem Weg zum Unternehmen des Informationszeitalters, 2. Aufl., Berlin, S. 87-118.

Kundenzentrierte Vertriebsarchitektur

Stefanie Auge-Dickhut/Bernhard Koye/Axel Liebetrau

1 Kundenzentrierte Vertriebsarchitektur

1.1 Sinkende Kundenzufriedenheit der Bankkunden

Die FAZ berichtet: „Die Deutschen gehen lieber zum Zahnarzt als zur Bank". Zu diesem erschreckenden Ergebnis kommt das Meinungsforschungsinstituts Forsa, welches im Auftrag des Fondsbranchenverbands BVI 1000 Bankkunden befragte. 88 % der Befragten vereinbaren regelmäßig Termine bei ihrem Zahnarzt, doch nur jeder Zehnte verabredet sich regelmäßig mit seinem Bankberater oder seiner Bankberaterin.[1] Ein alarmierendes Resultat, wenn man bedenkt, dass sich nahezu alle Finanzdienstleister als kunden- und vertriebsorientiert sehen. Bain & Company[2] verglichen in einer aktuellen Studie die Kunden verschiedener Branchen miteinander. Demzufolge liegt die Zufriedenheit deutscher Bankkunden bei minus 13 %. Minuswerte zeigen an, dass es mehr unzufriedene Kunden als zufriedene gibt. Die Skala reicht von plus 50 % bis minus 50 %. Andere Branchen schneiden im Vergleich wesentlich besser ab. Die Automobilindustrie zum Beispiel besitzt 23 % zufriedene Kunden, bei den Computerherstellern sind es immerhin 15 %. Es zeichnet sich ein gefährlicher Trend ab. Im Vergleich zur Befragung im Jahre 2006 sank die Kundenzufriedenheit im Banksektor um ganze 10 Prozentpunkte.

In der Kritik sind vor allem die Großbanken. Ihnen stehen mehr als 40 % der Kunden kritisch gegenüber. In dieser Bankensparte liegt die Zufriedenheit der Kunden bei minus 27 %. Kunden von Sparkassen (minus 17 %) und VR-Banken (minus 7 %) zeigen sich demgegenüber weniger unzufrieden. Am zufriedensten aber scheinen Kunden bei Direktbanken. Sie geben ihre Zufriedenheit mit plus 13 % an.[3] Dies ist weit weg von den angestrebten Unternehmenszielen der Banken. Die Kunden bevorzugen die Direktbanken, ohne Filialen und ohne persönliche Berater und empfehlen sie öfter weiter als die regional verankerte Bank vor Ort.

---

[1] Hiller von Gartringen, Ch. (2011): Lieber zum Zahnarzt als zur Bank. Zugriff am 18.09.2012. Verfügbar unter http://m.faz.net/aktuell/finanzen/fonds-mehr/teure-wissensluecken-lieber-zum-zahnarzt-als-zur-bank-1638730.html.

[2] Bain & company Deutschland (2012): Bain-Studie zum Retailbanking: Private Bankkunden sind unzufrieden wie nie zuvor. Zugriff am 08.09.2012. Verfügbar unter http://www.bain.de/publikationen/index.aspx.

[3] Döring, T. (2012): Kunden sind von Grossbanken frustriert. Zugriff am 18.09.2012. Verfügbar unter http://www.handelsblatt.com/unternehmen/banken/zufriedenheits-studie-kunden-sind-von-grossbanken-frustriert/6929804.html.

1.2 Verändertes Informationsumfeld für Banken, Wettbewerber und ihre Kunden

Die Angebote von Finanzdienstleistern werden von gut informierten Verbrauchern zunehmend kritisch hinsichtlich Service und Konditionen analysiert. Geschäftsmodelle, deren Wertschöpfung auf Informationsvorsprung oder -vermittlung basieren, erodieren zunehmend. Die klassischen Margenträger der Finanzindustrie, wie Zinsdifferenzgeschäft, Kommissionsgeschäft und auch Transaktionsabwicklung, können nur noch mit sinkenden Wertschöpfungsbeiträgen angeboten werden.

Der Ausgangspunkt der Unzufriedenheit der Kunden mit ihrer Bank liegt zu einem bedeutsamen Teil in ihren veränderten Ansprüchen. Im Hinblick auf Angebote und Beratung steht der Bankkunde von heute für die Grundwerte Kommunikation, Transparenz und Partizipation. Das Web 2.0 bedeutet ihm eine enorme Erleichterung, sich Detailinformationen über Banken und Angebote zu verschaffen. Darüber hinaus können diese Informationen wiederum via Social Media und ähnliche Anwendungen mit anderen Menschen quasi in Echtzeit und unbegrenzter Reichweite geteilt werden. Diese Veränderungen bekommen die Banken zu spüren. Eine kürzlich veröffentlichte Studie des Schweizerischen Instituts für Finanzausbildung (SIF) zeigt die Dringlichkeit der Anpassung an das veränderte Bedürfnisspektrum der Kunden. Im Rahmen des Private Banking erklärten sich 21 % der befragten vermögenden Private-Banking-Kunden aus Deutschland dazu bereit, zu einer Bank zu wechseln, die über eine vorbildliche Social-Media-Strategie verfügt.[4]

Neben dem veränderten Kundenverhalten sind die Banken infolge der veränderten informationstechnischen Möglichkeiten auch damit konfrontiert, dass die Eintrittsbarrieren für neue Wettbewerber potenziell gesunken sind. Branchenfremde Wettbewerber haben bereits weite Teile der Leistungspalette der Banken übernommen und zwar zu günstigeren Konditionen. Davon sind vor allem Dienstleistungen, die einer hohen Standardisierung unterliegen, betroffen. Im Internet-basierten Zahlungsverkehr hat PayPal die Dienstleistungsfunktion der Banken übernommen (seit 2007 mit eigener Banklizenz). Auch im Bereich Mobile Payment machen neue Wettbewerber den Banken das Feld streitig. In diesem Fall sind es Telekommunikationsanbieter, welche die Option auf Banklizenzen diskutieren oder bereits beantragt haben (z. B. Rogers Telecom).[5] Persönliches Finanzmanagement (PFM) zeichnet sich dadurch aus, dass es webbasiert die per-

---

[4] Auge-Dickhut, S., Koye, B. & Nigg, A. (2012): Banken und Social Media – Ergebnisse einer Befragung von potenziellen Private Banking Kundinnen und Kunden in der Schweiz und Deutschland.

[5] Seit September 2012 wird in NY und San Francisco Bezahldienst für Mobiltelefone von Google (Google Wallet) angeboten.

sönliche und haushaltsbezogene Budgetierung und Finanzplanung ermöglicht und dabei weit über das Angebot hinausgeht, welches sich das klassische Homebanking leistet. Auch hier ist eine Vielzahl branchenfremder Akteure im Spiel.[6] Die Entwicklung macht selbst vor dem klassischen Kreditgeschäft, das traditionell die Banken beherrsch(t)en, nicht halt. Neuerdings kommen immer mehr Kreditgeber und Kreditnehmer über das sogenannte Peer-to-Peer-Lending in der Crowd zusammen.[7]

Kundenzentrierung ist das Gebot der Stunde, wenn die Banken sich langfristig in dem veränderten Marktumfeld gegen neue und alte Wettbewerber behaupten wollen. Zentrale Faktoren einer kundenzentrierten Vertriebsarchitektur werden im Folgenden vorgestellt.

2 Consumer Insights: Kunden besser kennen

Warum ziehen viele Kunden die Direktbanken herkömmlichen Retailbanken vor? Am einfachsten und logischsten wäre es, den Kunden direkt danach zu fragen. Den Kunden nach Zufriedenheit, Wünschen und Ideen zu fragen, ist (obwohl er vielleicht noch kein exaktes Bild von einem modernen kundenzentriertem Banking hat) ein wichtiges Instrument des Marketing und gehört in den operativen Werkzeug- und Instrumentenkasten jeder Bank. Wertvolle Hinweise und Anregungen zu Produkt- und Dienstleistungsinnovationen, besseren Prozessabläufen, unbekannten und versteckten Problemen (Blind Spots, wie z.B. eine Verärgerung über eine Maßnahme der Bank) oder einfach nur die ehrliche Wertschätzung für den Kunden, ihn nach seiner Meinung und seiner Expertise zu fragen, machen Kundenbefragungen wertvoll und notwendig.

Eine sinnvolle Alternative zu klassischen Kundenbefragungen sind so genannten Consumer Insights – ein im Banking noch weitgehend unbekanntes, aber in anderen Branchen, wie den Konsumgüterindustrien, bereits jahrelang bewährtes Instrument. Hier wird das Verständnis des Kunden (Insight) in den Mittelpunkt der Betrachtung gestellt. Ein Consumer Insight ist eine überraschende Einsicht über menschliche Verhaltensmuster des Kunden, eine Art „Wow-Erlebnis". Es beinhaltet oft eine überraschende Erkenntnis darüber, was Kunden im Zusammenhang mit Produkten, Dienstleistungen oder der kompletten Marke einer Bank bewegt. Solche Einblicke in das Kundenverhalten und eine umfassende Kenntnis über kaschierte und bisher unbekannte Motive, Einstellungen,

---

[6] Siehe u.a. den US-Anbieter Mint.com.

[7] Siehe u.a. bei Privatkrediten smava.de und cashare.ch, bei Existenzgründern und jungen Unternehmern aus Entwicklungsländern kiva.org.

Werte, Ansichten und Konsummuster des Kunden sind Basis und Schlüsselqualifikation für eine erfolgreiche Kundenzentrierung und ein klares Ziel: „Kunden besser kennen und verstehen".

Gerade die ethnografische Marktforschung mit ihrer teilnehmenden Beobachtung und dichten Begleitung des Kunden in seinem Alltag (Was macht der Kunde beim Banking?) liefert erhellende Consumer Insights. Mit ethnografischen Untersuchungen erhalten Banken Insights in die Lebens- und Alltagswelt des Kunden, innerhalb derer seine Einstellungen und seine Meinungen entstehen. Sie erleben und beobachten ihre Kunden, indem sie alltägliche Handlungen in ihrem realen Umfeld (Bank, Büro, Zuhause, unterwegs etc.) beobachten können. Sie lernen, den Kunden mit seinen Vorstellungen und Werten umfassend zu verstehen. Sie erhalten Impulse, einmal die Blickrichtung zu wechseln und werden zu Ideen und Innovationen inspiriert.

3 Collaboration & Crowdsourcing: Kunden integrieren

Der Zugriff auf externes Wissen und die Einbindung des Kunden ist für die Innovationsfähigkeit und Kundenzentrierung, nicht nur bei wissensintensiven Branchen wie dem Banking, ein wichtiger Erfolgsfaktor. Viele Banken haben dies erkannt und in den letzten Jahren ihre internen Prozesse im Wissens- und Innovationsmanagement immer weiter optimiert. Einige Banken sind bereits an die Grenzen ihrer Optimierungsmöglichkeiten gestoßen und suchen nun neue Wege. Sie öffnen ihre Innovationsprozesse und binden neben Kunden auch Partner und anonyme Hobby-Ideenentwickler, z.B. über Ideenplattformen im Internet, mit ein.

Führend im deutschsprachigen Raum bei der Einbindung von Produktfans und vielen weiteren Problemlösern ist die Internetplattform Atizo (www.atizo.ch). Einige Tausend Hobby-Ideenentwickler haben hier in den letzten Jahren unter anderem Reißverschlüsse erfunden, mit BMW am Motorrad der Zukunft getüftelt oder neue Dienstleistungen für Versicherer entwickelt. Die Vorteile für die Banken liegen auf der Hand. Neben der Kreativität der eigenen Mitarbeiter kann auf Ideen der Masse zugegriffen werden. Dies hilft, Kosten in der eigenen Innovationsabteilung zu sparen und vielleicht durch eine tolle Idee mehr Ertrag zu generieren. Die zentrale Frage ist allerdings: „Was treibt Menschen an, sich bei Ideenausschreibungen zu beteiligen?"

Die Meinungen hierüber sind vielfältig. In Fachartikeln und Diskussionen mit Ideenplattformen-Betreibern kristallisieren sich die so genannten „4 Fs" der Online-Partizipation heraus:

- Fame (Ruhm),

- Fortune (Reichtum),

- Fulfillment (Erfüllung) und

- Fun (Spaß).[8]

Menschen suchen Ruhm und Status in der Öffentlichkeit. Viele Unternehmen motivieren ihre Mitarbeiter für die Mitarbeit bei der Ideenentwicklung neben monetären Anreizen gerade mit der Möglichkeit, sich im Unternehmen bekannt zu machen. Finanzielle Anreize sind sehr wichtig und zeigen, dass die Ideenvorschläge ernst genommen und gewünscht werden. Jedoch ziehen nur wenige Teilnehmer ihre Motivation allein hieraus. Zu einem Großteil beruht die Bereitschaft, an einem Ideenwettbewerb teilzunehmen, auf der Möglichkeit zur persönlichen Erfüllung. Diese kann sich ausdrücken durch die Hilfe bei einer Lösung, dem Kontakt zu interessanten Menschen oder dem Ausleben der eigenen Kreativität. Der wichtigste Beweggrund ist und bleibt sicherlich der Spaß und die Freude am gemeinsamen, spielerischen Arbeiten. Langweilige Fragestellung oder eine umständliche und zeitraubende Teilnahme sind unbedingt zu vermeiden.

Kundenintegration begeistert Kunden, Partner und Mitarbeiter und setzt Wandel in Gang. Neues entsteht schon dadurch, dass Altes mit neuen Augen betrachtet wird. Die Banken sollten sich daher mit dem Phänomen genauer auseinandersetzen und sich nicht pauschal dafür oder dagegen entscheiden. Wie bei jedem neuen Managementinstrument ist auch Kundenintegration und Crowdsourcing mit vielen Vorteilen, aber auch mit Nachteilen und Nebenwirkungen gepaart, die man sich bewusst machen sollte.

Um die Potenziale von Kundenintegration heben zu können, gilt es daher, sich am Anfang ein Bild über die eigenen Stärken und Kompetenzen zu machen. Was ist meine Innovations- und Vertriebsstrategie? Wie ist meine Innovations- und Bankkultur? Wie gehe ich mit Ideen und Know-how um? Erst wenn ich mein Wissens- und Innovationsmanagement im Griff habe und Innovationen und Kreativität selbst, ohne Hilfe von außen umsetze, kann ich mit Erfolg Aufgabenstellungen an meine Kunden verlagern. Wird Kundenintegration gut gemacht, so werden die überlebenswichtige Innovationskraft und das Image nachhaltig gesteigert.

4 Touchpoints: Kunden passgenau bedienen

Die zunehmende Nutzung von Onlinebanking für Transaktionen und die wachsende Bereitschaft des Kunden, sich selbst zu beraten, zeigen immer deutlicher einen Rückgang der Kundenfrequenzen in den Filialen. Selbst die Kundenfrequenzen im Selbstbedienungsbereich der Filialen sind leicht rückläufig. Bargeld gibt es einfacher und schneller

---

[8]   Marsen, P. (2009): Ideenplattformen – Web 2.0 at it's best.

an der Kasse von Tankstellen und Supermärkten. Dennoch basieren die Vertriebs- und Filialkonzepte vieler Banken weiterhin auf der Grundannahme, der Kunde gerne in die Filialen kommt und bewusst den persönlichen Kontakt mit seinem Berater sucht. Eine Einschätzung, welche sicherlich für viele Kunden auch in Zukunft zutreffend ist. Dennoch basiert diese Annahme auf einem vergangenen Kundenverhalten und sollte gerade bei dem hohen Fixkostenblock der Filialen immer wieder kritisch reflektiert werden.

Die heutigen Touchpoints sind dort, wo der Kunde seinen Alltag verbringt: im Wechselspiel zwischen physischer und virtueller Welt. Zum einen im Büro oder Zuhause und zum anderen im Web oder in den Social Communities. Diese Vielzahl an Touchpoints fein zwischen on- und offline zu verknüpfen sowie in Balance zwischen Kundennutzen, Wirtschaftlichkeit und Regularien zu bringen, ist das erfolgsentscheidende Ziel eines modernen Touchpoint-Managements.

4.1 Service und Beratung in der Vertrauenskrise

Das Vertrauen der Kunden in Finanzdienstleister hat durch die weltweite Finanzkrise sehr stark gelitten. Vertrauen ist die härteste Währung und kann nicht leicht und schnell erworben werden. Zu oft wird Vertrauen bei Bankführungskräften mit Zufriedenheit verwechselt. Es gibt klare Unterschiede zwischen der Zufriedenheit mit den Leistungen der Bank und dem Vertrauen in die Bank. Für Kunden mit einem niedrigen Beziehungssinn ist Zufriedenheit der wichtigste Treiber für künftige Kaufabsichten, während für Kunden mit einem hohen Beziehungssinn Vertrauen der entscheidende Einflussfaktor ist. Kundenzufriedenheit wird in vielen Banken systematisch erfasst und gesteuert.

Es gilt aber darüber hinaus, Vertrauen in Kundenbeziehungen zu schaffen und zu managen. Vertrauen, welches dem Kunden die Möglichkeit gibt, angstfrei zu sagen, wenn er einmal unzufrieden ist oder sein Vertrauen erschüttert ist.

Kunden, die wiederkommen und erneut kaufen, sind kein Zufall! Vertrauen und Zufriedenheit entstehen an den „Momenten der Wahrheit" (Moments of Truth). Dies sind Situationen und Touchpoints, in denen Kunden nicht nur mit einem Finanzdienstleister in Berührung kommen, sondern an denen die Kunden grundlegende Prägungen und Einschätzungen zur Geschäftsbeziehung gewinnen. Diese Situationen können entweder unmittelbar an einem Touchpoint (z.B. bei einer Beratung in der Filiale) oder mittelbar aufgrund von Informationen entstehen (z.B. aufgrund eines Testimonials in einem Internetblog). Letztere entziehen sich völlig der Steuerung und Kontrolle der Bank.

Vertrauen, Zufriedenheit und Weiterempfehlungen entstehen an speziellen Touchpoints, den Momenten der Wahrheit. Immer weniger Touchpoints können durch die Bank direkt beeinflusst werden und immer mehr Touchpoints befinden sich direkt zwischen

Kunde und Kunde in sozialen Netzwerken. Die Steigerung von Vertrauen und Zufriedenheit mit dem Ziel des treuen, zufriedenen und weiterempfehlenden Kunden ist ein weiteres erfolgsentscheidendes Ziel eines modernen Touchpoint-Managements.

4.2   Service und Beratung im Kundenfokus

Die Philosophie von Touchpoint-Management erfordert neues Denken und neue Fragen. Die zentrale Frage im Vertrieb ist nicht, „Was bieten wir unseren Kunden?", sondern „Was erwartet unser Kunde?". Zufriedene, nicht frustrierte Kunden zu haben, ist keine leichte Aufgabe. Allerdings ist dies in Zeiten von starkem Wettbewerbsdruck und einem Überangebot an Finanzdienstleistungen nicht mehr ausreichend.

Eine positive, wenn möglich außergewöhnliche und vertrauensbildende Kundenerfahrung (Customer Experience), ohne dabei die Prozesskosten zu vernachlässigen, ist notwendig. Emotionen sind hier das Bindeglied zwischen Kunden und Berater, Bank oder Marke. Vorrangiges Ziel ist es, aus zufriedenen Kunden loyale Kunden und aus loyalen Kunden „weiterempfehlende Fans" der Bank zu machen.

Gerade wenn immer seltener der Kunde das persönliche Gespräch mit seiner Bank sucht und immer mehr Transaktionen und Beratungen über Medien erfolgen, wird das positive Kundenerlebnis umso wichtiger. Das positive Kundenerlebnis muss nachhaltig bis zum nächsten persönlichen Kundenkontakt anhalten und darf nicht schnell verpuffen. Dies können durchaus einige Monate sein. Verschiedene Branchen mit stark webbasiertem Vertrieb investieren aktuell in neuartige Filialkonzepte, gerade um ein persönliches Kundenerlebnis zu schaffen und um das Webgeschäft mit Emotionen und Erlebnissen zusätzlich anzureichern. Investitionen in den Filialvertrieb von Banken können somit trotz sinkender Kundenfrequenzen nicht nur sinnvoll, sondern wettbewerbsentscheidend sein.

4.3   Financial Service Design als ein Instrument, einzelne Bankdienstleistungen zu gestalten

Im Ideal würden Finanzdienstleistungen so gestaltet werden, dass sie – vergleichbar einem iPad oder iPhone – aus Perspektive des Kunden nützlich und begehrenswert sind und effizient aus Sicht des anbietenden Unternehmens. Natürlich sind Finanzdienstleistungen nicht eins zu eins mit Tablet-PCs oder Smartphones vergleichbar, aber gewisse Analogien können hilfreich sein. So wäre eine Anforderung an eine Finanzdienstleistung, damit sie nützlich und begehrenswert ist, dass auch durchschnittlich begabte Menschen sie verstehen und mit ihr so umgehen können, dass die technologischen bzw. intellektuellen Voraussetzungen keine Hürden mehr bilden.

Die Gestaltung der Schnittstelle zwischen einer Finanzdienstleistung und ihrem Nutzer unter den Gesichtspunkten der Funktionalität und der Form wird durch das Financial Service Design abgebildet. Durch die Zusammenbringung von „Financial Service" und „Design" entsteht die Chance, funktionale, formvollendete und innovative Finanzdienstleistungen zu entwickeln, die es dem Finanzdienstleister ermöglichen, sich gegenüber den Wettbewerbern zu differenzieren. Dem Design fällt die Aufgabe zu, die Prozesse, das Serviceumfeld, eine Information oder Interaktion so zu gestalten, dass der Service aus der Perspektive des Kunden einen echten Mehrwert bringt.[9] Zugleich ist es aus Sicht von Anbieter und Kunde zielführend, dass die Beratungs- und Finanzdienstleistungen möglichst einfach sind – die Komplexität der Dienstleistung wird reduziert, unwesentliche Features eliminiert, die Hauptbedürfnisse werden einfach und klar erfüllt.[10]

4.4 Der übernächste Schritt: Kundenzentriertes Touchpoint-Management

Nachhaltige Kundenerlebnisse in der physischen und virtuellen Welt zu schaffen, ist eine Aufgabe und ein Leitgedanke, welcher nicht nur den Vertrieb einer Bank betrifft, sondern dies sollte ausnahmslos alle Bereiche und Hierarchiestufen durchdringen. Das bankinterne Verständnis von Kundenzentrierung ist kritisch zu reflektieren. Wirklich innovative Finanzdienstleister entwickeln keine Produkte oder Dienstleistungen für, sondern mit dem Kunden. Der Kunde agiert als Prosument, die Verschmelzung aus Produzent und Konsument. Die Einbindung der Kunden in die Gestaltung der Touchpoints ist der logische nächste Schritt hin zu einer kundenzentrierten Bank. Eine kollaborative Gestaltung der Beziehung und der Kontakte auf gleicher Augenhöhe zwischen Kunde auf der einen Seite und Berater, Bank oder Marke auf der anderen Seite.

Künftig wird der Wettbewerb um qualitätsbewusste Kunden nicht mehr durch den Preiskampf entschieden, sondern durch die Fähigkeit, schnell und individuell auf die Bedürfnisse und geänderte Mediennutzung der Kunden einzugehen. Der Fixkostenblock des filialbasierten Vertriebs, der Wegfall der Notwendigkeit, physisch eine Bank zu besuchen und der Boom von Social Communities zwingen Banken, sich mit den Touchpoints zu beschäftigen und ein auf Dauer angelegtes Touchpoint-Management zu implementieren.

---

[9] Mager, B. (2008): Service Design für Unternehmen. Zugriff am 18.09.2012. Verfügbar unter http://www.wiwo.de/archiv/summer-school-service-design-fuer-unternehmen/5466754.html.

[10] Auge-Dickhut, S., Koye, B. (2012): Service Design & Netzwerkfähigkeit: Schlüsselfaktoren zukunftsfähiger Geschäftsmodelle. Die Bank. 2012 (2), S. 24 ff.

4.5 Renaissance der Kundennähe

Die Internationalisierung und Globalisierung der Märkte und das eher anonyme Internet führen dazu, dass Gemeinschaft und Regionalität in den letzten Jahren eine neue, gestärkte Bedeutung gewonnen haben. Gemeinschaft, Regionalität und Individualität sind Eigenschaften, die in der globalen Gesellschaft von heute hoch im Kurs stehen. Gerade für Regionalbanken bieten sich hervorragende Möglichkeiten, sich hier neu zu positionieren und von den neuen Kundenbedürfnissen und Lebensstilen zu profitieren. Kunden wollen noch stärker wissen, woher die Bankprodukte und -dienstleistungen kommen, welche Menschen und Organisationen dahinter stehen, wer daran verdient, wie sie hergestellt werden und wie sie selbst mitgestalten können.

Der Sinn für Gemeinschaft erlebt derzeit überall auf der Welt ein Comeback. Es existiert wieder ein positiver Begriff von Gemeinschaft. Von Papstauftritten, königlichen Hochzeiten bis hin zu den boomenden Social Communities (wie z.B. Facebook oder XING) – überall artikuliert sich der Wunsch nach Zusammensein. Gerade das mobile Internet wird zum neuen Ort der erlebbaren Gemeinschaft und Begegnung. Das neue Wir-Gefühl bestimmt sich laut aktuellen Wertestudien durch neue Gemeinschaftsideale. So artikuliert sich das neue Gemeinschaftsgefühl immer häufiger auch in freiwilligen Solidaritätsgemeinschaften, Bürgerinitiativen oder Freundes- und Nachbarschaftsnetzwerken. Es verwundert deshalb auch nicht, dass neben Familie genauso der Wunsch nach stabilen, langfristigen Beziehungen zu Freunden, Bekannten und Geschäftspartnern zum festen Lebensentwurf und Lebensglück gehört – ergänzt durch temporäres, eher projektähnliches Engagement und jederzeit kündbarer sozialer Bindung. Dass die Menschen sich heute bewusst und verstärkt wieder zur Gemeinschaft bekennen, bedeutet nicht, dass sie in der Masse verschwinden und nicht auch als eigenständige Individuen wahrgenommen werden möchten. Ihnen ist es besonders wichtig, im Leben eigenständig und frei zu handeln. Gemeinschaftszugehörigkeit ist letztlich Ausdruck eines aktiven Lebensstils, in dem auch der Konsum eine immer stärkere Rolle spielt. Die Kunden von morgen wollen nicht mehr nur Sparer und Kreditnehmer sein, sondern mitgestalten und mitentscheiden. Maßgeschneiderte Lösungen reichen ihnen dabei nicht mehr aus. Es geht zunehmend auch um das Selbermachen und das Kreieren. Best-Practice Beispiele sind Onlineplattformen für Kredite – etwa www.zopa.com und www.smava.de – oder Beratungsplattformen wie www.mint.com. Hier wird der passive Bankkunde zum aktiven Mitgestalter gemacht.

Mit steigender Komplexität des Lebens und einer intensiven Mobilität der Menschen beginnt derzeit wieder stärker die Suche nach Sinn, Erdung und Wahrhaftigkeit. Es entstehen eine Sehnsucht nach regionaler Verankerung und ein intensives Verlangen, sich mit seiner Region identifizieren zu können. Moderne Banken sollten daher ihre regionale Trumpfkarte als Institut vor Ort mit erkennbarer Kundennähe spielen. Die traditionellen

Wertevorstellungen der Menschen erfordern mehr denn je eine individuelle, authentische und persönliche Kundenansprache. Kompetenz und das Gefühl der Kunden, bei Freunden einzukaufen, wird in der Zukunft zum entscheidenden Faktor. Der Wiedererkennungseffekt („Das hatten wir früher auch ...") bei den Kunden ist dabei ein unschlagbares Argument.

5 Ausblick

„Vernetzte Märkte beginnen sich schneller selbst zu organisieren als die Unternehmen, die sie traditionell beliefert haben. Mit Hilfe des Webs werden Märkte besser informiert, intelligenter und fordernder hinsichtlich der Charaktereigenschaften, die den meisten Organisationen noch fehlen."[11]

Mit diesem Intro beginnt das Cluetrain-Manifest, eine Sammlung von 95 Thesen über das Verhältnis von Unternehmen und ihren Kunden im Zeitalter des sozialen und mobilen Internets, welches bereits im Jahr 1999 veröffentlicht wurde. Bereits damals zu Hochzeiten des Dotcom-Booms wurde eine pragmatische Sicht auf Menschen, Märkte und neue Kommunikationstechnologien formuliert. Die Thesen beschreiben, welche wachsende Macht die neuen Technologien auf die Kommunikation zwischen Produzent und Kunden haben wird. Das Manifest skizziert das Ende der einseitigen Kommunikation und des einseitigen Vertriebs. Die Märkte und die Vertriebe der Zukunft basieren auf den Beziehungen der Menschen untereinander und auf den Beziehungen der Unternehmen zu den Menschen.

Heute ist dieser Machtwechsel vollzogen. Die Märkte gehören vollständig den Kunden. Die Ökonomie ist im Kreativ- und Wissenszeitalter angekommen. Der Markt im sozialen und mobilen Web steht für

- Gespräche auf Augenhöhe,
- Menschen und nicht für Zielgruppen,
- Kooperation und Gleichrangigkeit und
- Offenheit und Transparenz.

---

[11] Levine, Locke, Searls & Weinberger (1999): Das Cluetrain Manifesto. Zugriff am 18.09.2012. Verfügbar unter http://www.cluetrain.com/auf-deutsch.html.

Banken mit einer modernen Interpretation von Kundenzentrierung können außergewöhnliche und wertvolle Produkte und Dienstleistungen anbieten. Zu diesem Angebot als fairer Partner der Kunden auf Augenhöhe zu kommunizieren – als Basis der kundenzentrierten Vertriebsarchitektur – gehört ein Paradigmenwechsel in der gesamten Bankarchitektur. Dieser basiert auf einer veränderten Unternehmenskultur. Freiräume für kreatives Gestalten sind notwendig: Das unternehmerische Denken des einzelnen Mitarbeiters steht zukünftig im Vordergrund. Das Verständnis der Kundenbedürfnisse und deren maßgeschneiderte Erfüllung stehen aber nicht im Widerspruch zu einer auf optimale Gestaltung der Prozess- und Steuerungskette. Hier wird zukünftig zunehmend auf dynamische Netzwerke zur Erstellung von Teilleistungen zurückgegriffen, um die passgenaue Befriedigung der Kundenbedürfnisse zu gewährleisten.

Omnikanal-Banking

Hans-Gert Penzel/Anja Peters

Von singulären Säulen der Vertriebskanäle kommend über das Multikanal-Banking heutiger Ausprägung hin zur „Omnikanal-Nutzung", der simultanen Nutzung diverser Kanäle mittels unterschiedlicher Endgeräte und mit Einschaltung von Intermediären. „Omnikanal-Nutzung" als Ergebnis technischer Möglichkeiten, geänderten Kundenverhaltens und Kundenanspruchs zugleich.

Noch vor einer Generation war die Welt des Finanzvertriebs in Ordnung: Der Kunde ging in die Filiale, denn Bank oder Sparkasse und der im Gebäude installierte Schalter formten eine untrennbare Einheit. Der mobile Berater, der insbesondere als Versicherungsmakler zu Hause vorbeikommt, auch wenn er einem Filial-Büro zugeordnet ist, bildete die Ausnahme von der Regel.

SB-Stellen waren der erste Ansatz, die Bankdienstleistung in manchen Fällen räumlich, zumindest aber hinsichtlich der Öffnungszeiten, von der Filiale zu entkoppeln. Die Versuche, Bankstellen in Kaufhäusern zu platzieren, waren ebenfalls auf ein stärkeres Heranrücken an den Kunden weg von der klassischen Filiale) gerichtet, allerdings je nach Positionierung mit der Gefahr einer gewissen Marken-Verwässerung. Sie führten deshalb erstmals zu leidenschaftlichen Diskussionen um die Frage „wem gehört der Kunde?". Im Nachhinein waren diese Ansätze nicht sonderlich erfolgreich; die Diskussionen haben heute eher anekdotischen Charakter. Aber auch hier gibt es Ausnahmen. So sind die Postbank-Stellen in Postagenturen heute erfolgreich tätig, allerdings aufgrund einer sehr spezifischen Ausgangssituation.

Telefonbanking in Verbindung mit zentralen Callcentern brachten die erste wirklich große Änderung in der Interaktion zwischen Kunde und Bank. Die Möglichkeiten des Internet führten wenig später zu einer „Revolution" im Kundenkontakt. Während sich das persönliche Banking lange Zeit als recht feste Größe darstellt, entwickeln sich semipersönliche und elektronische Vertriebs- und Zugangswege zum Kunden stetig weiter. Mobile Zugänge über Smartphones und Touchpads variieren das Thema. Das Zwischenschalten einer „Cloud" von Intermediären mit Suchmaschinen, Vergleichsportalen und sozialen Netzen lässt die alte Diskussion um den Besitz des Kunden in einem neuen und aktuellen Licht erscheinen.

Abbildung 1: Zunehmende Kommunikations-Vielfalt von Kunden zum Finanzdienstleister

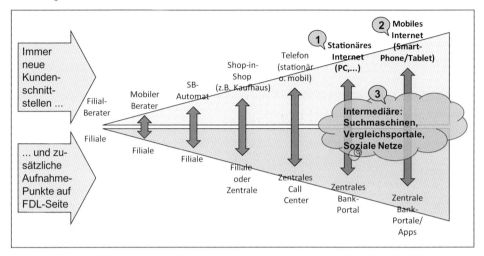

Quelle: Eigene Darstellung

Abbildung 1 zeigt nochmals die Explosion der Vertriebswege mit der Bildung immer neuer Kundenschnittstellen und den daraus folgenden zusätzlichen Kontaktpunkten auf Seiten der Banken und Sparkassen. Dies führt unmittelbar zu den Kernfragen, die sich für Finanzdienstleister heute stellen: Kann man sich auf einzelne Kanäle konzentrieren, oder muss man sie alle „bespielen"? Wenn Letzteres gilt: Muss man einheitlich oder unterschiedlich auftreten? Muss man die vollen Funktionalitäten anbieten oder reichen Teilaspekte? Und schließlich: Wie lässt sich die zunehmende Distanz zwischen Kunden und Finanzdienstleister überbrücken, wenn Intermediäre sich erfolgreicher zwischenschalten, als es vor einer Generation den Kaufhäusern gelungen ist?

Die Antwort lautet: Grundsätzlich möchten die Kunden tatsächlich die diversen Kanäle nutzen, und zwar mittels einer Vielfalt von Endgeräten. Dabei wollen sie praktisch jederzeit zwischen den Kanälen wechseln können und dabei den aktuellen Bearbeitungsstatus „mitnehmen" können. Sie erwarten auch ein einheitliches „Look and Feel", wollen sich also nicht neu einarbeiten. Genau diese Elemente in Kombination machen „Omnikanal-Banking" aus.

Allerdings kann man sich aus Sicht eines Finanzdienstleisters durchaus auf Prioritäten konzentrieren, muss also nicht alles über alle Kanäle anbieten, und schon gar nicht sofort. Der vorliegende Artikel gibt dazu strukturiert Hilfestellung und konzentriert sich dabei auf drei Themenfelder (siehe auch die Punkte 1 bis 3 in Abbildung 1). Erstens betrachtet er die Anforderungen auf dem Weg von der Filiale zum klassischen stationären Internet-Portal des Instituts. Zweitens adressiert er die zusätzlichen Herausforderungen, die sich durch die Vielfalt neuer Endgeräte ergeben, mit denen das Internet sehr viel mobiler und facettenreicher wird. Drittens nimmt er die Frage der Kundenbindung wieder auf, die sich automatisch stellt, wenn Intermediäre wie Suchmaschinen, Vergleichsportale oder soziale Netze zwischen den Kunden und den Finanzdienstleister treten. Schließlich kommt er zu einem übergreifenden Fazit.

1 Von der Filiale ins Internetportal: Herausforderungen des „klassischen" Onlinebanking

Aktuell werden in Deutschland mehr als 45 Millionen Online-Konten ausgewiesen, damit nutzen rund 44% der Bankkunden die Möglichkeiten des Onlinebanking (Bundesverband deutscher Banken 2011, S. 14 f.). Die Gewinnung von Neukunden, die Pflege der Kundenbeziehung zu Bestandskunden und das Onlinebanking haben insgesamt ein großes Gewicht im Vertriebswege-Kanon der Institute. Direktbanken tun ihr übriges, diesen Vertriebs- und Kontaktkanal voranzubringen. Regelmäßige Evaluierungen wie das jährliche ibi Website Rating machen deutlich, dass sich Usability und Style, aber insbesondere die abgebildete Beratungsqualität, im elektronischen Vertrieb kontinuierlich verbessert haben.

Allerdings unterliegen die Kriterien der Bewertung einer stetigen Weiterentwicklung: Wo zunächst Form und Farbe zu beanstanden waren, sind heute ob der Vielzahl der zur Verfügung gestellten Seiten und Informationen insbesondere Orientierung und Suchfunktion erfolgskritisch. Wo zunächst Anregungsmechanismen die erste Hürde für den Kunden im Durchlaufen seines elektronischen Kaufentscheidungsprozesses waren, sind es heute vor allem Mängel in der jeweiligen Unterstützung der konkreten Produktkonfiguration und in den angebotenen Kaufunterstützungsleistungen, die den Kunden zum Abbruch des Prozesses bewegen (Peters/Früchtl 2012).

Einer aktuellen Untersuchung zufolge setzen die dort ausgewiesenen Top-70-Banken und -Sparkassen in der Kategorie „Beratungsqualität" durchschnittlich nur 54% der gestellten Anforderungen um, im Vergleich zu einem durchschnittlichen Zielerreichungsgrad von 80% in der Usability. Dabei ist auch die Unterstützung der einzelnen Phasen – Anregung, Evaluation, Kauf und After Sales – im virtuellen Beratungsprozess unterschiedlich gut ausgeprägt. Die Phase der Anregung wird mit einem durchschnittlichen Zielerreichungsgrad von 68% am besten unterstützt. Die Phasen Evaluation (57%), Kauf (51%) und After Sales (38%) zeigen hingegen deutlich abnehmende Qualitäten. Auch die Spannweiten in den Zielerreichungsgraden sind in allen Phasen der Beratungsqualität groß: In der Anregungsphase erreichen die schlechtesten 10% der beurteilten Institute immerhin noch einen Erfüllungsgrad von 41%, die besten 10% der Websites können sogar 88% der Kriterien umsetzen. Im Gegensatz dazu reicht in der Phase Kauf die Spannweite zwischen den schlechtesten und den besten 10% der Institute von 36% bis 64% (Peters/Früchtl 2012, S. 16 ff.).

Abbildung 2: Unterstützung der Beratungsqualität im virtuellen Beratungsprozess

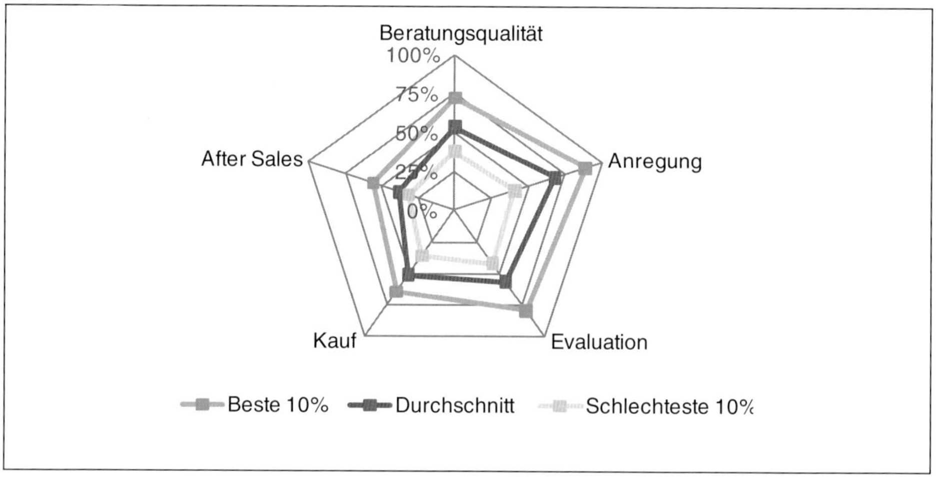

Quelle: Peters/Früchtl 2012, S. 16

Bereits bei dieser sehr groben Einschätzung der zu beachtenden Faktoren des Internet-Vertriebs wird deutlich, dass die Umsetzung der Anforderungen in einen virtuellen Beratungsprozess nicht trivial sein kann. Somit ist verständlich, dass insbesondere eine Vielzahl kleinerer, filialbasierter Institute mit enger Personaldecke, wenn überhaupt, lediglich einfache, wenig komplexe Produkte bis zum abschließenden Produktantrag für ihre Webpräsenz aufbereitet haben.

Hinzu kommt eine weitere Komplexitäts-Dimension. Untersuchungen machen deutlich, dass ein beachtlicher Anteil aller Produktabschlüsse, die in der Filiale getätigt werden, zuvor im Internet recherchiert ist (Meyer 2010). Dieser Sachverhalt ist mittlerweile als ROPO-Effekt bekannt: „research online, purchase offline". Er führt dazu, dass über die Bedeutung und Gewichtung einzelner Phasen der Beratungsqualität im Internet neu nachgedacht werden muss. Unter Beachtung dieses ROPO-Effekts und des damit abgebildeten Kundenverhaltens ist es keinesfalls ausreichend, die strategische Zielsetzung eines Filialvertriebs vordergründig zu verfolgen. Der „moderne Kunde" erwartet die passende Ausgestaltung aller zur Verfügung stehenden Zugangskanäle zu Information und Kaufprozess – wenn auch in unterschiedlichem Maße für unterschiedliche Phasen seines Entscheidungsweges.

Somit müssen auch beratungsintensive Bankleistungen und -produkte zumindest in den Entscheidungsphasen „Anregung" und „Evaluation" im Vertriebskanal Internet optimal ausgestaltet sein. Für die darauf folgenden Phasen „Kauf" und „After Sales" muss geschickt in den persönlichen Vertrieb übergeleitet werden. Wurde des Öfteren das Ende der herkömmlichen Filialbank durch Fusionen und Schließungen propagiert, so macht gerade der immer internetaffinere Kunde eines deutlich: die Filiale bleibt wichtig. Auch wenn diese nicht häufig besucht wird: die Möglichkeit des persönlichen Kontakts bei bestimmten Fragestellungen und Kaufentscheidungen behält ihre Bedeutung. So wählen von rund 4.800 befragten Kunden auf die Frage: „Bitte geben Sie an, inwieweit Sie folgende Medien als Anlaufstelle im Rahmen der Bankberatung verwenden" mehr als 85 %, dass die persönliche Beratung in der Filiale dafür präferiert wird, gefolgt vom Internetauftritt der Bank oder Sparkasse mit rund 78 % und dem Besuch eines Vergleichsportals mit ca. 70 %.[1]

Abbildung 3: Kanalnutzung

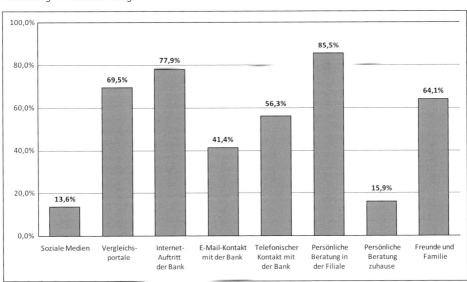

Quelle:© ibi research 2012: Kanalnutzung: „Bitte geben Sie an, inwieweit Sie folgende Medien als Anlaufstelle im Rahmen der Bankberatung verwenden."
(Mehrfachnennungen möglich)

---

[1] Zugrunde liegt eine umfangreiche Kundenbefragung mit 4795 Teilnehmern. Die Befragung wurde im Rahmen des Konsortialprojekts „Systemgestützter Beratungsprozess" von ibi research und 11 Projektpartnern durchgeführt, um die Anforderungen der Kunden an den Beratungsprozess zu analysieren. Die Veröffentlichung der Gesamtergebnisse ist geplant.

Der geschilderte Wunsch nach Kanalwechseln hat auch einschneidende Konsequenzen für die IT-Architekturen. In der Vergangenheit wurden Applikationen für die unterschiedlichen Vertriebswege separat realisiert, mit separierten Funktionen und oft sogar mit getrennten (Teil-)Datenbeständen. Synchronisierung zwischen Kanälen erfolgte nur durch mehr oder minder häufige Aktualisierung zentraler Kunden(stamm)daten. In der Ideal-Architektur der Zukunft existiert eine Funktion nur genau einmal, unabhängig vom Vertriebsweg. Dort wird sie lediglich spezifisch ausgestaltet. In jedem Fall produziert sie identische Daten, so dass die Folgefunktion – auch aus einem anderen Vertriebsweg heraus – auf diese aktualisierten Daten zugreifen kann (Penzel et al. 2012, S. 9 ff.).

2 Zusätzliche Herausforderungen durch die Vielfalt neuer Endgeräte

Die Verbreitung von Smartphones, also internetfähigen Mobiltelefonen, nimmt weltweit explosionsartig zu, aktuell besitzen in Deutschland bereits 4 von 10 Mobilfunknutzern derartige Endgeräte. Auch Tablet-Computer gewinnen an Verbreitung. Die Möglichkeiten der mobilen Endgeräte werden von den Nutzern vor allem eingesetzt, um Online-Angebote aller Branchen, also auch von Banken und Sparkassen, abzurufen. Dieser Nutzenaspekt ist für den Besitzer eines Smartphones sogar wichtiger als die eigentliche Funktion des Telefonierens (BITKOM 2012). Die Weiterentwicklung leistungsfähiger Geräte, die zudem intuitiv bedienbar sind und über eine ausreichend große Rechnerleistung verfügen, ermöglicht einen permanenten Zugriff auf Internetanwendungen unabhängig von Zeit und Ort. Auch die Kosten der Nutzung, die zunächst als Hemmschuh für die Verbreitung gelten konnten, sind für den Endverbraucher stetig gesunken.

Allerdings sollten auch hier nicht ausschließlich die Umsätze betrachtet werden, die direkt über diese Endgeräte generiert werden. Vielmehr ist zu erkennen, dass auch hier die Informationssuche als bedeutende Hinführung zum (späteren) Kauf sowohl über persönliche als auch über elektronische Vertriebswege im Mittelpunkt steht. Diese Informationssuche findet dabei sowohl direkt im stationären point of sale, also im Ladengeschäft, statt als auch auf dem heimischen Sofa. Preisvergleichsportale, konkurrierende Anbieter und auch die Webseite des tatsächlich besuchten Unternehmens werden dabei angewählt, um Informationen über Preise, Ausstattungsmerkmale oder Verfügbarkeiten zu erhalten.

Auch wenn die hier beschriebenen Nutzer von Smartphone und Tablet noch als „Early Adopter" bezeichnet werden können, lassen sich für Banken und Sparkassen vor allem Effekte in Richtung einer Stärkung der Kundenbindung durch die jederzeitigen Kontaktmöglichkeiten und durch eine Erweiterung der Service- und Vertriebsangebote mittels der mobilen Dienstleistungen erahnen. Für Kunden entstehen Vorteile durch die Vielfalt der (spontanen) Kontakt- und Interaktionsmöglichkeiten mit der Bank bzw. mit dessen Mitarbeitern sowie durch den stets orts- und zeitunabhängigen flexiblen Zugang zu den angebotenen Bankdienstleistungen. Gerade auch Möglichkeiten der Kundenansprache sind denkbar, die den Kunden dann mit einem passenden Service- oder auch Vertriebsangebot bespielen, wenn dieser sich z.B. in der Nähe einer passenden Filiale befindet. Auch die Verwendung von QR-Codes im bislang eher tristen und wenig spannenden Schaufenster ist denkbar.

Dabei werden mit Smartphone-Applikationen nicht nur die kommunikativen Wünsche aller Beteiligten unterstützt, sondern auch Anwendungen für Transaktionen zur Verfügung gestellt. Insbesondere die Alternativen zur mobilen Bezahlung (mobile Payment) und ortsbasierte (location-based) Services werden als Treiber gesehen. Derzeit decken Smartphone-Applikationen von Banken und Sparkassen insbesondere Service Leistungen ab. Dabei kann es sich um einen Filialfinder oder um ein Verzeichnis von Ansprechpersonen in der Bank handeln. Auch Informationsinteressen des Kunden, z.B. sein Finanzstatus oder eine Saldoanzeige, sind möglich. Erste multibankenfähige Lösungen werden angeboten, mit denen die Konten verschiedener Kreditinstitute zentralisiert verwaltet werden. Hinzu kommen Anwendungspotenziale, die in der Mobilität des Kunden begründet sind und ihm einen konkreten Mehrwert bieten.

Insgesamt steigen demnach die Anreize für Banken und Sparkassen, sich dieser Thematik und möglichen Nutzungspotenzialen zuzuwenden. Neben den Anwendungsmöglichkeiten aus Sicht des Kunden bergen insbesondere Tablet-Computer zudem auch Perspektiven für den Einsatz im persönlichen Beratungsgespräch. Sowohl in der Filiale als auch beim Gespräch im Rahmen der mobilen Beratung an einem beliebigen Ort unterstützen die Geräte den Vertrieb durch entsprechend aufbereitete Produktpräsentationen, Beratungs- und Evaluationstools bis hin zur Abbildung umfassender Abschluss-Prozesse.

Festzustellen ist: Noch nie gab es mehr Zugangskanäle des Kunden zu seiner Bank und umgekehrt von der Bank zum Kunden als heute. Allerdings sind auch die Erwartungen des Kunden an die Ausgestaltung und insbesondere an die Erreichbarkeit dieser Kanäle hoch: Der Kunde möchte wahlweise über elektronische Medien von unterwegs oder von zuhause aus oder persönlich in einer Filiale oder mit Hilfe einer mobilen Beratung seine Bankgeschäfte tätigen. Doch damit nicht genug, diese Wege des Kunden zur Bank müssen einheitlich ausgestaltet sein und ein gleichbleibendes Kundenerlebnis der Bank sicherstellen. Das bedeutet seitens der Bank, dass diese über eine ganzheitliche Strategie bezüglich dieser Kundenwege verfügen muss. Stichworte wie E-Banking, M-Banking, stationärer Vertrieb, mobiler Vertrieb und Social Media stehen nicht isoliert voneinander, sondern bilden eine Gesamtdarstellung der Bank in Richtung ihres Kunden ab. Dies trifft umso mehr zu, als dass der Kunde die vielfältigen Wege, die ihm offenstehen, eben nicht getrennt voneinander einschlägt, sondern diese beliebig, seinen Gewohnheiten oder seinen Zielsetzungen entsprechend, miteinander kombiniert und diese dabei nacheinander oder auch parallel verwendet.

E- und M-Banking wird dabei in Verbindung mit den filialbasierten oder mobilen stationären Angeboten zu U-Banking. U steht hier in Anlehnung an neuere Arbeiten aus dem E-Commerce gleichermaßen für ubiquitous (allgegenwärtig), unique (einzigartig) und universal (universell). U-Banking steht also für eine allgegenwärtige, einzigartige und universelle Verbindung der vorhandenen Kundenkontaktpunkte.[2] Entsprochen wird damit dem Wunsch des Kunden, von Vorgaben bestimmter Vertriebswege unabhängig zu sein, so z.B. von zeitlichen Beschränkungen bezüglich der Öffnungszeiten, aber gleichermaßen bei Bedarf die Möglichkeiten der persönlichen Kontaktaufnahme per Telefon und auch Face-to-Face beliebig nutzen zu können. Der Kunde entscheidet je nach Bedarf zwischen traditionellen und innovativen Kanälen, wechselt von elektronisch zu persönlich und wieder zurück und trifft seine Entscheidung für eine Bankverbindung nicht zuletzt auch aufgrund der angebotenen Multikanal-Ausgestaltung des Instituts.

Zwar besteht auch bei der Umsetzung derlei vielfältiger Zugangswege für den Kunden je nach hinterlegtem Geschäftsmodell die Gefahr der Kannibalisierung der einzelnen Kanäle. Jedoch ist dies im Gesamtergebnis für das Institut positiver zu beurteilen als ein gänzliches Abwandern des Kunden zu einem Wettbewerber, weil bei diesem die Anforderungen des Kunden an flexiblem Zugang und Kontakt oder mobiler Kommunikation besser umgesetzt sind. Der Multikanal-Kunde mag zwar in diesem Sinne höhere Anforderungen mit sich bringen als ein traditioneller „Mono"-Kanal-Kunde. Allerdings ist er auch, zumindest laut Erfahrungen aus dem E-Commerce, mit 15 bis 30% höheren Umsätzen durchaus kaufwilliger.[3]

Die Herausforderung für die Bank wird sein, die unterschiedlichen Kanäle und insbesondere das (bankseitig gesteuerte oder kundenseitig vorgenommene) Wechseln des Kunden zwischen diesen zu managen. Auch die vielfältigen Interaktionsmöglichkeiten, die darü-

---

[2] U-Banking: U steht für:
Ubiquitous = Allgegenwärtigkeit, repräsentiert die Möglichkeit für den Kunden, sich über verschiedenen Kanäle immer und überall mit dem Leistungsangebot des Unternehmens verbinden zu lassen
Uniquiness = Einzigartigkeit, die eindeutige Identifikation des Mehrwertes des Markenerlebnisses aus Sicht des Kunden
Universal = Universalität, bezieht sich auf eine konsistente Angebotsgestaltung von Preisen und Sortimenten, aber auch auf die Kompatibilität der Kundenkontaktpunkte (stationär, mobil, Internet), die miteinander in Verbindung stehen.
Quelle: Lemberg, V.: Nur keine Langeweile: Von E- zu M- zu U-Commerce. In: e-commerce Magazin. Heft 7/2012, September 2012, S. 44-47.
[3] Ebenda, S. 44.

ber hinaus zum Teil nicht im Einflussbereich der Bank liegen, müssen betreut werden. Und beides derart, dass der Kunde ein deutlich einheitliches Erleben seiner Bankverbindung empfindet.

3 Antwort auf die Intermediäre – oder: Kundenbindung revisited

Zwischen den Kunden und die eigene Webpräsenz schalten sich dritte Parteien: Suchmaschinen, Vergleichsportale, Soziale Netze und andere Serviceplattformen. Das geschieht zum Teil in einer Art und Weise, auf die Banken und Sparkassen keinen direkten Einfluss nehmen können – übrigens ein Phänomen, das für andere Branchen gleichermaßen zutrifft.

Kunden nutzen das Internet, um sich über Themen zur Geldanlage oder zum Kredit zu informieren. Damit diese Kunden die Highlights im Internet-Angebot von Banken und Sparkassen überhaupt entdecken, verlassen sich viele Institute nicht mehr darauf, dass Kunden oder potenzielle Kunden zufällig auf ihre Webseite kommen. Vielmehr versuchen sie, durch gezielte Marketingaktivitäten die Kunden auf ihre Angebote hin zu steuern. Bei mehr als einem Drittel aller Informationsprozesse, die online durchgeführt werden, kommt die Suchmaschine Google zum Einsatz. Dies bedeutet, dass neben dem direkten Aufruf einer Webseite oder dem Zugang zu einer Seite über Banner oder E-Mail-Werbung insbesondere die Sichtbarkeit des Angebots auf der Suchergebnisseite einer Suchmaschine Bedeutung hat.

Bei genauerer Betrachtung von Organic und Paid Listings wird deutlich, dass auch hier Optimierungen möglich und wichtig sind. So zeigt eine Evaluierung von Suchergebnissen auf, dass z.B. die Anforderungen unterschiedlicher Suchtypen – informationsorientiert, transaktional sowie navigational – bislang nur wenig beachtet werden. Weiterer Inhalt der Erhebung waren die Ausgestaltung von Titel, Snippet, Anzeigentext und URL. Hier können sich zwar eine Reihe von Banken auszeichnen, andere weisen jedoch deutliche Mängel auf oder erfüllen die gestellten Anforderungen nicht. So wird z.B. die Anforderung an eine Verwendung von Promotionsreizwörtern oder die Wiederholung des Suchbegriffes oft nicht umgesetzt. Schließlich ist – wie auch immer der potenzielle Kunde durch Online-Marketing-Aktivitäten auf die Seiten einer Bank oder Sparkasse gelangt – wichtig, dass er dort optimal „empfangen" wird. Dies geschieht entweder durch eine ansprechend gestaltete Landing Page, eine vertrieblich optimierte Einzelproduktseite oder eine übersichtliche und strukturierte Produktübersichtsseite (Berger et al. 2010, S. 9 ff.).

Auch die Positionierung von Angeboten und Produkten in Vergleichsportalen erlangt für den Kunden in seinem Kaufentscheidungsprozess einen hohen Stellenwert, versprechen derlei Portale doch Transparenz der Preise und Leistungen. So sehen Kunden vor allem in einem niedrigeren Preis den wichtigsten Grund für den Abschluss eines Produktes über ein Vergleichsportal. Die Transparenz der Leistungen stellt für den Großteil der Kunden einen Vorteil dar, ebenso spielen die Möglichkeit zur Selbstinformation sowie die Zeit- und Ortsunabhängigkeit eine große Rolle (Früchtl et al. 2011, S. 9 ff.).

Aktuell gewinnen insbesondere soziale Netzwerke wie z.B. Facebook, Xing, Blogs oder auch Microblogs wie Twitter an Bedeutung. Sie könnten zur „Neuen Macht" werden, wenn es um in die Führung des Kunden oder Interessenten in Richtung Anbieter geht. Im Folgenden soll Facebook – etwas unzulässig verkürzt, aber seiner Reichweite geschuldet – als Beispiel herausgegriffen werden. Weltweit können derzeit über 900 Millionen Nutzer verzeichnet werden, von denen wiederum rund die Hälfte auf mobilen Wegen diese Plattform besuchen. In Deutschland tummeln sich aktuell rund 24 Millionen (Bank-)Kunden in diesem sozialen Netzwerk (Statista 2012).

Betrachtet man den klassischen Marketingzyklus mit den Elementen AIDA, also Gewinnung von Aufmerksamkeit (attention), Konkretisierung des Interesses (interest), Generierung eines zunehmend dringenden Wunsches (desire) und schließlich Aktion des Kaufabschlusses (action), so zeigt sich: Die Möglichkeiten der sozialen Medien liegen weniger in der späten Phase des Abschlusses als vielmehr in den frühen Phasen. Sie sind eher Instrument zur Markenbildung, zur Kundenkommunikation und zur Schaffung einer neuen Vertrauensbasis.

So wird z.B. für die Markenkommunikation die Fanseite in Facebook für ein Unternehmen unverzichtbar. Teilt ein Kunde schlechte Erfahrungen mit einem Produkt oder einem Service dort mit, hat dies direkte Auswirkungen auf den Markenbildungsprozess. Banken und Sparkassen haben diesen Zusammenhang natürlich erkannt, die Kampagne „Giro sucht Hero" der Sparkassen ist ein Beispiel für eine gelungene Umsetzung dieser Zusammenhänge. Zugleich werden die Medien Print, Fernsehen und Internet geschickt miteinander verbunden, so dass insgesamt eine enorme Reichweite erzielt werden kann.

Im Rahmen der Kundenkommunikation nehmen soziale Medien für Banken und Sparkassen derzeit noch eine eher untergeordnete Rolle ein. Dennoch ist von Bedeutung zu wissen, dass es deutliche negative Auswirkungen haben kann, wenn Kundenfragen über diesen Kommunikationskanal nicht oder erst verspätet beantwortet werden. So kommt Gartner zu dem Schluss, dass das Nicht-Berücksichtigen von Anfragen in Social Media genauso schädlich für ein Unternehmen ist, wie auch das Ignorieren von Telefonanrufen oder E-Mails (Gartner 2012).

Das Schaffen einer neuen Vertrauensbasis hat sich insbesondere durch die Finanz- und Eurokrise der letzten Jahre als wichtiges Element in der Kunde-Bank-Beziehung erwiesen. Soziale Medien können genutzt werden, auch komplexe Zusammenhänge in diesem Themenbereich zu adressieren und gleichzeitig Kunden die Möglichkeit einzuräumen, Fragen und eigene Sichtweisen zu platzieren. So setzt wiederum die Sparkassenorganisation ein entsprechendes Konzept um: auf der Facebook-Seite „Finanzkrise: Sparkassen im Dialog" werden Kunden aufgefordert, über dieses Thema zu diskutieren.

Eine aktuelle Kundenbefragung[4] ergibt, dass durchaus Diskrepanzen zwischen Kundenanforderungen und Bankenangeboten im Rahmen der Ausgestaltung der Facebook-Präsenz von Banken und Sparkassen bestehen. Beispielhaft lässt sich dies am Thema „Allgemeine Nachrichten zu Finanzen" aufzeigen. Nur ein Prozent der befragten Banken und Sparkassen posten täglich neue Beiträge zu diesem Thema. Hingegen wünschen sich aber 21 % der Kunden genau dieses. 14 % der befragten Kreditinstitute stellen keinerlei Inhalte zu diesem Thema zur Verfügung, obwohl nur 8 % der Fans und 11 % der Nicht-Fans der Meinung sind, dass diese Inhalte unerwünscht sind.

Auch geht nur ein geringer Anteil der befragten Banken und Sparkassen davon aus, dass die Bewerbung von Produkten auf der Fanpage von den Kunden positiv gesehen wird. Dem hingegen wollen jedoch nur 15 % der befragten Fans nicht, dass in Facebook Finanzprodukte beworben werden. Der Großteil der Befragten ist offen gegenüber Werbeaktionen und Kampagnen zu Finanzprodukten, sofern diese eine eher nachgeordnete Rolle spielen und nicht überhand nehmen. Zudem werden Produktempfehlungen von Kunden auf Facebook überwiegend für glaubwürdig gehalten, so dass es von Bedeutung ist, die Besucher der Fanpage zu einer Meinungsäußerung in Bezug auf Produkterfahrungen zu bewegen.

Bedeutsam an dieser Stelle ist, dass Kunden sowohl weitere Informationen auf der Plattform Facebook selbst als auch eine Weiterleitung auf die Homepage oder zu einer Landingpage der Bank oder Sparkasse akzeptieren würden. Auch eine direkte Überleitung in einen Online-Antrag kann sich immerhin die Hälfte der befragten Kunden vorstellen. Von Fans weniger, aber durchaus in nennenswertem Umfang, gewünscht wird eine Weiterleitung zu einem Kontaktformular (47 %) oder zu einem Terminvereinbarungsformular der Bank oder Sparkasse (29 %). Ein solches Angebot stellen allerdings derzeit nur 6 % der befragten Kreditinstitute zur Verfügung.

---

[4] Die ibi research GmbH hat eine aktuelle Kundenbefragung zum Thema „Kundenanforderungen an den Social Media-Auftritt von Banken und Sparkassen" durchgeführt. Dabei wurden rund 1.500 Kunden sowie 80 Experten aus Banken und Sparkassen befragt. Eine Veröffentlichung der Gesamtergebnisse ist geplant.

Obwohl Banken und Sparkassen es den Besuchern der Fanpages überwiegend erlauben, eigene Beiträge zu hinterlassen, wird diese Möglichkeit von den Fans kaum genutzt. Allerdings wird von Fans ausdrücklich gewünscht, dass die Bank oder Sparkasse Diskussionen ihrer Kunden anregt und diese durch neue Denkanstöße intensiviert. Immerhin 58 % der Befragten stimmen der Aussage: „Ich möchte, dass die Bank mit ihrer Themenwahl den Dialog zwischen den Kunden auf der Fanpage fördert und während des Dialogs neue Denkanstöße gibt", zu (Abbildung 4).

Abbildung 4: Kundenaktivität und Kundenwünsche im Facebook-Dialog

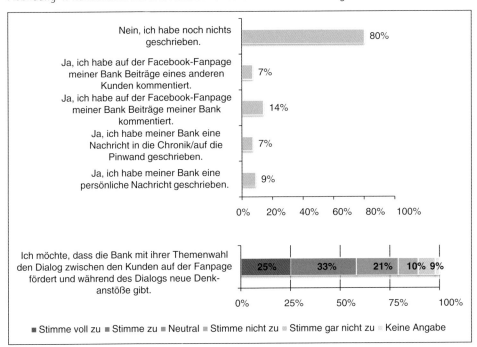

Quelle: © *ibi research 2012: Social Media: „Haben Sie Ihrer Bank über Facebook bereits einmal eine Nachricht geschrieben?" und „Wie schätzen Sie folgende Aussage ein?"*[5]

---

[5] Ebd.

4 Schlussfolgerungen

Insgesamt wird deutlich, dass Kunden die unterschiedlichen Möglichkeiten, die moderne Medien und Endgeräte eröffnen, sehr wohl zu nutzen wissen und diese auf unterschiedlichste Art und Weise miteinander kombinieren möchten. Und dies in allen denkbaren Spielarten: wie beschrieben aus dem Internet oder dem sozialen Medium in die persönliche Beratung, über das Mobil- bzw. Smartphone über eine Push-Nachricht in die Filiale, mittels Tablet-Anwendung parallel während der persönlichen Beratung, egal ob in der Filiale oder mit dem mobilen Berater daheim oder auch im heimischen Wohnzimmer mittels Internet-TV.

Die Herausforderung für Banken und Sparkassen besteht nunmehr darin, sich diesen Kundenanforderungen bewusst zu werden und sich ihnen zu stellen, sich dabei der eigenen strategischen Position sicher zu werden und das zunehmende Omnikanal-Verhalten des Kunden als Herausforderung anzunehmen. Laut einer Studie sind ausgerechnet die online-affinen Kunden jene, die auch die Filiale am häufigsten besuchen. Die Beziehung zur Bank wird nicht entweder online oder persönlich unterhalten, sondern sowohl als auch. Dabei muss der Kontakt zum Berater nicht zwangsläufig durch einen Besuch erfolgen, auch ein Chat, ein Gespräch über Skype oder eine Video-Unterstützung ist denkbar. Mittels mobiler Anwendungen finden Bankkontakte neuen Eingang in den Alltag des Kunden, und dennoch legen Kunden Wert auf eine herkömmliche Filiale. 76 % der befragten Kunden in Deutschland können sich dabei neben einer klassischen Bankberatung auch weitere Dienstleistungen im Bereich Steuerberatung oder Versicherungsberatung vorstellen. Ein Drittel der Kunden würden ihre Bankverbindung wechseln, wenn die persönliche Beratung in der Filiale eingestellt wird. Allerdings werden von ca. einem Fünftel der Kunden auch Videokonferenzen akzeptiert, wenn Spezialisten für bestimmte Fragestellungen notwendig sind (finews 2012; cisco 2012).[6]

Es zeigt sich also, dass Kunden in hohem Maße offen sind für die Verbindung der diversen Kommunikations- und Vertriebskanäle. Je nach konkretem Anlass und dem Standort entsprechend wird der aktuell passende Zugangskanal gewählt. Unterstützt wird dies durch Techniken, die virtuelle und reale Welt immer mehr miteinander verschmelzen lassen. Im Umkehrschluss heißt dies, dass Banken und Sparkassen diese Zugänge uneingeschränkt zur Verfügung stellen müssen und den Kundenanforderungen entsprechend ausgestalten. Nicht die einzelnen Kanäle stehen für das Image einer Bank, sondern Kundenwünsche und das gekonnte Zusammenspiel der Zugangswege machen das Image einer Bank aus und kennzeichnen somit eine Marke.

---

[6] Befragt wurden 5.300 Bankkunden in Deutschland, Frankreich, USA, Großbritannien, Kanada, Brasilien, China und Mexiko.

Literatur

Berger, K./Peters, A./Seitz, K. (2010): Suchmaschinen-Marketing in Direktbanken. Grundlagen, Erfolgsfaktoren und Status quo, Regensburg 2010.

BITKOM (Hrsg.) (2012): Smartphone-Funktionen: Internet wichtiger als telefonieren. http://www.bitkom.org/de/presse/8477_72686.aspx, Abruf am 01.10.2012.

Bundesverband deutscher Banken (Hrsg.) (2011): Fakten und Zahlen aus der Kreditwirtschaft, Berlin 2011, S. 14 f.

Cisco (Hrsg.) (2012): Cisco-Studie: Immer mehr Kunden wollen mobile und virtuelle Bank-Services. http://globalnewsroom.cisco.com/easyir/DE/de/local/press-release/Cisco-Studie-Immer-mehr-Kunden-wollen-mobile-und-virtuelle-Bank-Services-933277.html, Abruf am 01.10.2012.

finews (Hrsg) (2012): So macht man Banking auf allen Kanälen. http://www.finews.ch/news/banken/8907-omnikanal-banking-cisco-studie, Abruf am 01.10.2012.

Früchtl, C./Peters, A./Seitz, K. (2011): Vergleichsportale für Versicherungen – Kundenerwartungen, Erfolgsfaktoren und Status quo, Regensburg 2011.

Gartner (Hrsg.) (2012): Gartner Predicts That Refusing to Communicate by Social Media Will Be as Harmful to Companies as Ignoring Phone Calls or Emails Is Today. http://www.gartner.com/it/page.jsp?id=2101515. 01.08.2012, Abruf am 01.10.2012.

Meyer, T. (2010): Deutsche Bank Research: Mehrheit der Bankkunden recherchiert online – Ergebnisse einer Clickstream-Analyse, Frankfurt 2010.

Penzel, H.-G./Früchtl, C./Weber, S./Zellner, G. (2012): Anlageberatung in modernen Zeiten: Durch Industrialisierung gleichzeitig zu Kundenorientierung und Effizienz. In: BIT Banking and Information Technology, Band 13, Heft 2, Oktober 2012, Seite 9-14.

Peters, A./Früchtl, C. (2012): ibi Website Rating 2012 Kreditinstitute, Regensburg 2012.

Statista (Hrsg.) (2012): http://de.statista.com/statistik/daten/studie/70189/umfrage/nutzer-von-facebook-in-deutschland-seit-2009/, Abruf am 01.10.2012.

Vertrieb in Retailbanken 2015 – vollständige Digitalisierung mit menschlicher Note

Radboud Vlaar/Philipp Siebelt

1 Einleitung

Verglichen mit anderen Branchen wie Hightech, Telekommunikation und Luftfahrt scheint sich das Retailbanking in den vergangenen Jahren kaum verändert zu haben. Hinter den Kulissen allerdings sieht es ganz anders aus: Der Sektor steht vor dem vermutlich größten Umbruch seiner Geschichte, seit einige Anbieter sich für die letzte Phase der vollständigen Digitalisierung „mit menschlicher Note" rüsten. Die Entwicklung vom rein filialgetriebenen Geschäft hin zu einem Wirtschaftssektor, der von digitalen Interaktionen via PC und Smartphones geprägt ist, lässt sich kompakt in drei Phasen beschreiben:

- **1980 bis 2000 – Digitalisierung von Zahlungen:** In diesem Zeitraum wurden papierbasierte Zahlungen durch Geldautomaten, Karten und Telebanking ersetzt. Die Banken suchten nach neuen Möglichkeiten, Kosten einzusparen und auch jene Kunden zu erreichen, die keinen Zugang zum allgemeinen Banksystem hatten. Inzwischen haben alle Banken diese Phase abgeschlossen.

- **2000 bis 2010 – Digitalisierung von Standardtransaktionen:** In der ersten Dekade des 21. Jahrhunderts konnten die meisten Kunden für einfache Transaktionen rund um die Uhr aus der Ferne auf ihre Bank zugreifen. Wesentlicher Vorteil für die Kunden war der höhere Komfort – die Banken konnten im Gegenzug weiter ihre Kosten senken. Noch ist die Digitalisierung von Standardvorgängen nicht vollständig umgesetzt, die meisten europäischen Banken sind aber bereits gut vorangekommen: In den Niederlanden beispielsweise werden nur noch ca. 5 % aller Transaktionen in Filialen abgewickelt (ein Großteil davon entfällt auf die Bargeldbearbeitung). Dank der neuen Kanäle ist die Anzahl der Transaktionen zwischen 2007 und 2010 um insgesamt 65 % angestiegen, die Filialmitarbeiter verbringen 40 bis 60 % ihrer Zeit mit Vertriebs- und Beratungsaktivitäten – früher waren es nur 20 %.

- **2010 bis 2015 – vollständige Digitalisierung mit menschlicher Note:** Die Banken beginnen erst allmählich damit, das ultimative Kundenerlebnis zu bieten, sprich: die Digitalisierung von Vertrieb und Nachbetreuung in Kombination mit persönlichem Kundenkontakt bei komplexeren Produkten. Zum Teil ist es auf die Entwicklung des mobilen Bankings zurückzuführen, dass Produktverkäufe über das Internet oder Transaktionen, die vom Online-Marketing beeinflusst werden, mittelfristig zunehmen und einen Anteil von ca. 60 % an allen Verkäufen ausmachen werden.

In den folgenden Kapiteln gehen wir näher auf die einzelnen Elemente der dritten Digitalisierungsphase ein und zeigen auf, wie den Banken eine erfolgreiche Transformation gelingen kann.

2   Vertrieb 2015

Wir gehen davon aus, dass eine typische Bank ihren Vertriebsmix in drei Jahren grundlegend verändert haben wird. Der Vertrieb 2015 ist dann durch folgende Merkmale gekennzeichnet:

- **Vollständige Digitalisierung mit menschlicher Note bei weniger Filialen:** Mit einem einzigen Klick erhalten Kunden Zugang zu wichtigen Informationen, können Produkte bestellen und diese via Smartphone, iPad oder anderen mobilen Endgeräten bezahlen. Dank der technischen Möglichkeiten werden bis zu 99 % aller Transaktionen und Serviceanfragen sowie ein Großteil der Sales Leads digital abgewickelt. Kunden, die den persönlichen Kontakt bevorzugen, tun dies per Telefon oder in Videokonferenzen. Premiumkunden werden von der Bank zu Hause kontaktiert. Das Filialnetz wird stärker auf die Kundenbedürfnisse zugeschnitten sein als bisher. Es wird verschiedene Filialformate geben, die speziell an den Kundenprofilen und -wünschen in der jeweiligen Region ausgerichtet sind – von unbemannten, vollautomatisierten Filialen bis hin zu solchen mit Rundum-Service und -Betreuung. Ein völlig neues Vertriebsprofil entsteht (siehe Abb. 1).

Abbildung 1: Der Vertrieb verändert sich grundlegend

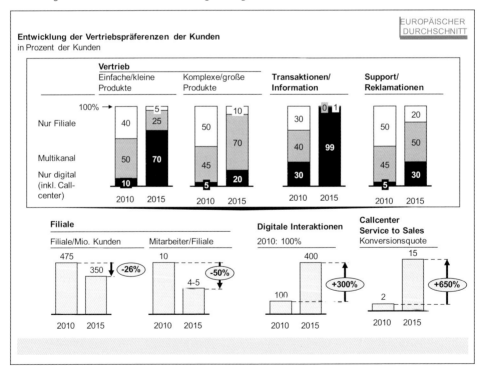

- **Stärkere Ausrichtung an individuellen Kundenwünschen:** Die Produkte und das Serviceangebot der Banken werden auf die Kundenbedürfnisse zugeschnitten. Der Kunde erhält mittels gezielter Marketingkampagnen, die sich auf umfassende CRM-Daten stützen, eine Reihe von Mehrwertservices. Dadurch wird die Anzahl hochwertiger Leads gesteigert und ein höherer Anteil aussichtsreicher potenzieller Kunden als Neukunden gewonnen. Über verschiedene Online-Marken werden die Banken unterschiedliche Kundensegmente ansprechen und ihnen differenzierte Preis- und Serviceangebote unterbreiten. Einige Banken verfolgen diese Strategie bereits: So stieg der Marktanteil von Sparprodukten der SNS Bank in den Niederlanden auf Grund ihrer Multi-Label-Strategie mit Schwerpunkt auf unterschiedlichen Segmenten innerhalb von drei Jahren von 7 auf 10 %.

- **Komplexere Prozesse:** Die zunehmende Anzahl digitaler Kanäle und Plattformen (z. B. Apple, Android etc.) führt zu einer enormen Vertriebs- und Produktkomplexität. Verstärkt wird dies durch die Tendenz der Kunden, für einen Prozess unterschiedliche Kanäle ohne Reibungsverlust zu nutzen.

- **Profitabilitätsvorteile für erfolgreiche Banken:** Die Finanzkennzahlen der Banken werden wesentlich an Attraktivität gewinnen (siehe Abb. 2). Nach unserer Einschätzung sind Kosteneinsparungen in Höhe von 20 bis 40 % möglich. Die Gründe dafür: geringere Vertriebskosten und ein veränderter Vertriebsmix, der zu niedrigeren Filial-, Betriebs- und indirekten Kosten führt. Die dazu erforderlichen Investitionen in neue Technologien können durch Senkung der Kosten für die Altsysteme ausgeglichen werden. Die Ertragsentwicklung der „Retailbank der Zukunft" ist allerdings noch ungewiss: Den Gewinnpotenzialen durch neue Services und Produkte steht ein erhöhter Margendruck infolge erhöhter Transparenz und zunehmenden Wettbewerbs gegenüber.

Abbildung 2: Finanzieller Effekt für Retailbanken der Zukunft

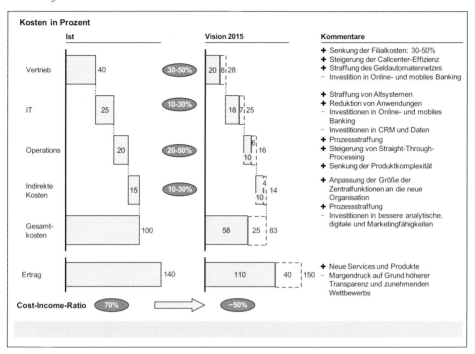

Das Ausmaß der anstehenden Veränderungen wird offenkundig, wenn man die Retailbank der Zukunft mit einer klassischen heutigen Retailbank vergleicht. Die Transformation setzt eine drastische Senkung der Filialkosten, die Straffung der gesamten Prozesse und, in den meisten Fällen, die Entwicklung der noch fehlenden digitalen Elemente voraus. Aus unserer Sicht muss dringend gehandelt werden, da viele neue Wettbewerber, darunter auch bankfremde Unternehmen, auf den Markt drängen.

3 Das richtige Vorgehen

In diesem Kapitel untersuchen wir im Detail, wie die Banken den dritten Teil ihrer digitalen Strategie gestalten können und welche Maßnahmen sie für die einzelnen Vertriebskanäle ergreifen sollten: Im Fokus stehen dabei Filialen, Call- oder Videocenter, mobiles und Onlinebanking sowie die sozialen Medien.

3.1 Filialen: Justierung und Steigerung der Vertriebsleistung

Jüngste Forschungsergebnisse von McKinsey zeigen, dass die Filialen ihren Vertriebs- und Beratungsfokus ausweiten. Mit Blick auf die künftigen Kundenbedürfnisse könnten 30 bis 50 % der Kosten allein durch Anpassung der Filialnetzstruktur eingespart werden; der Umsatz pro Filialmitarbeiter ließe sich um 20 % steigern. Folgende Maßnahmen sind hierfür im Einzelnen erforderlich:

- **Justierung des Filialnetzes:** Banken können ihr Vertriebsnetz optimieren, indem sie die Standorte und die Formate ihrer Filialen konsequent an den Kundenbedürfnissen ausrichten.

- **Standortoptimierung:** Die Kosten für das Filialnetz lassen sich signifikant senken – bei gleichzeitiger Steigerung des Absatzes. Dafür müssen die Banken die Kundenpräferenzen und das Kundenverhalten (vor allem das zukünftige) in allen Mikromärkten verstehen. So können sie auch ihre Kapazitäten besser an die Nachfrage anpassen. Dabei geht es nicht nur um Reduzierung, sondern vielmehr um einen gezielten Einsatz der vorhandenen Kapazitäten dort, wo sie benötigt werden. Vormals spielten Aspekte wie der Ergebnisbeitrag eine maßgebliche Rolle, wenn es darum ging, Filialen beizubehalten, neu zu eröffnen oder zu schließen. Mittlerweile können aber auch andere Kriterien, z.B. das Kundenerlebnis oder der Zugang zu finanziellen Mitteln im aktuellen Niedrigzinsumfeld, ebenso ausschlaggebend sein (siehe Abb. 3).

Abbildung 3: Kundengerechtes Filialnetz durch systematischen analytischen Ansatz

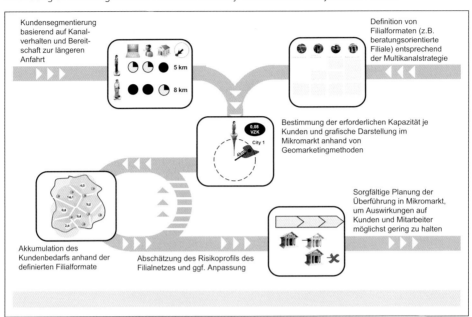

- **Anpassung der Filialformate:** Früher hatten viele etablierte Retailbanken ein einheitliches Filialformat – heute existieren unterschiedliche Formate nebeneinander. Beispiele hierfür sind z.B. Spezialfilialen für hochwertige Kundensegmente (u.a. vermögende Kunden und KMU), kleine Service- oder Vertriebsbüros mit zwei bis vier Mitarbeitern für einfache Produkte und vollständig automatisierte Filialen mit ausschließlichem Servicefokus (siehe Abb. 4).

Abbildung 4: Maßgeschneiderte Filialformate für jeden Vertriebsbereich

Filialrollen	Automatisierte Filiale	Vertriebs-und Servicestellen	Filiale mit Rundum-Service	Spezialfiliale[1]
Proaktiver Kundenkontakt		Möglich in Filialen mit entsprechenden Beratungsräumen	• Kundenberater • Basis für mobile Kundenberater	Spezialisierte Kundenberater, z.B. PB-Kundenberater, Finanzberater, Verkaufsberater
Beratung zu komplexen Produkten und Verkauf				
Verkauf von Standardprodukten				
Lösung von Problemen, Beschwerdemanagement, Information und Service		• Vertriebsmitarbeiter	• Vertriebsmitarbeiter	
Einzahlungen und Geldabhebung	• Geldautomaten • Einzahlungsautomat • Online-Bankkiosk • Terminals für Videochats mit dem Berater	• Geldautomaten • Einzahlungsautomat • Online-Bankkiosk • Terminals für Video-chats mit dem Berater	• Geldautomaten • Einzahlungsautomat • Online-Bankkiosk • Terminals für Video-chats mit dem Berater • Devisenhandel • Große Barsummen	Abhängig vom Spezialgebiet der Bank
Präsenz und Markenförderung				

1 Private Banking, KMU

3.2 Absatzsteigerung

Banken können verschiedene Maßnahmen ergreifen, um mehr Zeit für Vertriebsaktivitäten zu gewinnen und diese Zeit noch effektiver zu nutzen. Einige Ansätze seien hier exemplarisch vorgestellt:

- **Ausweitung der Vertriebszeit** durch Abwicklung von Transaktionen mit geringerem Wert über kostengünstigere Kanäle, insbesondere Onlinekanäle und automatisierte Lösungen in Filialen. Die meisten Banken haben hier bereits Fortschritte erzielt, allerdings kann noch mehr getan werden, um Kosten einzusparen. Auf der anderen Seite können Direktkanäle weitere Kosten verursachen – hier gilt es, die Kosten-Nutzen-Effekte genau abzuwägen.

- **Steigerung der Vertriebseffektivität:** Die Effektivität der Vertriebsarbeit lässt sich zunächst über eine bessere Strukturierung der Vertriebszeit erhöhen. Feste Zeiträume für Vertriebsaktivitäten sind wesentlich effizienter als spontaner Aktionismus. Die Zeit der Vertriebsmitarbeiter an einem typischen Arbeitstag sollte daher gezielt strukturiert werden. Besonders hohe Produktivitätsgewinne verspricht darüber hinaus eine Industrialisierung der Prozesse: Dazu müssen ausgewählte Routineabläufe wie z.B. Aktivitätenplanung, standardisierte Abwicklungen oder Aktivitätenprotokolle einzelnen Mitarbeitern zugewiesen werden. Auf diese Weise wird sichergestellt, dass die Arbeitsprozesse systematisch und kontrolliert ablaufen. Unterstützt von den richtigen Kampagnen kann der Absatz so um 20 bis 30 % gesteigert werden. Der flächendeckende Rollout auf das gesamte Netz ist allerdings äußerst zeitintensiv und aufwendig. Last but not least brauchen Filialmitarbeiter zur Steigerung ihrer Effektivität hochwertig Leads, d.h. umfassende Informationen über ihre Kunden. Sie werden aus den bankeigenen Daten und zusätzlichen verhaltensbezogenen Kundendaten gewonnen.

- **Verbesserung des Leistungsmanagements:** Um das Filialnetz erfolgreich umzugestalten, benötigen die Mitarbeiter und Führungskräfte ein konsequentes Leistungsmanagement. Dazu gehören beispielsweise operative Kennzahlen, die die Mitarbeiter selbst beeinflussen können, und effektive Leistungsdialoge. Zudem müssen die Kompetenzen aller Beteiligten proaktiv weiterentwickelt werden.

3.3 Call-/Videocenter: Entwicklung zum primären Betreuungskanal

Die Rolle der Callcenter verändert sich, da Banken ihre Standardaktivitäten in digitale Kanäle (insbesondere Online- und mobiles Banking) verlagern und die Kunden Call- oder Videocenter hautpsächlich für Beratung und Support nutzen. Um die Vorteile auszuschöpfen, müssen die Banken folgende Aktivitäten forcieren:

- **Überführung von Servicekontakten in erfolgreiche Verkaufsabschlüsse:** Callcenter sind grundsätzlich in der Lage, Serviceinteraktionen in Verkaufsabschlüsse umzuwandeln, benötigen dafür aber die richtigen Voraussetzungen. Legt man eine konservative Service-to-Sales-Erfolgsquote von 3 % zugrunde (bei erfolgreichen Banken sind es mehr als 5 %), so entspräche die Absatzquote einer Filiale den Verkaufstransaktionen von vier Callcenter-Agenten. Die besten Callcenter mit einer Konversionsrate von 6 bis 9 % unternehmen 20 bis 50 % häufiger den Versuch, einen Verkauf zu tätigen als durchschnittliche Callcenter. Sie leiten die Anrufe gezielt an ihre besten Agenten weiter und nutzen CRM und Leistungsmanagementsysteme, die für die richtige Vertriebseinstellung sorgen (siehe Abb. 5).

Abbildung 5: Erhebliches Potenzial für europäische Banken, ihre Vertriebsleistung zu steigern

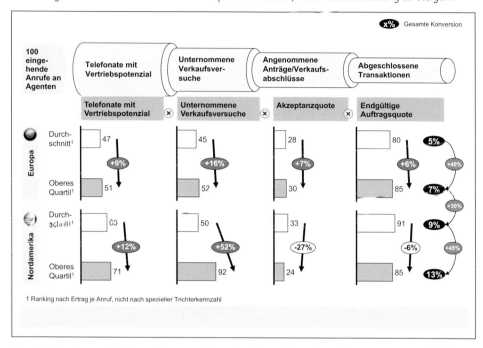

Quelle: European Banking Customer Care Excellence Benchmark von McKinsey (2010)

- **Verbesserung der Service- und Beratungsqualität:** Europäische Banken nutzen ihre Callcenter zunehmend, um wichtigen Kunden optimalen Service und Beratung zu bieten und erfolgreiche Verkäufe zu tätigen. Dieser Direktkanal ist derzeit oft nur bestimmten Kundensegmenten vorbehalten und nicht allen Kunden zugänglich. In einigen Ländern, z. B. in Großbritannien, werden vermögende Kunden standardmäßig über diesen Kanal bedient. Diese speziellen Callcenter, die mit besonders hochquali-fizierten Mitarbeitern besetzt sind, zielen insbesondere auf Neugeschäft ab und bieten einen exzellenten Kundenservice (siehe Abb. 6).

Abbildung 6: Einige Banken nutzen Callcenter, um höherwertige Segmente zu bedienen

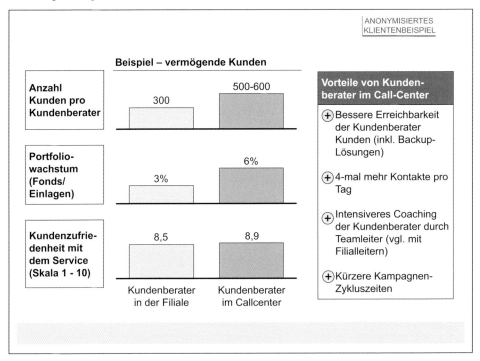

Quelle: European Banking Customer Care Excellence Benchmark von McKinsey (2010)

- **Einrichtung von Videocentern als Kanal der Zukunft:** Die alten Skripts erfüllen oft nicht mehr ihren Zweck und visuelle Aspekte gewinnen an Bedeutung. Vor dem Hintergrund der veränderten Anforderungen muss eventuell auch der Personalmix in den Centern neu gestaltet werden.

- **Erschließung von Kapazitäten:** Hier gilt es, zusätzliches Effizienzpotenzial auszuschöpfen. Viele Callcenter verfügen über die Möglichkeiten, ihr Nachfragemanagement mit Hilfe verbesserter Prognosen und eines gezielteren Personaleinsatzes zu verbessern. So lässt sich unter anderem die Anrufdauer verkürzen und die Weiterleitungsquote optimieren, was zu Kosteneinsparungen in Höhe von 10 bis 20 % führen kann.

3.4 Digitale Bank: schnell handeln, bevor bankfremde Unternehmen zuschlagen

Bisher haben Banken digitale Kanäle ausschließlich für den Kundenservice genutzt, nun aber verlagert sich der Fokus rasch in Richtung Verkauf. Wir gehen davon aus, dass Online- und mobile Kanäle zu einer echten digitalen Bank verschmelzen werden. Banken, die diesen Schritt wagen, müssen zunächst dafür sorgen, dass ihre Onlineservices so kohärent und gut strukturiert sind, dass sie das Interesse der Kunden wecken. Eine europäische Bank fand kürzlich heraus, dass nur 5 % ihrer Verkäufe über das Internet getätigt wurden, obwohl ein Drittel ihrer Kunden angab, dass sie Produkte bevorzugt online erwerben. Es stellte sich heraus, dass die wenig nutzerfreundliche, unübersichtliche Website der Bank dem im Wege stand.

Hier verweisen wir gerne auf das „Apple-Erlebnis". Ähnlich wie bei den Produkten und Services des US-Unternehmens können die Kunden erfolgreicher Banken nicht genau sagen, was den Service, den sie nutzen, so gut macht. Trotzdem funktioniert er und sie schätzen ihn.

Folgende Aspekte müssen beim Aufbau der digitalen Bank berücksichtigt werden:

Digitale Kanäle als bevorzugtes Medium etablieren

- **Nutzungsquote erhöhen:** Die Kunden müssen motiviert werden, die Anwendungen der Bank und ihre Website häufiger zu nutzen.

- **„Wow"-Effekt erzeugen:** Kunden brauchen positive Erlebnisse, die sie nicht erwarten. Innovationen können z. B. ein schnelleres Einloggen, beschleunigte und flexiblere Transaktionen und übersichtliche Websites sein.

- **Informationen leicht zugänglich machen:** Etwa 20 % aller Produkte, die Banken vertreiben, werden zunächst von den Kunden im Internet begutachtet, meist über Aggregatoren oder Vergleichswebseiten (Beispiel Versicherungen) Stellen die Banken keine klaren, transparenten Informationen zur Verfügung, leiten die Aggregatoren die Kunden auf eine andere Website weiter.

- **Sicherheitsbedenken ausräumen:** Rund 45 % aller Verbraucher nennen die Sorge um die eigene Datensicherheit als Hauptgrund, warum sie kein Onlinebanking betreiben. Oft handelt es sich dabei nur um ein wahrgenommenes Problem, die Sorgen sind eigentlich unbegründet. Genau darauf müssen die Banken reagieren.

Qualifizierten Traffic und wertvolle Leads generieren

- **Eventmarketing:** Für die Generierung von Traffic bietet sich Eventmarketing an. Gerade in der Anfangsphase des Kaufprozesses wird das Erzeugen von Aufmerksamkeit zu einem entscheidenden Faktor. Die Kunden informieren sich zunehmend im Internet, insbesondere über Aggregatoren und Online-Benchmarks, bevor sie sich – kanalunabhängig – für ein Produkt entscheiden.

- **Einsatz von CRM und verhaltensbezogenen Daten:** Banken verfügen über einen enormen Informations- und Datenbestand, doch die meisten nutzen bisher nur einen Bruchteil davon.

- **Personalisiertes Marketing:** Dank Internet können Banken Kleinstsegmente bis hin zu einzelnen Kunden ansprechen. So können sie genau erkennen, wer sich die Seite angesehen hat und ihre Angebote und Anlagetipps genau auf diesen Kunden zuschneiden. Eine Bank in einem Schwellenland segmentierte seine Kunden manuell und bat anschließend die IT-Abteilung, individualisierte Banner für bestimmte Kundengruppen einzufügen. Durch diese Maßnahme stieg die Zahl der Internetverkäufe sprunghaft an.

Höhere digitale Konversionsraten erzielen

- **Einführung nutzerfreundlicher Kundenbetreuung:** Banken sollten bei der Beantwortung von Kundenfragen alle Register ziehen – von Videokonferenzen über SMS bis hin zu sorgfältig geführten E-Mail-Korrespondenzen und Telefonaten. Bei komplexen Anliegen oder besonders hochwertigen Kunden sollte entweder eine spezielle Servicenummer eingerichtet oder ein fester Kundenberater zur Seite gestellt werden.

- **Verbesserung des Onlinevertriebs:** Führende Banken vertreiben ihre wichtigsten Produkte inzwischen über das Internet, allerdings nicht immer besonders effizient und oft auch wenig kundenorientiert. Die ING Direct legt die Messlatte hoch: Die Bank verspricht auf ihrer Website potenziellen Kreditnehmern, dass sie innerhalb von fünf Minuten ein erstes Angebot, zehn Minuten später eine Zusage und nach weiteren zehn Minuten den ausgefüllten Antrag erhalten.

Vernetzung mit Kunden in sozialen Medien vorantreiben

- **Imagepflege:** Die ING Diba hat beispielsweise soziale Medien erfolgreich für Sponsoring genutzt und damit Millionen neuer Kontakte gewonnen. Ein weiteres Plus war die kostengünstige Werbung.

- **Verständnis der Generation Y:** Soziale Medien eignen sich perfekt, um einen guten Überblick über das Verhalten und die Vorlieben von Kunden zu gewinnen. Die Vorreiter unter den Banken nutzen die Netzwerke, um neue Anwendungen für ihre Produkte zu entwickeln. 70% der Nutzer vertrauen Empfehlungen in sozialen Medien, während nur 20% der konventionellen Werbung glauben.

- **Kundenbetreuung:** Über Twitter und andere digitale Medien lassen sich Kundenfragen schnell beantworten. Einige Banken stellen für diesen Zweck spezielle Mitarbeiter ab, auch wenn einige davon zugeben, dass der Nutzen dieser Maßnahme noch zu beweisen ist. Die Banken wissen aber auch, dass sie diese Tools bedienen müssen, um auf sich aufmerksam zu machen und näher am Kunden, insbesondere an jüngeren Kunden, zu sein.

3.5 Multikanal: Verbesserung der Prozesse, um Kundenverluste zu reduzieren

Ein gemeinsames Forschungsprojekt von McKinsey und EFMA[1] zeigt, dass die Kunden bereits mehrere Kanäle (ca. drei bis vier pro Person) nutzen, um mit ihrer Bank zu interagieren – gleichzeitig nimmt die Bedeutung von Onlineplattformen für den Produktvertrieb enorm zu (siehe Abb. 7). Im Rahmen der Studie äußerten die Kunden allerdings ihre Unzufriedenheit über die uneinheitliche Qualität der Abläufe und die geringe Reaktionsgeschwindigkeit der Banken in den unterschiedlichen Phasen des Kaufprozesses. Fehlende Telefonnummern und E-Mail-Adressen auf den Internetseiten oder die schlechte Kommunikation zwischen Callcenter und Filiale über Kundentermine wurden als besonders kritisch angesehen. Probleme mit Suchmaschinen und komplizierte Formulare führen zusätzlich dazu, dass viel versprechende Leads im Sande verlaufen.

---

[1] "Future of Face 2 Face", McKinsey und EFMA 2010.

Abbildung 7: Kunden nutzen immer mehr unterschiedliche Kanäle

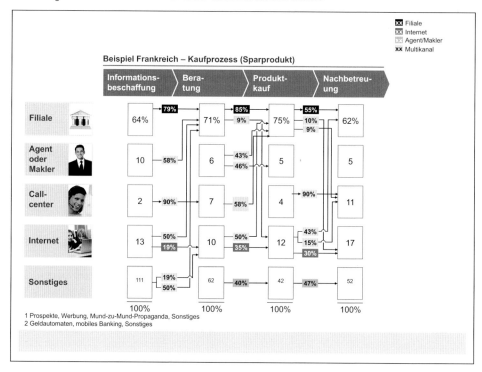

Quelle: Kundenmarktforschung in Frankreich (Befragung von ca. 500 Personen, Dezember 2010)

Häufiger Grund dafür sind fehlende Zuständigkeiten in der Bank für das Zusammenspiel von Produkten, Services und Kanälen, das für alle Kunden ein integriertes Nutzenversprechen ausmacht. Die Disaggregation der Wertschöpfungskette, die rasante Zunahme von Kanälen und die Ausweitung des Produktsortiments verschärfen diesen Effekt noch. Die Folge: Ertragseinbußen von 60 bis 80 % bei allen generierten Leads. Um diese Prozesse zu optimieren und die Ursachen für die Verluste zu ergründen, müssen Banken einen ganzheitlichen Ansatz verfolgen. Das setzt ein genaues Verständnis voraus, was in den einzelnen Phasen des Kaufprozesses geschieht bzw. was dort noch zu tun ist.

- **Bekanntheit:** Wo haben sich die Kunden über den Markt informiert? Wie haben sie sich für eine bestimmte Bank entschieden? Die Banken sollten ihr Ranking in Suchmaschinen im Vergleich zu Wettbewerberunternehmen überprüfen und recherchieren, wie sie auf Preisvergleichsseiten abschneiden.

- **Kauferwägung:** Warum führt die Bekanntheit eines Produkts nicht immer zu einer Kaufanfrage? Möglicherweise sind die Formulare zu komplex und die Kunden verlieren das Interesse oder die Callcenter sind nicht in der Lage, die Anfragen zu bearbeiten.

- **Kauf:** Wie viele potenzielle Kunden erhielten ein Angebot oder nahmen einen Beratungstermin wahr und entschieden sich dann doch gegen einen Kauf? Unter Umständen ist dies darauf zurückzuführen, dass die Bank nicht „am Ball" geblieben ist, dass der Prozess zu bürokratisch war oder die Preise zu hoch.

- **Nachbetreuung:** Wissen die Kunden, über welchen Kanal sie ihre Adresse oder ihre Kontaktdaten ändern können? Können sie dies über ihren bevorzugten Kanal tun? Wurden die fünf kritischsten Beschwerden an das Callcenter identifiziert, verstanden und angemessen angegangen?

Die Banken sollten die Antworten auf diese Fragen nutzen, um einen Maßnahmenplan zu entwickeln und umzusetzen. Wir haben beobachtet, dass Finanzdienstleister, die dies bereits getan haben, ihre Konversionsrate um 10 bis 20 % steigern und dabei die durchschnittlichen Servicekosten senken konnten. Auch die Kunden profitierten, und zwar von einem verbesserten Kundenerlebnis.

4 Erfolgsvoraussetzungen

Die Transformation hin zu einer „digitalen Bank mit menschlicher Note" setzt ein gemeinsames Ziel voraus und sollte in mehreren Minitransformationen erfolgen. Zu den wichtigsten Erfolgsfaktoren zählen:

- **Einbindung des Topmanagements:** Banken sollten einen charismatischen „Steuermann" haben, der die Kunden und ihre Bedürfnisse genau kennt und bei der Transformation das Ruder übernimmt. Er sollte von einem aus anderen Führungskräften gebildeten Lenkungsausschuss unterstützt werden, muss aber in jedem Fall einige ganz besondere Kompetenzen mitbringen.

- **IT-Kapazität und -Effektivität:** Von der Transformation sind wahrscheinlich mehr oder weniger alle Banksysteme betroffen. Für eine erfolgreiche Veränderung bietet sich aus unserer Sicht eine Reihe kleinerer IT-Transformationen an.

- **Veränderungen in Organisation und Governance:** Jede Veränderung hat Auswirkungen auf die Art und Weise, wie eine Bank organisiert und gesteuert wird. Das Bankmanagement sollte sich dessen während der gesamten Transformation bewusst sein. Mitunter kann jedoch bereits im Vorfeld eine neue Struktur geplant werden, die den Prozess beschleunigt. Nach unseren Erfahrungen mit Organisationstransformationen lassen sich folgende Handlungsempfehlungen ableiten:

  - Möglichst unbürokratischer, papierloser Vertrieb. Das Management muss die Durchführung kontrollieren und kann neue Initiativen pilotieren.

  - Unterstützung durch den CEO.

- Einbindung aller Kanäle. Die Einstellung, dass andere Kanäle neben der Filiale lediglich „Alternativen" sind, sollte vermieden werden.

- Einführung einer Matrixstruktur, insbesondere für multinationale Banken mit Filialen in unterschiedlichen Ländern.

- Enge Zusammenarbeit und Abstimmung mit der IT bei der Umsetzung, die Verantwortlichkeit für den digitalen Kanal liegt allerdings nicht bei der IT.

- Sukzessive Transformation hin zum digital geprägten Geschäft, kurzfristig liegt der Schwerpunkt auf den Filialen.

- **Kultureller Wandel:** Veränderungen gestalten sich oft besonders schwierig in traditionellen Banken unter regionaler Leitung. Meist sind die Probleme kultureller Natur – sie entstehen aus der Wahrnehmung, dass durch den Wandel das lokale unternehmerische Denken und die Kompetenzen der Führungskräfte untergraben werden. Eine Transformation wie die hier beschriebene sollte jedoch als Chance gesehen werden: Den Führungskräften werden dadurch neue Instrumente an die Hand gegeben, mit denen sie sich in einem Multikanalumfeld mit seinen spezifischen Herausforderungen behaupten können. Diese Botschaft sollte im gesamten Unternehmen verbreitet werden – jeder muss sich des Potenzials bewusst sein. Transformationen gelingen erst dann vollständig, wenn alle Beteiligten mit im Boot sind. Es kann ein Unternehmen teurer zu stehen kommen, wenn es strategisch wichtige Bereichs- oder regionale Leiter verliert, als wenn sich der Abschluss eines Veränderungsprojekts verzögert.

- **Neue Kennzahlen:** Banken sollten die filialnetzorientierte Berichtsperspektive (Produkt x Segment) aufgeben und eine Multikanalsicht in ihrem Management-Informationssystem einnehmen, das neben Produkt und Segment auch den Vertriebskanal berücksichtigt. Unsere Umfrage hat gezeigt, dass nur sehr wenige Banken über eine integrierte Multikanalperspektive verfügen, dass ihre Vertriebsaktivitäten nicht immer transparent sind und unklar bleibt, wie viele Leads durch digitale Kanäle generiert wurden.

5   Erste Schritte

Eine erfolgreiche Transformation erfordert wirksame Maßnahmen, um die Energie und die vorhandenen Fähigkeiten in der gesamten Bank zu bündeln. Handlungsoptionen gibt es viele. Nachdem wir jedoch Zeugen vieler gescheiterter Initiativen waren, empfehlen wir einen pragmatischen Ansatz in drei Phasen.

5.1 Entwickeln Sie Ihre eigene Vertriebsvision für 2015

Die Vertriebsvision für Ihre Bank sollte drei Elemente enthalten: den künftigen Kanalmix, das Kundenerlebnis und die strategische Ausrichtung.

- **Kanalmix:.** Der künftige Kanalmix für Ihre Bank und die von ihr bedienten Märkte sollte alle Aspekte und Aktivitäten berücksichtigen, die mit dem Vertrieb verbunden sind.

  - **Transaktionen.** Die typischen Ziele bestehen darin, die Kosten für die Betreuung von Einzelkunden zu senken, Funktionen zu verbessern und Transaktionen mit geringerem Wert in kostengünstige Kanäle umzuleiten. Als Ausgangspunkt sollten Sie zunächst ergründen, wie die unterschiedlichen Kanäle funktionieren und welchen Anspruch Ihre Bank verfolgt

  - **Service und Reklamationen.** Hier gilt es, für jedes Segment und jedes Produkt den jeweiligen Hauptkanal festzulegen, den die Kunden nutzen sollten. Die Kanäle, über die der Kunde persönlichen Kontakt zu einem Kundenbetreuer aufnehmen kann, dürften dabei die relevantesten sein.

  - **Beratung und Verkauf.** Dieser Aspekt ist besonders schwierig. Er erfordert eine differenzierte Segment- und Produktsicht in Kombination mit einem umfassenden Verständnis des gesamten Kauftrichters.

- **Kundenerlebnis:** Als nächstes gilt es, wichtige Faktoren für ein verbessertes Kundenerlebnis zu identifizieren: Welches sind die kaufentscheidenden Momente und wie können Sie als Bank einen „Wow"-Effekt erzielen? Was sind derzeit die größten Kundenbedenken und Unzufriedenheitsfaktoren? In welchen Bereichen könnten Innovationen zu einem Quantensprung verhelfen?

- **Strategische Ausrichtung:** Bei der Formulierung der strategischen Ausrichtung verschaffen Sie sich Klarheit über den grundlegenden unternehmerischen Kurs: Möchten Sie Innovationen aktiv gestalten oder sehen Sie sich eher als „Mitläufer"? Was hat für Sie höhere Priorität: Kostensenkung oder Umsatzsteigerung?

Ausgehend von diesen drei Punkten können Banken weitere Informationen nutzen, um eine übergreifende Vision zu entwickeln: Dazu zählen die Gesamtstrategie der Bank, ihr Verständnis der Ausgangslage und des derzeitigen Kundenstamms, aber auch Wettbewerbsdaten und ein Grobkonzept des angestrebten Vertriebsmodells.

5.2 Starten Sie Minitransformationen, um die Vision umzusetzen

Diese Phase ist die kritischste, da aus unserer Erfahrung die meisten Organisationen hier scheitern. Die Bank muss den wichtigsten Bereich, den sie verändern möchte, identifizieren, um die Vision umzusetzen. Dafür nutzt sie die zuvor beschriebenen Ansätze. Nach unserer Erfahrung ist eine Schnelldiagnose die effektivste Möglichkeit, Potenziale und prioritäre Bereiche zu identifizieren. Viele dieser Minitransformationen lassen sich in separaten Kleinprojekten realisieren. Über sie tasten Sie sich an Ihre Vision heran und haben so eine höhere Erfolgswahrscheinlichkeit mit unmittelbarem Nutzen.

5.3 Entwerfen Sie einen integrierten Fahrplan und realisieren Sie ihn

Sobald alle Minitransformationen ausgearbeitet sind, sollten sie in einem integrierten Transformationsplan gebündelt werden. Für die Banken stehen jetzt noch drei Aufgaben an: Sie müssen erstens ihre Veränderungsprozesse überwachen, zweitens einen groben Business Case ausarbeiten, um die Fortschritte verfolgen zu können, und drittens die Implikationen für die IT und die Governance identifizieren und kontrollieren.

Mit der Digitalisierung der Finanzdienstleistungsbranche wurde ein unumkehrbarer Entwicklungspunkt erreicht, der Banken die Chance bietet, sich von ihren Wettbewerbern abzusetzen. Die Frage ist nicht etwa, ob die Filialen komplett verschwinden werden, sondern ob Banken Kunden, die sich zunehmend auf mehrere Kanäle stützen, gewinnen, halten und möglichst effizient bedienen können. Nur wenige Banken haben diese Chance bislang wirklich ernsthaft genutzt: Im Durchschnitt erfolgen weniger als 5 % der Verkäufe über das Internet und bei den meisten Anbietern ist noch nicht einmal das gesamte Produktsortiment online verfügbar. Aus unserer Sicht ein deutliches Signal, dass die Banken schnell handeln und ihr Vertriebsmodell radikal verändern sollten.

Wie Kunden und Berater gemeinsam vom Web 3.0 profitieren – ein interaktives Kundenportal als Beispiel für Service-Design bei Banken, Versicherungen und Makler

Jochen Weber

"Social media is like teen sex.

Everyone wants to do it.

Nobody knows how.

When it's finally done there is surprise it's not better."

(Avinash Kaushik – Analytics Evangelist, Google)

Kommt Ihnen das bekannt vor? Sind Sie auch enttäuscht von diesem Social-Media-Ding, das Ihrem Unternehmen keine Umsatzsteigerungen gebracht hat, die dem Ausmaß des Social-Media-Hypes entsprechen? Wenn es Sie beruhigt, dass Sie damit nicht alleine in der Finanzdienstleistungsbranche sind, dann brauchen Sie nicht weiterzulesen. Wenn Sie neugierig sind, wie Sie konkret mit der neuen digitalen Macht des Kunden nutzbringend umgehen können, dann lesen Sie weiter. In den folgenden Abschnitten erfahren Sie:

- an einem konkreten Beispiel, wie Kunden und Vertrieb von intelligentem Service-Design im Internet profitieren können;

- wie Sie den Kunden selbst Kaufimpulse generieren lassen können;

- wie Sie mit einem einfachen Test die Customer-Journey Ihrer Kunden bewerten können und Verbesserungen daraus ableiten können.

1   Der Kunde kauft, wo es ihm gefällt

Der Kunde kauft nicht über Facebook und will auch keine Werbung sehen. Er will dort seine Freunde treffen und von Unternehmen in Ruhe gelassen werden. Diese schon länger bekannte Vertriebserkenntnis lernte Herr Zuckerberg erst in diesem Jahr, Umsätze und Börsenkurse lügen nicht.

Um nicht missverstanden zu werden, ein aktiv gemanagter Facebook-Auftritt ist sinnvoll, aber dort wird mit den Kunden kommuniziert. Und wenn die Kunden ihr Unternehmen nett finden, dann kaufen sie vielleicht einmal ihr Produkt – in ihrem Webshop oder beim Berater vor Ort und nicht in sozialen Netzwerken. Meistens hat er sich dann vorher noch auf Vergleichsportalen oder bei Freunden informiert, Letzteres vielleicht über Facebook.

Wichtig ist in diesem Zusammenhang, sich vom Denken in Zielgruppen zu verabschieden. Das Internet absorbiert einfach alle Kunden, egal ob es sich um die viel besungenen „Digital Natives" handelt oder die am stärksten wachsende Gruppe der kaufwilligen „Best Ager". Allen gemein ist der Wunsch, dass beim Kauf alles gut, schnell und einfach geht und bei Fragen jederzeit jemand helfen kann.

Produkte sind austauschbar geworden. Produkte von Banken und Versicherungen können aus Kundensicht in zwei Kategorien eingeteilt werden. Da sind auf der einen Seite „einfache" Produkte, die man selber vergleichen kann, z.B. Tagesgeld oder Kfz-Versicherungen. Diese Produkte werden als austauschbar wahrgenommen und so auch in großen Zahlen konsumiert. Jedes Jahr eine neue Kfz-Versicherung, alle drei Monate ein neues Tagesgeldkonto mit Willkommensprämie. Die Anbieter hecheln hinterher mit einer Preis- und Gutscheinmentalität, die die Margen gegen null treibt. Berater lassen Sachversicherungen nicht umsonst häufig außen vor, das Haftungsrisiko wird in Kauf genommen.

Die andere Kategorie stellen die „komplexen" Produkte, die der Kunde vielleicht noch vom Preis her beurteilen kann, für deren Abschluss ihm aber die Kompetenz fehlt. Dazu zählen u.a. die Vertriebslieblinge PKV, Geldanlage oder Altersvorsorge. Hier sitzt der Kunde heute immer noch beim Berater, auch wenn der eine oder andere sich gerne ohne persönlichen Beraterkontakt beraten lassen würde.

Für Banken und Sparkassen kommt erschwerend hinzu, dass aufgrund des Produktportfolios entweder Produkte oder auch Beratungskompetenz in bestimmten Segmenten fehlen und z.B. Versicherungen dem Kunden gar nicht angeboten werden können.

Die Zukunft vorhersehen können Zukunftsforscher so wenig wie Börsenanalysten. Ungeachtet aller Trends und Megatrends ist eines unbestreitbar: Der Vertrieb von Finanz- und Versicherungsprodukten wandert ins Internet. Früher hatte die Bank Schalter mit Panzerglas, heute heißt die Bank Internet und hat immer offen. Unbestreitbar ist auch, dass der Berater noch lange einen Platz im Vertrieb und beim Kunden hat.

Da ist somit auf der einen Seite der Internetvertrieb und auf der anderen der Präsenzvertrieb. Der Internetvertrieb läuft über eine E-Commerce-Anwendung – eventuell ergänzt um ein rudimentäres Kundenportal. Der Präsenzvertrieb hat sein CRM, Vergleichs- und Angebotsrechner. Eine Verbindung dieser beiden Welten gibt es nicht und der Kunde kreist auf einer Umlaufbahn weit draußen.

Doch was der Kunde sich wünscht, wäre mehr Interaktion, Kontrolle, Standards, Partizipation, Individualisierung. Diese Megatrends lassen sich heute gut erkennen, digitale Demokratie, Maßanfertigungen online ordern, Finanzmarktregulierung oder Verbraucherschutzrechte sind allfällige Beispiele. Diese Trends reflektieren sich auch in der Entwicklung des Internets. War das Web 1.0 das Internet der Dokumente und 2.0 das Internet der Kollaboration und sozialen Medien, wird das semantische Web 3.0 den Nutzern die Bedeutung von Informationen nutzbar machen und in Bezug zur Person setzen.Diese Trends sind keinesfalls Ersatz für traditionelle Werte, die unverändert vom Kunden eingefordert werden: Verlässlichkeit, Transparenz, Vertrauen und Sicherheit sind Grundvoraussetzungen, um Kundenloyalität geschenkt zu bekommen.

Fazit: Für Finanzdienstleister aller Couleur sind die Vertriebswelt und ihre Werkzeuge nach wie vor traditionell zweigeteilt. Lösungsansätze für eine Zusammenführung der beiden Welten gibt es bisher nicht.

Produkte sind austauschbar, Service macht den Unterschied.

Die Herausforderung besteht darin, die Änderungen des Kundenverhaltens und die Evolution des Internets mit den Anforderungen an einen modernen Präsenzvertrieb in Einklang zu bringen. Daraus leiten sich für die Branche der Banken, Versicherungen und Makler vier Aufgaben für die kommenden Jahre ab:

1. Differenzierung über Kunden-Service und Beratungs-Standards statt über Produkte;
2. Minimierung des Haftungsrisikos durch bedarfsgerechtes Outsourcing von Beratungsbereichen, die nicht zum eigenen Portfolio gehören;
3. Zusammenführung der beiden Vertriebswelten Internet und Präsenzvertrieb;
4. Schaffung der notwendigen IT-Infrastruktur und Webapplikationen.

2 Service-Design statt Usability

Usability ist in aller Munde und wird als ein Königsweg der Umsatzsteigerung im E-Commerce gepusht. Zweifelsfrei will der Kunde klar strukturierte und einfache Websites, die ihn z.B. durch den Antragsprozess eines Versicherungsabschlusses leiten. Was aber, wenn er gerade jetzt doch noch eine Frage zu seinem Antrag hat und versucht, kompetente Fachhilfe zu bekommen. Oder was, wenn Besuch an der Tür klingelt und er am nächsten Tag nochmal alle 40 Fragen für seinen Kfz-Antrag eingeben muss? Was nützt die beste Usability, wenn zuhause der Kunde wie vor hundert Jahren Dokumente locht und in einem Ordner abheftet? Kundenservice ist eben nur zu einem kleinen Teil Usability.

Service-Design versucht, für den Kunden ein integriertes Kundenerlebnis zu schaffen und auf diese Weise alle Brüche zwischen der digitalen Welt und den anderen Kontaktpunkten im Unternehmen zu beseitigen. Es ist damit viel mehr als nur Kundenservice. Im Sinne des Web 3.0 ist Service-Design heute vor allem interaktiver Service.

Service-Design bezeichnet dabei den Entwicklungsprozess von der Konzeption bis zur Realisierung. Es ist ein umfassender Arbeitsbereich, der die Bereiche Vertrieb, Marketing, IT und Management gleichermaßen betrifft. Im Kern geht es aber um die Schnittstelle zwischen Kunde und Unternehmen. Diese Schnittstellen müssen mit der gleichen Sorgfalt und Kreativität designt werden wie Produkte und deren Leistungsmerkmale.

2.1 So kann gutes Service-Design im Vertrieb gelingen

Gutes Service-Design für den Vertrieb von Finanzprodukten zu entwickeln ist leicht und schwer zugleich. Leicht, weil alles Notwendige grundsätzlich bereitsteht: Kunden, die ihre Vorschläge und Ideen einbringen, Mitarbeiter, die Prozesse und Produkte kennen und bewerten können. Schwer, weil plötzlich Abteilungen und Interessen kollidieren können. Schwer, weil es die Bereitschaft und Unterstützung vom Management erfordert, zuzuhören, radikal neu zu denken und liebgewonnene Routinen und Systeme gegebenenfalls über Bord zu werfen. Im Zeitalter transparenter Preise und Angebote ist es jedoch eine wertvolle Chance, sich vom Wettbewerb abzuheben.

2.2 Anforderungen an ein gutes Service-Design im Finanzvertrieb

Im Idealfall entsteht durch Service-Design ein nahtloses Kundenerlebnis, das den Kunden crossmedial mit dem Berater (bzw. dem Unternehmen) verbindet. Dazu stehen dem Kunden alle aktuell gängigen Kommunikationsmedien zur Verfügung, deren Wege sich auf einer Plattform kreuzen und von dort aus aufrufbar sind. Kommunikation ist jedoch kein Selbstzweck, sondern dient dazu, über interaktive Elemente dem Kunden immer wieder aufs Neue Mehrwert zu generieren.

Abhängig vom Produkt- und Beratungsportfolio eines Unternehmens sollte gutes Service-Design den Kunden bei allen relevanten und wertschöpfenden Prozessen unterstützen, ohne ihn auf einen bestimmten Weg festzulegen. Wichtig ist dabei z.B. die Möglichkeit, Unterstützung bei selbstgesteuerten Aktivitäten des Kunden anzubieten, „betreutes Surfen" sozusagen.

Diese Anforderungen sind nun keine Überraschung. Was den Kunden fasziniert, ist mehr zu bekommen als erwartet. Die Themen Versicherungen und Geld gehören für den Kunden nun einmal nicht wie Autos und Schuhe zu den sexy Dingen des Alltags.

2.3   Die interaktive Service-Plattform für Kunde und Berater

Finanzdienstleister, egal ob Banken, Versicherungen oder Makler bieten dem Kunden heute immer noch „read-only"-Kundenbereiche an, sieht man von der Änderung der Adresse einmal ab. Diese Einschränkungen sind manchmal unabdingbar, z.B. beim Online-banking. Der Wunsch, ein interaktives Kundenportal umzusetzen, wurde wiederholt von Vertriebsorganisationen, Maklern und Banken an uns herangetragen. Interessanterweise war der Auslöser für die Nachfrage ein Projekt für Endkunden, das Online-Versicherungs-vergleich, interaktives Kundenportal und Onlineberatung durch Berater integriert unter einem Dach zusammenführte.

In zahlreichen Workshops mit Beratern und Kunden wurde das Ziel konkretisiert, eine Plattform für Versicherungen und Finanzen zu bauen, die vom Berater und Kunden gleichermaßen genutzt werden kann. Neben den genannten Anforderungen an gutes Service-Design bestand auch der Wunsch, die Plattform individuell zu konfigurierbar zu machen. Die im Folgenden dargestellten modularen Bausteine und offene Architektur er-möglichen das. Über eine Schnittstelle zum CRM lassen sich Daten von Bestandskunden im Portal anzeigen.

3   Gemeinsam arbeitet man leichter

Die Grundidee von jedem CRM und jedem Kundenportal ist zunächst simpel: Zeig' mir alle Verträge auf einen Blick. Deshalb wurde als zentrale Seite eine Vertragsübersicht gewählt, entweder als Anzeige von Versicherungen oder Geldanlageprodukten und Ver-bindlichkeiten. Hat der Kunde eine Familie, werden die jeweiligen Verträge unter der entsprechenden Versicherungsart angezeigt. Das versteht der Berater und der Kunde gleichermaßen.

Abbildung 1

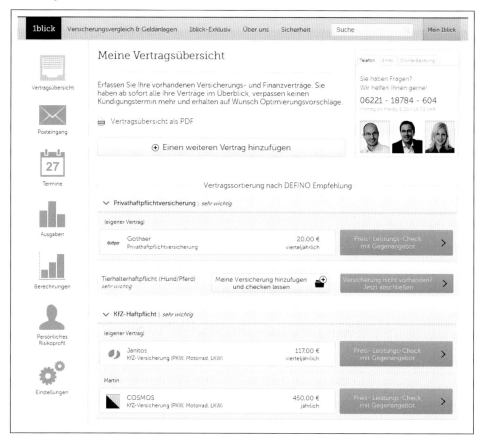

Die Daten für die Vertragsübersicht werden aus der entsprechenden Datenbank bzw. CRM importiert. Diese Daten repräsentieren die Bestandverträge des Unternehmens und können deshalb vom Kunden nicht bearbeitet werden.

3.1 Bestände akquirieren

Um seinen Vertrags-Überblick vollständig zu haben, kann der Kunde selber Verträge erfassen, z.B. einen Vertrag, der anderweitig betreut wird, oder Verträge, die nicht direkt den Finanzen zugeordnet sind, z.B. Handy-Verträge. Der Berater bekommt dann eine Nachricht, was der Kunde erfasst hat. Es liegt dann in der Hand des Beraters, was er aus dieser Information macht. Vielleicht kann er ein günstigeres Angebot erstellen.

3.2   Angebot vom Berater direkt ins Portal

Ausgelöst z.B. vom Datum des Vertragsendes bekommt der Kunde einen Alarm, dass sein Vertrag endet. Mit einstellbarem Vorlauf bekommt der Berater diese Information und kann für seinen Kunden ein neues Angebot rechnen und dem Kunden direkt in sein Portal stellen. Über das eingegangene Angebot wird der Kunde natürlich informiert.

Abbildung 2

3.3   Das Kundenleben ist so dynamisch wie das Portal

Der Kunde bekommt z.B. mehr Gehalt und kann seine BU-Erhöhungsoption ausüben, was der Berater aber nicht weiß. Der Kunde heiratet und bekommt ein Kind, es ist angeraten, einen Hinterbliebenenschutz aufzubauen. Der Berater erfährt das erst im nächsten Termin. Die Anleihe wird nach fünf Jahren fällig und ausbezahlt. Der Berater erfährt nichts von der frei gewordenen Liquidität. Tag für Tag werden auf diese Weise Chancen verpasst. Das Portal geht mit diesen Informationen intelligent um, interaktiv und passend jeweils zur aktuellen Lebenssituation.

Das Leben ändert den Absicherungsbedarf und die Chancen für den Vermögensaufbau. Ändert der Kunde einen relevanten Risikoparameter in seinem Profil, kann der Absicherungsbedarf nach Vertragsart und Mindestanforderung automatisch neu berechnet werden. Die Priorisierung und Mindestanforderungen basieren auf einem wissenschaftlich standardisierten und extern zertifizierten Prozess (Deutsche Finanznorm ®; für Berater und Unternehmen auch als ergänzendes umfangreiches Finanzplanungs-Tool verfügbar) oder vorhandenen unternehmensseitigen Regelwerken. Auf diese Weise kann der Kunde auch verschiedene Lebenssituationen interaktiv simulieren. Der Kunde lernt auf diese Weise, dass er im Portal lebenslang immer aktuell beraten ist. Der geänderte Bedarf (z.B. nach Hinzufügen eines Hundes) wird ihm angezeigt (Abb. 3) und der Berater wird über das geänderte Profil informiert.

Abbildung 3

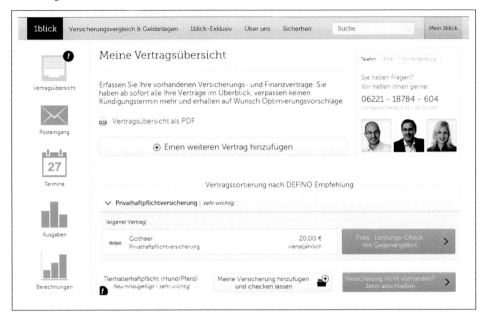

Diese zeitnahe Interaktionsmöglichkeit seitens des Beraters bzw. Unternehmens ermöglicht einen Beratungsimpuls just in time.

3.4 Anlassbezogene Informationen

Ergänzt werden kann eine Änderung des umfassenden Kundenprofils durch kontextbezogene Informationen. Die Geburt eines Kindes kann z. B. den Versand einer Checkliste triggern zum Thema „Was ist zu tun auf Behörden, Versicherungen etc.". Die Nachricht bekommt der Kunde in sein im Portal integriertes Postfach. Redaktionelle Beiträge zum jeweils aktuellen Anlass werden zusätzlich verlinkt.

Abbildung 4

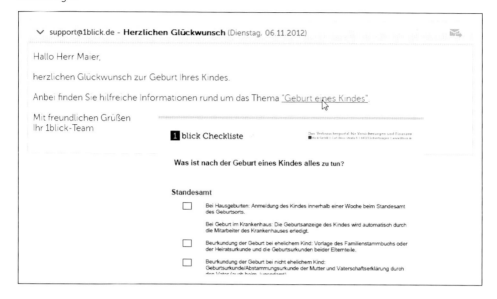

4 Ende des überquellenden Versicherungsordners

Das Postfach und das Dokumentencenter dienen für den Kunden in erster Linie dazu, alle vertragsbezogenen Dokumente an einem Platz zu haben. Einmal im Postfach eingegangen, werden sie auch im entsprechenden Vertrag in der Vertragsübersicht sichtbar.

Abbildung 5

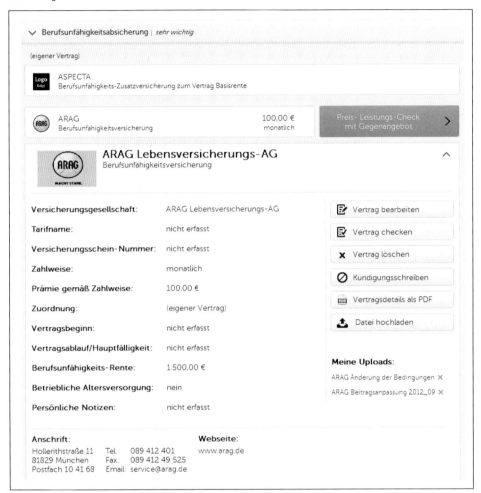

Das Einverständnis der Kunden, des Beraters und Versicherers vorausgesetzt, kann damit die papierlose Zeit anbrechen. Der Kunde muss nichts mehr einsortieren und findet alles an seinem Platz, wenn er was sucht – weltweit und rund um die Uhr. Hier entsteht nebenbei zusätzliches Einsparpotenzial, indem auf den Versand von Kundendokumenten verzichtet werden kann.

4.1 Versicherungsordner in der Hosentasche

Alle Infos für den Notfall und den schnellen Überblick sind natürlich mit der zugehörigen App verbunden. Dort finden sich alle relevanten Vertragsdaten und die Kontaktdaten der Gesellschaft und des Beraters. Die App zeigt mit dem bekannten roten Kreis am App-Symbol auch an, wenn Nachrichten im Postfach des Kunden liegen.

Abbildung 6

4.2 Crossmediale Kommunikation und Onlineberatung

Der Berater und seine Kontaktmöglichkeiten sind ständig präsent und können sowohl im Portal als auch aus der App heraus genutzt werden. Die Integration der Onlineberatung nutzt die aktuellen technisch und rechtlichen Möglichkeiten, den Kunden persönlich zu beraten, während der Kunde zuhause am PC sitzt. Dabei ist es möglich, in einem standardisierten Beratungsprozess, zum Beispiel zur PKV, online rechtssicher und ohne Papier zu beraten und online ohne Unterschrift auf Papier abzuschließen. Nebenbei ist die Beratung gleichzeitig Dokumentation. Der Videomitschnitt der Beratung wird automatisch gespeichert.

Abbildung 7

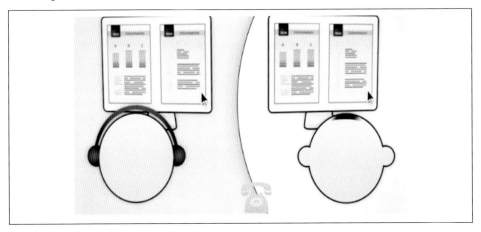

Mit der Onlineberatung wird mit Hilfe des Internets die Brücke geschlagen zwischen persönlicher Beratung ohne Berater auf dem Sofa und selbstbestimmter Informationsbeschaffung und Entscheidung.

4.3 Ich bin dann 'mal bequem – Smart Scan statt tippen

„Mehr als erwartet." Diese Kunden-Aussage ist das Ziel von Service-Design. Eine unbeliebte Schnittstelle zwischen Kunde und Internet ist die zwischen Papier und Tastatur. Alle Verträge eines Ordners eingeben macht nicht wirklich Spaß. Wer nicht eingeben will, muss scannen. Mithilfe einer Smart-Scan-Technologie gelingt es, die für die Dokumentation im Portal relevanten Daten aus einem Scan auszulesen und direkt im Portal einzulesen. Dazu genügt heute schon eine hochauflösende Smartphone-Kamera. Über die App kann der Scan direkt ins Portal geladen werden und ist dann als Vertrag eingelesen und gleichzeitig als Pdf gespeichert.

Hier ist die Schnittstelle zwischen Papier, mobilen Endgeräten und Internet überbrückt, ergänzt um einen nicht erwarteten Kundenmehrwert.

4.4 Checkt das 'mal

Noch nutzbringender wird es, den eingescannten Vertrag des Kunden auf Preis und Leistung checken zu lassen, entweder automatisiert nach Verbraucherschutzkriterien oder anderen Rankingkriterien. Das optimierte Angebot landet natürlich wieder in der Vertragsübersicht und im Posteingang.

Abbildung 8

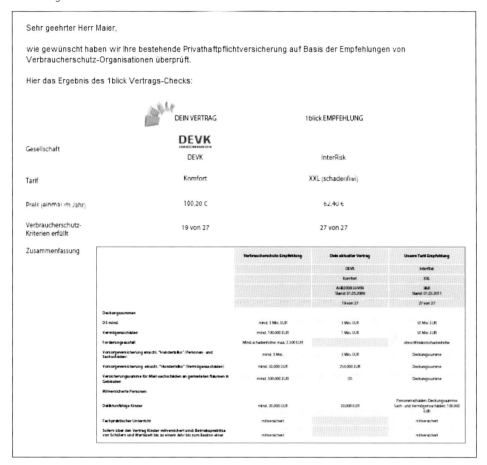

Die Beantragung kann dann aus einem Pdf heraus oder über eine Dunkelverarbeitung erfolgen, ohne dass der Kunde Daten eingeben muss. Hier zeigt sich der Unterschied zwischen Service-Design und Usability. Was ist eine usability-optimierte Seite eines Antragsprozesses im Vergleich zu einem Online-Antrag aus einem pdf heraus, das alle Antragsdaten schon mitliefert und dem Kunden die Dateneingabe erspart?

5 Cross-Selling mit integrierten Vergleichsrechnern und Memofunktion

Banken oder Makler ohne eigene Produkte oder fehlende Beratungssegmente können den Kunden unabhängige Vergleichsrechner anbieten. Auf diese Weise kann der Kundenbedarf selbstbestimmt durch den Kunden abgedeckt werden. Das Haftungsrisiko des Beraters wird auf diese Weise minimiert. Über Abschlüsse wird der Berater natürlich informiert.

Einmal selbst einen Vergleich gerechnet, kann der Kunde diesen abspeichern. Damit hat er für zukünftige Vergleiche alle vergleichsrelevanten Daten zur Verfügung und muss nicht sämtliche Parameter erneut eingeben. Ein weiterer Baustein, der es dem Kunden einfach macht.

Abbildung 9

5.1 Full-Service für ganz Bequeme

Unser Alltag zapft Zeit aus jeder kleinsten Lücke. Wer hat da noch Zeit übrig für das richtige Einsortieren von Beitragsanpassungen und den ganzen anderen Dokumenten im Versicherungsordner? Und wer weiß, was weg kann und was drin bleiben muss?

Einfach den Versicherungsordner in ein Paket packen und als Dienstleistung sortieren lassen. Bequemer geht's nicht. Alles Unnötige wird aussortiert, der Rest eingescannt und ins Portal gestellt und alles geht zurück an den Kunden. Auf Wunsch mit Vertrags-Check und unverbindlichem Angebot. Der Kunde muss sich nur noch einloggen.

5.2   Selber designen

Die folgenden Schritte für den Einstieg in die Welt des Service-Designs sind ein Vorschlag und haben sich in der Praxis bewährt. Mit ihrer Hilfe können schnell Verbesserungspotenziale und Maßnahmen abgeleitet werden, auf deren Basis dann eine erste Aufwandsabschätzung erfolgen kann.

Das bearbeitende Team sollte mit mindestens einem Mitarbeiter besetzt sein, der vom jeweiligen Prozess direkt betroffen ist, ergänzt um Marketing, IT, Management.

Schritt 1: Managemententscheidung

Es macht keinen Sinn, sich Gedanken über Service-Design zu machen, solange das Management der Überzeugung ist, wenn der Vertrieb gut läuft, ist die Kundenerfahrung auch gut. Ohne Unterstützung von oben macht der Aufwand keinen Sinn.

Schritt 2: Erste Bestandsaufnahme mit der Customer Journey

1. Die Lebenswelt der eigenen Kunden erkunden.

2. Hilfreich kann es sein, dafür Personas zu kreieren oder Kunden direkt einbinden.

3. Alle kundenrelevanten Prozesse, Pfade und Schnittstellen definieren.

4. Prozesse und Schnittstellen zwischen unterschiedlichen Medien, die ein Kunde im Unternehmen geht, z.B. Antragsprozess im Internetportal oder beim Berater.

5. Customer-Journey-Matrix erstellen.

   a) Alle Kommunikationskanäle und Schnittstellen, die der Kunde z.B. beim Antragsprozess potenziell nutzen kann, kommen in die Zeilenbeschriftung. Dann wird der Prozess in einzelne Schritte zerlegt und von links nach rechts in dem dazugehörigen Kommunikationskanal aufgetragen.

   b) Bewertung der Wichtigkeit und der Qualität.

c) Jeder einzelne Schritt wird im Hinblick auf eine positive Kundenerfahrung bewertet, daraus ergibt sich die Wichtigkeit. Im Anschluss werden alle Prozessschritte vom Team aus Sicht des Kunden bezogen auf die Qualität bewertet. Das Verbesserungspotenzial ergibt sich dann vor allem aus den wichtigen und schlecht bewerteten Prozessschritten.

d) Jetzt beginnt der kreative Teil, der ergebnisoffen v.a. die o.g. Anforderungen an ein gutes Service-Design berücksichtigen sollte.

Schritt 3: Umsetzung

1. Notwendige Maßnahmen definieren, Betroffene im Vertrieb, IT und Marketing frühzeitig einbinden.

2. Umsetzung der notwendigen technischen Änderungen planen, d.h. selbst entwickeln oder einkaufen.

3. Die abgeleiteten Maßnahmen und Werte-Kanon bei der Entwicklung zum serviceorientierten Unternehmen kommunizieren.

4. Erfolge feiern.

6 Fazit

Service-Design ist immer individuell und hat viele Facetten. Es muss die umfassende Kundenerfahrung mit einem Berater oder Unternehmen abbilden. Ziel muss es heute sein, den Kunden über das Internet und alle anderen Kommunikationswege mit dem Berater oder Unternehmen zu verbinden. Service-Design kann nie eine alleinige technische Veränderung sein, sondern muss die Werte konkret erfahrbar machen, für die das Unternehmen steht.

Die hier präsentierten Ideen sollen zeigen, wie heute schon Kunde, Internet und Berater auf neuen Wegen zueinanderfinden können. Wenn die Ideen Impulse sind zum eigenen kreativen „service-designen", dann profitieren Kunden und Unternehmen.

Gutes Service-Design muss es dem Kunden einfach machen, darf überraschen, soll Lust auf Wiederkehr machen. In diesem Sinne dient es der Kundenloyalität, dem Asset, das in Zeiten des Internets am schwierigsten zu erreichen ist.

Kommunikation als strategischer Erfolgsfaktor

Torsten Paßmann

1 Einleitung

Abgesehen von obskur benannten Produktneuheiten (gerne auch mit gesteigertem Risikofaktor) bahnen sich im Mainstream der Banken, Versicherungen und sonstigen Akteure des Finanzsektors Neuerungen eher mit glazialer Geschwindigkeit ihren Weg. Eine Ausnahme bildet das Aufkommen der Direktbanken und Direktversicherer parallel zur Entwicklung des Internets zum Massenmedium in den 1990er Jahren. In kurzer Zeit konnten sich neue Kategorien etablieren und die Landschaft nachhaltig verändern. Abgesehen davon treiben in dem Sektor eher IT-Zulieferer die Innovationen an, was zu zwei Problemen führt. Erstens machen sich Banken und Versicherungen auf diese Weise abhängig von der Innovationskraft ihrer Dienstleister. Zweitens zielen diese Neuerungen darauf ab, wie über verbessertes Datenmanagement zum Kunden – seien es Unternehmen oder Endverbraucher – der Absatz gesteigert werden kann. Ob die gepushten Verkäufe über Massenkommunikation mittels Werbung und PR oder im direkten Verkaufsgespräch erreicht werden, spielt dabei keine Rolle. In der Praxis läuft es auf dasselbe hinaus: Die alten Player der Branche verbreiten lieber Werbebotschaften, als ihren Kunden zuzuhören und ihnen einfache, faire und auf ihre Bedürfnisse zugeschnittene Produkte anzubieten. Vor diesem Hintergrund hat in den letzten Jahren eine neue Generation von Innovatoren, Unternehmensgründern und sogenannten Digital Natives mit frischen, für die Branche sogar revolutionären Ideen das Spielfeld betreten. Ihre wichtigste Waffe im Kampf um Kunden und Marktanteile: zeitgemäße Kommunikation.

Bei einer streng chronologischen Betrachtung müssten die deutschen Plattformen aus dem Umfeld des „Crowdinvesting" bzw. „Crowdfunding"[1] eigentlich weiter hinten angesiedelt sein. Zwei Gründe sprechen aber dafür, diesen Sektor des „Next Generation Finance" an den Anfang zu stellen. Während regulatorische Hürden in vielen Segmenten die Zahl der Player auf einen kleinen Kreis beschränken, betreten hier seit anderthalb Jahren kontinuierlich weitere Anbieter den Markt – und ein Ende ist erst einmal nicht abzusehen. Zudem geht es in diesem Bereich um etwas sehr Konkretes, die Finanzierung von kreativen Projekten oder jungen Unternehmen. Damit ist das Thema für eine breite Masse verständlich und in der Folge für Publikumspresse attraktiv. Sogar Bild.de beschäftigte sich mit dem Phänomen und widmete der US Plattform Kickstarter einen Artikel unter der Überschrift „Für diese Spiele-Ideen spenden Fans Millionen".

---

[1] Die Unterscheidung, das eine sei eher gewinnorientierte Unternehmensfinanzierung und das andere erinnere eher an Spenden, ist m. E. artifiziell.

2 Crowdfunding: Volk als Bank

Aber erst einmal einen Schritt zurück, hin zur Ausgangslage: Während Politiker in ihren Sonntagsreden stets einen neuen Hightech-Gründergeist beschwören, sich bei der Eröffnung von Gründerzentren als Macher feiern lassen und gerne auch mal die deutschen IT-Gründerspezialisten auf höchster Ebene zusammenrufen[2], bleiben die Banken als potenzielle Geldgeber auf gehöriger Distanz zu diesem Thema und dieser speziellen Spezies Kunde. Während mittelständische Unternehmen oder Konzerne für Kredite noch Sicherheiten leisten können wie Maschinen oder Grundbesitz und zudem Geschäftsaussichten prognostizieren können, fehlt es innovativen Start-ups und Gründern an beidem. Für Hausbanken, seien es nun regional verankerte Sparkassen und Genossenschaftsbanken oder international agierende Geldhäuser, stellen innovative Geschäftsmodelle daher ein nicht kalkulierbares Risiko dar.[3] Eine bessere Anlaufstelle scheinen, da qua ihres Finanzierungskonzeptes mutiger, Business Angels und Venture Capital-Investoren. Doch dies ist ein intransparenter Markt, zu dem der Zugang oftmals schwerfällt und auf dem Start-ups in hoher Zahl miteinander um knappe Ressourcen konkurrieren. So mancher Investor sichtet pro Jahr 1.000 und mehr Businesspläne und geht doch weniger als zehn Finanzierungen ein. Rein mathematisch sind zwar die Erfolgsaussichten höher als beim Lotto, aber auch mit dieser Weisheit lässt sich kein Unternehmen aufbauen.

Es gibt mit Crowdfunding aber einen Ausweg[4] aus diesem Dilemma. So wie die „Schwarmintelligenz" schon Wikipedia zu einem der Erfolgsprojekte des kollaborativen Internet gemacht hat, sind es hier viele Privatanleger, die als „Schwarmfinanzierer" mit kleinen Summen zum Finanzierungserfolg eines größeren Ganzen beitragen. Über diesen Weg nimmt für die Start-ups die Bedeutung von wohlhabenden Einzelpersonen bzw. des Zugangs zu einem Finanzierungsnetzwerk ab, auch die Chance-/Risiko-Analyse und die Renditeerwartung der professionellen Kapitalgeber verliert an Relevanz. Überproportional gewinnen nun die positive Darstellung des Produkts oder Services, des grundlegenden Konzepts dahinter sowie des Teams an Bedeutung. Die breite Masse will überzeugt werden, dass sie eine gute Idee unterstützt, sympathischen jungen Menschen eine Chance gibt und vielleicht ethische oder soziale Motive fördert. In diesem Sinne sei

---

[2] So beispielsweise Anfang Juni 2012, als Angela Merkel eine kleine Schar Unternehmer, Investoren sowie E-Business-Experten zu einer vertraulichen Diskussion im Kanzleramt versammelte.

[3] Es ist natürlich ein Witz, dass gerade bei den Großbanken milliardenschwere Risiken in den Fußnoten oder außerhalb der Bilanzen schlummern. Aber die wurden mit komplexen finanzmathematischen Algorithmen berechnet und gelten daher wohl als kalkulierbar – im Gegensatz zu diesem Phänomen „Markt", der das Geschäftsmodell eines Start-ups auch mal ablehnen kann.

[4] Klar, ein glücklicher Erbfall oder pures Bootstrapping sind auch Auswege.

Crowdfunding „nichts anderes als der nächste Schritt von Social Media, die Metamorphose des Like-Buttons in Geld", philosophierte beispielsweise der bekannte Blogger Sascha Lobo in einem Beitrag auf Spiegel Online.[5]

2.1 Neue Player, neue Wege

Gleichfalls ändert sich hier das von den Geschäftsbanken alter Schule praktizierte Modell der einseitigen Sender-Empfänger-Kommunikation in ein Multi-Modell, in dem mehrere Player auf drei Arten miteinander kommunizieren: One-to-One (direkter Austausch) steht gleichberechtigt neben One-to-Many (einer spricht zu vielen) und Many-to-One (viele sprechen zu einem). Die Crowdfunding-Plattformen nutzen Social Media, um auf sich sowie die Unternehmen und Projekte, die bei ihnen nach Kapital suchen, aufmerksam zu machen. Die Unternehmen/Projekte ziehen (im Idealfall) alle Register, um auf sich auf den Plattformen sowie durch eigene Kommunikationsmaßnahmen aufmerksam zu machen. Die Medien, seien es etablierte Namen via Printausgabe oder Website sowie reine Onlinedienste, greifen Pressemeldungen auf, stellen Presseanfragen und schreiben eigene Artikel. Die wichtigste Gruppe in diesem Prozess sind schließlich die Nutzer/Anleger. Einerseits verbreiten sie die Botschaft auch an ihre eigenen Kreise und werden auf diesem Weg zum Unterstützer und Markenbotschafter. Andererseits sind sie Ausgangspunkt einer ersten Marktstudie, denn über Social-Media-Kanäle können sie Unternehmen wie Plattformen direktes Feedback geben und Einfluss auf die Gestaltung und Vermarktung der Produkte nehmen.

Den ersten Schritt in diesem Prozess müssen aber die Crowdfunding-Plattformen gehen. Mit allen Vorteilen und Nachteilen agieren sie auf dem eingangs skizzierten Markt. Erst erstarrte Banken haben die Rahmenbedingungen geschaffen, damit solche Konzepte von kreativen und hungrigen Entrepreneuren entwickelt werden können. Aber ebenso verfügen diese Dinosaurier des Finanzgeschäfts über etablierte Kundenbeziehungen und millionenschwere Marketingetats, um Vertriebsziele zu erreichen. Die neuen Player müssen sich dagegen einen Namen machen, ein neues Geschäftsmodell am Markt etablieren und sich jeden Kunden mühsam erkämpfen.[6]

---

[5] http://www.spiegel.de/netzwelt/web/mit-cowdfunding-wird-social-media-erwachsen-a-822443.html.

[6] Es gibt im Bereich der Finanzdienstleister der nächsten Generation bereits Beispiele für hoffnungsvolle Start-ups, die bei der Etablierung des Geschäftsmodells gescheitert sind, etwa die Noa Bank, eine ökologisch und ethisch ausgerichtete Direktbank, und Kontoblick, eine Online-Finanzverwaltung.

2.2 Viele Player, ein Marktführer

Insgesamt konkurrieren im deutschsprachigen Raum deutlich über 30 Plattformen[7] und Nutzer um die Anlagen. In Deutschland kann Seedmatch für sich behaupten, einer der Early Mover zu sein und den Markt bereitet zu haben.[8] Das Dresdner Unternehmen ist seit Mai 2011 aktiv und konnte die meisten Finanzierungen im hiesigen Markt abschließen. Angesichts der Konkurrenz ist es eine spannende Frage, welche Faktoren diesen Erfolg beeinflusst haben. Am Geschäftsmodell kann es kaum liegen, denn das haben andere auch. Wahrscheinlich ist eine Mischung aus der Fähigkeit zur Umsetzung, dem Willen zu intensiver Kommunikation und etwas Glück.

Auf Facebook lässt sich recht gut nachverfolgen, wie langfristig das Team geplant hat: Im März 2009 erfolgte die Anmeldung und im August 2009 der erste inhaltliche Beitrag, dem sich zahlreiche weitere anschlossen. Über diesen Weg haben die Dresdner Eigen-Marketing betrieben und auch jeden Artikel verlinkt, der sich mit dem Konzept des Crowdfunding beschäftigte. Die Like-Zahl mit 3.308 liegt zwar hinter einzelnen Wettbewerbern, ist aber noch in der Spitzengruppe. Im August 2011, gut zwei Jahre nach dem Facebook-Start, ging schließlich das erste Start-up in die Funding-Phase und Seedmatch aus Eigeninteresse gleich in die Werbung für diesen Fall (und auch jeden weiteren). Am Beispiel des später finanzierten Unternehmens Honestly zeigt Seedmatch mit einem beeindruckenden Screenshot[9] auf, wie sich die Reichweite vor und während des Fundings entwickelt: Aus der stabilen Seitwärtsbewegung auf niedrigem Niveau wurde binnen kürzester Zeit ein steiler Anstieg. Begleitende Maßnahmen auf Twitter, YouTube[10] und

---

[7] Leander Wattig hat weltweit gut 140 Plattformen zusammengetragen, die entweder bereits aktiv sind oder in naher Zukunft an den Markt gehen. Die beiden größten Ansammlungen von Anbietern finden sich im angelsächsischen und im deutschsprachigen Raum. http://leanderwattig.de/index.php/2010/10/22/liste-mit-crowdfunding-plattformen-wer-kennt-noch-andere/.

[8] Zumindest in der Theorie gebührt Sellaband, einer Plattform zur Finanzierung von Bands bzw. Albumproduktionen, die Ehre, Wegbereiter der deutschen Crowdfunding-Szene zu sein, schließlich wurde das Unternehmen bereits 2006 im nordrhein-westfälischen Bocholt gegründet. Tatsächlicher Mittelpunkt des operativen Geschehens war Amsterdam. Nach der Insolvenz 2010 und dem Verkauf an deutsche Investoren wurde der Firmensitz nach München verlagert.

[9] www.facebook.com/photo.php?fbid=10151793357920016.

[10] Grundsätzlich liebt das Web zwar bewegte Bilder, auf für Seedmatch scheint sich der Aufwand (z.B. mit Interviews mit den Geldsuchenden Start-ups) nicht gelohnt zu haben. Insgesamt acht Videos im Kanal www.youtube.com/seedmatch haben zu 14 Abonnenten und zusammen knapp über 7.100 Videoabrufen geführt. Die letzte Aktivität war im Februar 2012.

auch Pressemeldungen haben Seedmatch zu einer der bekanntesten Marken in diesem Segment gemacht. Vor allem immer kürzer werdende Zeiträume für abgeschlossene Finanzierungen eignen sich hervorragend für Jubelmeldungen.

2.3   Ansätze zur Differenzierung

Da sich das Segment des Crowdfunding in die Breite entwickelt, müssen neue Player individuelle Schwerpunkte setzen oder ein anderes Image aufbauen, um eine Unique Selling Proposition aufbauen zu können. Bei Bergfürst beispielsweise sind die Mikro-Investoren Miteigentümer und profitieren direkt an der Wertentwicklung des Unternehmens. Deutsche Mikroinvest bindet bewusst professionelle Business Angels ein und bietet neben dem zeitlich limitierten Crowdinvesting Varianten an, bei denen nur wenige Investoren deutlich höhere Beträge zeichnen oder die komplette Summe alleine stellen. GreenVesting und Sinnvest dagegen finanzieren Cleantech-Projekte. Wie wichtig dabei Kommunikation ist, zeigt die FoundingCrowd GmbH, die im Juli hochmotiviert losgelegt und sich das Label des „Volksinkubators" verpasst hat. Die Berliner wollen das Modethema „Schwarmfinanzierung" mit aktivem Unternehmensaufbau durch Experten verknüpfen. Wenn man dann auf ein Netzwerk verweist, das „Branchenführern wie beispielsweise Zalando, Groupon oder eDarling zum Erfolg verholfen" habe, soll deren Erfolg automatisch auf den Late Mover Founding Crowd abstrahlen. Das Konzept hat funktioniert: Noch bevor es wirkliche Erfolgsmeldungen gab, haben FTD und Handelsblatt (Print) oder VDI Nachrichten und Gründerszene (online) über das Start-up berichtet. Wie bereits betont, kommt es aber auch auf nachhaltige Kommunikation an – und da hakt es. Die flankierende Fütterung der Kanäle Facebook und Twitter wurde schnell wieder eingestellt: Der jüngste der insgesamt fünf Twitter-Einträgen ist vom 20.07., der jüngste der ebenfalls fünf Facebook-Kommentare vom 02.08. „Wir haben Ihre und Eure Anregungen und Kommentare sehr ernst genommen" und arbeiten „mit Nachdruck an einer noch klareren Kommunikation unserer Ziele und Verfahren", schreiben die Founding-Crowd-Macher. So vorbildhaft es zwar ist, in Zeiten des Social Web, den Input seiner Community aufzugreifen, so dilettantisch wirkt es, dann die Kommunikation einzustellen: 24 Follower auf Twitter und 699 Likes auf Facebook sind die Folge.

3   Vier weitere Beispiele für neue Konzepte

Die schiere Masse an Crowdfunding-Plattformen deutet an, dass die regulatorischen Hürden für eine Neugründung in diesem Segment vergleichsweise gering sind – und in anderen Segmenten des Finanzdienstleistungssektors vergleichsweise hoch sein müssen.[11] Denn selbst gemeinsam kommen die anderen Bereiche nicht einmal ansatzweise an die zahlenmäßige Überlegenheit der Schwarmfinanzierer heran. In der kommunikativen Praxis führt das zu einer Reihe von Herausforderungen: Ohne Wettbewerber gibt es keine Vorarbeit, auf die man aufbauen kann; jeder potenzielle Kunde/Nutzer muss selbst auf das Angebot aufmerksam gemacht und davon überzeugt werden. Auch müssen alle Social-Media- und sonstigen Kommunikationsmaßnahmen durch eigene Überlegung erfolgen – Nachahmen oder Vorgemachtes besser Umsetzen funktionieren nicht. Die Publikums-presse springt schwerer auf das Thema an, da es offensichtlich abseits jeglicher Trends ist und es sich um einen Nischenmarkt von geringem Interesse handelt.

Eines der interessantesten Experimente ist derzeit die Fidor Bank, deren Macher besonders mutig ins kalte Wasser einer Neugründung gesprungen sind: Ihre Lizenz als Vollbank haben sie 2009 mitten in der Finanz- und Bankenkrise erhalten. Ihr Ausgangskonzept, Web 2.0-Verhaltensweisen in den Bereich der Finanzdienstleistung zu übertragen und Offenheit, Fairness und Transparenz als Maßstab zu nehmen, wurde von einer überra-schenden Aktualität eingeholt. Den Ansatz der absoluten Offenheit lebt die Bank sowohl intern aus, wenn sie mit Kunden beispielsweise über Zinssätze und Margen diskutiert, als auch extern, wenn sie auf der eigenen Website direkt auf die Test- und Erfahrungsberichte von Ciao.de und Dooyoo.de verlinkt. Die zentrale Dialogplattform ist die eigene Web-site, wo Kunden dafür und für weitere Aktivitäten im sogenannten „Fidor Community Banking" über ein proprietäres Bonussystem entlohnt werden. Aber auch im Bereich des Social Web ist die Bank sehr aktiv: Auf Facebook wurden über 12.000 Fans versammelt, auf Facebook über 2.600 und die eigenen Profile auf YouTube und Google+ werden trotz dreistelliger Nutzerzahlen auch regelmäßig bedient. Besonders das Twitter-Profil @ficoba fällt auf, da der CEO und Gründer Matthias Kröner mit seinem Gesicht für die Bank ein-tritt und selbst hilfreiche und unterhaltsame News twittert – und sich ausdrücklich auf den Dialog freut.

Mit relativ hohen Nutzerzahlen kann auch Smava[12] aufwarten, der, so die Eigenwerbung, „Online-Marktplatz für Kredite von Mensch zu Mensch". Zu den Kommunikations-Tools gehört u. a. der eigene Blog, in dem Smava im April 2012 eine teilweise Abkehr vom reinen Community-Ansatz verkündete: „Nach erfolgreichen Tests erweitern wir das

---

[11] Möglich wäre natürlich auch, dass hier die Märkte so unattraktiv sind, dass nur Verrückte hier gründen wollen. Wenn sich aber gestandene Branchenfachleute und/oder erfahrene Gründer selbstständig machen, muss dieser Gedanke hier nicht weiter verfolgt werden.

[12] Ende 2011 hat Smava übrigens den Abwicklungspartner für Kredite gewechselt und ist eine Kooperation mit Fidor eingegangen.

Kreditangebot um führende Kreditbanken."[13] Auf der einen Seite zeigt es, dass das ursprüngliche, erklärungsbedürftige Modell mit neuartigen Peer-to-Peer-Krediten alleine offensichtlich nicht tragfähig war. Auf der anderen Seite ermöglicht der neue Ansatz, dass Smava über das Provisionsgeschäft die eigenen Marketingmaßnahmen nun effizienter monetarisieren kann. Die größte Nutzerschar konnten die Kreditexperten auf Facebook (rund 6.300 Likes) versammeln. Die Zahl wäre aber sicherlich größer, wenn das Profil nicht erst über drei Jahre nach dem Start angelegt worden wäre. Ein echter Dialog entsteht anders als bei Fidor aber selten, die Likes und Kommentare lassen sich 2012 fast immer an einer Hand abzählen. Google+ spielt kaum eine Rolle, dafür wurden auf Twitter (rund 3.750 Follower) knapp 6.000 Tweets abgesetzt.

Einen noch offensiveren Ansatz zur Kommunikation via Twitter hat das Social-Trading-Start-up Ayondo gewählt, wo eigenen Angaben zufolge über 1.000 Day Trader handeln, denen die Nutzer folgen können. Gleich drei offizielle Twitter-Profile[14] für Deutschland, Großbritannien und Italien betreiben die Frankfurter, die zusammen allerdings nur auf 118 Follower kommen. Angesichts dieses eher geringen Interesses riecht es nach gigantischer Ressourcenverschwendung, wenn die Statistik für jedes Profil deutlich über 27.000 Tweets meldet. Da es sich bei den Kurztexten um automatische Veröffentlichungen der Live-Trades ausgewählter Händlern mit aktuell sehr guter Performance handelt, beschränkt sich der Aufwand auf die initiale Schnittstellenprogrammierung. Allerdings bleibt auch ein schaler Geschmack aus Nutzersicht: Die quantitative Transparenz bei den Handelsaktivitäten von Tradern kann sich durchaus von qualitativer Transparenz unterscheiden. Die Social-Fundraising-Plattform Altruja, als viertes Beispiel für eine Next-Generation-Lösung abseits des Crowdfundings, hat die bereits beschriebene Strategie der Kommunikation von Anfang an betrieben. Direkt zur Gründung im März 2010 wurde das Facebook-Profil eingerichtet und mit Leben gefüllt.

---

[13] http://www.smava-blog.de/2012/04/26/smava-erweitert-sein-angebot-%E2%80%9Eder-erste-kreditmarktplatz%E2%80%9C/.

[14] @ayondo_de, @ayondo_uk, @ayondo_it.

Tabelle 1: Web-Präsenzen deutschsprachiger Finanzdienstleister der nächsten Generation (Auswahl)

Plattform	Geschäfts-modell	Social Media	FB-Likes	Twitter-Follower	www.face-book.com/	Twitter
Altruja	Social Fundraising	F, T, Y, Blog	1.688	786	altruja	@altruja
Ayondo	Social Trading	F, T, G	4.141	63	ayondo.de	@ayondo.de
Bergfürst	Crowdfunding	F, T	2.691	150	Bergfuerst	@Bergfuerst
Companisto	Crowdfunding	F, T	7.687	128	Companisto	@Companisto
Deutsche-Mikroinvest.de	Crowdfunding	F, T, X	823	151	Deutsche.Mikroinvest	@Mikroinvest
Devexo	Crowdfunding	F, T	567	581	devexo	@DEVEXO1
Fidor	Community Banking	F, T, G, Y	12.128	2.609	fidorbank	@ficoba
Founding Crowd	Crowdfunding	F, T	698	24	founding-crowd	@founding-crowd
Group Capital	Crowdfunding	F	4.434	–	groupcapital	–
Gründer+	Crowdfunding	F, T, X	5.224	4.032	Gruender-plus	@Gruenderplus
Innovestment	Crowdfunding	F, T	408	125	Innovest-ment	@Innovestment
investiere.ch	Crowdfunding	F, T	195	567	investiere.ch	@investiere
Mashup Finance	Crowdfunding	F, T	118	63	mashupfi-nance	@Mashup Finance
Meet & Seed	Crowdfunding	F, T, X, L	303	303	MEET-SEED	@MEET_SEED
Seedmatch	Crowdfunding	F, T, Y, Blog	3.308	1.489	seedmatch	@seedmatch
Smava	Peer-to-Peer-Kredite	F, T, G	6.298	3.751	smava.de	@smava
Welcome Investment	Crowdfunding	F	240	–	wlcm.in	–

Stand: 15. Oktober 2012, kein Anspruch auf Vollständigkeit
F = Facebook, T = Twitter, X = Xing, L = LinkedIn, Y = YouTube, G = Google+

4 Gemeinsame Erfolgsfaktoren

So unterschiedlich die Konzepte sind, die Kommunikationsstrategien (und bisherigen Erfolgsfaktoren) gleichen sich doch. Und je enger ein Markt ist, d.h. je mehr Akteure sich dort wie beispielsweise bei den Crowdfunding-Plattformen tummeln, oder je fester die Platzhirsche etabliert sind wie im Bankensektor, desto wichtiger wird die konsequente Umsetzung. Die Reihenfolge der Punkte, abgesehen vom ersten, stellt übrigens weder eine Rang- noch eine chronologische Abfolge dar. Abhängig von den Erfolgen bei einem Aspekt verlieren andere an Bedeutung, teilweise können die Punkte auch parallel laufen.

4.1 Erst MISS, dann KISS

Auf die richtige Geschäftsidee kommt es an, und da sind intransparente Märkte hervorragend für disruptive Ansätze geeignet. Was auch immer die individuelle Zugangshürde eines Segments ist, sie muss tiefergelegt werden – sonst fehlt jeglicher Kundennutzen gegenüber bestehenden Angeboten. Frei nach einem ursprünglich aus der Informatik stammenden Prinzip müssen Geschäftsmodelle der nächsten Generation stets der Idee „Make it sweeter & simpler"[15] oder kurz MISS folgen. Selbstredend müssen natürlich entweder bereits ausreichend Anwender/Kunden auf diesem Markt unterwegs sein, die sich für das Konzept gewinnen lassen, oder ein ausreichend großer Markt muss aufgebaut werden können. Auch wenn Social Media in der öffentlichen Wahrnehmung tendenziell als Massenmedium interpretiert werden, hängt die tatsächlich benötigte Kundenzahl aber, so wie auch bei traditionellen Finanzdienstleistern, vorrangig von den bewegten Summen und der Marge ab.

Später im produktiven Einsatz muss der Leitsatz dann gegen „Keep it simple, stupid"[16] ausgetauscht werden, kurz KISS. Eine steigende Komplexität des Produkts mag vielleicht den bestehenden User sinnvoll erscheinen, die irgendeine Funktion vermissen. Aber Neulingen wird der Einstieg erschwert, was die Wachstumskurve abflachen lässt. Die Suchmaske von Google ist ein Paradebeispiel für schlichte Eleganz, die bewahrt wird und den Unternehmenserfolg sichert.

---

[15] „Mache es gefälliger und einfacher."
[16] „Halte es einfach, Dummkopf."

4.2 Rechtliche Vorgaben erfüllen

Inhaltlich sehr nah an der Wahl der Geschäftsidee ist das Überspringen der rechtlichen Hürden bzw. das Ausnutzen der Freiräume, die es trotz Gesetzen und Vorschriften gibt. Für die Crowdinvesting-Plattformen ist es beispielsweise wichtig, die maximale Summe auf 100.000 EUR pro Fall zu beschränken, da sonst die Prospektpflicht der BaFin in Kraft tritt. In anderen Fällen sind als Partner bestimmte Dienstleister erforderlich, die über die notwendige Zulassung für Finanztransaktionen verfügen, bei denen das Start-up der nächsten Finanzdienstleister-Generation als Vermittler auftritt. Unter Umständen muss auch geklärt werden, welchen rechtlichen Status die Nutzer bei einem Geschäftsmodell einnehmen. Die eigene Recherche der Gründer zur Vielfalt dieser Aspekte ist unabdingbar, für die rechtlich einwandfreie Umsetzung sorgen spezialisierte Anwälte.

4.3 Nachhaltige Pressearbeit

Im Regelfall bilden die Medien den Multiplikator Nummer 1, wenn ein Start-up mit geringen Kosten eine große Reichweite erzielen will. Zwar bringen Early Adopters den Betrieb zum Laufen, den wirklichen Durchbruch erzielen Finance 2.0-Angebote erst, wenn nach Berichten in der Publikumspresse (seien es die Websites oder die „Holzmedien") die Zugriffszahlen und die Anmeldungen steigen. Neben einer spannenden Story sind kontinuierliche Pressearbeit, die aktive Ansprache eines selektiv aufgebauten Journalistenverteilers und die Pflege eines gutsortierten Pressebereichs mit Personenfotos, Screenshots und natürlich Pressemeldungen wichtig. Diese sollten kontinuierlich fließen und können sich neben Erfolgsmeldungen (Welches Start-up hat wieder ein Crowdfunding erfolgreich abgeschlossen? Hat die Zahl angemeldeter Nutzer eine Hürde überschritten? Wurde ein Wettbewerb gewonnen?) auch mit den Produkten (Neueinführungen und Erweiterungen bestehender Angebote) oder dem Unternehmen selbst (Expansion in neue Märkte, gesetzliche Zulassungen erhalten, eigene Finanzierungsrunde) beschäftigen.

4.4 Aufbau und Pflege einer Community

Wer sich erst mit Facebook, Twitter, Blogs und Co. beschäftigt, wenn er seine Produkte vermarkten will, wird es schwer haben. Social Media sind langfristig ausgelegt und beginnen schon in der Alpha-Phase eines Projekts, allerspätestens in der Beta-Phase. Der Einsatz von Social Media bedeutet zudem, sich mit Menschen zu beschäftigen, ihnen relevante Themen anzubieten und Vertrauen aufzubauen – und die vielfältigen Kommunikationsangebote nicht nur zum Senden zu benutzen, sondern auch zum Zuhören und zum Antworten. Bereits am Anfang geht damit ein Aufwand einher, der nicht unterschätzt werden darf. Der Dialog mit allen (zukünftigen) Nutzern bzw. Kunden muss gleichbleibend hoch sein, um Nachhaltigkeit zu erzielen. Auch muss mit spitzer Feder gerechnet werden, ob sich der Aufwand lohnt: Müssen wirklich alle populären Social Networks bespielt werden? Klicken genügend Leute die Videos im eigenen Videokanal an? Können tatsächlich regelmäßig gute Blog-Beiträge geschrieben werden?

Auf dem Weg zum Unternehmenserfolg sind der Aufbau und die Pflege einer Community Pflicht und Kür gleichzeitig. Pflicht deswegen, weil das Geschäftsmodell ja schon auf der Existenz einer solchen Gruppe basiert. Kür deswegen, weil sich nahtlos an den Aufbau anschließt, die einmal geweckte Erwartungshaltung der User an das Kommunikationsverhalten dauerhaft zu befriedigen und die Community am Leben zu halten. Eine besondere Herausforderung ergibt sich daraus, dass die User nicht nur informiert und unterhalten werden wollen, sondern sich durch fortschreitende Integration in das Geschäftsmodell quasi als Teilhaber am Unternehmenserfolg verstehen und deshalb gerne auch mit ihren Meinungen auf die weitere Ausrichtung der Plattform nehmen möchten.

5 Fazit und Ausblick

Die Situation im Finance-Sektor lässt sich gut mit einer Apothekerwaage beschreiben: Bei den etablierten Playern liegen auf der einen Seite Kapital, Kundenbeziehungen, komplexe Produkte und ökonomischer Erfolg. Und diese Seite wiegt deutlich schwerer als ihr Gegenstück, wo Offenheit, Transparenz, Innovation und Einbindung der Kunden liegen. Bei den jungen Unternehmen, die sich unter dem Dach „Finanzdienstleister der nächsten Generation" subsumieren lassen, schlägt die Waage auf der rechten Seite aus. Das Ziel sämtlicher junger Akteure ist es, die Waage mittels des Internets ins Gleichgewicht zu bringen – also auch mit einfachen innovativen Produkten und offener Kundenkommunikation zu wirtschaftlichem Erfolg zu kommen. Die noch junge Geschichte der Online-Wirtschaft hat aber schon einige Firmen erlebt, die dank der (technischen) Offenheit des Internets zu großen Unternehmen heranwachsen konnten – mittlerweile aber ihren Erfolg durch Geschlossenheit wahren wollen. Der Kurznachrichtendienst Twitter konnte seine Relevanz erarbeiten, weil dank der offenen Schnittstellen eine ganze Reihe hilfreicher externer Tools programmiert wurden. Diese Verbindungen werden aber kontinuierlich gekappt, so dass die Nutzer verstärkt die Website oder Eigenentwicklungen nutzen, die sich besser vermarkten lassen. Der Suchmaschinenriese Google hat durch eine geniale Technik weite Teile des Internets auffindbar gemacht und bietet die kostenfreie Einbindung von zahlreichen Diensten an. Das hauseigene Social Network ist aber als Walled Garden konzipiert, den nur registrierte Nutzer in seiner ganzen inhaltlichen Pracht sehen dürfen. Und Apple beispielsweise nutzt das Netz hervorragend als Marketingkanal. Seine Umsätze erzielt der Konzern aus Cupertino aber über Hardware und vor allem Closed Shops wie iTunes und den App Store, wo er das digitale Hausrecht konsequent durchsetzt und alle missliebigen Angebote ausfiltert.

Bei den jungen Unternehmen der nächsten Finanzdienstleistergeneration haben die ersten Akteure jedenfalls bereits die Segel gestrichen und vor allem bei den Crowdfunding-Vertretern wird es angesichts der Masse zu einer unvermeidbaren Marktbereinigung kommen. Einige von ihnen zeigen aber gute Anzeichen, dass sie sich dauerhaft am Markt etablieren können. Es wird sich zeigen, ob sie die ersten Finanzunternehmen sein werden, die die Waage auch bei ökonomischem Erfolg dauerhaft in Einklang bringen oder ob auch sie auf der Seite Transparenz, Innovation und Co. auf Dauer leichter werden.

Finanzdienstleister der nächsten Generation setzen auf Disruption und Kommunikation. Erfolg hat dabei nur, wer eine relevante Community aufbaut und hält.

Bankstrategie: Wie viel Social Media braucht die Bank?

Lothar Lochmaier

Internetaffine Kunden fordern von den Kreditinstituten mehr aktive Beteiligung in den sozialen Netzwerken. Einige Banken gehen bereits mit gutem Beispiel und innovativen Ideen voran.

Facebook & Co. forcieren nicht nur eine neue Dialogkultur, sondern auch bedarfsgerechte Produkte. Die Bankenbranche steht vor einem gravierenden Umbruch, der die bisher fast ausschließlich provisionsorientierte Vertriebsstruktur in Frage stellt. Soziale Netzwerke wie Facebook & Co. beschleunigen den Wandel. Einerseits verdeutlichen sie den massiven Vertrauensverlust in der Finanzindustrie. Des Weiteren stellen gut informierte Verbraucher im Netz nicht nur das bisherige Geschäftsgebaren in Frage. Die Kunden fordern auch mehr aktive Beteiligung und transparente Produkte. Wie offene Banken von diesem Trend profitieren können, und welche Herausforderungen sich dabei bis zur erfolgreichen Umsetzung stellen, das beleuchtet der handlungsorientierte Buchbeitrag

1 Einleitung: Social Media bewegen die Menschen und verändern die Unternehmen

Wir sind heute (fast) überall in den sozialen Netzwerken präsent, wir facebooken, twittern, xingeln und youtuben, was das Zeug hält. In nicht wenigen Betrieben sieht der Arbeitsplatz der Vorgesetzten trotzdem noch so aus: Die Sekretärin druckt die E-Mails aus und schaltet den Computer an und ab. Nur die unteren Hierachie-Ebenen, so das Credo, dürfen und sollen immer erreichbar sein. Sonst aber soll alles so bleiben, wie es war. Wie wäre es, wenn die Kunden über Social Media eigene Vorschläge für regionale Projekte einbrächten und sich direkt an sinnvollen Vorhaben in der Finanzwelt beteiligten. Manchem Chef würde bei so viel ungeplantem Engagement ein Zacken aus der Krone fallen.

Eine selbst erstellte Graphik veranschaulicht das strukturelle Problem, das „magische" Bermuda-Dreieck im Beziehungsgeflecht zwischen Kunde und Bank:

Abbildung 1: Mythen – Das magische Bermuda-Dreieck

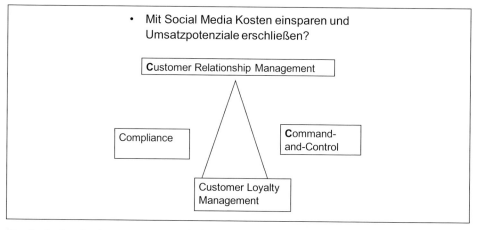

Quelle: Lothar Lochmaier, © www.die-bank-sind-wir.de

Gibt es eine Alternative zur hierarchisch gesteuerten Produktwelt? Mit ein paar Powerpoint-Präsentationen ist es nicht getan. Zu wenig beschäftigen sich Social-Media-Strategen mit dem Geschäftsmodell von Unternehmen und einzelnen Branchen. Zu wenig beschäftigen sich die Social-Media-Evangelisten mit den Tücken der organisatorischen Kernprozesse.

Das neue Webevangelium wirkt deshalb oftmals hipp und aufgesetzt. Müssen wir dafür wirklich Geld ausgeben? Sicherlich: Weblogs, Twitter und ein paar andere Funktionalitäten können dem Unternehmen einen freundlicheren, vielleicht auch transparenten Anstrich verpassen. Die wirkliche Neuerung ist natürlich eine andere, als die ein bisschen kosmetisches „window dressing" zu betreiben. Das Internet ist kein „Geistheiler" für schlechte Bankprodukte, die nur provisionsgetrieben sind.

Der Clou besteht nicht nur in der Frage, in welcher Weise die sozialen Medien in Verbindung mit einer intelligenten Analyse der Geschäftsprozesse dazu beitragen können, die Transparenz und Beteiligung der „Crowds" zu befördern. Mehr noch: Wie lassen sich Innovationsprozess und Produktgestaltung sinnvoll auf den Kopf stellen? Aber nicht in der grauen Theorie, sondern durch harte und schmerzhafte Erfahrungen in der Praxis. Dazu bedarf es einer Social-Media-Strategie, die sich an „aussagefähige" Analyse- und Prognosesysteme andockt. Dazu bedarf es intelligenter Votingsysteme, die Bedarf und Nachfrage der Stakeholder rund um die Uhr erfassen und ausbalancieren.

Bald könnten die Anleger selbst (mit-)bestimmen, welche Kredite wie vergeben werden. Der Plattformbetreiber wird natürlich die Bonität prüfen und auch noch ein Auge darauf haben, welche Vorhaben aussichtsreich sind. In der Praxis ist das schwierig und nicht mit Werkzeugen von der Stange zu lösen. Der Markt wird es aber schon richten. Märkte sind Menschen. Und Menschen führen Gespräche. Zentral sind die Aspekte „Transparenz" und „Selbstbestimmung", durch die mit Hilfe von Social Media im Zeitalter der Bank 2.0 die Nutzer selbst bei der Gestaltung von Bankprodukten mitwirken, um die Geldströme produktiv und nah am Puls der realen Wirtschaft zu platzieren.

Social Media bedeutet ganz banal vom Nutzer erstellte Inhalte, nicht jene von der Bank. Wem vertrauen die Menschen, wie wird das Geld „gewonnen", wer vermehrt es mit welchen Mitteln? Mehr Glaubwürdigkeit entsteht erst durch Transparenz und aktive Beteiligung, gerade im Bankwesen. Die Bank nimmt den Kunden ernst und kommuniziert auf Augenhöhe. Social Media ist demzufolge keine Technik, sondern eine permanente Aktion, um die Gespräche zwischen Bank und Kunden auf gleicher Augenhöhe zu unterstützen. Starre Hierarchie wird somit durch einen Geist der zwar nicht immer gleichberechtigten, jedoch moderierten Kooperation abgelöst. Märkte sind Gespräche mit offenem Ausgang. Kommunikation, Austausch von Argumenten, Zuhören. Das Motto: Überzeugen statt überreden. Und wenn dies nicht gelingt, dann lässt man den Kunden halt wieder von dannen ziehen. Er ist später vielleicht einmal dankbar für mehr Freiheit.

Klar ist auch, wenn die „Facebook-Filiale" am Ende nur aus einer Weiterleitungsfunktion auf die eigenen Webseiten der Bank besteht, dann hätte der Nutzer am Ende dadurch nicht viel gewonnen, außer dass er zum Werbevehikel der interaktiven Bankenwirtschaft mutiert. Direkt eine „Facebook-Filiale" zu eröffnen, diese Idee scheint ohnehin überbewertet, allein schon aus Sicherheits- und Datenschutzgründen. Wichtig ist etwas anderes: Banken können von den sozialen Netzwerken lernen, wie man kommuniziert und sich vernetzt.

Die hybride Bankfiliale der Zukunft sollte sich auf Augenhöhe mit einer modernen Erlebniswelt bewegen, die in punkto Bedienkomfort, Bequemlichkeit und Nutzerfreundlichkeit mit jener zu konkurrieren hat, wie sie gerade jüngere Nutzer im Internet und künftig immer mehr auch auf mobilen Endgeräten vorfinden. Sonst bleiben wir lieber zu Hause. Gelingt es den Architekten und Designern, hier einen kommunikativen Mehrwert jenseits einer Blendwerk-Fassade zu schaffen, dann wäre sogar die kleinere Hausbank vor Ort repräsentativ. Allerdings nicht auf der Basis einer hochgestochenen und möglicherweise teuren Architektur-Vision. Dies setzt jedoch voraus, sich von einer funktionalen Betrachtungsweise des Bankkunden zu lösen, die darauf abzielt, den Passanten – ob virtuell oder real – nur möglichst rasch und geschickt an den richtigen Knotenpunkt zu lotsen, um ihn hernach mit den eigenen Bankprodukten zu überrumpeln.

Social Media ist deshalb vor allem anderen eine „Partizipationsmaschine", nur wer Kunden und Mitarbeiter tatsächlich produktiv in die eigene Unternehmensphilosophie einbinden will, der kann die Instrumente auch kreativ nutzen. Social Media ist kein Glücksbringer, Umsatztreiber oder Kostensenkungsmaschine. Eine wirkungsvoll integrierte Social-Media-Strategie kann nur auf Vorstandsebene angesiedelt sein und nicht auf operativer mittlerer Ebene beginnen. Andernfalls findet die soziale Mediennutzung nur als inszenierte Kulisse statt, da sie nicht im Inneren im Kerngeschäft von Banken verankert ist, sondern an der haltlosen Peripherie, wo die sozialen Medien geist- und seelenlos vor sich hin wabern, ohne produktive Rückkoppelung in die Chefetage.

Wer Social Media und die heiße Standleitung zum Kunden also nur als erweiterten Vertriebs- und Werbekanal ansieht, der sollte lieber im Elfenbeinturm der „Black Box Bank" bleiben. Welche Fähigkeiten benötigt das Management für eine gelungene Social-Media-Strategie, um mit dem Kunden auf Augenhöhe zu kommunizieren? Erstens: Eine hohe Affinität zur zwischenmenschlichen Kommunikation ohne Hierarchiegefälle. Zweitens: Die besondere Fähigkeit, spielerisch elegant und gleichzeitig glaubwürdig mit Kritik zu jonglieren. Drittens: Ein rasches, situativ angemessenes Reaktionsvermögen auf neue Trends. Viertens: Hinzu tritt ein hohes Maß an emotionaler Intelligenz bzw. Empathie, was sich nur bedingt durch theoretische Auseinandersetzung erwerben lässt.

Übertriebene operative Hektik und ein „Überspielen" der sozialen Interaktionskanäle mit den eigenen Botschaften des Unternehmens löst den gordischen Knoten zwischen Social-Media-Management und Marketing nicht auf. Stattdessen besteht die Hauptaufgabe darin, im Designansatz ergebnisoffene Strategien für das Management von dezentralen Netzwerkeinheiten zu entwickeln, etwa indem sich ein Corporate Weblog jenseits von Marketingversprechen als innovativer Problemlöser am Markt für hoch spezialisierte Finanzprodukte und Anlagestrategien positioniert.

2 Negative Beispiele zeigen „No-go-Area"

Wie eine Bank den Umgang mit Social-Media-Richtlinien besser nicht betreiben sollte, das zeigte sich im vergangenen Jahr am Beispiel der Commonwealth Bank. Das zweitgrößte australische Institut ist in ganz Asien und Ozeanien aktiv. Dann geschah das Unerwartete: Auf zwei Seiten gab das Institut eine Social-Media-Policy heraus, die harte disziplinarische Maßnahmen für den Fall vorsah, wenn Mitarbeiter sich jenseits der Bürozeiten allzu intensiv in sozialen Netzwerken tummeln sollten.

Vollends zum PR-Desaster in eigener Mission entwickelte sich schließlich der wenig verhohlene Hinweis, die Nutzer, sprich Bankmitarbeiter, auch für die Aktionen ihrer Online-Freunde haftbar zu machen. In zahlreichen Presseberichten werteten die Kommentatoren dies als einen direkten Aufruf zur Bespitzelung von Kollegen, Freunden und der Familie. Rasch sah sich das australische Institut gezwungen, eilends wieder ans Ufer zurückzurudern und die Social-Media-Richtlinien gründlich zu überarbeiten.

3 Social Media produktiv nutzen

Doch es gibt auch positive Vorbilder, die zeigen, wohin sich die Bankenwelt mit Hilfe von Social Media künftig hinbewegen könnte. Während die meisten Banken es bislang bei einer bloßen Kontaktpräsenz auf dem weltweit größten sozialen Netzwerk Facebook belassen, geht etwa die neuseeländische ASB Bank einen Schritt weiter. Das besondere Element an dieser weltweit ersten „Facebook-Bankfiliale" ist, dass die Kunden sich mit „echten" Bankberatern sieben Tage in der Woche über ihr konkretes Anliegen austauschen können.

Die ASB Bank setzt dabei auf eine Chat-Anwendung als Facebook-App. Die Mitarbeiter, die für ein virtuelles Gespräch jeweils zur Verfügung stehen, sind entsprechend gekennzeichnet. Ein Klick auf einen freien Mitarbeiter öffnet den Dialog. Eine komplizierte Anmeldung ist dafür nicht erforderlich. Das Gespräch selbst wird nicht aufgezeichnet. Dadurch soll die Netzgemeinde sich auf Augenhöhe mit der Hausbank fühlen.

Die bisherigen Erfahrungen hätten, so bilanzieren es jedenfalls die Verantwortlichen, bereits widerlegt, dass die Kundschaft mit einem gewissen Fremdeln auf das virtuelle Bankbüro reagiere. Mehr noch: Laut Einschätzung der ASB Bank hat sich die Kundenbeziehung durch das neue Angebot sogar deutlich intensiviert und gefestigt. Die Kunden erlebten ihre Bank als „cool" und auf Höhe der Zeit.

Natürlich ersetzt eine dialogorientierte Chat-Anwendung auf Facebook noch kein zukunftsweisendes Geschäftsmodell. Manche Kunden wittern dahinter einen neuen Versuch, sie aufs Glatteis zu führen, durch eine bunte Bilderwelt und harmlos daher kommende Apps, also kleine Zusatzprogramme, die über mobile Geräte von jedem Ort aus den direkten Zugriff auf das Online-Konto und alle übrigen Finanzinformationen ermöglichen.

3.1 Mindsetting: Überzeugen statt Überreden

Wer Social Media jedoch nur als reinen Werbe- und Vertriebskanal ansieht, der dürfte durch den Kunden eines Besseren belehrt werden, denn diese Philosophie funktioniert in einer „nutzerzentrierten" Umgebung nicht so recht, weil gerade in sozialen Netzwerken der Kunde selbst mitbestimmt.

Deshalb sind jene Finanzinstitute im Vorteil, die ihr Geschäftsmodell nicht nur kritisch überdenken, sondern in der Lage sind, ihre Produkte tatsächlich auf den Bedarf des Kunden neu auszurichten. Schaut man sich entsprechende Vorbilder in Deutschland an, so stechen vor allem jene Banken hervor, die auf ernsthafte Art und Weise den Dialog mit den Kunden aufgenommen haben. Dazu gehört beispielsweise die auf nachhaltige Geldanlagen spezialisierte GLS Bank (www.gls.de), die seit Jahren mit den Kunden intensiv über Twitter, Facebook, Blog oder Youtube kommuniziert.

Weitere Innovationstreiber stellen jene „Social Banks" der zweiten internetbasierten Generation dar, die Social Media quasi als integratives Gen in ihr alltägliches Geschäftsgebaren notwendigerweise eingepflanzt haben. So entwickeln sich soziale Medien an der Schnittstelle zur technischen Umsetzung von Mobile Banking, virtuellen Währungen, Peer-to-Peer-Lending oder Elementen von Crowdfunding weiter, die sich in den kommenden Jahren ihren Platz in der Bankenwelt schaffen werden.

Zu den innovativen Vorreitern auf diesem Gebiet gehört beispielsweise die Münchner Fidor Bank (www.fidor.de), die sich laut eigenem Bekunden als das erste vollständig „Web 2.0-basierte Finanzinstitut" einstuft. Tatsächlich wird dort vieles sichtbar, was den neuen Kosmos einer nutzerzentrierten Bank ausmachen könnte, mit der Einschränkung, dass es wohl global kein Institut gibt, das eine vollständige Transparenz nach innen wie nach außen offeriert.

Dennoch gilt die Fidor Bank als wegweisend im Mix von moderner Technik und aktiver Kundenkommunikation, und zwar oben bei der Geschäftsleitung angefangen, bis hinein in die intensive Auseinandersetzung zu Geldanlagen unterschiedlichster Typen, die überwiegend in den Community Foren erfolgt. Hinzu treten technisch anspruchsvolle Applikationen, wie bei der Fidor Bank ein eWallet zum (mobilen) Geldtransfer, der direkt zwischen den Nutzern erfolgen kann.

3.2 Virtuelle Teamplayer gesucht

Letztlich geht es beim Social-Media-Management im Finanzbereich zum einen darum, verloren gegangenes Vertrauen (zurück-)zugewinnen, aber auch eine eigene kundenzentrierte Markenwelt im Netz zu kreieren. Sofern die schöne neue Bankenwelt jedoch nur eine Marketingfassade darstellt, wenden sich die Aktivitäten sogar direkt gegen den Urheber derartiger Kampagnen.

Wenn Finanzdienstleister sich also nur damit begnügen, Fans mit Gewinnspielen via Facebook & Co. „einzukaufen", dann dürfte diese Strategie allenfalls kurzfristig von Erfolg gekrönt sein. Mittel- und langfristig im Vorteil sind all jene Institute, die sich zum permanenten Dialog hin öffnen, ohne dabei das eigene geschäftliche Interesse komplett zu verleugnen oder kleinlaut auszublenden.

Beiderseitige Fairness lautet das Gebot der Stunde in sozialen Netzwerken. Deshalb bietet Social Media für all jene Manager große Chancen, die die Bearbeitung der betrieblich genutzten sozialen Netzwerke nicht an Praktikanten delegieren, sondern den Plattformen auf der Basis eines pragmatischen und lernenden Ansatzes einen eigenständigen strategischen Stellenwert ganz oben in der Hierarchie zuweisen.

3.3 Pro und Contra: Explorativer Ansatz gefragt

Dennoch stellt das virale Netzwerkmanagement für die hoch regulierte Bankenbranche eine große Herausforderung dar, weil gerade dort strikte Regeln und Vorschriften dominieren, was den ungehinderten Dialog deutlich erschwert. Soziale Netzwerke stellen den bis dato praktizierten reaktiven Ansatz in Frage, sich vor allem auf die passive Beobachtung und Trendanalysen in Social-Media-Tools zu beschränken.

Aufgrund der hohen Risiken für Image und Reputation bis hin zur Betriebsspionage und dem drohenden Datenverlust ziehen es deshalb die meisten Institute vor, sich nicht allzu intensiv auf das als „indiskret" empfundene Glatteis von Social Media zu begeben, um ihre sorgsam gehütete Innenwelt allzu freizügig nach außen zu kehren. Andererseits kann das Top-Management die Nutzung von sozialen Medien als Instrument zur Herbeiführung eines sozialen Wandels im eigenen Geschäftsgebaren begreifen – und die ergebnisoffene Interaktion mit Interessenten und Kunden in den Mittelpunkt rücken.

Dies zieht jedoch den Auftrag nach sich, neben einer technischen und einer organisatorischen Ebene eine weitere „soziale", bzw. präziser ausgedrückt eine „kommunikative" Umgebung (Social Layer) zu etablieren, die sich durch die gesamte Internetumgebung der Bank hindurchzieht. Dieser Social Layer bindet alle relevanten Informationskanäle mit ein, um „user generated content" durch individuelle Bewertungen, Empfehlungen und weitere rückkoppelbare Elemente in die neu gestaltete Implementierung zu integrieren.

Die positive Folgeerscheinung eines umsichtig und sorgsam agierenden Social-Media-Managements zögen ein verändertes, deutlich offeneres Darstellungsprofil der Bank nach sich, statt einer vom Nutzer oftmals als „Black Box" wahrgenommenen Institution, bei der sich alle wichtigen Entscheidungen hinter den Kulissen abspielen.

Demgegenüber rücken durch den Social-Media-Manager auch Kundenberater „zum Anfassen" nach vorne, die mit ihrer offenen Visitenkarte überzeugen und punkten. Das Bindeglied dazu stellen schließlich gerade jene sozialen Medien und Netzwerke dar, mit dessen Hilfe das Team eine produktive Brücke zwischen Binnenkosmos und Außenwelt schlagen kann.

4   Neue Skills in der Bank 2.0 erforderlich

Die zentrale „Killerapplikation" in der Bank 2.0 ist der Kunde, denn er klärt die Verkäufer nicht nur über ihre Produkte auf, sondern zwingt aufgrund seines internetbasierten Vernetzungsgrads die Finanzindustrie auch bessere, sprich effizientere Produkte zu kreieren. Für die neuen Spieler in der vernetzten Bankenwelt gilt indes: Wer im Innovationszug ganz vorne sitzt, holt sich vermutlich eine blutige Nase. Der Gegenwind bläst forsch ins Gesicht. Aber es ist auch das Gefühl, an der Entstehung von etwas Neuem beteiligt zu sein. Wer in der Mitte des Zuges sitzt, fährt dagegen bequem und relativ risikolos, irgendwie gut genährt, aber auch langweilig. Vielleicht wird man bald schon in die hinteren Waggons durchgereicht. Denn ganz hinten, da wird der eigene Wagen ganz vom Zug abgehängt. In welchem Zugabteil möchten Sie am liebsten mitreisen?

Wie sieht also das (Mobile) Banking der Zukunft aus? Sicherlich sind innovative technische Tools von großer Bedeutung. Banking übers iPhone oder iPad, interessante Apps und mobile Anwendungen sind aber nur die eine Seite der Medaille. Es dürfte von Vorteil sein, sich statt der technischen Spielwiese auch verstärkt um die Inhalte zu kümmern, die letztlich den nicht leicht austauschbaren Mehrwert im Sinne der Markt- und Markendifferenzierung erst erbringen. Um als gewichtiger Spieler in der Branche ein konkretes Unterscheidungsmerkmal aufzuweisen, sind also kreative Ideen gefragt, die vor allem dem Kunden einen Nutzen bieten, und nicht nur oder vor allem der Bank.

Dies kann beispielsweise durch fachlich fundierte graphische Aufbereitung zu den eigenen Produkten, Chancen- und Risikoklassen geschehen, durch ungeschönte Einblicke in den Alltag der Kundenberater – und natürlich durch zahlreiche Möglichkeiten für Feedback-Schleifen, die jedoch nicht als vordergründig getarnte unidirektionale Einbahnstraßenkommunikation zu gestalten sind. Wir stehen hier am Anfang einer spannenden Entwicklung, und ich bin mir sicher, dass in einer Branche, die sich über Jahrzehnte kaum durch Neuerungen in den Geschäftsmodellen ausgezeichnet hat, sich in diesem Jahrzehnt am „Frontend" der realen oder virtuellen Ladentheke vieles bewegen und verändern wird.

Wie könnte die Bank der Zukunft also aussehen? Aus meiner Sicht wäre es ein Geld- oder Kreditinstitut, das nach innen effizient arbeitet und keine unnötigen Kosten produziert, also ein schlanker Verwaltungsapparat und eine am Kundennutzen orientierte nachweisbare Produktgestaltung mit sinnvollen Messkriterien. Nach außen ist es eine hybride Bankfiliale mit dem Komfort und der Leichtigkeit der sozialen Netzwerkkommunikation, die zudem mit dem Kunden keine irreführenden Spiele spielt, indem sie das „Big-Brother-Prinzip" auf das Web 2.0 überträgt.

Aber auch hier kann sich die Internetgemeinde Trost spenden: Wo sich gute Ideen hinter der Bank 2.0 verbergen, wird sie im globalen Dorf ein positives Votum über deren weiteres Schicksal abgeben. Wo nur Etikettenschwindel und dreiste Anmache dahinter steckt – vermeintlich auf Augenhöhe mit dem Kunden, jedoch unterhalb der Gürtellinie lanciert – dann lässt sich diese Praxis zumindest über direkte Kommentare auf einschlägigen Blogs und über Twitter, Facebook & Co. rasch entlarven. Ein Mausklick von der nächsten Straßenecke reicht. Deshalb sind folgende Schlussfolgerungen zu berücksichtigen:

- Kein Unternehmen sollte sich seiner Werbe-Ikonen zu sicher sein, es gibt immer eine Schwachstelle, es menschelt überall (bei einer Bank bekanntlich besonders).

- Wer als Unternehmen Social Media nicht in seine klassische Werbekampagne von Beginn an einbezieht, der hat ein „missing link", es fehlt das Bindeglied von den Pop- und Sportstars, den Schauspielern, die in Glanz und Glamour leben, zum wirklichen Leben. Das macht solche von oben aufgesetzte Kampagnen trotz Popularitätsbonus jederzeit angreifbar.

- Es erfordert deshalb einen neuen Werbestil, nicht nur von den Marketing- und Vertriebsabteilung maßgeschneidert und von hoch bezahlten Agenturen umgesetzt, sondern ein kreativer Mix, für den neue Spielarten der Unternehmenskommunikation auf Augenhöhe mit den Kunden zuständig sein sollten.

- Fazit: Für die Banken ist Social Media immer noch eine hübsch anzusehende, aber nicht zwingend verpflichtende „soziale Zusatzapp". Diese Philosophie wird künftig nicht mehr ausreichen. Die Bank sollte gerade bei unangenehmer oder gar unberechtigter Kritik reaktionsfähig sein.

Daraus lassen sich zehn Thesen zur Neupositionierung der „Direktbank 2.0" ableiten:

1. Der Kunde wirkt aktiv am Produktdesign mit.

2. Neue Formen der Öffentlichkeitsarbeit machen Schule.

3. Den stabilen Markenwert machen nicht nur Werbestars wie Dirk Nowitzki aus, sondern auch die „Community", gute Konditionen und ein reibungsloser Online-Service reichen also nicht mehr aus.

4. Alt- und Neueinsteiger verwässern die Kernkompetenzen der „klassischen" Online-Direktbanken.

5. Der Wettbewerb intensiviert sich durch neue Internetbanken.

6. Die Direktbank muss sich mit Hilfe des Web 2.0 neu erfinden.

7. Dieser Prozess erfordert eine grenzüberschreitende Methodik in der Zielgruppenorientierung.

8. Unternehmerische Kernprozesse sind Community-basiert auszurichten.

9. Neue Wege eines ebenso effizient wie pragmatisch nachhaltig ausgerichteten Onlinebanking-Modells wären die Folge.

10. Die Direktbank 2.0 (re)positioniert sich am lebendigen Pulsschlag der neuen Internetwirtschaft.

Fest steht somit jenseits von Euphorie und Ablehnung von Social Media: Die Killerapplikation bei der Bank 2.0 ist der Kunde selbst in jeder Hinsicht, als menschliches Wesen, der gewisse Anpassungen von der Basis her jederzeit einfordern kann. Hinzu treten in den kommenden Jahrzehnten die wirtschaftlichen Belange der Umwelt- und Sozialpolitik auf globaler Ebene, die einige Risiken, aber auch zahlreiche neue Chancen für eine stärker am Puls der Realwirtschaft angesiedelte Finanzindustrie bergen. Beides sind die Achsen, denen die Branche künftig in ihren elementaren Bedürfnissen Rechnung zu tragen hat.

Kommt bald schon die mobil vernetzte Direktbank 2.0 für den Massenmarkt? Schaut man sich die Dynamik des Onlinebankings an, so ist zu vermuten, dass wir an der Schwelle zum nächsten Innovationssprung stehen. Was Ende der neunziger Jahre mit der ersten Generation der Direktbanken begann, dürfte in diesem Jahrzehnt an neuen und ausgesprochen vielfältigen Farben hinzugewinnen. Einerseits scheinen sich die Marktführer darauf verlassen zu können, hier gerade im Ringen um die effizientesten Transaktionskosten und sonstigen Kosten auch weiterhin an der Marktspitze positioniert zu sein.

Andererseits könnte dieser Schein trügerisch wirken; die Wechselbereitschaft bei den Bankkunden hat enorm zugenommen, was binnen kürzester Zeit zu einer schleichenden oder gar beschleunigten Kundenabwanderung führen kann. Hinzu kommt, dass insbesondere die führenden Innovatoren aus der IT-Industrie wie Google, Amazon, Facebook, Paypal und andere durchaus in der Lage sind, eine neue Generation von (mobilen) Bezahlmodellen im Netz zu starten und über bereits etablierte Absatzwege in kürzester Zeit in den Massenmarkt hinein zu treiben.

So wird nicht nur Google das mobile Bezahlen ermöglichen. Es werden Facebook Apps mit Facebook Credits und damit mit Kreditfunktionen kombiniert werden. So verfügt Paypal über eine Vollbanklizenz und könnte dem Markt der Internetbezahlverfahren erneut einen Schub verleihen. Auch andere IT-Größen aus dem geschäftlichen Umfeld könnten vorpreschen. Und von der Basis der Finanzverbraucher aus rücken in diesem Jahrzehnt neue Innovationstreiber nach vorne, die sich mit Begriffen wie Community Banking, Social Lending und Banking sowie Crowdfunding verbinden. Diese üben einen nicht unerheblichen strategischen Innovationsdruck auf die gesamte Branche aus, wobei aus Sicht der klassischen Direktbanken der Wettbewerbsvorteil gegenüber den um soziale Medien angereicherten neuen Spielern schrumpfen wird.

Illustriert werden kann der damit verbundene Weckruf am Fallbeispiel von Nokia, ein Unternehmen, das zu Beginn dieses Jahrtausends immerhin den Mobilfunkmarkt dominierte. Nur wenige Jahre später war der finnische Spieler wieder von der Spitze der Innovationspyramide verdrängt, um heute in der Partnerschaft mit dem „großen Bruder" Microsoft sein Heil zu suchen. Die gelernte Lektion: Wer sich zu sicher fühlt, den bestraft die Geschichte. Wer hingegen die Klaviatur der neuen Spielregeln auf Augenhöhe mit dem Kunden möglichst kreativ beherrscht, konsequent integriert und fortlaufend anwendet, der wird sich in diesem Jahrzehnt einen signifikanten strategischen Wettbewerbsvorteil erarbeiten können, den andere nicht so leicht kopieren können, wie dies vielleicht bald schon bei einer kostengünstigen Anwendung für das Onlinebanking mit attraktiven Konditionen beim Tages- oder Festgeld der Fall sein wird.

Somit lässt sich bilanzieren, dass Social Media von der nächsten Straßenecke die klassische Bankenlandschaft ebenso verändern wie die Medien-, PR-Branche oder die Unternehmenskommunikation. Dieser Wandel birgt große Chancen, nämlich sich als Direktbank 2.0 am „autonomen" und lebendigen Pulsschlag des Kunden neu zu positionieren. Alle Beteiligten sind in diesem permanenten Lern- und Veränderungsprozess täglich dazu lernende Akteure. Zwar gibt es keine Blaupause für die künftige Bankenlandschaft. Aber fest steht auch: Die „mobil vernetzte Direktbank 2.0" wird in ihr einen fundamentalen, integralen Part spielen, sofern sie die neuen Spielregeln beherrscht.

5 Wie „messbar" ist der Erfolg von Social Media in der Bankenwelt?

- Zur Renditemessung keine Kaffeesatzleserei mit bunten Grafiken in einer sozialen Netzwerkumgebung betreiben, um das Controlling mit später nicht zu haltenden Zahlenwerken zufriedenzustellen.

- Stattdessen klar nachvollziehbare qualitative Maßstäbe definieren.

- Kriterien festlegen: Wie viel konstruktive Kritik, wie viel positives Feedback kommt herein (Chancen-Risiko-Balance)?

- Schlüsselfaktoren der Beratungsqualität bestimmen (zum Beispiel Kosten, Transparenz, Konditionen, Servicequalität, Interaktion).

- Der Kunde trägt im Idealfall zu mehr Effizienz in Produktdesign und Anlageberatung bei, indem er als informelles Korrektiv dazu motiviert, die Produkte bedarfsgerecht auszurichten.

- Der Social-Media-Manager stellt das strategische Bindeglied dar, um das internetbasierte Qualitätsmanagement entlang der gesamten Prozessroutine verlässlich zu moderieren und fortlaufend zu betreuen.

6 Praxisbeispiele: Wer mischt vorne mit in der interaktiven Bankenwelt?

*Die **Deutsche Bank** stellt über verschiedene Social-Media-Plattformen aktuelle Informationen bereit. Dazu gehören „Tweets", aktuelle Videos und Bilder sowie abonnierte Nachrichten über personalisierte Kanäle. Eine strategisch positionierte Social-Media-Unit befindet sich jedoch erst noch im Aufbau. Link: http://www.db. com/de/content/company/social_media.htm*

***ING-DiBa:** Deutschlands größte Direktbank hat die innovative Plattform „Finanzversteher" (www.finanzversteher.de) etabliert. Neben Basisinformationen über Risiken und Chancen einzelner Anlageklassen gibt es dort einen „Geldautomaten-Radar", aktuelle Nachrichten über ein regelmäßig gepflegtes Blogformat sowie ein Youtube-Fernsehzimmer.*

GLS Bank: Der strategische Ansatz der Ökobank über diverse Social-Media-Kanäle besteht darin, eine Konsistenz in der Innen- und Außendarstellung jenseits von reinem Marketing herzustellen, durch ein permanent gepflegtes Dialogsystem, verortet in einer konstruktiv-offenen Öffentlichkeitsarbeit, Voraussetzung: Support aus der Chefetage.

Fidor Bank: Die Münchner gelten auch im internationalen Vergleich als eine der weltweit innovativsten Spieler. Die Fidor Bank setzt dabei konsequent auf die Wirkmechanismen des Web 2.0. Für Interaktion und Kommunikation nutzt die Bank neben einer eigenen stetig wachsenden Community alle gängigen Social-Media-Plattformen, beispielsweise Twitter, Xing, Youtube und Facebook.

ASB Bank (Neuseeland): Chat-Anwendung als Facebook-App. Vorteile: Virtuelle Kundenberater zum Anfassen schaffen zweite Erlebnis- und Kommunikationsebene zur Bankfiliale. Die Netzgemeinde fühlt sich auf Augenhöhe mit der Hausbank. Aktive Rückkoppelung schafft Mehrwert und erhöht Kundenbindung.

Caja Navarra (Spanien): In seinem persönlichen Konto (Civic Banking) kann jeder Kunde bis zu drei soziale Vorhaben mit bis zu 30% seines Depotgewinns fördern. Nutzer können sich auch gegenseitig Geld verleihen. Im Gegenzug erhält das Mitglied detaillierten Zugriff auf alle Informationen darüber, wofür die Bank ihre Mittel konkret einsetzt.

Quelle: Lothar Lochmaier

Social-Media-Marketing in der Bankenwelt – Hoffnungsfeld vergebener Potenziale

Hans Fischer

Social-Media-Marketing eröffnet Banken viele Chancen – die trotz vieler Initiativen und hoffnungsvoller Ankündigungen aber häufig noch ungenutzt blieben. Dennoch: Investitionen in neue Medien sind lohnend. Insbesondere wenn Social-Media-Marketing im Kontext der Wissensgesellschaft gesehen und die neuen Marketing- und Kommunikationsparadigmen erkannt werden.

1 Einleitung

Social Media hat sich etabliert – im privaten Bereich. Demgegenüber ist Corporate Social Media, insbesondere in der Bankenwelt, tendenziell noch ein Feld von ziellosen Investitionen und teilweise sogar veritablen Rohrkrepierern. Diese Behauptung mögen nun einige etwas übertrieben finden, denn sie sind von den eigenen Social-Media-Marketing-Initiativen im Unternehmen überzeugt. Dennoch sollte jeder analysieren, ob damit die übergeordneten Unternehmenszielsetzungen wirklich unterstützt werden – oder eben nicht.

Dass das bei Weitem nicht immer der Fall ist, zeigt eine Recherche auf Bankenwebseiten und ihren Social Media-Kanälen wie Blogs, Twitter-Accounts, Facebook-Seiten, Google+ oder Wikis. Häufig findet man Kommunikationskanäle mit geringer Interaktion, ohne Dynamik, ohne Kundenakzeptanz und vor allem auch ohne betriebswirtschaftlichen Nutzen vor. Selbst international prämierte Angebote, zum Beispiel die von Citi (new.citi.com), sind weit davon entfernt, als Social-Media-Paradebeispiele zu gelten. Kurz: Die Potenziale werden längst noch nicht ausgeschöpft.

Warum ist das so? Viele Initiativen werden vom Me-too-Gedanken getrieben. Es folgt in einer ersten Phase das Engagement von Beratern. Dann setzen IT-Abteilungen oder externe Agenturen die konzipierten Social-Media-Anwendungen um. Die Inhaltserstellung erfolgt dann anschließend oft ohne ausreichende und auf die Kundensegmente ausgerichtete Redaktionsplanung. Und schlussendlich sind die Community-Manager durch bankinterne Vorschriften so eingeschränkt, dass eine spontane, authentische Interaktion mit dem Publikum verunmöglicht wird. Frustration bei den operativ Verantwortlichen – und oft leider auch bei den Usern – ist das Resultat. Von der in den Sand gesetzten Investition und der verpassten Chance ganz zu schweigen.

Neben regulatorischen Hindernissen und fehlendem Management-Support gibt es aber ein anderes Problem; sozusagen das Hauptproblem: In den meisten Fällen werden klassische Marketingaktionen und -strategien auf Social-Media-Kanäle übertragen. Das wäre zwar ressourcenschonend und sehr angenehm, doch Social Media funktioniert anders und die User verhalten sich in der virtuellen Welt nicht gleich wie in der realen. Daher: Social-Media-Marketing bedingt völlig neue Denkansätze und Strategien. Insbesondere ist wichtig, dass das Zusammenspiel von Kommunikation, Marketing und Wissensgesellschaft richtig verstanden und angewendet wird.

2 Problemkreise

2.1 Problemkreis 1: Das neue Kommunikationsmodell

Die menschliche Kommunikation hat sich aus schierem Überlebenstrieb stark entwickelt. Den Gefahren von Raubtieren und Hungersnöten musste der physisch vergleichsweise schwach gebaute Mensch mit Absprachen und Teamwork begegnen. Umso besser die kommunikativen Grundlagen, desto größer waren die Überlebenschance und das Nahrungsangebot. Über Generationen verfeinerte sich die Kommunikationsfähigkeit und damit einhergehend die kognitiven Fähigkeiten.

Ob nun ein Urahn vor einem Säbelzahntiger warnte, ein Herold im Mittelalter neue Steuern verkündete oder eine Bank den Kunden eine neue Hochglanzbroschüre zustellte – im Zentrum stand dabei immer das klassische Kommunikationsmodell. Die Essenz: Ein Sender sendet und ein Empfänger empfängt.

Abbildung 1

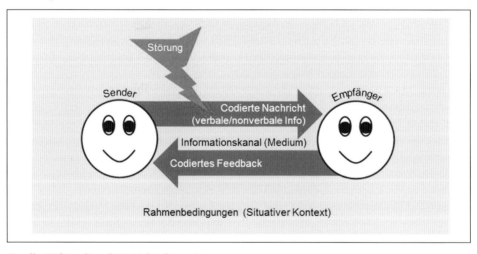

Quelle: Wikipedia – http://alturl.com/teoro

Mit dem Siegeszug der Social Media ging nun aber ein Paradigmenwechsel einher. Das klassische Sender-Empfänger-Kommunikationsmodell wurde aufgebrochen. Es geht nun nicht mehr um Kontrolle der Einweg-Kommunikation. Gefragt sind nun vielmehr Kooperations- und Kritikfähigkeit sowie Interaktion mit den Direktangesprochenen und den ganzen Beziehungsnetzen, welche diese in der virtuellen Welt pflegen. Während solche Aktionen für private Anwender reizvoll sind, zeigt sich die Unternehmenswelt oft überfordert. Kein Wunder: Wurde die Firmenkommunikation doch während Jahren umfassend kontrolliert. Und plötzlich scheint es, muss die totale Kontrolle der totalen Vernetzung weichen.

Abbildung 2

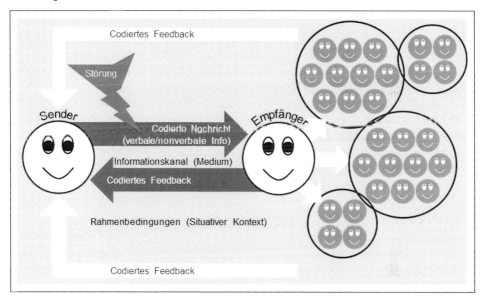

Der Kern: Die Botschaft landet nicht mehr nur beim auserwählten Empfänger, sondern wird mittels Social Media multipliziert und an dessen Beziehungsnetz weitergereicht. Die Meinungsbildung über die ursprünglich gesendeten Inhalte wird nicht mehr im Kopf und im direkten Umfeld des Empfängers alleine geprägt, sondern in der Community. Und das teilweise öffentlich. Außerdem kommt Feedback nun unaufgefordert zurück. Nicht nur vom Empfänger, sondern auch von Menschen, an die die Kampagnenverantwortlichen weder gedacht haben und erreichen wollten. Mit anderen Worten: Die Mitteilung erreicht Personen, die in den Marketingplänen und in den Customer-Relationship-Management Systemen nicht verzeichnet sind.

2.2 Problemkreis 2: Marketing ist komplexer als gedacht

Die American Marketing Association definiert Marketing sinngemäß übersetzt wie folgt: „Marketing steht für Aktivitäten, Institutionen und Prozesse, die es ermöglichen, Angebote zu kreieren, zu kommunizieren, anzubieten und auszutauschen, welche Werte für Kunden, Mandanten, Partner und die Gesellschaft als Ganzes schaffen." Anders formuliert, tangiert Marketing alle umsatzrelevanten Bereiche eines Unternehmens. Marketing ist umfassend, anspruchsvoll und interdisziplinär. Und Marketing setzt strategische Denkfähigkeit voraus. Genau gleich verhält es sich mit Social-Media-Marketing: Dieses umfasst ebenfalls alle Aktivitäten, Institutionen und Prozesse, die es ermöglichen, Angebote zu kreieren, zu kommunizieren, anzubieten und auszutauschen, die Werte für Kunden, Mandanten, Partner und die Gesellschaft als Ganzes schaffen. Social-Media-Marketing ist umfassend und braucht eine eigene Strategie, Richtlinien, befähigte Produzenten von Inhalten und Manager von Communities. Wenn das nicht gegeben ist, wird investiert, ohne dabei besagte Werte für alle Stakeholder eines Unternehmens zu schaffen.

Was braucht erfolgreiches Social-Media-Marketing also?

- **Potenzialanalyse:** Den Einsatz von Social-Media-Tools gilt es eingehend auf ihre Kompatibilität mit der Unternehmensstrategie und den daraus abgeleiteten Zielen (Marketingstrategie) zu analysieren. Insbesondere hat die Segmentierung der relevanten Zielgruppen unter Berücksichtigung der Dimension „Onlineaffinität" zu erfolgen.

- **Zieldefinition:** Social-Media-Anwendungen sind so etabliert, dass Trial and Error als Vorgehensweise nicht (mehr) zu empfehlen ist. Es ist unumgänglich, konkrete Ziele für den Einsatz zu setzen, darauf die Weiterentwicklung und -planung zu basieren und die Ziele nach Inbetriebnahme der Lösungen auch zu kontrollieren.

- **Toolevaluation:** Je nach Strategie, Zielsetzung und vor allem auch Unternehmenskultur sind individuell passende Tools zu evaluieren.

- **Risikobewusstsein:** Auch im Internet gelten Gesetze und es existiert kriminelle Energie. Generell unterschätzt werden auch immaterialgüterrechtliche Belange. Es ist ein absolutes Muss, dass sich Unternehmen weitreichende Sicherheitsgedanken machen und diese in Form von verbindlichen Richtlinien festhalten.

- **Personalschulung:** Es gibt nichts Langweiligeres, als schlecht geschriebene Corporate Blogs, Twitter, Wikis oder andere Anwendungen. Ein Unternehmen kann sich äußerst schnell einen Imageschaden einhandeln, wenn die Inhalte nicht von entsprechend befähigten Mitarbeitenden verfasst werden. Ähnliches gilt für das so wichtige Community-Management. Interaktion mit Kunden ist anspruchsvoll. Bei Banken braucht es dazu eine gesamtunternehmerische Sichtweise und die Fähigkeit, die spezifischen Anforderungen von Social Media fallweise richtig anwenden zu können. Des Weiteren ist die grundsätzliche Akzeptanz bei der Gesamtbelegschaft wichtig: Der Community-Manager muss schnell die passenden Informationen der von Usern angesprochenen Spezialisten bekommen und publizieren können.

- **Pilotanwendungen:** Die zielkonformen Anwendungen müssen ausgiebig getestet werden. Idealerweise wird ein Teilnehmerkreis gewählt, der die künftigen Ziel- und Anwendergruppen gut repräsentiert. Bei Tests wird in der Regel viel Optimierungspotenzial gefunden, was unter anderem auch die gefühlte Toleranz gegenüber den neuen Anwendungen signifikant erhöhen kann. Die Mitarbeitermotivation, entscheidend für den Erfolg des Social-Media-Einsatzes, steigt damit entscheidend.

- **Lösungsetappierung:** Nach den Testläufen kristallisieren sich Bereiche heraus, deren Implementierung sich aus Sicht von Machbarkeit, Potenzial und Interessenlage aufdrängen. Die Implementierung einer möglichst umfassenden, endgültigen Lösung ergibt wenig Sinn. Schrittweises Implementieren, daraus lernen und weiterentwickeln, ist die Grundlage der Erfolgsgeschichte.

- **Mitarbeitereinbezug:** Die tangierten Mitarbeitenden müssen zwingend eingehend instruiert und geschult werden. Weiter ist stetige, kommunikative Begleitung unumgänglich, um Interesse, Akzeptanz und Interaktion erzeugen zu können. Wie bereits erwähnt, ist die Mitarbeitermotivation entscheidend für den nachhaltigen Erfolg.

- **Zielgruppenkommunikation:** Kommunikation und Interaktion mit den Zielgruppen (intern, extern oder gemischt) sind absolut zentral. Ohne entsprechendes Engagement der zuständigen Manager und Mitarbeitenden kann sich kein Erfolg einstellen. Wenn User-Anregungen oder -Fragen nicht prompt, authentisch, transparent und kompetent bearbeitet werden, verpufft der Effekt.

- **Zielüberprüfung:** Nichts ist für die Ewigkeit, und im Internet wäre die Ewigkeit sowieso endlich und kurz. In diesem Kontext ist klar, dass auch webbasierte Lösungen eine relativ kurze Halbwertszeit besitzen. Die Monitoringsysteme sind entsprechend zu adjustieren und die Maßnahmen anzupassen. Social-Media-Marketing ohne geeignete Monitoring-Maßnamen ist eine Todsünde. Einerseits hilft Monitoring beim Messen des Social-Media-Marketing-Erfolges. Andererseits ist es unabdingbar, immer zu wissen, was im ganzen Social-Media-Buzz über das eigene Unternehmen gesprochen wird.

Wenn diese Handlungstipps befolgt werden, ist die Grundlage für Social-Media-Marketing-Erfolg gegeben. Desweitern ist im Rahmen der Marketingplanung und der Festlegung des Social-Media-Marketingmixes die Kundensegmentierung von besonderer Wichtigkeit. Was nützt es zum Beispiel einer Privatbank, eine hippe Facebook-Seite zu betreiben, wenn die damit erreichten User potenziell nie zu ihrer Kundschaft zählen werden? Was nützt es, via Corporate Blog oder Twitter zu unterhalten und sich modern zu geben, wenn kein konkreter Nutzen für die Bank generiert wird?

Es stellt sich die Frage, was – im Sinne der erwähnten, zu schaffenden Werte – Bankkunden von Social-Media-Aktivitäten erwarten? Seien wir realistisch: Banken müssen auch in der virtuellen Welt teilweise gegen Vorurteile und Imageprobleme ankämpfen. Social-Media-Marketing von Banken, das einzig auf Zeitgeist und ein modernes, zeitgeistiges Image alleine abzielen, sind folglich nicht authentisch und bringen dem User wenig Nutzen. Wie vielleicht ein Preis bei einem Wettbewerb oder vergünstigten Zugang zu einem Konzert. Was der Social-Media-User wirklich brauchen könnte, wären reale, auf seine individuellen Bedürfnisse zugeschnittene Information und Interaktion mit Bankangestellten, mit denen er offline kaum in Kontakt treten könnte. Es geht um Kontakte und vor allem aber um die Bindung zum Kunden, um dadurch Mehrwert zu schaffen.

Wenn ein neuer Online-Trading-Kunde zum Beispiel die Gelegenheit hat, via Facebook-Seite einer Bank Fragen zu stellen und diese von geeigneten Spezialisten – im Rahmen der regulatorischen Möglichkeiten – auch ernst genommen und beantwortet werden, wird er diesen Kanal in seinem Netzwerk weiterempfehlen. Ähnliches bei Hypotheken, Rentenfragen etc. Manchmal sind Antworten direkt in den Social Media möglich, in einigen Fällen werden die User gebeten, sich mit konkret genannten Mitarbeitenden direkt in Verbindung zu setzen. Wie auch immer: Alle Besucherinnen und Besucher können erkennen, dass die Bank das Social-Media-Angebot wirklich ernsthaft betreibt und dessen Essenz – die Interaktion und die Bereitschaft zu Individualität – lebt. Das Prinzip kann in allen relevanten Social Media angewendet werden. Wichtig ist, dass nicht eine Sales-Atmosphäre generiert wird, sondern eine virtuelle Umgebung des Vertrauens, der Glaubwürdigkeit und der Seriosität. Ist das möglich, entstehen nachhaltige Kundenbeziehungen und wahrhaftiger Customer Value.

Selbstverständlich ist solcherlei sehr viel schwieriger aufzusetzen, als Facebook- oder Twitter-Accounts mit beliebigen Inhalten. Mittel- und langfristig ist das aber der richtige Weg. Social-Media-Marketing muss die Informations- und Interaktionsbedürfnisse der Kunden und Interessenten befriedigen und dient so gleichzeitig dem Aufbau und der Stärkung von Image und Branding.

2.3   Problemkreis 3: Die missachtete Wissensgesellschaft

Wir leben im Informationszeitalter. Informationen und das darauf basierende Wissen haben sich neben Boden, Arbeit und Kapital zu einem klassischen Produktionsfaktor entwickelt. Was, wenn ein Bauer in der Agrargesellschaft dem Boden nicht genügend Aufmerksamkeit geschenkt hätte? Obwohl Antwort und Analogie zur Gegenwart auf der Hand liegen, schenken viele Unternehmensverantwortliche der Information – und dem darauf basierenden Wissen – nicht die gebührende Aufmerksamkeit. Marktvorsprung hat, wer das Wissen der Belegschaft, der Kunden, der Partner und vor allem auch der Social-Media-User zu nutzen lernt. Wird dieses Wissen intensiv ausgetauscht, analysiert und angewendet, werden unter anderem Produkte verbessert, Markttests verkürzt, Streuverluste bei Werbung und Kommunikation verringert, Motivation erhöht und neue Ideen kreiert. Oder im Sinne der Marketing-Definition: Es werden Werte für alle Interessengruppen des Unternehmens geschaffen.

In Social Networks vernetzte User generieren Inhalte. Jede Interaktion, jeder neue Eintrag, jeder neue Inhalt stärkt die Netzwerke und sorgt für immer feiner gegliederte Communities. Wissen und Information sammeln sich um „Hubs" und organisieren sich durch Interaktion zwischen den Akteuren. Die Communitys sind selbstorganisierende Netzwerke und Basis für einen funktionierenden Wissensaustausch im privaten Rahmen genauso wie im unternehmerischen.

Diese Entwicklung ist noch lange nicht abgeschlossen. Kommunikationsforscher gehen davon aus, dass die Wissensgesellschaft in fünf Jahren ein extrem vernetztes Mit- und Nebeneinander aus Menschen und intelligenten Informationssystemen sein wird. Neben den Menschen wird auch ein Großteil der Gebrauchsgegenstände permanent Informationen von der Umwelt ablesen, speichern, miteinander austauschen und so mit den Menschen zusammenarbeiten. Diese Form der Vernetzung ist unter dem Begriff „Pervasive Computing" bekannt und stellt auch an die Marketingverantwortlichen von Banken hohe Ansprüche. Sie müssen Teil dieser vernetzten Informations- und Wissensmaschinerie werden, um wahrgenommen zu werden und den Kunden an den exakt passenden Orten, zur exakt passenden Zeit, die exakt passenden Informationen oder Supportdienstleistungen erbringen zu können.

Gefahr dieser Entwicklung sind negativ Erfahrungen und Aussagen von Einzelpersonen, die sich über ihre Communities rasend schnell ausbreiten und sich bei falscher Reaktion der Social-Media-Verantwortlichen der Banken zu veritablen Shitstorms auswachsen können. Werden die vorgängig beschriebenen Handlungstipps befolgt und befähigten Mitarbeitenden in den Bereichen Content- und Community-Management ausreichend Bewegungsfreiheit in den Social Media gewährt, ist dieses Risiko aber tragbar.

2.4 Problemkreis 4: Morgen ist schon alles wieder anders

Banken haben viele Vorschriften zu beachten. Das macht die Implementierung von Social Media schwerfälliger als in anderen Branchen. Deshalb ist ganz grundsätzlich – im Rahmen der entsprechenden Strategiearbeit – zu überdenken, ob Corporate Social Media für den externen Einsatz überhaupt Sinn machen. Intern haben sie sich bei den meisten

Banken schon lange etabliert: Für den Wissensaustausch, die interne Kommunikation und vieles mehr. Externes Social-Media-Marketing, das haben die bisherigen Ausführungen gezeigt, ist insbesondere für Banken anspruchsvoll und nur wirkungsvoll, wenn mit neben den etablierten und erfolgreichen klassischen Marketingstrategien social-media-spezifische Unterlagen geschaffen werden. Wichtig für die Marketingverantwortlichen ist dabei die Unterstützung der Unternehmensführung. Denn Prozesse müssen angepasst, mit Traditionen muss gebrochen und Regularien müssen überdacht werden. Fehlt der grundlegende Support der obersten Gremien, steht Social-Media-Marketing auf einem äußerst unsicheren Fundament. Kurz: Social-Media-Marketing ist Chefsache.

Sind alle diese Grundlagen gegeben, bleibt die Tatsache, dass das Umfeld äusserst dynamisch ist und bleibt. Im Gegensatz zu oftmals während Jahren eingespieltem klassischem Marketing, insbesondere Marketingkommunikation, verändert sich Social-Media-Marketing rasend schnell. Ist Facebook heute noch angesagt, ist es morgen bereits Pinterest oder ein anderes Netzwerk. Kommt dazu, dass bereits heute mehr als die Hälfte der Social-Media-Zugriffe via Mobile Phones geschehen. Eine Social-Media-Marketingstrategie muss folglich den Webzugriff und den mobilen Aspekt gleichzeitig berücksichtigen und die unterschiedlichen Anforderungen und User-Erwartungen erfüllen.

3   Fazit

Social-Media-Marketing bietet Banken die Chance, mit potenziellen und bestehenden Kunden in einen authentischen, werteschaffenden Dialog zu treten. Das geht nur, wenn neue Wege beschritten werden, fachkundige Mitarbeitende angestellt oder ausgebildet werden und die User genau die Informationen, das Wissen und die Antworten geliefert bekommen, die sie in bestimmten Situationen benötigen. Social-Media-Marketing braucht ehrliche, schnelle, kompetente und nachhaltige Interaktion. Ist dies gewährleistet, werden die Social-Media-Marketingzielsetzungen erreicht. Mehr noch: Dann erfahren Kunden eine neue Dimension der Bankenkommunikation, erleben Transparenz und berichten dann von den positiven Erfahrungen in ihren sozialen Netzen. Längst sind die Marketingaktivitäten in den Social Media aus den Kinderschuhen herausgewachsen. Heute sind sie messbar und zu ernstzunehmenden Instrumenten geworden. Pionierarbeit war gestern, heute gilt es die neuen Gesetzmäßigkeiten zu kennen und diese smart und erfolgsbringend einzusetzen.

Deutschsprachige Finanz- und Börsenblogs:	Englischsprachige Finanz- und Börsenblogs:
• 5trade Blog: www.5trade.ch/blog/	• 10q detective: 10qdetective.blogspot.com/
• Björn Junker – Der Blog für Edelmetall- und Rohstoffaktien: bjoernjunker.wordpress.com	• Abnormal Returns: www.abnormalreturns.com/
• Börse ARD: boerse.ard.de	• AVC: www.avc.com/
• Börsenblogger: dieboersenblogger.de	• Bespoke Investment Group: www.bespokeinvest.com
• Börsennotizbuch: www.boersennotizbuch.de	• Bill Cara's Cara Community: caracommunity.com/
• Den Nutzen von Ratings erschliessen: www.everling.de	• Business Insider: www.businessinsider.com/
• Der Bank Blog: www.der-bank-blog.de	• Calculated Risk: www.calculatedriskblog.com/
• Der Privatanleger: der-privatanleger.de	• Carl Futia: carlfutia.blogspot.com/
• Die Börsenblogger: dieboersenblogger.de	• DealBook: dealbook.nytimes.com/
• FCH Blog: blog.fc-heidelberg.de	• Dealbreaker: dealbreaker.com/
• Finance Café: www.finance-cafe.net	• Econbrowser: www.econbrowser.com/
• Finsider.ch: www.finews.ch/news/finsiderch	• Economix: economix.blogs.nytimes.com/
• Fi-Ts Blog: www.f-i-ts.de/blog	• Ezra Klein: voices.washingtonpost.com/ ezra-klein/
• Gier ist gut: www.gieristgut.com	• Felix Salmon: blogs.reuters.com/felix-salmon/
• Hankes Börsen-Bibliothek: blog.wiwo.de/ hankes-boersen-bibliothek/	• Freakonomics: www.freakonomicsmedia.com/
• Invest Blog: basili.wordpress.com	• Free Exchange: www.economist.com/blogs/ freeexchange
• Investors Inside: www.investorsinside.de/	• Global Economic analysis: globaleconomicanalysis.blogspot.com
• Kapitalmarktexperten: www.kapitalmarktexperten.de/	• Grasping Reality: delong.typepad.com
• Mr Market: www.mr-market.de	• Hedgeye Blog: www.hedgeye.com/
• My Dividends: www.mydividends.de/	• Infectious Greed: paul.kedrosky.com/
• Next Turtle Blog: nextturtle.blogspot.com/	• Maoxian: maoxian.com/
• Ökonomenstimme: www.oekonomenstimme.org	• Marginal Revolution: www.marginalrevolution.com/
• Trendgedanken: trendgedanken.de/	• Megan McArdle: www.theatlantic.com/ megan-mcardle
	• Naked Capitalism: www.nakedcapitalism.com/
	• Planet Money: www.npr.org/blogs/money

Deutschsprachige Finanz- und Börsenblogs:	Englischsprachige Finanz- und Börsenblogs:
	• Real Time Economics: blogs.wsj.com/economics
	• Rortybomb: rortybomb.wordpress.com/
	• Seeking Alpha: seekingalpha.com/
	• Street Sweep: finance.fortune.cnn.com/category/street-sweep/
	• The Angry Bear: www.angrybearblog.com/
	• The Big Picture: www.ritholtz.com/blog
	• The Conscience of a Liberal: krugman.blogs.nytimes.com/
	• The Consumerist: consumerist.com/
	• The Wealth Report: blogs.wsj.com/wealth
	• Trader Feed: traderfeed.blogspot.com/
	• Venture Beat: venturebeat.com/
	• WalletPop: www.walletpop.com/
	• Zero Hedge: www.zerohedge.com/

How P2P Social Banking can fix the Future of Finance

Morten Lund/Alexander Haislip

Finance is at the edge of a new epoch, enabled by the Internet and marked by the rise of self-coordinating capital markets.

We believe the Internet is going to provide the transparency and trust to banking and capital markets that people yearn for. Social networks, still in their awkward adolescence, can become powerful platforms for financial and economic organization. There is an opportunity for peer-to-peer (P2P) social banks to work more efficiently and securely than their predecessors. Moreover, they may operate with greater trust and transparency to improve financial outcomes and provide societal benefits.

Anticipating the future of finance, and the role P2P social banks can play, requires a frank assessment of the current conditions and a little imagination to cast for better solutions.

1 Today's Problems

Commercial banking represents a small part of modern finance, yet it is the most familiar, the most ubiquitous and the most essential for daily commerce. Outside of buying and selling, the simple acts of lending and borrowing constitute the most fundamental units of most people's financial lives. It's a shame then that these simple acts have been so twisted, confused and broken by modern banking.

It's difficult, if not impossible, for many good people to get loans. Banks no longer delegate trust to local managers to make lending decisions. Instead, they rely on highly processed formulas. Those formulas rely on your historical data and the histories of millions of other people. If you fall outside a tightly-bound concept of normal, or simply haven't generated enough data, you won't get a loan. Period. There's no room for leniency or judgement. If you don't fit the formula that predicts successful repayment, you won't get a loan.

And the formula changes with the ups and downs of the market. The swing associated with the recent U.S. housing bubble makes clear both the importance of the formula and its arbitrary malleability. Underwriters Freddie Mac and Fannie May, which have had their own problems, now typically require borrowers to put at least 15% down and have a credit score of at least 760, up from 0% down and credit scores below 600 as recently as five years ago during the boom.

And the credit score itself is by no means an objective number. Credit scores change constantly and vary from one ratings agency to another, depending on factors that are kept secret from consumers by the companies that create the scores.

People are judged and prevented from receiving a needed loan, or charged an exorbitant rate for it, by a set of secret statistics, brewed up by data that may not even be accurate. The result is a system that is neither transparent nor trusted. One that frequently keeps good, trustworthy people from connecting with reasonable loans to pursue education, invest in transportation, start a business or own a house.

The loans that do get made do little for lenders. I don't mean the banks. The banks continue to find profit for themselves. They're not the lenders anyway, simply an intermediary. The interest available to you lending through a bank has decreased to the point of irrelevance. What's worse, many banks will actually charge you for the privilege of opening and servicing an account that they can turn around and make loans from.

It's easy to blame fat-cat bankers, with their multi-million dollar executive payments and corporate perquisites, for eating all the interest that was once available to lenders. The truth is that their avarice is only a tiny fraction of the inefficiency associated with modern banking. A major global bank has hundreds of branch offices, several hundred thousand employees and spends massively on corporate branding. Citigroup, just one of a handful of mega-sized banks, spent $2.3 billion on advertising and marketing in 2011 alone. That's money that didn't get paid out as interest to account holders.

Size makes banks less efficient, but it also opens investment opportunities that smaller banks, the ones that were common as recently as 20 years ago, never could have taken advantage of.

A global bank can use its deposit dollars to invest anywhere in the world and chase any number of "securitized" products. It's quite possible that a paycheck deposited in San Francisco will go to finance a mining operation in Bogota or fund a bundle of sub-prime home loans in Las Vegas. There is no transparency for bank customers and no benefit from community reinvestment.

Beyond the lack of transparency, there's no way for a lender to actively direct the flow of his or her capital through loans. If you want to keep your money in your community, there's no chance to do it through a bank. You simply open your wallet, pass over your money and hope for a meager interest rate in return. There's simply no way to prevent your money from going to a borrower that you don't approve of, a country you don't wish to support or a project of dubious societal benefit.

Difficulty securing loans and earning interest, combined with a lack of community reinvestment are some of the biggest issues with banking today. But they're not the only issues. Rising fees and minimum balance requirements are driving many people out of the banking system altogether. Research by the Federal Deposit Insurance Corporation shows that the number of Americans without bank accounts may be as high as 17 million and appears to be rising. People who might once have worked closely with a local bank may now find themselves caught in high-interest commitments to payday lenders, pawn shops and credit card companies.

2 Better Banking

Banks, at their best, act as efficient intermediaries. They connect people to each other and facilitate a transaction of mutual benefit. Borrowers meet lenders, and many small lenders can band together to make big loans. Banks create value by bridging the gap between those who have money and those who need money and deserve payment for that service.

Better banking begins by rebuilding the connection between borrowers and lenders and the Internet provides a perfect starting place for this work.

The strengths of the Internet for organization and the power of social networks to connect like-minded people are well documented, playing a role in the overturn of oppressive regimes, the launch collective action projects and the unification of geographically disparate people in new ways. Now there's an opportunity to use social networks as the backbone of borrowing, to go from "likes" to loans and empower people to help their friends and themselves.

Think of it as peer-to-peer (P2P) social banking, connecting people to each other in a way that circumvents outmoded power structures and inefficient global financial conglomerates. A modern P2P social bank is little more than an Internet service that provides a platform for borrowers and lenders to meet and come to agreements. It offers standardized terms, rates and repayment schedules. It provides reminders, support and transparency to ensure repayment. It relies on individuals to forge trust between themselves and cuts out the middleman of last century banking.

You borrow from your social network or you lend to your social network. Either way, you know the person on the other side of the transaction. It makes banking personal. You deal with people you know and trust. There's good reason to be optimistic that such a service can be efficient, safe and provide better outcomes for all parties involved.

An Internet-enabled P2P social bank can be orders of magnitude more efficient than its brick and mortar predecessors. There are no branch offices, no vaults, no tellers, no bankers, no statisticians, no algorithmic traders, no complex commodities experts, no glitzy corporate offices and no need to splurge on branding. Every single facet of modern commercial banking disappears save an online interface and secure computers.

The P2P social bank fades into the background, providing forms and support only when needed. That means better rates for borrowers and better interest rates for lenders – the bank can be successful with much lower margins.

It will still have to invest in security, but the past decade has seen dramatic improvements in the safety of online commerce. From robust encryption standards to site authentication and multi-factor identification: doing business online is easier than ever. A modern P2P social bank needs to establish trust from the outset by transparently demonstrating both its digital security features and the steps it takes to remediate complaints.

Companies such as eBay and PayPal have forged the way in creating trust and have proven that P2P commerce is not only possible, but safe. eBay runs 300 million active listings at any given time and will refund any purchase that isn't delivered as described in its listing. It's able to do this because the vast majority of the transactions it processes come off without a hitch. And for transactions where there's a problem, the company works through a clear process to resolve complaints before processing a refund through its eBay Buyer Protection.

A P2P social bank could do the same thing, backstopping some portion of lender losses. It's easy to imagine a nascent social bank volunteering to insure up to 50% of the loans first-time users make. This would require careful control and provisions against fraudulent self-dealing, but could help some lenders feel more comfortable about starting with a social lending platform.

Or a P2P social bank could cover the spread between the payments a debtor has made and the outstanding payments due lenders, while transferring the outstanding debt to a bank-owned instrument. Assuming this level of risk would re-insert the bank between borrowers and lenders and necessitate a higher profit margin on successful loans to underwrite losses from unsuccessful loans. This could be used as a way for a P2P bank to gain confidence among early adopters. Later, it could be phased out or offered as a separate financial product to lenders who are comfortable accepting lower rates of return.

Alternatively, a P2P social bank could develop modules to help borrowers plan and execute loan repayments. The bank could develop a set of online information resources, such as articles and videos to explain financial concepts and best practices. It could invest in customer education, counseling and mentorship. When there's no massive overhead costs for the bank to foot, there's an opportunity to try new ways of helping people achieve their goals. Who knows what innovative new concepts such a bank might develop? There's an opportunity to create novel automated payment reminders and to "gamify" the repayment process with mobile apps to better engage borrowers in a path to successful repayment.

Securely enabling both higher interest rates for lenders and lower interest rates for borrowers provides real value to society. It helps people who need money to start a business, buy a house or invest in education. But the P2P social bank serves another critically important function: it instills heightened personal responsibility for finance and dramatically improves loan repayment rates.

The psychology that underlies this fact is simple enough: it's much easier to default on a loan to an anonymous bank than it is to stiff a friend. When people borrow from people they know, the social bond and societal expectation compels them to pay at much higher rates than they otherwise would.

To be sure, this insight may not be immediately obvious to anyone who has had experience with informal loans. Indeed, the advice Polonious offers Laertes in Shakespeare's *Hamlet* can, for some, remain a powerful deterrent to the concept of social lending: "Neither a borrower nor a lender be; For loan oft loses both itself and friend."

Research suggests that informal lenders experience lower repayment rates because borrowers misremember the conditions of the loan, re-interpret it as a gift, and feel under no obligation to repay it.[1] This is where a simple P2P social banking service can dramatically improve outcomes. The formality of using a bank as an intermediary solidifies the understanding of the financial relationship for both parties and helps facilitate repayment.

Still, for all its promise, P2P social banking is not a panacea and still has problems yet to be solved. Early attempts at setting up P2P social banks met with a high default rate from borrowers, an ambiguous legal status and high marketing costs to drive awareness for the new service.

Yet these kinks are getting worked out. The 'adverse selection bias' that early P2P Social Banks dealt with is alleviated through use of pre-existing social networks instead of semi-anonymous connections made only via Internet postings. In the U.S., the SEC has clarified its position on P2P social banking and made the process of obtaining the relevant clearances transparent. Even the marketing costs for such services have fallen as the public becomes more aware of their existence and viability.

---

[1] "Lenders' blind trust and borrowers' blind spots: A descriptive investigation of personal loans," *Journal of Economic Psychology*, Linda Dezső, George Loewenstein (http://dx.doi.org/10.1016/j.joep.2012.06.002).

Building the bridge to better banking, banking that's easier, more efficient, transparent and trustworthy, will take time. It will require investments. Investments of money to support fledgling P2P social banks. Investments of expertise and effort from entrepreneurs. Investments of trust between people willing to embrace tomorrow.

Kunden an die Macht: neue Geschäftsmodelle

Persönliches Finanzmanagement: neuer Trend im Retailbanking

Hansjörg Leichsenring

1 Einleitung

2 Persönliches Finanzmanagement (PFM)
 2.1 Hintergrund
 2.2 Definition und Inhalte
 2.3 Historie

3 Beispiel einer PFM-Anwendung

4 Vorteile von PFM
 4.1 Vorteile für die Kunden
 4.2 Vorteile für die Bank

5 Einführung von PFM

6 Erfolgsfaktoren für ein Angebot von PFM

7 Bewertung

1 Einleitung

Onlinebanking ist in Deutschland fest etabliert. Bei positivem Wachstumstrend sind aktuell rund 50 % aller Girokonten für Onlinebanking freigeschaltet, wobei der Anteil bei den Privatbanken deutlich höher liegt als bei den Genossenschaftsbanken oder den Sparkassen. Allerdings ist die tatsächliche Nutzung deutlich geringer. Der Vergleich mit anderen Ländern macht zudem deutlich, dass hierzulande noch deutliches Potenzial für eine stärkere Durchdringung besteht. Somit müssen sich die Banken nicht nur Gedanken über eine weitere Steigerung, sondern auch über eine Erhöhung der tatsächlichen Onlinebanking-Nutzung machen.

Abbildung 1: Onlinebanking in Deutschland auf nachhaltigem Wachstumskurs, aber auch mit Nachholbedarf

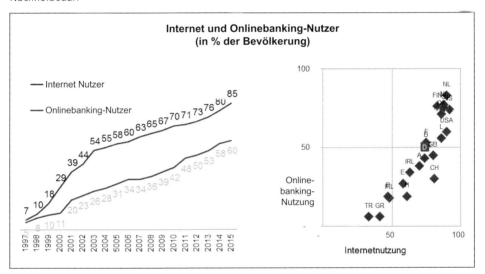

Quellen: Bundesbank, Bankenverband, EU, SRG SSR, AXA, eigene Darstellung

Es ist daher nur folgerichtig, wenn Kreditinstitute sich aktuell Gedanken machen, wie die weitere Entwicklung in diesem Bereich aussieht bzw. aussehen soll und welche Leistungs- und Serviceangebote zu einem modernen, zukunftsorientierten Onlinebanking gehören.

2 Persönliches Finanzmanagement (PFM)

2.1 Hintergrund

Infolge der Finanzkrise hat sich weltweit für viele Menschen die Herausforderung des Haushaltens mit den eigenen Finanzen neu gestellt. Die Haushaltsregel „mehr einnehmen als ausgeben" liest sich einfach, lässt sich aber im Alltag nicht ohne Weiteres umsetzen. Die Menschen benötigen und erwarten von ihrer Bank dabei Unterstützung. Und im Zuge der Digitalisierung erwarten sie, dass diese Unterstützung auch online zugänglich ist. Hier setzt das persönliche Finanzmanagement an bzw. bietet Lösungen.

2.2 Definition und Inhalte

Hinter den Begriffen „Personal Finance Management", „persönliches Finanzmanagement" oder einfach „PFM" verbirgt sich eine neue Generation von Programmen zur Verwaltung der persönlichen Finanzen für private Kunden. Hierzulande wird auch der Begriff „elektronisches Haushaltsbuch" verwendet, der jedoch hinsichtlich der umfangreichen Inhalte und Funktionalitäten moderner Lösungen zu kurz greift.

Ansätze für PFM gibt es hierzulande schon länger: PC-basierte Homebanking-Programme, wie Quicken oder Star-Money oder früher Microsoft Money bieten Kunden u.a. eine Gesamtbetrachtung ihrer Konten und die einfache Durchführung von Überweisungen. Durch die Kategorisierung und Zuordnung von Kontoumsätzen ermöglichen sie zudem die Herstellung eines Überblicks zu Einnahmen und Ausgaben und bieten damit Ansätze für eine einfache Haushaltsbudgetierung. Relativ teuer, kompliziert in der Bedienung und eingeschränkt in der Funktionalität konnten sie sich in der Breite jedoch nie wirklich durchsetzen. Zudem erfordern sie die Installation der Software am PC, was z.B. eine Verwendung am Arbeitsplatz i.d.R. verhindert. Somit ist es kein Wunder, dass die Verbreitung dieser Homebanking Software recht gering ist, nur rd. 10–15% der Onlinebanking-Kunden nutzen sie.

Dagegen handelt es sich bei PFM um erweiterte, hoch automatisierte Ansätze, die eine persönliche und haushaltsbezogene Budgetierung ermöglichen. Moderne kunden- und zukunftsorientierte PFM-Lösungen gehen jedoch über diese Grundfunktionalitäten weit hinaus und sind damit viel mehr als nur Tools zur vereinfachten Haushaltsbuchführung.

Sie ermöglichen nicht nur eine weitgehend automatische Kategorisierung persönlicher Einnahmen und Ausgaben verschiedener Konten (Kontokonsolidierung) sowie eine automatische Finanzstatus-Aktualisierung, sondern sie zeichnen sich vor allem durch eine einfache nutzerfreundliche Bedienung aus. Sie bieten vielfältige Ansätze für eine einfache Budgetierung und Finanzplanung im Hinblick auf die Erreichung individueller Ziele und halten Entwicklungen der persönlichen Finanzen automatisch nach. Sie zeigen Budgetüberschreitungen wie Einsparungen übersichtlich an, informieren den Kunden direkt darüber z.B. via E-Mail oder SMS und ermöglichen es sogar, automatische Einsparungshinweise zu generieren.

Die neuen Tools sind webbasiert und damit PC-unabhängig zu verwenden. Sie sind stark visuell geprägt und machen durch intuitive Bedienung und den Einbezug spielerischer Elemente sogar Spaß. Ganz nebenbei bedienen sie auch den gesellschaftspolitischen Aspekt einer „Erziehung" im Umgang mit Finanzen.

Doch die Kunden wollen mehr als nur ein elektronisches Haushaltsbuch. Insbesondere Kommunikation und Individualisierung gewinnen in der Nachfrage nach Bankdienstleistungen zunehmend an Bedeutung. Genau dieses Bedürfnis erfüllen die neuesten PFM-Tools durch die Einbindung von Web 2.0-Funktionalitäten. Sie ermöglichen automatische Vergleiche mit Nutzern gleicher Struktur innerhalb einer repräsentativen Vergleichsgruppe oder den Austausch mit Freunden und Bekannten innerhalb sozialer Netzwerke wie Facebook & Co. Damit bieten sie einer Bank auch die Grundlage zur Einrichtung von Kunden-Communities.

Nur der Vollständigkeit halber sei erwähnt, dass die besten Systeme – dem aktuellen Zeitgeist folgend – zusätzlich auch die Möglichkeit einer mobilen Nutzung via entsprechender Apps bieten.

2.3   Historie

Seinen Ursprung hat PFM in angelsächsischen Ländern, vor allem den USA. Das bekannteste Beispiel ist der bankenunabhängige US-Anbieter Mint.com, der nach eigenen Aussagen über vier Millionen Nutzer hat. In seinem Fahrwasser hat sich Personal Finance Management in diesen Ländern weitgehend als neuer Standard im Retailbanking etabliert. Allein in den USA hat PFM in den letzten Jahren ein rasantes Wachstum mit Dutzenden von Roll-Outs, z.T. durch unabhängige Anbieter, z.T. durch Retailbanken erlebt.

Auch in europäischen Märkten wird das Thema seit einiger Zeit intensiv diskutiert. Anfangs war die Umsetzung noch zögerlich: In Spanien hält die BBVA mit La Cuentas seit 2008 ein Angebot bereit, in Island führte Islandsbanki mit Meniga PFM in 2009 ein und die ING hat an ihrem Heimatmarkt 2010 mit TIM ein digitales Haushaltsbuch pilotiert. Seit 2011 scheint ein richtiger Run eingesetzt zu haben, wie die Rolls-outs zahlreicher Banken belegen. Insbesondere nordeuropäische Banken sind hier Wegbereiter, was mit der in diesen Ländern hohen Akzeptanz von Onlinebanking und Kreditkartenzahlungen, aber auch mit der grundsätzlich höheren Innovationsbereitschaft begründet werden kann.

Im deutschsprachigen Raum wurde im Frühjahr 2012 ein PFM-Angebot von der schweizerischen PostFinance vorgestellt und auch in Deutschland arbeiten einige Institute aktuell sehr intensiv an einer Einführung, wobei die erste zum Jahreswechsel 2012/13 erwartet werden darf.

Auch einige bankenunabhängige Dienste, wie Folkonomi in Schweden oder Moneydashboard in UK, sind am Markt. In Deutschland hat Kontoblick versucht, ein bankunabhängiges Angebot zu etablieren, allerdings ohne viel Erfolg.

3 Beispiel einer PFM-Anwendung

Die nachfolgenden Abbildungen mögen einen ersten Überblick einer ausgereiften PFM-Lösung vermitteln, wobei es natürlich grundsätzlich schwierig ist, durch einige wenige statische Bilder einen Eindruck einer interaktiven und damit dynamischen Anwendung zu gewinnen.

Allen PFM-Anwendungen eigen ist das Top-Down-Vorgehen. Bereits beim Login erhält der Kunde zum Einstieg einen Überblick über seinen aktuellen Finanzstatus, der neben der Gesamtsituation die wesentlichen Ausgabenkategorien zeigt. Typischerweise erhält der Nutzer ein erstes Feedback zu seinem Finanzverhalten, wobei sich hierbei eine Ampelfunktion bewährt hat. Zusätzlich können hier bereits Hinweise auf Sparziele oder wichtige Einzelpositionen gegeben werden.

Abbildung 2: Die Begrüßungsseite gibt dem Kunden „per Ampel" einen Finanzstatus

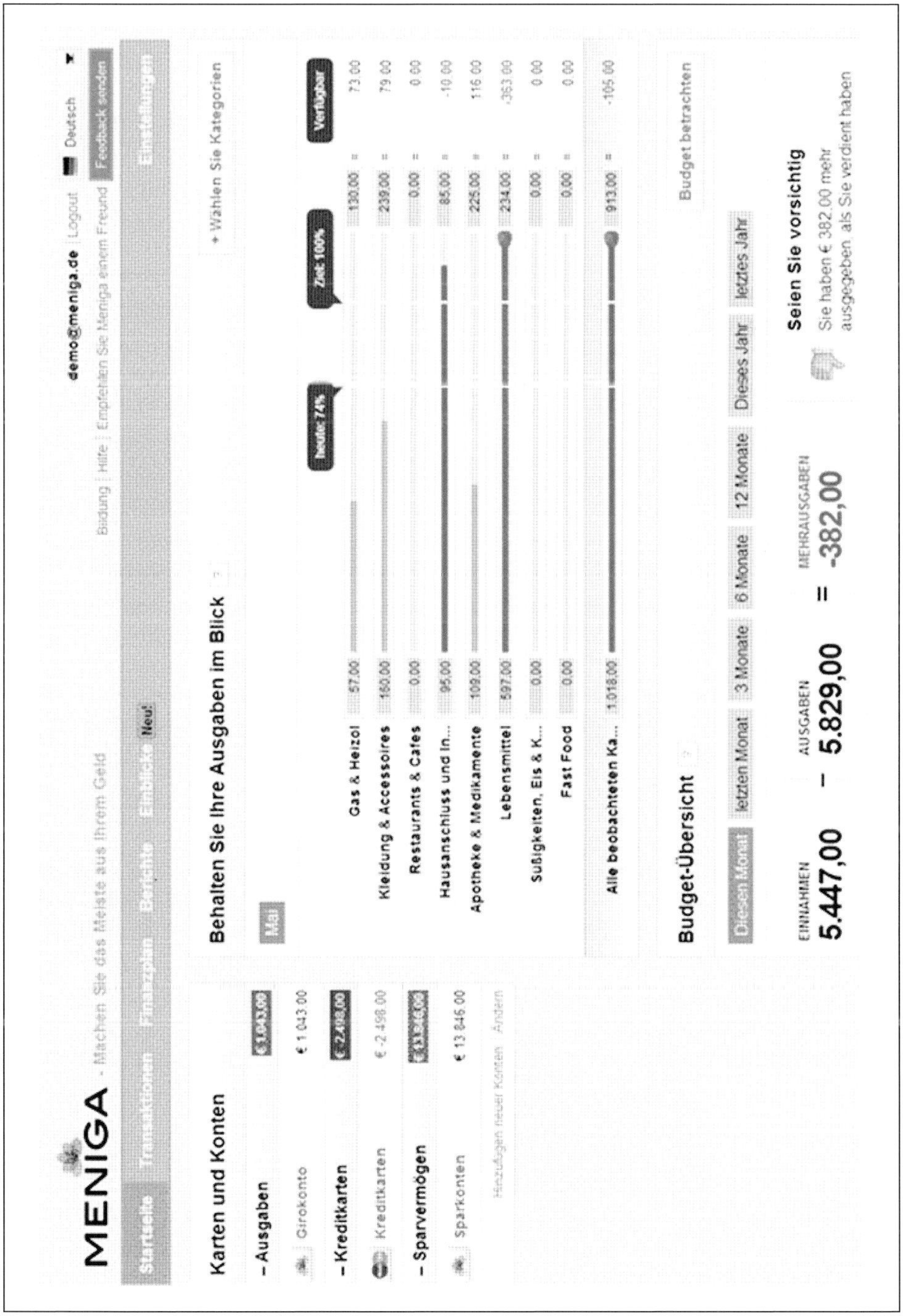

Der Kunde hat nun die Möglichkeit, in eine tiefergehende Analyse seiner Finanzen einzutreten. Gute PFM-Anwendungen bieten dazu eine Vielzahl von grafisch unterstützen Auswertungsmöglichkeiten. Der Kunde kann sich damit sowohl einen Gesamtüberblick z.B. über Ausgabenkategorien verschaffen als auch in detaillierte Analysen seiner Ausgaben einsteigen. Bewährt hat sich dabei das sog. Drill-Down-Prinzip, d.h. durch intuitives Anklicken eines Grafikelements gelangt man zur nächsttieferen Detaillierungsebene, bis man zuletzt beim einzelnen Umsatz ankommt.

Auswertungen sind i.d.R. sowohl nach Art/Kategorie als auch nach zeitlichem Verlauf möglich. Die jeweiligen Zeiträume lassen sich dabei weitgehend frei wählen.

Auch eine Finanzplanung ist in den meisten Lösungen enthalten, mit deren Hilfe der Kunde in die Lage versetzt wird, seine Ausgaben für einen zukünftigen Zeitraum zu sehen, so dass er frühzeitig auf mögliche finanzielle Engpässe hingewiesen werden kann.

Abbildung 3: Diverse Auswertungen ermöglichen Überblick über die eigenen Finanzen

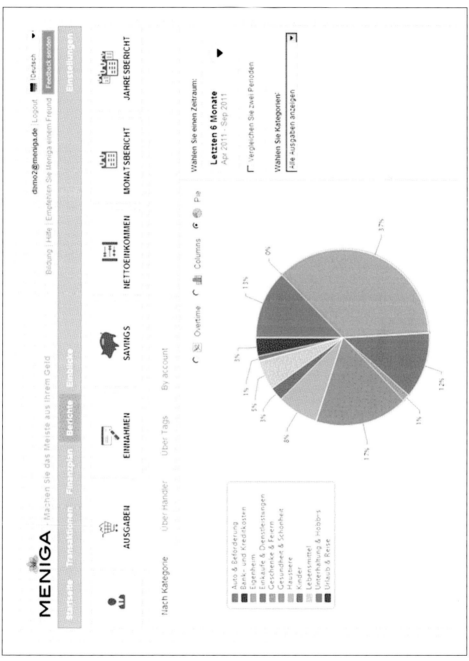

An zahlreichen Stellen bietet sich zudem für eine Bank die Möglichkeit, dem Kunden gezielte Hinweise zu geben. Diese können sich auf Einsparmöglichkeiten beziehen oder auch auf besondere Bankprodukte, die, abgeleitet aus seinem Finanzverhalten, zum individuellen Bedarf des Kunden passen.

Auch eine automatische Koppelung von Zahlungsströmen ist möglich, z.B. die Besparung eines Sparvertrags zur Erreichung eines bestimmten Ziels, wie dem Kauf eines neuen Autos oder dem nächsten Urlaub.

Eine Besonderheit, die nicht alle Lösungen enthält, sind Vergleiche, bei denen der Kunde anonymisiert seine eigenen Ausgaben mit denen anderer Kunden vergleichen kann. Solche Vergleiche bieten sich z.B. für Kategorien wie Wohnen, Auto oder Lebensmittel an. Der Kunde sieht dort sein eigenes Ausgabenverhalten im Vergleich zu dem anderer Nutzer und kann so für sich Schlussfolgerungen über die Höhe und Angemessenheit seines eigenen Konsumverhaltens ableiten.

Zudem lassen sich im System allgemeingültige Daten hinterlegen, z.B. Immobilien- oder Mietpreise in einer bestimmten Region oder Vergleichswerte für Versicherungen, Lebensmittel etc. Mithilfe solcher Vergleichstabellen lassen sich innerhalb des PFM-Tools sowohl Einsparvorschläge als auch konkrete Produktangebote für den Kunden bereitstellen, die auf seine individuelle Bedarfssituation zugeschnitten sind.

Wichtig für diese Vergleiche ist natürlich eine Verfügbarkeit der entsprechenden Daten sowie deren Aktualität, Bezug und Repräsentativität.

Abbildung 4: Vergleichsfunktionen ermöglichen vertiefte Einblicke und Aufzeigen von Einsparungsmöglichkeiten

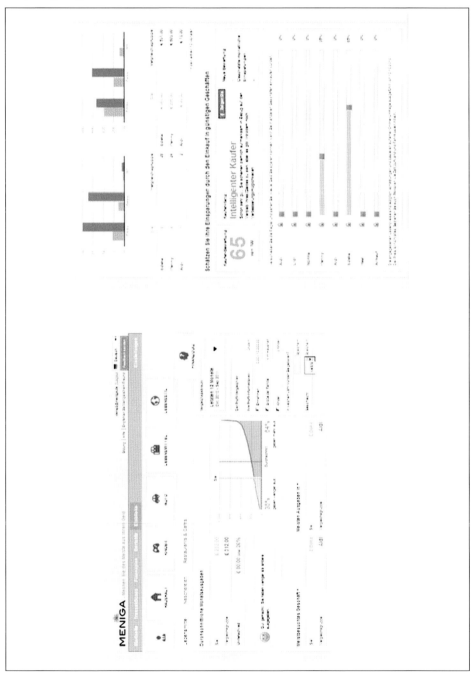

4 Vorteile von PFM

4.1 Vorteile für die Kunden

Die Vorteile für Kunden sind zahlreich. Die wesentlichen sind:

- mehr und detailliertere Informationen über die eigenen Finanzen,
- ein besseres Verständnis der eigenen finanziellen Situation,
- einfache Tools zur Unterstützung von Budgetierung und Sparen,
- Empfehlungen und Tipps für den Umgang mit den persönlichen Finanzen.

Dass dies auch funktioniert und der Kunde die Vorteile tatsächlich wahrnimmt und wertschätzt, beweisen verschiedene Kundenbefragungen. So sagen fast 80 % der befragten Kunden, dass ihnen die Nutzung des persönlichen Finanzmanagement seine bessere Kontrolle über ihr finanzielles Leben ermögliche und 40 % erkennen dank PFM die Möglichkeit, Ausgaben zu vermeiden.[1] Einer anderen Studie zufolge empfinden 80 % der PFM-Nutzer (= 20 % der Bankkunden) den Einsatz von PFM als wichtig und wertvoll.[2]

Aus Kundenbefragungen dort, wo PFM im Einsatz ist, wissen wir zudem, dass die Kunden nicht nur sehr zufrieden mit diesem Angebot sind, sondern auch, dass es ihnen eine tatsächliche Hilfestellung beim Haushalten ermöglicht. So haben z.B. bei einer Befragung 90 % der Kunden angegeben, dass sie PFM weiterhin nutzen wollen und 66 %, dass ihnen das Tool eine wertvolle Hilfe bei der Erkenntnis über Verbesserungen der persönlichen Finanzen bietet. Mehr als 40 % der Befragten sagen sogar, dass sich ihr Ausgabenverhalten durch die Verwendung von PFM tatsächlich verändert habe.[3]

---

[1] Aite Group: Personal Financial Management.
[2] Kundenbefragung Islandsbanki, Meniga 2011.
[3] Kundenbefragung Islandsbanki, Meniga 2011.

4.2 Vorteile für die Bank

Auch für Banken, die ihren Kunden PFM anbieten, lassen sich zahlreiche Vorteile erkennen. Die wichtigsten seien nachfolgend aufgeführt und kurz erläutert:

Mehr Markenvertrauen, Kundenbindung und -loyalität

Der von den Kunden empfundene Nutzen des Einsatzes von PFM führt zum weltweit beobachtbaren Effekt einer Erhöhung der Kundenbindung. In Australien wurde von einigen Banken ein Rückgang der monatlichen Kontoschließungen um 50% festgestellt.[4] In den USA konnte bei bankeigenen PFM-Lösungen ein Rückgang der Kontoschließungen um bis zu 30% beobachtet werden.[5] In Island sagten 72% der befragten Nutzer, PFM habe ihre Loyalität zur Bank erhöht.[6]

Dieser Effekt lässt sich plausibel erklären: Kunden, die PFM nutzen, bilden im Laufe der Zeit eine wertvolle Datenbasis. Während im normalen Onlinebanking Kontodaten nur drei Monate (bei manchen Instituten sechs) zur Verfügung stehen, bleiben diese innerhalb der PFM-Anwendung dauerhaft bestehen. Bei einem Institutswechsel allerdings würde diese Historie verloren gehen.

Verbesserten Einblick in Kundenbedarf

Einer Studie zufolge nutzen in den USA drei Viertel der PFM-Nutzer die Angebote täglich mit über 75% ihrer Konten. 60% der Kunden bearbeiten der Studie zufolge Konten und Kreditkarten von mindestens sechs verschiedenen Instituten.[7]

Auch hierzulande arbeiten Kunden i.d.R. nicht nur mit einer Bank zusammen, ein Trend, der in den letzten Jahren an Bedeutung gewonnen hat.

Bei einer Koppelung von CRM und PFM bieten sich damit zahlreiche neue Möglichkeiten für Banken, Kundenbedarfe gezielt zu analysieren und so Ansatzpunkte für eine proaktive und individualisierte Kundenansprache zu finden.

---

[4] Elton Cane: The PFM push, in: onlinebankingreview Juni-July 2010.

[5] Aite Group: Personal Financial Management: A Platform for Customer Engagement, Boston, Februar 2010.

[6] Islandsbanki, Meniga: unveröffentlichte Studie 2010.

[7] Aite Group: Personal Financial Management.

Vermehrte Cross-Selling-Ansätze

PFM-Kunden verbinden sich deutlich häufiger mit ihrer Bank als normale Onlinebanking-Kunden. Erfahrungen aus den USA sprechen von doppelt so vielen „Logins".[8] Mit jedem Login aber bietet sich für die Bank eine gezielte Ansprachemöglichkeit mit entsprechenden Cross-Selling-Möglichkeiten.

Moderne PFM-Systeme bieten – wie oben skizziert – den Banken die Möglichkeit, automatische, direkte, konkrete und auf die jeweilige Kundenbedarfssituation zugeschnittene Empfehlungen für konkrete Produkte und Leistungen zu generieren, wodurch sich die ergebenden Cross-Selling-Möglichkeiten unmittelbar zu Abschlüssen nutzen lassen. Damit erhält PFM die Qualität eines zusätzlichen kostengünstigen und attraktiven Vertriebskanals.

Mehr Vertrieb

Eine Bestandsaufnahme bei Islandsbanki ein Jahr nach der Einführung von PFM zeigt den Effekt deutlich. Aktive Nutzer von PFM haben eine deutlich erhöhte Produktnutzungsquote als Kunden, die PFM wenig oder gar nicht nutzen.

---

[8] The Business Case for PFM Services, Dezember 2010.

Abbildung 5: Nachweisbarer Mehrvertrieb durch persönliches Finanzmanagement

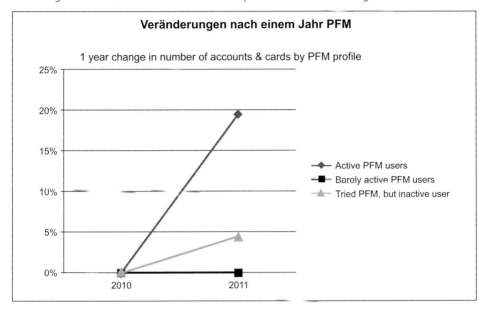

Quelle: Meniga Analyse Islandsbanki

Anstieg der Kundenprofitabilität

In verschiedenen Studien konnte festgestellt werden, dass Kunden, die ein PFM-System nutzen, signifikant profitabler als andere Kunden sind.[9] Erklären lässt sich dies neben dem bereits erwähnten Mehrvertrieb u.a. durch die Konzentration von Konten bei der anbietenden Bank und dem höheren durchschnittlichen Saldo auf diesen Konten.[10] So spricht eine Studie von 12 % höheren Erträgen gegenüber anderen Online-Kunden und 45 % höheren Erträgen gegenüber Offline-Kunden.[11]

Ein weiterer positiver Ergebniseffekt von PFM ist die kostensenkende Steigerung des bargeldlosen Zahlungsverkehrs durch eine vermehrte Verwendung von Karten statt Bargeld.

---

[9] Elton Cane: The PFM push, 2010.
[10] Swimming Upstream: Case Study: The Bottom-line Impact of Offering Online Financial Management, April 2010.
[11] The Business Case for PFM Services, Dezember 2010.

Durch die „Erziehung" zu einem bewussterem Ausgabeverhalten steigt auch die Spar-
quote und sinkt das Kreditrisiko von Kunden, die PFM nutzen, was sich ebenfalls positiv
auf die Profitabilität auswirkt.

Einige Banken bieten PFM-Services gegen Bezahlung an, wodurch sich auch unmittelbar
Erträge erzielen lassen. Allerdings ist hier die Durchdringung wesentlich niedriger als bei
Banken, die diesen Service kostenfrei anbieten. Eine geringere Durchdringung schwächt
die erwähnten positiven Effekte ebenfalls ab, so dass die Frage einer Bepreisung von PFM
sorgfältig abgewogen werden sollte.

Strategische Vorteile

Da in den deutschsprachigen Bankenmärkten PFM noch nicht flächendeckend verbreitet
ist, haben insbesondere First und Early Mover die Möglichkeit einer serviceorientierten
Differenzierung am Markt gegenüber den Wettbewerbern. PFM bietet hierbei die Chance
einer Positionierung bei Kunden als moderner kundenorientierter Dienstleister im Onlinebanking, der hilft, Ziele zu setzen und zu erreichen.

In dem Maße, in dem PFM weiter verbreitet sein wird, werden sich diese Möglichkeiten
allerdings wandeln und aus der aktuellen Chance wird ein Risiko werden, sofern man
seinen Kunden kein eigenes Angebot zur Verfügung stellen kann.

5   Einführung von PFM

Ungeachtet der zahlreichen Vorteile, die sich in Businessplänen auch konkret berechnen
lassen, ist die Einführung von PFM mit einem nicht zu unterschätzenden Aufwand verbunden.

Die dahinterstehende Software ist komplex und muss ständig weiterentwickelt werden.
Die tatsächlichen Kosten eines PFM-Angebots hängen von verschiedenen Faktoren ab,
u.a. von der Entscheidung, ob man eine eigene Lösung programmieren will oder auf eine
der am Markt vorhandenen White-Label-Lösungen zurückgreift und davon, ob man eine
in das Onlinebanking voll integrierte oder eine Stand-Alone-Lösung anstrebt.

Unter dem Aspekt einer Fokussierung auf Kernaufgaben und der Verfügbarkeit von
Ressourcen ist in den meisten Fällen, selbst bei Großbanken, der Einsatz einer White-
Label-Lösung vorzuziehen, die sich bei guten Anbietern sowohl von den Funktionalitäten als auch vom „Look and Feel" dem speziellen Bedarf der jeweiligen Bank mit relativ
geringem Aufwand anpassen lässt.

Die eigentliche Einführung erfolgt i.d.R. zweistufig: In einem ersten Schritt wird PFM im Rahmen eines Pilotprojektes für Mitarbeiter und ausgewählte Kunden freigeschaltet. Im zweiten Schritt erfolgt dann ein flächendeckendes Roll-out bei allen Kunden.

Typische Einführungszeiträume liegen zwischen einem halben und einem Jahr je nach Grad der Individualisierung und Integration.

6 Erfolgsfaktoren für ein Angebot von PFM

Doch PFM ist kein Selbstläufer, wie zahlreiche Beispiele zeigen. Aus der Vielzahl der am Markt bestehenden Lösungen lassen sich jedoch klare Faktoren für den Erfolg eines solchen Angebots ableiten.

- **Volle Integration in das Onlinebanking**

Nur eine vollständige Integration in den geschätzten Bereich des Onlinebankings mit einem Single Login für die Kunden gewährleistet eine entsprechende Beachtung und Nutzung. Eine Auslagerung auf andere Webseiten mag technisch zwar weniger anspruchsvoll sein, taugt aber allenfalls als Übergangslösung, will man eine hohe Akzeptanz und die vollen Effekte erzielen.

- **Automatische Kategorisierung muss funktionieren**

Von zentraler Bedeutung ist die automatische Kategorisierung der Ausgaben, die für den Kunden echten Mehrwert schafft. Wenn diese nicht funktioniert, bedeutet dies Zusatzarbeit für den Kunden und damit das vorzeitige Aus für die private Finanzbuchhaltung. Die Trefferquote sollte bei der Einführung zwischen 70 und 80 % liegen und relativ schnell an die 90 % heranreichen.

- **„Einfachheit" der Anwendung ist extrem wichtig**

Eine nutzerfreundliche Ausgestaltung und der Einbezug spielerischer Elemente, welche Neugier wecken und Spaß beim Umgang mit den persönlichen Finanzen vermitteln, sind ebenfalls wichtige Erfolgsfaktoren. Die User Experience muss im Vordergrund stehen. Dazu gehören einfache Drill-Down-Menus ebenso wie autosuggestive Gestaltungselemente.

- **Spaß und Neugier helfen, PFM interessant zu machen**

Der Mensch ist von Natur aus neugierig. Diese Neugier gilt es zu nutzen, indem der Wunsch nach zusätzlichen Informationen unterstützt wird. Gelingen kann dies z.B. durch den Einbau von (anonymen) Vergleichen mit anderen Nutzern oder dem Angebot von „Quizfragen", in dem der Kunde sein eigenes Ausgabenverhalten auf den Prüfstand stellen kann.

Um zu verhindern, dass der Umgang mit Finanzen zu „trocken" und damit langweilig wird, hilft auch ein Einbau von Gamification-Elementen, wie Badges und Urkunden sowie die Möglichkeit einer Vernetzung mit Social-Media-Netzwerken.

- **Bereitstellung von intelligenter Hilfe und Rat**

Zwar benötigt man für eine gute PFM-Lösung kein Handbuch, es kann aber dennoch zu Fragen im Zusammenhang mit Funktionalitäten oder auch Auswertungen kommen. Hilfreich sind hierbei z.B. „Lehr"-Videos innerhalb der Anwendung und auch ein entsprechender Telefon-Support.

- **Angebot eines „Haushaltsblicks"**

Gemeint ist damit, dass es einen gemeinsamen Einblick für beide (Ehe-)Partner in die persönlichen Finanzen geben sollte, um die Gesamtsicht deutlich zu machen.

- **Angebot von Unterstützung für die Integration von Konten/Karten anderer Institute**

Nur wenn der Kunde den Gesamtüberblick über alle Bankverbindungen innerhalb seiner PFM Anwendung erhält, kann diese auch zu voller Entfaltung kommen. Von daher sollte es dem Kunden ermöglicht werden, auch Konten und Karten anderer Institute einzulesen.

- **Positionierung und Präsentation als erstklassiges Angebot**

Wie jedes andere neue Angebot, erfordert auch PFM eine Unterstützung durch Marketing und Werbung. PFM ist wertvoll für den Kunden und nicht billig für die Bank. Dem Kunden sollte deutlich gemacht werden, dass er von seiner Bank eine Premiumleistung erhält, damit er diese auch zu schätzen weiß.

7 Bewertung

Die Vielzahl der aufgezeigten Vorteile von PFM macht deutlich, dass es sich hier für Banken und Kunden um eine der wenigen klassischen Win-Win-Situationen handelt. Es entsteht ein nachhaltiger und nachweisbarer Zusatznutzen sowohl für die Bank als auch für die Bankkunden.

So ist es kein Wunder, dass Analysten von PFM geradezu schwärmen. So sagt Emmett Higdon, Senior Analyst von Forrester Research: „PFM ist ein kritischer Erfolgsfaktor, es ist die Zukunft des Onlinebankings"[12] Oder der Onlinebanking-Report: „Die Einführung von PFM ist das Projekt mit dem höchsten ROI-Potential für Finanzinstitute in 2010".[13]

Die zunehmende Akzeptanz des Online-Kanals und der weiterhin ansteigende Wettbewerbsdruck wird die Nachfrage der Retailbanken vor allem nach solchen innovativen Lösungen stärken, die nicht nur verstärkte Kundenbindung mit sich bringen, sondern auch neue Vertriebsansätze liefern. Hier bietet sich mit PFM ein erfolgversprechender Ansatz, der zudem noch leicht implementierbar ist und aus Kundensicht mit einem echten Mehrwert verbunden ist. First und Early Mover unter den Banken können somit nicht nur ihr Onlinebanking zusätzlich beleben, sondern einen entscheidenden Wettbewerbsvorteil erlangen, was im Retailbanking allgemein eher eine Ausnahme ist.

Allerdings müssen die Banken aufpassen, dass sich nicht unabhängige Anbieter wertvolle Marktanteile sichern. Aufgrund der bestehenden Online-Kundenbeziehung sind Banken zwar prädestiniert, ihren Kunden PFM-Services anzubieten. Sie sind grundsätzlich vertrauenswürdiger als externe Anbieter, die sich durch Werbeangebote refinanzieren müssen und aus Kundensicht womöglich nicht den gleichen Sicherheitsstandards unterliegen. Allerdings hätte ein unabhängiger Anbieter wie Mint auch im europäischen Markt grundsätzlich gute Chancen.

Versäumen es die Banken daher, ihren Kunden rechtzeitig eigene PFM-Angebote zu unterbreiten, laufen sie Gefahr eines weiteren Rückgangs der Kundenbindung und geben anderen Marktanbietern eigenes Terrain unnötig preis.

---

[12] Bank Technology News, Dezember 2009.

[13] Onlinebanking Report: Strategies for the Internet, 2010 Guide to Online & Mobile Banking. Products, Pricing & Strategy, May 2010.

Neue Generation der Vermögensverwalter

Benjamin Manz

Die Vermögensverwaltung gilt gemeinhin als derjenige Zweig der Finanzindustrie, der als klassisches „People Business" kaum von den Online- und Mobile-Technologien beeinflusst wird. Der vorliegende Beitrag zeigt hingegen auf, dass die nächste Generation von Internet-Finanztechnologien auch die Vermögensverwaltung zum Wandel zwingt.

1 Bedeutung und Vorteile der traditionellen Vermögens-verwaltung

Die globalen Privatvermögen betragen gemäß der Boston Consulting Group mittlerweile mehr als 122 Billionen USD, wobei es weltweit bereits über 12 Millionen Haushalte mit mindestens 1 Million USD an Vermögen gibt.[1] Nicht nur, aber in besonderem Maße um diese reicheren Haushalte buhlt die weltweite Vermögensverwaltungsindustrie – die sich gerade neu erfindet. Zur Krise der Vermögensverwaltungsindustrie beigetragen haben die veränderte Marktlage, die neuen Regulierungen und das veränderte Kundenverhalten infolge der Finanz- und Bankenkrise. Eine immer bedeutendere Rolle im Selbstfindungs-prozess der Vermögensverwalter nimmt dabei die weltweite Digitalisierung und insbe-sondere das Internet ein.

Doch was leistet eigentlich eine Vermögensverwaltung, und welche Vorteile bringt sie für Privatkunden mit sich? Vermögensverwaltung – auch Finanzportfolioverwaltung oder im Englischen *Discretionary Management* genannt – beschreibt das Treffen von Anlage-entscheidungen für Kunden durch eine dritte Person, sei es im Rahmen eines Private-Banking-Mandats oder einer bankenunabhängigen Vermögensverwaltung. Im Unter-schied zur Vermögensverwaltung werden bei der Vermögens- und Anlage*beratung* – im Englischen üblicherweise als *Advisory Management* bezeichnet – zwar Anlageentschei-dungen empfohlen, die Verantwortung der Ausführung liegt hier allerdings beim Kun-den. Im vorliegenden Beitrag wird in erster Linie die Vermögens*verwaltung* für Privat-kunden thematisiert – obwohl diese in der Praxis nicht immer trennscharf von der Vermögensberatung unterschieden werden kann.

---

[1] "Global Wealth 2012: The Battle to Regain Strength". The Boston Consulting Group, Mai 2012.

1.1 Vorteile der traditionellen Vermögensverwaltung

Als Kundenvorteile der traditionellen Vermögensverwaltung werden vor allem fünf Faktoren genannt – wobei Ausprägung und Qualität der Vorteile von Anbieter zu Anbieter erheblich variieren können:

1. Expertise bezüglich Anlageentscheidungen,

2. Ausführung und Überwachung der Anlageentscheidungen,

3. Exklusiver Zugang zu Finanzdienstleistungen und -produkten,

4. integriertes Angebot rund um das Vermögen („alles aus einer Hand") und

5. resultierende Zeitersparnis für den Kunden aufgrund der angebotenen Dienstleistungen.

Erstens können Privatkunden von der professionellen *Expertise bezüglich Anlageentscheidungen* – im Idealfall mit Berücksichtigung der individuellen Kundenbedürfnisse – profitieren. Dazu gehört die sachgerechte Ermittlung des Kundenprofils im Rahmen eines persönlichen Beratungsgesprächs. Das Kundenprofil beinhaltet nicht nur Kundenwünsche und individuelle Eigenheiten, sondern auch das Risikoprofil – also sowohl die Risikofähigkeit als auch die Risikotoleranz des Kunden. Auf dem Kundenprofil aufbauend gilt es für den Vermögensverwalter, eine passende und risikoadjustierte Anlageallokation zusammenzustellen – also eine Aufteilung der Anlagen in verschiedene Anlageklassen wie beispielsweise Aktien, Anleihen, Edelmetalle, Rohstoffe oder Währungen. Im Fall einer aktiven Anlagephilosophie wird zudem die Expertise hervorgehoben, innerhalb der Anlageklassen die richtigen Einzelanlagen auszuwählen – beispielsweise in Form eines gezielten Kaufs spezifischer Einzelaktien im Rahmen einer Fundamentalanalyse.

Zweitens übernimmt der Vermögensverwalter die *Ausführung der Anlagestrategie*: So weiß der Vermögensverwalter, wo und wie er die ausgewählten Anlageprodukte am besten kaufen und verkaufen kann und führt diese Transaktionen für den Kunden aus. Das Anlageportfolio wird längerfristig *überwacht* und falls nötig umgeschichtet (*Rebalancing*).

Drittens werben nicht wenige Vermögensverwalter mit einem exklusiven Zugang zu Finanzprodukten und Finanzdienstleistungen – zum Beispiel zu Unternehmensanteilen, speziellen Pre-IPO-Angeboten oder schwierig erhältlichen Beratungsdienstleistungen.

Viertens wird ein *integriertes Angebot* an Dienstleistungen „aus einer Hand" als Vorteil genannt. Ein Vermögensverwalter ist demnach nicht nur für die eigentlichen Anlageentscheidungen verantwortlich, sondern realisiert und koordiniert zudem weitere vermögensrelevante Dienstleistungen wie etwa Steuer-, Vorsorge- oder Erbschaftsberatungen.

Fünftens können Kunden dank den angebotenen Dienstleistungen – also in erster Linie den getroffenen Anlageentscheidungen und deren Ausführungen – Zeit sparen. Bei einer selbstständig durchgeführten Vermögensverwaltung entsteht selbst für den kompetenten Anleger ein Mehraufwand aufgrund von Recherchen und der Ausführung der nötigen Transaktionen.

1.2 Standardisierte und individuelle Vermögensverwaltung

Um die Kundenvorteile der traditionellen Vermögensverwaltung noch etwas genauer zu fassen, lohnt sich die Differenzierung zwischen der *individuellen* und der *standardisierten* Vermögensverwaltung. Diese Unterscheidung wird von vielen Vermögensverwaltungs-firmen selbst getroffen, indem sie individuelle und zusätzliche Dienstleistungen nur im Rahmen der integrierten *individuellen Vermögensverwaltung* – bei Banken häufig auch als Wealth Management bezeichnet – für wohlhabende High- und Ultra-High-Net-Worth-Kunden mit einem hohen Anlagebetrag anbieten. Affluent-Kunden mit einem kleineren Anlagebetrag wird im Rahmen einer *standardisierten Vermögensverwaltung* üblicherweise eine begrenztere Produkt- und Dienstleistungsauswahl angeboten – die Kundenvorteile des exklusiven Produktzugangs und des integrierten und komplexen Dienstleistungsspektrums im Wealth Management entfallen dabei mehrheitlich. Die Risikoprofil-Erhebung und die daraus resultierende Anlageallokation erfolgt in der stan-dardisierten Vermögensverwaltung häufig vereinheitlicht, wobei das Kundenvermögen je nach Risikoprofil in standardisierte Anlageprodukte wie Mischfonds investiert wird.

1.3 Vermögensverwaltung als „People Business"

Die Vermögensverwaltung gilt als eigentliches „People Business" und damit als klassisches Offline-Geschäft: Eine Mehrheit der traditionellen Kunden möchte ihr Vermögen nicht Computern, sondern persönlich beratenden Menschen anvertrauen. Persönliche Bezie-hungen spielen nicht nur in der Beratung eine entscheidende Rolle, sondern auch in der Akquise neuer Kunden. So werden Neukunden hauptsächlich infolge eines „Upgrades" der bestehenden persönlichen Hauptbankbeziehung des Kunden, durch vermittelnde Bekannte des Kunden – so genannte „Finders" – oder durch Abwerbung von Beratern mit bestehendem Kundenstamm akquiriert.

Doch auch die traditionelle personenbezogene Vermögensverwaltung ist längst von der Digitalisierung erfasst worden: Sei es durch die von Vermögensverwaltern verwendete Software und implementierten Datenschnittstellen, sei es durch die zahlreichen Einflüsse des Internets auf das traditionelle Vermögensverwaltungsgeschäft oder die wachsenden

Erfolge innovativer Internet-Start-ups. So verwundert es nicht, dass die herkömmlichen Kundenvorteile der traditionellen Vermögensverwaltung zunehmend von Online-Dienstleistern konkurriert werden.

2 Einfluss des Internets auf die traditionelle Vermögensverwaltung

Bereits seit vielen Jahren hat das Internet einen maßgeblichen Einfluss auf das Anlegerverhalten. Immer mehr Finanzinformationen sind für eine immer breitere Bevölkerungsschicht immer besser zugänglich: So sind Aktienkurse seit geraumer Zeit ohne große Zeitverzögerungen oder transparente Fondsvergleiche mit Ratings auf diversen Websites einsehbar. Sogar für „Insider"-Informationen wie Aktientransaktionen von Geschäftsleitungsmitgliedern gibt es bereits Online-Anbieter wie *InsiderScore* oder *2iQ Research*.

2.1 Anleger nehmen das Heft selbst in die Hand

Auf Blogs und Websites von Online-Medien empfehlen darüber hinaus unzählige professionelle und weniger professionelle Investoren, wie der geneigte Anleger sein Geld am besten investieren soll. Immer mehr Anleger informieren sich auf diese Weise selbstständig im Internet nach geeigneten Anlagemöglichkeiten und entscheiden sich dafür, das Investieren teilweise oder vollständig selbst in die Hand zu nehmen. Dank den zunehmend nutzerfreundlichen und kostengünstigen Online-Brokern sind die Anlageentscheide mittlerweile auch für Laien selbstständig ausführbar – wenn auch mit einem Mehraufwand verbunden. Neue Start-ups wie *Loyal3* könnten dabei den Aktienhandel noch einfacher und noch preiswerter machen. Die stärkste Konkurrenz erfährt die Vermögensverwaltung also durch das veränderte Anlageverhalten ihrer Kunden, das heißt das zunehmend selbstständige Recherchieren und Ausführen der Transaktionen durch Privatanleger.

2.2 Anlagetipps durch Online-Communities

Diese omnipräsente Informationsflut stellt die Privatanleger auch vor Probleme: Welches der unzähligen Finanzprodukte ist das richtige, welches die beste persönliche Vermögensanlage aus einer mittlerweile unüberschaubaren Anzahl von möglichen Kombinationsvarianten? Wie ist die unaufhörliche Flut von Finanzinformationen richtig zu interpretieren?

Einige neuartige Start-ups haben es sich zur Aufgabe gemacht, Orientierungshilfen bereitzustellen. Als Geschäftsmodelle fungieren dabei häufig Subskriptions-Modelle. So ermöglichen Online-Communities wie *Estimize, sharewise* oder *StockTwits* den aktiven Austausch bezüglich Anlagemöglichkeiten zwischen den Mitgliedern. Andere Portale wie *WealthLift* haben einen eher weiterbildenden Anspruch. Plattformen wie *Investor-Bee* liefern Vergleichsanalysen, die über das Anlageverhalten von anderen Privatanlegern in der „Crowd" Auskunft geben. Angesagt sind auch Navigatoren, welche die Informationsflut an Finanzinformationen sortieren und strukturiert zugänglich machen – dabei erfahren besonders Sentiment-Analysen im Internet-Zeitalter dank automatisierten Algorithmen neuen Aufwind. So werden möglichst viele Nachrichten (*Sentitrade*) oder Anlagetipps von Community-Mitgliedern (*sharewise*) oder Foren und Social Media (*Stockpulse*) durchforstet und auf positive oder negative Kauf- und Verkaufssignale von Aktien und anderen Anlageinstrumenten hin untersucht. Die Idee dahinter: Je größer die Anzahl analysierter Markt- und Anlagemeinungen der Online-Community, desto aussagekräftiger könnten die gewonnen Erkenntnisse auch für allfällige Kursprognosen sein.

2.3   Spiegelung von Anlagestrategien: von den Profis profitieren

Wer für seine Anlageentscheide nicht einfach der „Crowd" folgen möchte, sondern in erster Linie einzelne herausragende Experten sucht, kann Trading- und Anlagestrategien von Profis „spiegeln" lassen. So können Nutzer der Online-Trading-Plattformen *ayondo* und *eToro* den bis anhin erfolgreichsten Tradern folgen und so an deren Erfolgen teilhaben. Wer weniger am kurzfristigen Trading, sondern eher an längerfristigen Anlagestrategien interessiert ist, hat auf verschiedenen Plattformen wie *Covestor, AlphaClone* oder *Twindepot* die Möglichkeit, diversen Anlagestrategien (im Fall von *AlphaClone*) oder einzelnen professionellen Vermögensverwaltern (im Fall von *Twindepot* oder *Covestor*) zu folgen.

Im Fall von *Covestor* und *Twindepot* werden alle Anlageentscheide der Depots der Vermögensverwalter so genau wie möglich für den investierten Anlagebetrag der Nutzer über kooperierende Broker nachgebildet (so genanntes „Mirroring"). Vorteile für den Anleger: Er kann die vergangene Performance der Anlagestrategien von teilnehmenden Vermögensverwaltern transparent miteinander vergleichen und auch mit tieferen Anlagebeträgen an den entsprechenden Anlagestrategien partizipieren. Die teilnehmenden Vermögensverwalter erheben dabei wie im Offline-Geschäft eine Vermögensverwaltungsgebühr.

Das Geschäftsmodell des Mirroring-Konzepts besteht üblicherweise aus einer Partizipation an der Vermögensverwaltungsgebühr sowie Transaktionsprovisionen durch kooperierende Broker. Schwierigkeiten der erfolgreichen Realisierung des Konzepts ergeben sich einerseits durch die Herausforderung, gute Vermögensverwalter als Kooperationspartner zu gewinnen, andererseits wird die Umsetzung durch die Konkurrenz etablierter anlagestrategischer Finanzprodukte wie aktiv gemanagten Anlagemischfonds oder kostengünstiger ETF erschwert. Gerade Vertreter von passiven Anlagestrategien können der Spiegelung von aktiven Vermögensverwalter-Strategien nur wenig Positives abgewinnen, da zwar verhältnismäßig hohe Kosten anfallen können, aber der Nachweis einer längerfristigen Outperformance der Benchmarks kaum erbracht werden kann.

2.4 Entscheidungshilfen für den richtigen Vermögensverwalter

Auch für Anleger, welche die Anlageentscheide und die Verwaltung des eigenen Vermögens lieber einem eigenen persönlichen Vermögensverwalter aus Fleisch und Blut überlassen möchten, sind im Netz neuartige Entscheidungshilfen bereitgestellt worden. So gibt es neben reinen Anbieterverzeichnissen auch intelligentere Entscheidungshilfen für die Suche nach dem richtigen Anlageberater oder Vermögensverwalter, welche gleichzeitig die Transparenz der Anbieterinformationen und damit der Vermögensverwaltungsbranche als solcher erhöhen. Dazu gehören etwa *BrightScope*, *FiPath* und *WiserAdvisor* in den USA, *WhoFinance* in Deutschland oder *Assetinum* in der Schweiz. Im Fall von Assetinum ermöglichen die Online-Entscheidungsinstrumente anhand verschiedener Kriterien wie Region, Leistungsausweis, Werte, Dienstleistungen, Anlageklassen oder Anlagebetrag eine Vorauswahl von passenden Anbietern, wobei der Entscheid für den richtigen Vermögensverwalter nach den erfolgten Beratungsgesprächen offline fällt (so genannter ROPO-Ansatz: *research online, purchase offline*). Sobald sich auch Online-Vermögensverwalter durchsetzen sollten, würden natürlich auch direkte Online-Abschlüsse möglich (*research online, purchase online*).

2.5 Vermögensverwalter online unter sich

Das Internet hat nicht nur einen Einfluss auf den Austausch zwischen Kunde und Vermögensverwalter, sondern auch auf die Kommunikation der Vermögensverwalter untereinander. Online-basierte Peer-to-Peer-Netzwerke sind sogar in der verschwiegenen Vermögensverwaltung als Austauschmöglichkeiten innerhalb der Branche immer beliebter. So haben die partizipierenden unabhängigen Vermögensverwalter auf dem Online-Portal *E-Merging* der Schweizer Privatbankiers Lombard Odier Darier Hentsch die Möglichkeit, sich auszutauschen und mögliche Kooperations-, Fusions- oder Kaufpartner für die eigene Firma zu finden. Auch im Bereich Family Offices gibt es bereits mehrere onlinebasierte Netzwerke. So fördert die Online-Plattform *Ask the Circle* den Austausch zwischen Single Family Offices.

3 In der Startposition: Online-Vermögensverwaltung

Die direkte und wohl interessanteste Online-Konkurrenz der traditionellen Offline-Vermögensverwaltung ist erst dabei, sich zu formieren: Eine Reihe von innovativen Online-Start-ups – und damit sind entsprechende Mobile-Anwendungen immer mit gemeint – versuchen, die Vermögensverwaltung aufs Internet zu bringen. Was noch eine kleine Nische ist, hat das Potenzial, der standardisierten traditionellen Vermögensverwaltung längerfristig den Rang abzulaufen.

Und so funktioniert's: Anstelle des traditionellen Kundengesprächs treten bei vielen Online-Startups eine Reihe strukturierter Online-Fragen und/oder die automatische Aggregation der bestehenden Bank- und Brokerkonten der Kunden. Auf den Nutzerantworten und Nutzerdaten aufbauend können dann – meist automatisiert – Risikoprofil-abgestimmte Anlageallokationen generiert oder passende Anlageprodukte gefunden werden. Die ausgewählten Anlageprodukte kann der Kunde entweder selbst bei Online-Brokern kaufen oder – im Fall der eigentlichen Online-Vermögensverwaltung – automatisch kaufen lassen. Die eigentliche Online-Vermögensverwaltung nimmt dem Nutzer also auch den Aufwand der Ausführung der Anlageallokation inklusive Rebalancing ab.

Damit nehmen die führenden Online-Vermögensverwalter die drei wichtigsten Nutzervorteile der standardisierten Vermögensverwaltung – die Expertise bezüglich Anlageentscheiden, deren korrekte Ausführung und die daraus resultierende Zeitersparnis – ebenfalls für sich in Anspruch. Und nicht nur das: Durch den Verzicht auf teure Anlageprodukte und diverse Kosteneinsparungen bei der Infrastruktur und dem Personal kann eine Online-Vermögensverwaltung in der Regel wesentlich kostengünstiger als standardisierte Offline-Vermögensverwaltungsmandate angeboten werden und steht den Kunden bereits ab verhältnismäßig kleinen Anlagebeträgen von einigen Tausend Euro offen. Zudem können in Zukunft die Vorteile eines exklusiven Produkt- und Dienstleistungszugangs durchaus auch online kommuniziert werden. Dies ist umso wahrscheinlicher, als sich Online-Produktplattformen mit speziellen Produkten etwa in den Bereichen alternative Anlagen oder Private Equity immer stärken etablieren – wie diverse Beispiele wie *Second Market* oder *DealMarket* zeigen.

Im Folgenden wird das Konzept der Online-Vermögensverwaltung hinsichtlich vier Kernelementen untersucht: Erfassung des Kundenprofils, Erstellung der optimalen Anlageallokation, Ausführung der gewählten Anlageallokation und Geschäftsmodell. Zur Veranschaulichung der Analyse wird dabei die folgende Auswahl an Online-Vermögensberatern und -verwaltern herangezogen – die entsprechenden Portale sind teilweise auch bereits in Form von Mobile-Applikationen auf dem Markt: *Betterment* (USA), *FutureAdvisor* (USA), *InvestorBee* (UK), *Jemstep* (USA), *justETF* (Deutschland), *MarketRiders* (USA), *Nutmeg* (UK), *Personal Capital* (USA), *SigFig* (USA), *Swissquote ePrivate Banking* (Schweiz), *Wealthfront* (USA) und *yavalu* (Europa).

3.1 Aller Anfang ist schwer: Online-Kundenprofil

Im Rahmen des so genannten KYC-Beratungsansatzes – die Abkürzung KYC steht für «Know Your Customer» – kommt der Erhebung des Kundenprofils und damit auch des Risikoprofils eine entscheidende Bedeutung im Anlageberatungsgespräch zu. In der Folge der Finanzkrise hat die Wichtigkeit des Kunden- und Risikoprofils hinsichtlich der Abklärung möglicher Anlagerisiken deutlich zugenommen – die Kundschaft selbst thematisiert mögliche Risiken bedeutend häufiger und kritischer als früher. Eine Reihe von zusätzlichen Beratungsvorschriften aus regulatorischer Sicht ist in diversen Ländern geplant oder bereits in Kraft gesetzt worden.

Das Risikoprofil eines Kunden besteht aus zwei Komponenten: Der Risikofähigkeit, also der tatsächlichen Fähigkeit des Kunden mit einem bestimmten Einkommen und Vermögen, ein bestimmtes Risiko einzugehen, und der Risikotoleranz, also der Bereitschaft, ein bestimmtes Risiko aufgrund der individuellen Neigungen einzugehen. Das Risikoprofil wird üblicherweise mittels standardisierter Fragebogen ermittelt, wobei IT-unterstützende Maßnahmen und die neusten Erkenntnisse der Behavioural Finance an Bedeutung gewinnen. Die durchschnittliche Qualität der bestehenden Fragebogen wird von Experten auch in der Offline-Beratung nur als „mäßig" bezeichnet.[2] Allgemein wird von Experten eine zunehmende Komplexität des Risikoprofil-Erhebungsprozesses prognostiziert. Dazu gehören unter anderem eine Risiko-Differenzierung bezüglich verschiedener Risikogefäße eines einzigen Kunden – zum Beispiel unterschiedliche Risikoprofile für verschiedene Finanzsituationen wie Pensionierung oder Familienbudget – sowie regelmäßigere Aktualisierungen der Risikoprofile durch den Vermögensverwalter.

Wie werden Risikoprofile von Online-Vermögensverwaltern erfasst? In der Regel noch eher rudimentär – dies trifft aber oft auch auf die traditionelle standardisierte Offline-Vermögensverwaltung zu. Allgemein besteht online die Schwierigkeit, dass keine Rückfragen an den Fragesteller möglich und Verständnisschwierigkeiten schlecht zu klären sind. Zudem wird die Anzahl der Fragen aus Usability-Gründen meistens auf ein Minimum beschränkt – dies schadet der Genauigkeit der Risikoprofil-Erhebung. Zusätzlich kann es Unterschiede in der Erhebung der Risikofähigkeit und der Risikotoleranz geben: Während einige Online-Portale fast ausschließlich die Risikofähigkeit erfragen, legen andere Anbieter den Fokus vor allem auf die Risikotoleranz. In manchen Fällen muss der Nutzer sein eigenes Risikoprofil unter verschiedenen Risikoprofil-Optionen wie „konservativ" oder „dynamisch" wählen – hier wird also eine entsprechende Selbstkenntnis

---

[2] Vgl. „Beyond Box-Ticking: Leveraging Enhanced Risk-Profiling To Improve Client Experience": WealthBriefing Report, 2012.

des Nutzers vorausgesetzt. Einige Anbieter verfügen zwar über aufwändige Fragebogen, deren Beantwortung durch den Nutzer aber aus Usability-Sicht freiwillig bleibt – als Beispiel seien hier die freiwilligen Fragen zur Risikofähigkeit bei *Nutmeg* erwähnt.

Angaben zum Kundenprofil, die nicht das Risikoprofil betreffen, werden von den Online-Vermögensverwaltern bislang ebenfalls eher rudimentär abgefragt. Am häufigsten werden Online-Fragen nach dem Alter, der gewünschten Anlagedauer, der Anlageziele und der Erfahrung im Umgang mit Vermögensanlagen gestellt. Für die Erfassung von komplexen Lebens- und Finanzsituationen bleibt der Gang zum individuellen Vermögensverwalter also weiterhin unabdingbar. Oder man wendet sich an Online-Vermögensverwalter, die telefonische Beratung anbieten. Bei *Personal Capital* etwa ist ein telefonisches Gespräch mit einem Berater zentral, weshalb auf entsprechend aufwändige Online-Fragen verzichtet wird.

Besonders interessant ist schließlich die Möglichkeit bei verschiedenen Online-Vermögensverwaltern, die Daten diverser Konten verschiedener Anbieter zu aggregieren – wie dies bereits diverse Personal-Finance-Assistenten wie *Mint* realisieren. Daraus lassen sich für den Online-Vermögensverwalter auch ohne explizit gestellte Fragen informative Rückschlüsse etwa auf die Risikofähigkeit ziehen – eine Möglichkeit, die Offline-Vermögensverwaltern nicht in diesem Umfang zur Verfügung steht. Die Funktionalitäten verschiedener Online-Vermögensverwalter wie *SigFig, Jemstep, Personal Capital* oder *Betterment* sind sogar erst dann richtig nutzbar, wenn die Kunden ihre Kontodaten zur Verfügung stellen.

In Zukunft werden sich dabei nicht nur Kontoanbindungen, sondern auch Schnittstellen zu diversen weiteren Applikationen durchsetzen, welche Anbietern automatische Rückschlüsse auf das Nutzerprofil der Kunden erlauben. Besonders für die Mobile-Versionen der Online-Vermögensverwalter ergibt sich aufgrund der automatischen Anbindung an die personalisierten Datenstrukturen auf den Mobile-Geräten als „persönliche Anlageassistenten" ein beachtliches Potenzial.

3.2 Wahl ohne Qual: automatisierte Anlageallokation

Die Zusammenstellung einer optimalen Anlageallokation, also der Auswahl der Anlagen für das Portfolio in Abstimmung mit dem Kundenprofil, ist eine Kernkompetenz in der Vermögensverwaltung. Trotz jahrzehntelanger Forschung und diversen Portfoliotheorien in der Finanzwissenschaft ist die optimale Portfoliozusammensetzung weiterhin ein kontroverser Gegenstand. Verhältnismäßig einig ist man sich bezüglich der Wichtigkeit der Auswahl der Anlageklassen und einer guten Anlagediversifikation. Damit einher geht die zunehmende Bedeutung passiver auf Kosten aktiver Anlagestrategien. Zunehmend häufiger werden also objektive Kriterien für die Auswahl der Anlageallokation geltend gemacht – die Berechnung der entsprechenden Portfolios erfolgt auch in der traditionellen Vermögensverwaltung bereits vorwiegend IT-basiert und anhand von Schnittstellen zu einschlägigen Datenlieferanten. Immer wichtiger werden diesbezüglich Ratings für diverse Anlageklassen, wie sie etwa schon bei Anlagefonds eine breite Anwendung gefunden haben.

Aufgrund der fortschreitenden Digitalisierung der Portfolio-Zusammenstellung bietet sich die Online-Vermögensverwaltung natürlich geradezu an. Dabei werden unterschiedliche Ansätze verfolgt: So bieten einige der Startups wie *SigFig, Jemstep, FutureAdvisor* oder *Personal Capital* die Möglichkeit an, bereits bestehende Portfolios zu überprüfen und schlagen automatisiert bessere und günstigere Anlagestrategien oder Produktalternativen vor. Andere Anbieter wie *Wealthfront* oder *yavalu* gehen vorwiegend vom neu erhobenen Kundenprofil aus und erstellen daraus eine optimierte Anlageallokation. Mittels Benchmark-Daten – wie sie etwa *InvestorBee* für den britischen Markt verfügt – ist es zudem möglich zu zeigen, wie andere Nutzer ihr Vermögen je nach Nutzerprofil durchschnittlich anlegen.

Die Mehrheit der Online-Vermögensverwalter setzt dabei auf passive Anlagestrategien, die mittels passiver Anlageprodukte wie ETF umgesetzt werden. Bei einigen wenigen Anbietern wie etwa *Swissquote ePrivate Banking* besteht zusätzlich die Möglichkeit, nicht nur Anlageklassen, sondern auch spezifische Einzelanlagen für die Anlageallokation zu berücksichtigen. Auch schlagen einige Anbieter wie *InvestorBee* aktiv gemanagte Mischfonds zur Auswahl vor.

Wenig einig sind sich die Anbieter in der konkreten Ausgestaltung der Anlageallokation. Während sich Anbieter wie *Betterment* auf wenige Anlageklassen wie beispielsweise Anleihen und Aktien beschränken, bieten andere Anbieter ein breiteres Spektrum inklusive Rohstoffe, Geldmarkt und Immobilien an. Anbieter wie *Nutmeg* offerieren zusätzlich eine ausführliche Aufschlüsselung der Anlagen nach Land, Kontinent und Sektor inklusive der historischen Performance des generierten Portfolios.

3.3 Praktisch: automatische Online-Ausführung der Anlage-entscheidungen

Neben der Expertise bezüglich Anlageentscheiden und der optimale Zusammenstellung des Portfolios sind auch die Ausführung und stetige Kontrolle der getroffenen Anlageentscheide sowie die damit eingesparte Zeit wichtige Vorteile der traditionellen Vermögensverwaltung. So reicht der Wille eines selbständigen Anlegers, 10 % seines Vermögens in Gold anzulegen, noch nicht aus. Er muss zusätzlich wissen, in welcher Form – etwa mittels eines Kaufs von physischem Gold oder eines von vielen Gold-ETFs – und bei welchem Anbieter er den Kauf tätigen möchte. Nicht zuletzt darf er den damit verbundenen Recherche- und Ausführungsaufwand nicht scheuen.

Die untersuchten Online-Anbieter kommen dem Nutzer bezüglich der Ausführung in unterschiedlichem Maß entgegen. Manche Anbieter wie *Personal Capital* haben ein Beraterteam, das sich um die Verwaltung und Ausführung kümmert. Sie unterscheiden sich denn auch von einem traditionellen Vermögensverwalter hauptsächlich durch die fortschrittlichen Online- und Mobile-Instrumente für Nutzer, größere Transparenz in der Kostenstruktur und Beratungsgesprächen per Telefon statt in kostspieligen Räumlichkeiten. Andere Anbieter wie *yavalu*, *MarketRiders* oder *InvestorBee* entbinden die Nutzer von Recherchen bezüglich der Ausführung der vorgeschlagenen Anlageallokation, indem sie konkrete Produktvorschläge und Online-Broker zur Umsetzung anführen.

Nicht zuletzt gibt es bei Online-Anlageberatern wie *yavalu* die Möglichkeit, von automatischen Rebalancing-Benachrichtigungen zu profitieren. Allerdings muss bei vielen Anbietern die tatsächliche Ausführung weiterhin durch den Nutzer erfolgen, was die Vorteile der Zeitersparnis und Ausführung einschränkt. Online-Vermögensverwalter wie *Wealthfront* oder *Betterment* schließlich gehen einen wichtigen und konsequenten Schritt weiter, indem sie die getroffenen Anlageentscheidungen im Rahmen der Anlageallokation nicht nur vorschlagen, sondern auch automatisch für die Kunden ausführen. Damit sind die wichtigen Vorteile der Ausführung und der Zeitersparnis analog zur traditionellen Vermögensverwaltung gegeben.

3.4 Im Aufbau: Online-Geschäftsmodelle in der Vermögensverwaltung

Grundsätzlich stehen der Online-Vermögensverwaltung ähnliche Geschäftsmodelle offen wie der traditionellen Vermögensverwaltung. Aufgrund von deutlich geringeren Fixkosten und besseren Skalierungsmöglichkeiten sind Online-Vermögensverwalter aber in der Lage, deutlich günstigere Konditionen als traditionelle Offline-Vermögensverwalter anzubieten. So liegen die Vermögensverwaltergebühren (All-in-Fees) der untersuchten Anbieter mit Ausführung alle unter 1 %, teilweise betragen sie gerade einmal 0,15 % des Anlagebetrags pro Jahr. Trotzdem liegt die Gebühr meistens noch etwas höher als bei der Wahl eines geeigneten Multi-Asset-ETF. Wie bei ETF-Produkten sind Online-Vermögensverwalter bereits ab verhältnismäßig kleinen Anlagebeträgen nutzbar, wobei sich die Zielkundschaft von Anbieter zu Anbieter unterscheiden kann: *Betterment* beispielsweise richtet sich auch an Retail-Kunden, während sich *Personal Capital* für Affluent-Kunden mit etwas komplexeren Anlagebedürfnissen besonders gut eignet.

Für Anbieter mit automatischen Anlagevorschlägen ohne Ausführung sind Freemium-Modelle mit kostenlosen Grund- und kostenpflichtigen Premium-Angeboten wie beispielsweise automatischen Rebalancing-Abonnements eine Option, die bereits Verbreitung gefunden hat. Als alleiniges Geschäftsmodell sind solche Freemium- und Abonnement-Modelle allerdings in der Regel erst ab einer hohen Nutzerzahl profitabel, weshalb viele Online-Vermögensverwalter auf weitere Einnahmequellen angewiesen sind.

Die in der traditionellen Vermögensverwaltung weit verbreiteten Provisionsvergütungen von Produktanbietern sind im Rahmen der Online-Vermögensverwaltung aber prinzipiell ungeeignet, zumal die neuen Online-Anbieter stark mit den Werten Kostentransparenz und Unabhängigkeit werben. Als grundsätzlich weniger problematisch angesehen werden Provisionen durch abwickelnde Online-Broker, sofern diese keinen negativen Einfluss auf Dienstleistungsqualität und Gebühren haben. Broker-Provisionen bilden denn auch einen Geschäftsmodellbestandteil verschiedener bestehender Online-Vermögensverwalter. Andererseits sind natürlich auch die Online-Broker selbst in einer guten Ausgangslage, ihr Dienstleistungsspektrum auf Online-Vermögensverwaltungsdienste auszudehnen – wie es etwa der Schweizer Online-Broker *Swissquote* mit seinem *ePrivate Banking* realisiert.

4 Fazit und Ausblick: die Zukunft der neuen Vermögens-verwalter-Generation

Während die individuelle und komplexe Vermögensverwaltung für besonders wohlhabende Kunden mit ihrem breiten Dienstleistungsspektrum bis auf Weiteres ein Offline-Business mit persönlichem Kundenkontakt bleiben wird, erwächst der standardisierten Vermögensverwaltung durch neue Online-Vermögensverwalter in den nächsten Jahren eine ernstzunehmende Konkurrenz. Dabei können es führende Online-Vermögensverwalter in Sachen Expertise bezüglich Anlageentscheiden, deren automatischer Ausführung und der daraus resultierenden Zeitersparnis durchaus mit traditionellen standardisierten Vermögensverwaltungskonzepten aufnehmen und zusätzlich mit Kostenvorteilen und Usability-Annehmlichkeiten durch praktische Online- und Mobile-Funktionalitäten aufwarten. Mit der zunehmenden Objektivierung der Vermögensverwaltung werden digitale Schnittstellen zu Daten- und Produktlieferanten einerseits und zu persönlichen Kundendaten andererseits zwecks automatisierter Analysen zudem immer entscheidender – zur entsprechenden Digitalisierung der Berater- und Benutzeroberflächen ist es da nur noch ein kleiner und konsequenter Schritt.

Die größte Herausforderung für neue Online-Anbieter besteht vor allem darin, das Vertrauen von neuen Kunden zu gewinnen. Da spielt nicht nur Sicherheitsaspekt eine entscheidende Rolle – auf den die bestehenden Online-Vermögensverwalter bereits Gewicht legen. Vor allem den Verlust der persönlichen Beziehung müssen die Online-Vermögensverwalter durch eine herausragende Nutzerfreundlichkeit ihrer Online- und Mobile-Tools wettmachen. Die zunehmende Fokussierung auf Mobile-Geräte, zu denen die Benutzer häufig einen deutlich „persönlicheren" Bezug als zu einem Desktop-Computer haben, kann bei der Vertrauensbildung immerhin förderlich sein. Trotzdem reicht es für Online-Vermögensverwalter auf dem anfänglich steinigen Weg zum Erfolg nicht aus, durch objektive Kundenvorteile zu überzeugen: Sie müssen sich vor allem als starke und vertrauenswürdige Marken etablieren.

Dabei ist noch offen, ob unabhängige Online-Vermögensverwalter oder die Banken, welche bestehende Online-Anbieter aufkaufen oder eigene Online-Vermögensverwalter-Software einsetzen, das Rennen um Anerkennung und eine möglichst große Kundschaft gewinnen werden. Eine Konsolidierung in der Branche ist auf jeden Fall in den kommenden Jahren zu erwarten. Die teuren Gebühren in Verbindung mit fehlenden Performance Vorteilen in der traditionellen standardisierten Vermögensverwaltung sind längerfristig nicht konkurrenzfähig. Auch der persönliche Bezug zum Berater wird ohne eindeutig nachweisbare Vorteile in der standardisierten Vermögensverwaltung langfristig nicht hinreichend sein.

In der standardisierten Vermögensverwaltung ist ähnlich wie in der Reisebranche ein gradueller Übergang vom People Business zu einem digitalen Geschäft zu erwarten. Dazu gehört die Entwicklung, dass auch Offline-Berater im Beratungsgespräch immer mehr auf digitale Hilfsmittel wie Tablets setzen. Selbst wohlhabende High-Net-Worth-Kunden verlangen von ihren Vermögensverwaltern in zunehmendem Maß Online- und Mobile-Anbindungen, die sie stets über den neusten Vermögensstand informieren.

Anhang: Erwähnte Online-Finanzanbieter

Tabelle 1

Firma	Typ	Region	URL
ayondo	Social Trading	Europa	www.ayondo.com
2iQ Research	Insider Information	Europa	www.inside-analytics.com
AlphaClone	Mirroring	International	www.alphaclone.com
Ask the Circle	Family Offices: Peer-to-Peer	International	www.ask-the-circle.com
Assetinum	Anlegerportal	Schweiz	www.assetinum.com
Betterment	Online-Vermögensverwalter	USA	www.betterment.com
BrightScope	Verzeichnis	USA	www.brightscope.com
Covestor	Mirroring	USA	www.covestor.com
DealMarket	Private Equity	International	www.dealmarket.com
E-Merging	Vermögensverwalter: Peer-to-Peer	Schweiz	www.e-merging.com
eToro	Social Trading	International	www.etoro.com
Estimize	Community Information	USA	www.estimize.com
FiPath	Verzeichnis	USA	www.fipath.com
FutureAdvisor	Online-Vermögensberater	USA	www.futureadvisor.com
InsiderScore	Insider Information	USA	www.insiderscore.com
InvestorBee	Online-Vermögensberater	UK	www.investorbee.com
Jemstep	Online-Vermögensberater	USA	www.jemstep.com
Loyal3	Trading	USA	www.loyal3.com
justETF	Online-Vermögensberater	Deutschland	www.justetf.com
MarketRiders	Online-Vermögensberater	USA	www.marketriders.com
Mint	Personal Finance	USA	www.mint.com
Nutmeg	Online-Vermögensverwalter	UK	www.nutmeg.co.uk
Personal Capital	Online-Vermögensverwalter	USA	www.personalcapital.com
SecondMarket	Alternative Investments	USA	www.secondmarket.com
Sentitrade	Sentiment-Analyse	Europa	www.sentitrade.com
sharewise	Community Information	Europa	www.sharewise.com
SigFig	Online-Vermögensberater	USA	www.sigfig.com
StockTwits	Community Information	International	www.stocktwits.com
Stockpulse	Sentiment-Analyse	Deutschland	www.stockpulse.de

Firma	Typ	Region	URL
Swissquote ePrivate Banking	Online-Broker mit Online-Vermögensverwalter-Tool	Schweiz	www.swissquote.ch
Twindepot	Mirroring	Deutschland	www.twindepot.de
Wealthfront	Online-Vermögensverwalter	USA	www.wealthfront.com
WealthLift	Community Information	USA	www.wealthlift.com
WhoFinance	Verzeichnis	Deutschland	www.whofinance.de
WiserAdvisor	Verzeichnis	USA	www.wiseradvisor.com
yavalu	Online-Vermögensberater	Europa	www.yavalu.com

Risikoprofiling – online, transparent und unabhängig

Monika Müller

1 Was sind Risiko und Risikobereitschaft?

Wer eine Finanzentscheidung trifft, geht Risiken ein. Beim Kauf eines Hauses steht als eine der ersten Fragen die nach der Finanzierung an: Zu welchem fixen oder variablen Zins vergibt die Bank den Hypothekenkredit? Und welche Vor- und Nachteile hat das jeweils? Bei der Geldanlage geht es um die Frage nach potenziellem Gewinn und Verlust. Damit die Entscheidung ein Erfolg wird, müssen die Erwartungen mit dem Ergebnis möglichst übereinstimmen. Das gelingt jedoch erst, wenn sich der Finanzentscheider darüber bewusst ist, welches und wie viel Risiko er eingeht. Damit er sich darüber eine Meinung bilden kann, sollte die Definition von Risiko, die er zugrunde legt, zum Entscheidungsgegenstand passen.

Will ein Kunde eine Versicherung abschließen, muss er die Wahrscheinlichkeit des Eintritts und die Höhe des zu erwartenden Schadens im Verhältnis zu den Kosten der Versicherung abwägen. In diesem Kontext ist Risiko ein einseitiges Geschehen, ein Schaden, den es zu vermeiden und gleichzeitig abzusichern gilt. Bei Anlageentscheidungen gehören Gewinn und Verlust zu den wichtigen zu berücksichtigenden Variablen. Die Definition von Risiko und Risikobereitschaft muss in diesem Kontext zwei Seiten beinhalten.

> *„Risikobereitschaft ist das Ausmaß, in dem eine Person negative Konsequenzen (Verluste) in Kauf nimmt, um ein angenehmes Ergebnis (Gewinne) zu erreichen."* (ISO 22222 Personal Financial Planning Standards)

Jede Entscheidungshilfe – sei es über ein Webportal oder das Gespräch beim Berater – sollte dem Kunden diese Information vermitteln. Passiert das nicht, beginnt der Entscheidungsprozess mit falschen Voraussetzungen und führt unweigerlich zu mehr Verwirrung als nötig.

Wird die Risikobereitschaft unter diesen Bedingungen erfasst, ist sie wie die Schuhgröße: ein guter Orientierungspunkt für die anstehenden Entscheidungen. Der Kunde wird damit in Zukunft in jeden „Shop" ob online oder offline – gehen können und mit seinem Wissen über sich selbst den Entscheidungsprozess steuern. Diese Zukunftsvision hat derzeit noch einen Haken: Jede Bank und jedes Online-Portal erfasst die Risikobereitschaft nach anderen Maßstäben und auf mit anderen Grundlagen – und das meist vollkommen intransparent.

„In den USA erforschte Dan Rice schon vor einigen Jahren in seiner Dissertation die Wirkung 131 verschiedener, sogenannter ‚Portfoliopicker'.[28] Seine Vergleichsstudie lieferte Hinweise für eine hohe Varianz an Ergebnissen. Das bedeutet: Kunde A geht zu drei verschiedenen Banken und verlässt die Beratung mit drei verschiedenen Risikoprofilen und daher mit Produkten mit sehr unterschiedlichem Risiko." (Müller 2012)

Wenn Finanzentscheidungen aller Art in Zukunft sicherer werden wollen, muss sich die Industrie entweder freiwillig oder gezwungenermaßen auf Standards bei der Messung der finanziellen Risikobereitschaft genauso verständigen, wie das derzeit bei dem Text der Produktblättern (PRIBS) und der Bestimmung einer Risikokennzahl (wie dies Hackethal vorschlägt) für das Risiko eines Portfolios eingefordert wird. Das Risikoprofilingsystem von FinaMetrica könnte ein Ausgangspunkt für einen geeigneten Standard zur Erfassung der finanziellen Risikobereitschaft sein.

2 Was ist Risikoprofiling?

Jeder Anlageentscheidung geht bewusst oder unbewusst ein Risikoprofiling voraus. Dabei muss der Entscheider seine finanzielle Risikobereitschaft, seine objektive Risikotragfähigkeit, das heißt seine Möglichkeit, Verluste vorübergehend ohne Liquiditätsengpässe auszuhalten, und sein zur Zielerreichung nötiges Risiko kennen. Geht der Anleger zu einem Finanzberater, sind die Bank, der Finanzdienstleister und der Berater in der Verantwortung, dieses Risikoprofil mit zu erarbeiten und für den Kunden transparent nachvollziehbar zu erfassen und in einer Geeignetheitsprüfung zu entsprechenden Anlageempfehlungen zu kommen.

Als subjektive weitere Komponente fließen bei dem Entscheidungsprozess auch die eigene Risikowahrnehmung des Anlegers, seine Kenntnisse und Erfahrungen ein. Während die drei letztgenannten Elemente dauerhaft der Veränderung unterliegen, ist die finanzielle Risikobereitschaft dagegen ein relativ stabiles Persönlichkeitsmerkmal (Davey & Resnik, 2009). Das bedeutet zum Beispiel: Ein risikofreudiger 18-Jähriger ist, wenn er 80 Jahre alt, ist, ist nicht zwangsläufig risikoscheu. Diese Risikofreude oder auch Risikoscheu kann – muss aber nicht – in gleichem Maße in einer Entscheidung umgesetzt werden. Allerdings kann ein Anleger, der seine Risikobereitschaft kennt, eine bewusste Entscheidung treffen. Wer auch im Alter noch sehr risikofreudig ist, könnte sich bewusst für ein geringes Risiko entscheiden. Er sollte aber wissen, dass er dann mehr Geduld bei stark steigenden Märkten aufbringen muss, um sein Ziel entspannt zu erreichen.

Wird die finanzielle Risikobereitschaft einmal zu Beginn des Erwachsenenalters gemessen – wie die Schuhgröße – kommt ihr eine nachhaltig wirksame Orientierungsfunktion zu.

Laut Financial Service Authority (FSA, 2011) und Bundesanstalt für Finanzdienstleistungsaufsicht (BaFin, 2012) müssen die Risikobereitschaft, die objektive Risikotragfähigkeit, das nötige Risiko getrennt erfasst werden und in einen transparenten und für den Entscheider nachvollziehbaren Klärungsprozess einfließen. Die Verarbeitung in einem durchgängigen online- oder softwarebasierten Frageprozess entspricht folglich nicht der Sicht der europäischen und deutschen Finanzmarktaufsicht.

3 Was sind Anforderungen und Qualitätsmerkmale beim Risikoprofiling?

In der von der FSA durchgeführten Studie „Establishing the risk a customer is willing and able to take and making a suitable investment selection" (Januar 2011) wurden 11 RiskProfiler untersucht. 9 RiskProfiler erhielten das Testergebnis mangelhaft, nur zwei RiskProfiler waren gut. Aus diesem Ergebnis entwickelte die FSA Gütekriterien, um zukünftig RiskProfiler leichter bewerten zu können:

- Gute Fragen: Fragen sollten eindeutig, objektiv und nicht emotionalisierend gestellt sein.

- Passende Gewichtung der Antworten: Die Antworten des Kunden müssen mit der passenden Gewichtung in die Auswertung des Endergebnisses einfließen.

- Konzepte getrennt erfassen, auswerten und transparent machen: Konzepte wie Risikobereitschaft und Risikokapazität müssen unabhängig gemessen und ausgewertet werden. Die Vorgänge sollten hierbei möglichst transparent gestaltet werden.

- Grenzen des Tools angemessen berücksichtigen: Jedes Instrument hat seine Grenzen. Die Güte eines Testergebnisses wird durch den Umgang mit diesen Grenzen gebildet. Schwächen können nur durch zusätzliches Eingreifen ausgeglichen werden, wenn sie erkannt und berücksichtigt werden.

- Mitarbeiter im Umgang mit dem Tool und der von ihnen getragenen Verantwortung schulen.

Die BaFin hat in einem 2012 erschienen Papier (MaCOMP) Richtlinien aufgestellt, die die Geeignetheitsprüfungen in Wertpapierdienstleistungsunternehmen schärfer regulieren sollen. Es wird darauf hingewiesen, dass Wertpapierdienstleistungsunternehmen die Verantwortung für die Geeignetheit eines Produktes tragen müssen. Sie müssen dafür sorgen, dass der Kunde ein Verständnis für Risiko und Rendite hat oder entwickelt. Und dass das Profil des Kunden auf objektiven Angaben beruht. Sie können für das Einholen der Informationen zum Beispiel einen wissenschaftlich fundierten Fragebogen einsetzen. Bei der Auswertung der Informationen ist das Aufdecken und Berücksichtigen von Widersprüchen wichtig, um Fehlentscheidungen zu vermeiden. Nicht zuletzt muss sichergestellt werden, dass die Geeignetheitsprüfung dokumentiert wird und im Nachhinein nachvollziehbar ist.

Bei der Wahl eines geeigneten RiskProfilers sind noch weitere Aspekte zu berücksichtigen: Es ist von Vorteil, Informationen aus verschiedenen Bereichen des Lebens, in denen Finanzentscheidungen stattfinden, zu erhalten. Das vermittelt Kunden ein umfassendes Bild ihrer Risikobereitschaft. Beispiele hierfür sind aktuelles Finanzverhalten, früheres Finanzverhalten, zukünftiges Verhalten, hypothetisches Verhalten in einer Vielzahl von realistischen Szenarios ebenso wie emotionale Reaktionen auf finanzielle Ergebnisse. Eine einfache Handhabung und eine leichte Verständlichkeit tragen dazu bei, die Motivation des Kunden nicht zu verlieren.

Die Risikogruppe sollte nur als grobe Orientierungsklassifikation gelten. Ein zusätzlicher individueller Risikowert ermöglicht eine noch bessere Beratung. Genaue Kennwerte werden aber bisher nur bei wenigen RiskProfilern ermittelt.

Besonderes Gewicht hat die Trennung zwischen den zwei Konstrukten Risikobereitschaft und Risikokapazität. In den derzeit eingesetzten Frageprozessen wird das psychologische Attribut der Risikobereitschaft mit dem finanziellen Attribut der Risikokapazität vermischt. Somit wird eine exakte Messung der Risikobereitschaft durch eine unzureichende Konstruktdefinition verhindert.

Nach der online-basierten objektiven Berechnung eines Risikoprofils ist auch aus rechtlicher Sicht der persönliche Kontakt mit einem Berater wichtig. Ob in der Filiale, beim Kunden vor Ort oder am Telefon, das Ergebnis sollte besprochen und eventuelle Widersprüche aufgedeckt werden. Erst dann kann der Kunde mit der Unterstützung seines Beraters eine selbstständige und nachhaltige Entscheidung treffen. Ein Lerneffekt, der während des Erstellens des Risikoprofils sowie während der Beratung stattfindet, vermeidet langfristig Unzufriedenheit oder Panikverkäufe.

4   Wie setzt FinaMetrica die Anforderungen um?

Das Risikoprofiling von FinaMetrica ist für Berater und Finanzentscheider online verfügbar, transparent und unabhängig von Anbietern jeglicher Finanzprodukte. Der Kunde beantwortet die Fragen über einen Webzugang oder auf Papier selbstständig. Das verleiht dem Kunden – anders als jede Software eines Finanzdienstleisters – die Möglichkeit, seinen eigenen Finanzentscheidungsprozess und die Empfehlung des Beraters jederzeit selbst zu kontrollieren. Lässt sich der Kunde diesen Gesprächsverlauf vom Berater dokumentieren, kann er jederzeit auf die Unterlagen zurückgreifen und den Verlauf des Investments mit den beiden Unterlagen (FinaMetrica und Dokumentation der Bank) abgleichen.

Gleichzeitig bietet dieses System Finanzdienstleistern die Möglichkeit, dem Kunden ihre Angebote online oder in der Filiale vor Ort risikoadjustiert anzubieten. Dazu braucht der Finanzdienstleister nur noch die Risikogruppen des Risikoprofils von FinaMetrica mit dem Rendite-Risikoprofil der eigenen Produkte zu verknüpfen. Das Linking Spreadsheet, ein spezielles Tool von FinaMetrica, bietet dazu erste Anhaltspunkte (zu mehr Informationen hierzu vgl. Kapitel 4.3).

4.1 Testgütekriterien des Fragebogens

Damit ein Fragebogen dem Entscheidungsprozess Sicherheit verleihen kann, muss er verschiedene Gütekriterien aufweisen.

Die Robustheit eines Fragebogens ist das wesentliche Fundament für ein nachhaltig nützliches Risikoprofiling. In der Psychologie gibt es drei Hauptgütekriterien, die in einer Testsituation fast immer von Bedeutung sind: Objektivität, Reliabilität (Zuverlässigkeit) und Validität.

a) Objektivität

Objektivität ist gegeben, wenn der Test von der Person oder Institution, die ihn auf einer Website anbietet oder im Beratungskontext durchführt, unabhängig ist. In der Praxis heißt das, dass es nicht darauf ankommt, wer den Test durchführt. Das Ergebnis des Testes ist bei einem Teilnehmer – unabhängig vom Berater – immer das gleiche.

b) Reliabilität (Zuverlässigkeit)

Das zweite Gütekriterium ist die Reliabilität: Wenn ein Test zuverlässig (reliabel) sein soll, muss er in verschiedenen Umständen immer gleich gut, das heißt möglichst genau, messen. In einer Beratungssituation bedeutet dies, dass man beispielsweise heute den gleichen Risikowert erhält wie in zwei Wochen. Die Situation hat sich verändert, aber die Persönlichkeit ist gleich geblieben. Wenn keine einschneidenden Ereignisse stattgefunden haben, sollte das Ergebnis zu den verschiedenen Messzeitpunkten gleich – also stabil – sein. Aber auch wenn zwischen zwei Testergebnissen besondere Ereignisse eingetreten sind, heißt das nicht, dass das Resultat unterschiedliche Ergebnisse sein müssen. Sie können sich also auf das Testergebnis verlassen.

c) Validität

Das dritte Gütekriterium ist die Validität: Sie beschreibt die Eigenschaft, dass der Test tatsächlich das misst, was er messen soll. Als Beispiel: Personenwaagen sollen das Gewicht messen. Wenn sie plötzlich die Größe messen würden, wären viele zu Recht erstaunt. Ein Test zum Risikoprofiling wie der RiskProfiler von FinaMetrica soll demnach die tatsächliche Risikobereitschaft, aber nicht Risikowahrnehmung oder die Risikokapazität messen.

In den Gütekriterien erreicht dieser RiskProfiler schon seit Jahren überdurchschnittliche Werte (z.B. eine Reliabilität von 0.92). Ein guter Test sollte eine Reliabilität von mindestens 0.8 aufweisen. Reliabilitäten über 0.9 gelten als hoch.

Mit den Ergebnissen entsteht ein klares Bild der eigenen Risikobereitschaft für den Kunden. Das führt wiederum dazu, dass die Kommunikation zwischen Entscheidern (Ehepaar, Geschäftspartnern), zwischen Coach und Klient oder Berater und Kunden verbessert werden kann. Entscheidungsprozesse gewinnen an Klarheit, an Transparenz, und das Ergebnis entspricht auch nach Jahren noch den Erwartungen.

4.2   Beratungs- und Entscheidungssystem in drei Phasen

Die Beratung oder Entscheidung mit dem System von FinaMetrica verläuft in mehreren Phasen:

Phase 1

Zuerst füllt der Kunde den Fragebogen zur Erfassung der finanziellen Risikobereitschaft selbstständig aus (http://tinyurl.com/Fragebogen-Musterkunde).

Der Kunde kann entweder seinen Login für den Fragebogen auf der Website selbst kaufen und anschließend sofort ausfüllen, oder er erhält – nachdem der Berater ihn im seinem Berateraccount registriert hat – automatisch einen Login per E-Mail zugesandt.

Abbildung 1: „Einen Kunden anlegen"

Abbildung 2: „Die Übersicht aller angelegten Kunden"

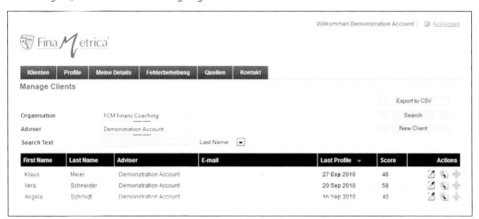

Auf den ersten Seiten des Fragebogens erhält der Kunde eine kurze Einstimmung:

> *„Viele finanzielle Entscheidungen werden unter der Bedingung der Unsicherheit getroffen; damit kommt Risiko ins Spiel. Jeder Mensch fühlt sich mit einem anderen Grad an Risiko wohl. Anders als z.B. bei Größe oder Gewicht gibt es keine Maßeinheit für die Messung der Risikobereitschaft. Die Risikobereitschaft einer Person kann, ähnlich wie die Bestimmung des IQ, nur auf einer künstlichen Skala mit der Risikobereitschaft Anderer verglichen werden. Das FinaMetrica-Risikoprofilierungssystem bietet Ihnen eine präzise Bewertung Ihrer Risikobereitschaft auf eine Art, die für Sie und Ihre Berater aussagekräftig ist. Ihr Risikoprofilbericht wird Sie und Ihre Berater bei finanziellen Entscheidungen begleiten. Insbesondere bietet Ihnen der Bericht eine Grundlage für Ihre Anweisungen über Ihre bevorzugte Risikohöhe an Ihre Berater."* (FinaMetrica, 2010)

Auch auf den folgenden Seiten des Fragebogens wird der Nutzer vollumfänglich über die Vorgehensweise aufgeklärt. Er erhält zum Beispiel Informationen darüber, warum der Fragebogen aus 25 Fragen besteht (http://tinyurl.com/FinaMetrica-Fragebogen). Dies schafft Klarheit und stellt die notwendige Bereitschaft zum Ausfüllen des Fragebogens sicher. Nicht jeder Nutzer wird den gesamten Text lesen, doch schon das Vorhandensein stärkt das Vertrauen des Finanzentscheiders in sich selbst und das gewählte Vorgehen.

Phase 2: Die Auswertung und Diskussion

Der Kunde füllt den Fragebogen aus und erhält – online – umgehend seine Auswertung. Der Auswertungsbericht gibt Hinweise, die der Kunde prüfen und für seine Entscheidung nutzen kann. Dies kann er alleine, mit einem Geschäfts- oder Ehepartner, mit einem Coach oder mit einem Finanzberater tun.

Das Besondere an dem Auswertungsbericht, vergleiche http://tinyurl.com/Auswertung-Musterkunde, ist: Dem Kunden wird ein Risk Score von 1-100 und eine Risikogruppe von 1-7 zugeordnet. Darüber hinaus erfährt er jedoch auch: Obwohl er viele Fragen passend zu seiner Risikogruppe beantwortet hat, weichen einige seiner Antworten von der Gruppe ab. Diese Abweichungen sind normal und können wie das Maßnehmen beim Schneider gesehen werden. Auch wenn wir Größe 52 haben, an der einen oder anderen Stelle gibt es „Abweichungen". Wenn diese bei der Planung berücksichtigt werden, dann passt der Anzug anschließend wie angegossen, wir ziehen ihn häufiger an und fühlen uns sicher und wohl – auch in schwierigen Situationen. So werden auch Finanzentscheidungen besser und auch in unruhigen Zeiten belastbar.

Phase 3: Die Übersetzung in eine Finanzentscheidung

Erst nachdem der Fragebogen ausgefüllt, ausgewertet und das Ergebnis analysiert wurde, beginnt der Entscheidungsprozess. Die Entscheidung kann entweder nur eine einzelne Kapitalanlageentscheidung oder die ganzheitliche Finanzplanung betreffen. Der wichtigste Ankerpunkt ist immer wieder die finanzielle Risikobereitschaft des Anlegers. Die Verbindung zu den Lösungen des Finanzberaters unterstützt das System von FinaMetrica mit geeigneten Tools wie dem Linking Spreadsheet. Mehr Informationen zu dem Linking Spreadsheet finden sich im nächsten Kapitel.

4.3 Aufdecken von Widersprüchen

Ein wichtiges Thema bei Finanzentscheidungen sind die Widersprüche und Konflikte, die eine Entscheidung begleiten. Wird dieser Aufgabe von Finanzentscheider zu wenig Beachtung geschenkt, sind das Bedauern und damit häufig auch das Revidieren einer Entscheidung in einer dann zumeist auch noch emotional schwierigen Situation vorprogrammiert. Entweder ist man ärgerlich auf sich selbst, seinen Partner oder den Berater – oder gleich auf alle drei. Dieser Ärger hat auch schon Anfang 2000 dazu geführt, dass viele Anleger nicht in der Lage waren, adäquat auf die massiven Schwankungen am Markt zu reagieren – oder sie eben auch auszuhalten.

Widersprüche können in drei Bereichen auftreten:

1. Ein Widerspruch in der Person selber

Beispiel: Der Anleger hat die Erwartung, dass die Rendite seiner Anlage mehr als das Zweifache im Vergleich zu einer „risikofreien" Anlage in festverzinslichen Wertpapieren oder auch Tagesgeld beträgt. Gleichzeitig ist er aber nur bereit, eine Schwankung von 10 % auszuhalten und würde dafür ein Musterportfolio mit einem Anteil von maximal 15 % risikoreichen Assets wählen.

Eine realistische Risiko-Rendite-Betrachtung zeigt dem Kunden nachvollziehbar auf, dass er nur durch eine Veränderung der Bedingungen/Wünsche zu einem realistisch umsetzbaren Ergebnis kommt. Entweder muss er seine Erwartungen reduzieren oder seine Bereitschaft, Schwankungen auszuhalten, steigern. Für diese Risiko-Rendite-Betrachtung hat FinaMetrica ein Instrument entwickelt (vgl. Kap. 4.4).

2. Ein Widerspruch zwischen der Person und der Sachlage

Beispiel: Der Kunde ist sehr risikobereit, müsste aber zum Erreichen seines Ziel nur ein geringes Risiko eingehen. Die Herausforderung ist es, genügend Distanz und Ruhe aufzubringen, wenn der Markt nach oben schießt, wie dies gerade in der letzten 10–15 Jahren immer wieder gut zu beobachten war.

Oder der Kunde ist wenig risikobereit, besitzt aber 80 % seines Vermögens in Immobilien und Immobilienfonds.

Hier zeigen der Fragebogen und der Risiko- und Rendite-Leitfaden dem Kunden auf, dass er das Risiko von Immobilien möglicherweise zu gering einschätzt. Dieser Anleger muss lang gehegte und festgefahrene Meinungen über Bord werfen. Die Ereignisse der letzten Jahre im Bereich Immobilienfonds haben – leider oft schmerzhaft – zur Aufklärung beigetragen.

3. Ein Widerspruch zwischen Personen

Anlageentscheidungen müssen häufig in Abstimmung mit anderen Personen getroffen werden. Privat sind das die Ehepartner oder auch Großeltern, Eltern und Kinder. Im Geschäftsleben könnten das Vorstandgremien oder Projektteams sein. Die Wahrscheinlichkeit, dass die Risikobereitschaft der beteiligten Personen stark variiert, ist hoch. Wissen die Personen um die Tatsache, dass finanzielle Risikobereitschaft ein relativ stabiles Persönlichkeitsmerkmal ist, und kennen sie ihre Risk Scores, können sie die Entscheidungen in dem Bewusstsein darum leichter und sachlicher treffen.

Zur Gegenüberstellung der Unterschiede der Risikobereitschaft von mehreren Personen stellt FinaMetrica ein Auswertungstool, das Linking Spreadsheet (http:// tinyurl.com/Linking-Spreadsheet-xlsx) und das dazugehörige Handbuch (http:// tinyurl.com/Userguide-Spreadsheet) zur Verfügung. Öffnet man das Linking Spreadsheet, können verschiedenste Szenarien durchgespielt werden. Man kann sehen, dass wenn zwei Personen ähnliche Risk Scores haben, es für gemeinsame Entscheidungen eine überlappende Wohlfühlzone gibt. Ist der Unterschied so groß wie im Beispiel in Abbildung 3 (Mark Risk Score 65/Angela Risk Score 49), dann wird eine gemeinsame Entscheidung von beiden Personen eine hohe Kompromissbereitschaft oder die

Entscheidung zu zwei verschiedenen Anlagestrategien erfordern. Der Vorteil: Die Unterschiede sind sichtbar, die Information hilft, starke emotionale Reaktionen zu verhindern und einzeln oder gemeinsam bessere Entscheidungen zu treffen.

Abbildung 3: „Beispiel eines Paarvergleichs mit dem Linking Spreadsheet"

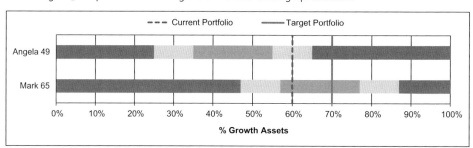

4.4 Risiko- und Rendite-Leitfaden – Erwartungen richtig steuern

Im Risiko- und Rendite-Leitfaden von FinaMetrica heißt es: „Eine der unangenehmsten Überraschungen, die das Leben bereithält, ist zu entdecken, dass man einen erheblichen Verlust erlitten hat, weil man Risiken unterschätzt hat. Eine ähnliche Enttäuschung kann man erleben, wenn man die dargebotenen Möglichkeiten nicht voll ausgeschöpft hat, weil man Risiken überschätzt hat. (FinaMetrica, 2012)" Dieser Leitfaden verbindet die einfache Sprache des persönlichen Risikoprofils eines Kunden mit den Risiko- und Rendite-Eigenschaften von Investment-Portfolios.

Der Risiko- und Rendite-Leitfaden: Eine Geschichtsstunde

Die Daten der Musterportfolien basieren auf einer Analyse. Diese beinhaltet einen historischen Abgleich der Wertentwicklung eines repräsentativen Satzes von sieben Portfolien auf monatlicher Basis. Die Berechnung basiert auf Daten der letzten 40 Jahre.

Die Musterportfolien enthalten keine Produkte, sondern die in dem jeweiligen Land, für das die Darstellung gültig ist, gängigen Wertpapiergattungen. Die Tabelle in Abbildung 4 zeigt auf der linken Seite die weltweit zugrunde gelegte Struktur der sieben Musterportfolien:

Abbildung 4: „Zusammensetzung des Musterportfolien"

	Defensiv/Wachstum Aufteilung		Portfolio-Strukturierungen		
Portfolio	Defensiv	Wachstum	Festverzinsliche Wertpapiere	Europäische Aktien	Internationale Aktien
1	100%	0%	100.0%	0.0%	0.0%
2	85%	15%	85.0%	7.5%	7.5%
3	70%	30%	70.0%	15.0%	15.0%
4	50%	50%	50.0%	25.0%	25.0%
5	30%	70%	30.0%	35.0%	35.0%
6	15%	85%	15.0%	42.5%	42.5%
7	0%	100%	0.0%	50.0%	50.0%

Rechts zeigt die Tabelle in Abbildung 4 eine Strukturierung der Portfolien in geringes (Festverzinsliche Wertpapiere) und mittleres bis hohes Risiko (Europäische und Internationale Aktien). Diese Aufteilung zeigt die Grundlage der Auswahl der Indizes, die zur Berechnung des Risikos in den sieben Musterportfolien genutzt werden. (http://tinyurl.com/FinaMetrica-Geschichtsstunde)

Die Musterportfolien: Die Probefahrt

Das Ziel ist es, eine realistische Risiko- und Rendite-Erwartung beim Anleger zu erzeugen, bevor er eine Entscheidung trifft. Mit dem Risiko- und Rendite-Leitfaden können Kunden alleine oder gemeinsam mit einem Berater der vergangenen Entwicklung der Portfolien „nachspüren", um zu überprüfen, ob die jetzigen Erwartungen des Kunden zu einer möglichen künftigen Entwicklung des Portfolios passen. Dazu können die Risikoparameter der verschiedenen Portfolien nebeneinander online oder offline dargestellt und somit leicht verglichen werden.

Das Infoblatt: Worte, Bilder, Farbe, Zahlen

Wenn Menschen sehr viel Information verarbeiten müssen, hilft eine gehirngerechte Darstellung und das Wiederholen der Information in immer gleicher Form (http://tinyurl.com/Die-Probefahrt). Dadurch bildet sich eine kognitive Landkarte, mit deren Hilfe Information dauerhaft abgespeichert und wieder erinnert werden kann.

Die verschiedenen Darstellungsformen – hier am Beispiel der Risikoklasse 4.

Abbildung 5: „Das Infoblatt – Worte"

Risikoklasse 4 (Auswertungsbereich 45 bis 54)
Anleger in der Risikoklasse 4 treffen normalerweise folgende Entscheidungen,

Bevorzugtes Portfolio? (FRAGE 16):	30% Niedrig, 40% Mittel, 30% Hoch (Portfolio 4)
10-Jahresrendite-Erwartungen? (FRAGE 21):	10-Jahresrendite, eineinhalb bis zweimal so hoch wie die Verzinsung von Bankeinlagen.
Volatilitäts-Sensibilität? (FRAGE 14):	Der Gesamtwert der Investments könnte um 20% fallen, bevor der Investor sich unwohl fühlen würde.

- **Element 1: Worte**

Die Norm, also die meisten Menschen in Risikogruppe 4, hätten die Antworten so gegeben, wie sie in Abbildung 5 zu finden sind. Passen die Antworten des Kunden zu der Norm? Wo gibt es Abweichungen – und warum? Dies haben Kunde und Berater im Auswertungsgespräch schon besprochen.

- **Element 2: Bilder und Farben**

Welche Rendite erwartet der Kunde im Vergleich zu einer Bankeinlage?

Abbildung 6: „Das Infoblatt – Bilder und Farben: Mehrfachrenditen"

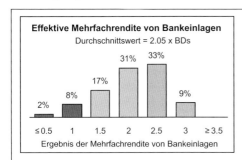

Neben der Information, wie häufig welche Mehrfachrendite erzielt wurde, wird hier durch die Farben Rot, Gelb und Grün (Farbdarstellung aller Risikoklassen unter folgendem Link http://tinyurl.com/FinaMetrica-Probefahrt) gezeigt, wann die Erwartungen der Norm dieser Gruppe unterschritten, getroffen oder sogar übertroffen wurden. Das Tortendiagramm rechts daneben fasst die Säulen nach den Farben zusammen. Das bedeutet, hier werden die Daten auf die drei Kriterien reduziert: Erwartung unterschritten, getroffen, überschritten. Ein Anleger, der auf bildliche Darstellung angewiesen ist, sieht auf einen Blick was ihn erwartet.

Zahlenorientierte Menschen sehen in Abbildung 6, dass im Durchschnitt dieses Portfolio das 2.05-Fache der Rendite einer Bankeinlage erzielt hat. Dies erfüllt eindeutig die Erwartung der Norm vom 1,5- bis 2-Fachen (vgl. Frage 21 in Abb. 5). Die einzelnen Säulen zeigen, in wie viel Prozent der Zeit, die wie vielfache Mehrfachrendite (im Vergleich zu einer Bankeinlage) erzielt wurde.

> *Beispiel: In 2% der Zeit lag die Rendite dieses Portfolios bei dem 0,5-Fachen einer Bankeinlage und in 33% der Zeit bei dem 2,5-Fachen.*

Die folgende Darstellung in Abbildung 7 greift das Verhalten von Anlegern auf. Die meisten Anleger schauen immer wieder auf ihr Portfolio, auch wenn sie keine Umstellungen vornehmen. Das führt zu der Gefahr, dass ein Handlungsimpuls allein aus der Wahrnehmung der Schwankungen entsteht. Ist der Anleger auf die zu erwartenden Schwankungen vorbereitet, kann die Wahrscheinlichkeit von Aktionismus reduziert werden.

Angenommen, der Kunde würde Monat für Monat den Wert des Portfolios der Risikoklasse 4 betrachten. Was würde er sehen? Im Falle dieses Portfolios würde sich in 39% der Zeit der Wert mindern, in 38% der Zeit erholen und in 23% der Zeit würde er steigen. Die Grafik trifft keine Aussage über die Intensität dieser Schwankungen, lediglich über das Zeitverhältnis.

Abbildung 7: „Das Infoblatt – Bilder und Farben: Schwankungen"

Interessant ist auch der Vergleich der Risikoklassen 1, 4 und 7. Die Grafiken werden, wie in Abbildung 8 zu sehen ist, überall nahezu gleich aussehen:

Abbildung 8: „Das Infoblatt – Bilder und Farben: Schwankungen im Vergleich"

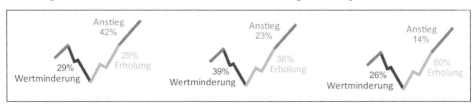

Die eigentliche Erkenntnis: Es gibt kein Portfolio ohne Schwankung.

Nachdem der Kunde versteht, welche relativen Rendite-Erwartungen in diesem Portfolio realistisch bzw. erzielbar sind und welche Phasen der Schwankungen darin enthalten sein werden, folgt der nächste Schritt: Eine Betrachtung der absoluten Intensität der Schwankungen in Kombination mit dem Zeitverlauf.

- **Element 3: Zahlen – die absolute Intensität der Schwankungen**

Abbildung 9: „Top-10-Anstiege"

Höhe des Anstiegs	Beginn des Anstiegs	Dauer des Anstiegs#	Ende des Anstiegs
25.9%	Aug-82	8	Apr-83
22.8%	Aug-84	10	Jun-85
20.2%	Nov-92	9	Aug-93
18.9%	Mai-80	6	Nov-80
15.8%	Sept-96	5	Feb-97
15.6%	Apr-97	3	Jul-97
13.0%	Feb-87	6	Aug-87
10.5%	Feb-86	3	Mai-86
9.6%	Jan-98	2	Mär-98
9.3%	Okt-99	2	Dez-99

Die Tabelle in Abbildung 9 zeigt die Top-10-Anstiege dieses Musterportfolios der Risikoklasse 4 der letzten 40 Jahre. Wie hoch war der Anstieg, also um wie viel Prozent ist der Wert gestiegen und wie lange hat der Anstieg gedauert?

Beispiel: Der zweitgrößte Anstieg von 22,8 % hat 10 Monate (fast 1 Jahr) gedauert. Hier ist es wichtig zu verstehen, in welchen Zyklen Steigung und Wertminderung auftreten könnten. Der Wechsel kann innerhalb weniger Monate auftreten oder auch nach längerer Zeit, wie im Beispiel nach 10 Monaten.

Wichtig ist, dass der Kunde dies vor seiner Entscheidung weiß, denn häufig „gewöhnt" man sich in einer solchen Aufschwung-Phase an dieses Gefühl und wird euphorisch, eine eintretende Minderung wird viel intensiver und stärker empfunden. Wichtig für den Kunden ist also zu wissen, in welchem Rahmen diese Schwankungen in „seinem" Portfolio vorkommen könnten.

Abbildung 10: „Top-10-Wertminderungen"

Tiefe der Wertminderung	Beginn der Wertminderung	Dauer der Wertminderung#	Dauer der Erholung#	Abgeschlossene Erholung
-23.5%	Dez-72	21	14	Nov-75
-22.4%	Okt-00	29	27	Jun-05
-21.5%	Okt-07	16	13	Mär-10
-16.2%	Aug-89	13	7	Apr-91
-14.6%	Aug-87	3	10	Sept-88
-8.8%	Jan-94	13	6	Aug-95
-8.2%	Jun-98	3	3	Dez-98
-6.6%	Mai-92	3	3	Nov-92
-6.4%	Jul-81	2	4	Jan-82
-6.2%	Jul-97	3	3	Jan-98

Die Tabelle in Abbildung 10 zeigt die Top-10-Wertminderungen in Risikoklasse 4. Neben der Höhe und Dauer der Wertminderung wird hier gezeigt, wie lange es zur Erholung gebraucht hat. Das heißt, wann der Ursprungswert, also der Wert vor Eintritt der Minderung, wieder erreicht wurde.

*Beispiel: Die zweitgrößte Minderung betrug 22,4 % und hat 29 Monate (2,5 Jahre) gedauert. Die Erholung 27 Monate (über 2 Jahre). Die oberen **drei** Werte sind im Original rot markiert, sie überschreiten die Toleranzgrenze von 20 % der Norm (vgl. Frage 14 in Abb. 5).*

Das heißt, der Kunde, der dieses Risiko wählt, muss sich nicht nur bewusst machen, dass er bei einem längeren Anstieg nicht zu euphorisch werden sollte, sondern auch, dass es gilt, mehrere Monate – sogar mehrere Jahre auszuhalten, in denen es abwärts geht.

Beratungssysteme, die statt der tatsächlichen Anstiege und Abstiege nur ein Konfidenzintervall, also einen „Vertrauensbereich" von 95 % für die Darstellung von Risiko verwenden, gehen ein großes Risiko ein. Sie riskieren, den Kunden nicht ausreichend vor negativen Überraschungen zu schützen. Das System von FinaMetrica macht absolute, maximale Verluste und Gewinne sichtbar. Diese Klarheit ist nötig, damit der Entscheider keine unrealistischen Erwartungen aufbaut.

Wie wird sich Finanzdienstleistung verändern, wenn jeder Kunde und jede Kundin mit dem genauen Wissen um die eigene Risikobereitschaft Finanzentscheidungen trifft?

4.5 Einfach, unabhängig und überall – online und offline kombinierbar – ein Beispiel

Stellen wir uns vor, Frau Schmidt hat geerbt. Von einem Freund erfährt sie von FinaMetrica, sie hat ihr Risikoprofil schon selbständig online gemacht. Sie kommt mit diesen Informationen zur Bankberatung. Hier sind die Parameter:

- *Mein anzulegendes Kapital: 50.000 EUR.*

- *Meine Erwartung: Ich möchte mit dieser Summe bei einer langfristigen Anlage von 10-15 Jahren im Durchschnitt das Zweifache des Bankzinses erzielen.*

- *Meine Risikobereitschaft: Risk Score von 49, Risikogruppe 4 im RiskProfiler.*

Wie geht der Bankberater jetzt vor?

Der Berater weiß, dass die Risikowahrnehmung von Kunden je nach Marktlage und Medienberichten schwankt, die finanzielle Risikobereitschaft jedoch ein relativ stabiles Persönlichkeitsmerkmal ist, das sich im Verlauf des Lebens, auch in Wirtschaftskrisen, nur wenig ändert. Er fragt Frau Schmidt, wann sie den RiskProfiler zuletzt gemacht hat und ob seither gravierende Lebensereignisse stattgefunden haben. Frau Schmidt verneint und erzählt dem Berater, dass sie ihr Profil erst vor kurzem über die Website der Bank erstellt hat. Der Berater geht ins Intranet und kann den aktuellen Auswertungsbericht des Risikoprofils von Frau Schmidt für die Beratung und die anschließende Dokumentation nutzen. Nun fragt der Berater die Kundin, welchen Anteil am Gesamtvermögen diese 50.000 EUR darstellen, und hält dies im Beratungsbogen fest.

Aufgrund der Angaben ergibt sich folgende Konstellation: Für Frau Schmidt kommt laut ihrer Auswertung und dem Risiko- und Rendite-Leitfaden von FinaMetrica eine Vermögensaufteilung der Risikoklasse 3 oder 4 in Betracht. Diese Einteilung bezieht sich auf die Verteilung zwischen festverzinslichen Wertpapieren und risikoreicheren Anlagen (Aktien, Rohstoffe, Immobilien, Devisen) von 70/30 oder 50/50.

Die Kundin muss sich also entscheiden: Bei Risikoklasse 3 (70/30) muss sie zu einer gewissen Wahrscheinlichkeit mit einem Ertrag rechnen, der leicht geringer ist als der 2-fache Bankzins, bei erheblich weniger intensiven Verlustphasen als bei Risikoklasse 4. Demgegenüber wird sie bei Risikoklasse 4 (50/50) mit einer hohen Wahrscheinlichkeit den gewünschten Ertrag erzielen. Jedoch werden die Schwankungen über die nächsten Jahre hinweg intensiver als mit Portfolio 3 sein. Berater und Kundin nutzen im Gespräch die standardisierte Beschreibung und graphische Darstellung des Risikos in den Risikoklassen 1-7, die den Risikobereitschaftsgruppen in der

Auswertung des RiskProfilers zugeordnet sind. Das hat folgenden Vorteil: Die Kundin hat mit der Beantwortung der Fragen zur Erfassung der Risikobereitschaft im Fragebogen schon einige Hinweise darauf gegeben, wie ihre Risiko-Rendite-Erwartungen (der gewünschte Ertrag, ihre Risikosensitivität) aussehen und wie sie sich ihr „ideales" Portfolio nach Risikogewichtung (niedrig/mittel/hoch) vorstellt. Im Falle von Frau Schmidt weichen Erwartungen und Risikobereitschaft minimal voneinander ab. Dies können Berater und Anleger anhand der Darstellung auf einen Blick sehen und können so Auswirkungen und Lösungsmöglichkeiten besprechen.

Nach kurzer Überlegung und Abwägung der Vor- und Nachteile entscheidet sich die Kundin für die Risikoklasse 3 und der Berater kann jetzt damit beginnen, das passende Produkt für die Kundin auszuwählen.

Der Berater fragt Frau Schmidt, ob sie noch bestimmte Wünsche an die Anlagen hat (Nachhaltigkeit, Restriktionen bezüglich einer Aktie, z. B. einer Aktie, die ihr Risiko erhöhen könnte, weil sie bei der Firma selbst beschäftigt ist, etc.). Er bietet der Kundin zwei verschiedene Produktkategorien an, die alle ein Verhältnis von 70/30 (festverzinsliche Wertpapiere/Aktien, Immobilien, Rohstoffe etc.) beinhalten und erläutert die Unterschiede. Bei dem vermögensverwaltenden Fond überlässt ein Kunde die Arbeit des Justierens (Rebalancing) weitgehend dem Produkt. Das hat den Vorteil, dass der Kunde nicht viel Zeit investieren und seltener Entscheidungen treffen muss. Bei der Aktien-, ETF- oder der normalen Fondsvariante wird ein Kunde mehr in die „tägliche Arbeit" eingebunden. Das bedeutet, dass die Persönlichkeit des Kunden, seine Wünsche nach Beteiligung, seine Stärken und auch Schwächen hier einfließen können. Zur Info sendet der Berater der Kundin noch einen Link zur Website über die psychologischen Herausforderungen und Tipps für erfolgreiche Anlageentscheidungen.

Die Kundin ist nun ihren Bedürfnissen entsprechend informiert. Frau Schmidt liest sich in einer kleinen Pause bei einem Kaffee die Informationen in Ruhe durch. Sie besucht kurz die Infoseite im Web, wägt die angebotenen Möglichkeiten ab, kommt zu einem Ergebnis. Im abschließenden Gespräch kauft sie – bedankt sich für die Beratung und geht.

Zwei Wochen später ruft der Berater bei der Kundin an, erkundigt sich, wie sie das Gespräch erlebt hat, ob es noch Fragen gibt und ob sie noch weitere Wünsche hat.

Sowohl Kunde, als auch Berater gewinnen durch das Vorgehen Sicherheit im Umgang mit Risiko. Das ist besonders in Zeiten stark verunsicherter Marktteilnehmer ein wichtiges Element zur Stabilisierung und Verbesserung von Finanzentscheidungen jeglicher Art.

5 Steuermann Kunde

Mit dem Online-Riskprofiler von FinaMetrica werden Kunden zum Steuermann ihrer Finanzentscheidungen. Die finanzielle Risikobereitschaft wird für sie zur „Schuhgröße". Diese Information haben sie immer zur Verfügung. Sie lernen durch das Ausfüllen des Fragebogens, was finanzielle Risikobereitschaft ist, wo ihre Risikowahrnehmung von der Realität abweicht und welche Erwartungen an eine Kapitalanlageentscheidung realistisch sind. Sie entwickeln so ein wesentliches Fundament für eine Entscheidung auf Augenhöhe. Auch für den selbstständig agierenden Entscheider besteht die Möglichkeit, zum ersten Mal seine Risikobereitschaft, eine realistische Rendite und das Risiko in seinem Portfolio zu vergleichen. Er kann Abweichungen erkennen und korrigieren.

Dieses Vorgehen stellt für Banken, Sparkassen, freie Finanzdienstleister und Produktlieferanten eine einmalige Chance dar: Entscheidungen werden transparent, der Kunde gebildet und kritisch. Er steuert mit seinem Risk Score die Beratung, die Produktentwicklung und den Verkauf. Kundenorientierung bleibt kein zahnloser Papiertiger, sie wird Realität. Bedarfsgerechte Finanzentscheidungen brauchen weniger, aber gute Produkte. Sicherheit entsteht durch den Entscheidungsprozess und muss nicht künstlich über ein teures Produkt abgebildet werden. Eine jährliche Überprüfung der Asset-Allokation reicht meist aus, ein Rebalancing geht leichter und mit einem guten Gefühl des Kunden von statten. Kunden können bewusst das Risiko wählen, das ihre Zielerreichung fördert. Emotionale und finanzielle Tragfähigkeit werden optimal kombiniert. Die Bank oder der Finanzdienstleister, der seine Kunden auf diese Weise unterstützt senkt sein Haftungsrisiko und steigert dauerhaft das Vertrauen seiner Kunden.

Literatur

BaFin (2012): Rundschreiben 4/2010 (WA) – Mindestanforderungen an die Compliance-Funktion und die weiteren Verhaltens-, Organisations- und Transparenzpflichten nach §§ 31 ff. WpHG für Wertpapierdienstleistungsunternehmen (MaComp). Online verfügbar: http://www.bafin.de/SharedDocs/Veroeffentlichungen/DE/Rundschreiben/rs_1004_wa_macomp.html, zuletzt geprüft am 26.10.2012.

Davey, G./Resnik, P. (2009): Die Grundlagen eines flexiblen, maßgeschneiderten Finanzplans, in: Everling, O./Müller, M. (Hrsg.): Risikoprofiling von Anlegern. Bank-Verlag Medien, Köln. S. 85-112.

FinaMetrica (2010): Hard Copy Questionnaire (Germany). Online verfügbar unter: http://www.riskprofiling.com/Downloads/Questionnaire_GER.pdf, zuletzt geprüft am 26.10.2012.

FinaMetrica (2012): Risk and Return Guide and Charts (Germany – Deutsch). Online verfügbar: http://www.riskprofiling.com/Downloads/Risk_and_Return_Guide_and_Charts_Deutsch.pdf, zuletzt geprüft am 26.10.2012.

FSA (2011): Assessing Suitability. Establishing the risk a customer is willing and able to take and making a suitable investment selection. Online verfügbar: http://www.fsa.gov.uk/pubs/guidance/gc11_01.pdf, zuletzt geprüft am 26.10.2012.

Müller, M. (2012): Risiko als zentraler Anknüpfungspunkt in der modernen Anlage beratung. In: Jakob, R./Nickel, H./Tilmes, R. (Hrsg.): Handbuch Praxis der modernen Anlageberatung. Bank-Verlag Medien, Köln. S. 259-297.

New Kids on the Block – Financial Aggregators

Ivo Streiff

1 Einführung

Können Financial Aggregators (FinAg's) die Finantbranche in Zukunft nachhaltig prägen? Zwar stecken sie heute noch in den Kinderschuhen, aber sie werden in diesem Stadium nach Überzeugung des Autors mit grosser Wahrscheinlichkeit entwachsen. Die Vertrauenskrise bei Kunden, das Bedürfnis nach Transparenz gepaart mit neuen Technologien bilden dafür die Grundlage. Etablierte Anbieter von Finanzdienstleistungen sollten sich lieber früher als später mit diesem Trend auseinandersetzen. Denn die „New Kids on the Block" bergen durchaus Potenzial für „the next big thing!"

2 Financial Aggregators – The Next Big Thing?

2.1 Generische Aspekte von Aggregatoren

Folgt man dem Pyramiden-Ansatz des Knowledge-Managments, ist ein Aggregator der Mittler zwischen den Stufen der Wissenspyramide. Je höher man sich der Spitze der Pyramide nähert, desto höhere Ansprüche werden an die Leistungsfähigkeit eines Aggregators gestellt. Daraus ergeben sich verschiedene Typen von Aggregatoren:

- **Der Sammler:** Er sammelt Daten aus unzähligen Quellen und stellt diese an einem Ort gebündelt zur Verfügung. Damit bildet er das Fundament, um aus Daten Information enstehen zu lassen. *Typische Beispiele: Datenbanken, Data Provider von Börsen-Daten oder News Feeds*

- **Der Netzwerker:** Er besitzt die Fähigkeit, Daten zu strukturieren, zu filtern und aufzubereiten. Als Netzwerker ist er kommunikativ stark und kann mittels Push und Pull über verschiedene Kanäle Nachrichten mit dem Informations-Abnehmer interagieren. Damit wird er zum virtuellen Baumeister der Information. *Typische Beispiele: Onlinebanking, Social Networks, Finanzportale, Suchmaschinen, News-Portale, Vergleichsportale, Datawarehouse*

- **Der Sparringpartner:** Er ist hoch intelligent und besitzt die Fähigkeit, unterschiedliche Informationen zu kombinieren und Schlüsse daraus zu ziehen. Als Ergebniss seiner kombinatorischen Fähigkeiten liefert er die Grundlagen für eine verbesserte Entscheidungsfindung basierend auf Wissen. *Typische Beispiele: Financial Aggregators, Personal-Finance-Plattformen, DataMining*

- **Der Guru:** Wissen mit Emotionen, persönlichen Erfahrungen und sozialen Aspekten zu verknüpfen und Weisheit zu produzieren, bleibt vorläufig eine menschliche Angelegenheit. Und das ist auch gut so. *Typische Beispiele: Der Berater der Zukunft*

2.2 Financial Aggregators

FinAg's (u.a. auch Personal-Finance-Plattformen genannt) sind ein Phänomen der jüngeren Vergangenheit und in den USA entstanden. Ihre Entwicklung in Bezug auf Mitgliederzahlen ist rasant. Einer der Marktfüher, mint.com, wurde 2007 gegründet und zählt 2012 über 10 Millionen Mitglieder.

Der angebotene funktionale Umfang ist so vielfältig wie die Anzahl der Anbieter, welche in diesen Markt drängen. Allen ist gemeinsam, dass sie die bestehenden Geschäftsmodelle der Banken untergraben. Als Beispiele seien hier einige Anbieter in den verschiedenen Domänen des Bankings genannt. Sie stehen exemplarisch für den stetigen Zerfall der Wertschöpfungskette der etablierten Finanzdienstleister und werden diese zwangsläufig zum Überdenken ihrer Geschäftsmodelle zwingen.

- **Transaktionsbanking:** *Simple.com* bietet im Wesentlichen einfachen Zahlungsverkehr über Mobile und Web an. Das in den USA noch stark verbreitete Bezahlen mit Check wird dadurch überholt und marginalisiert.

- **Onlinebanking:** *Mint.com* ermöglicht es seinen Kunden, alle Konten bei mehreren Banken an einem Ort zusammenzuführen. Vereint bei mint.com können die persönlichen Finanzen im Sinne eines One-Stop-Shoppings verwaltet werden. Durch die ganzheitliche Betrachtung der persönlichen Finanzen machen Budgetplanung und -tracking oder das Aufsetzen von Sparplänen Sinn. In diesem Szenario mutiert die Bank zum reinen Transaktionsprovider, der nur noch Zahlungsaufträge verarbeitet, ohne dem Kunden einen Zusatznutzen verkaufen zu können. Letzten Endes schrumpft die Marge, da der Service austauschbar und das Angebot nur über den Preis vermarktet werden wird. Die Gefahr, die Kundenbeziehung zu verlieren, steigt bei einem preissensitiven Markt erheblich, zumal ein Wechsel des Anbieters ohne großen Aufwand vollzogen werden kann.

- **Trading:** *Ayondo* bietet einen Trading-Service, mit geringem Mindesteinsatz. Dabei fallen keine Gebühren wie Ausgabeaufschlag, Transaktionskosten, Management- und Depotprovisionen an. Die Dienstleistung wird unabhängig und transparent erbracht und zu massiv tieferen Preisen angeboten als bei Banken.

- **Kredite:** *Cashare.ch* ist Vertreter der Social-Lending-Plattformen, auf denen mehrere Privatpersonen einer Drittperson ein Darlehen vergeben. Dies unter Ausschluss von Banken, welche bis dahin das Kreditgeschäft als „Home Turf" betrachteten. Social Lending führt sowohl beim Gläubiger als auch beim Schuldner zu besseren Zinskonditionen als bei etablierten Anbietern.

- **Vermögensverwaltung:** *Yavalu* bietet bereits heute die Möglichkeit, Geld völlig neutral und unabhängig anzulegen. Die Plattform wirbt sogar mit dem Slogen: „Sparen Sie sich Ihren Berater". Eine Kampfansage an alle Anbieter, welche bis dato fette Margen bei schlechter Performance und nebulösem Service für die Verwaltung von Vermögen verlangen. Das kann als ein weiterer potenzieller Sargnagel für das Geschäftsmodell von Banken betrachtet werden.

2.3   Vor- und Nachteile für Kunden

Die Vorteile von FinAg's für Kunden liegen auf der Hand: Unter Nutzung moderner Technologie und schlanker Strukturen können sie qualitativ hochwertige Dienstleistungen zu günstigeren Konditionen erbringen. Zudem treffen sie den Nerv der Zeit und befriedigen den Wunsch der Konsumenten nach Neutralität und Vertrauen – einen Wettbewerbsvorteil, den sich viele etablierte Anbieter in den letzten Jahren für fette Margen verspielt haben. Wer würde heute all seine bestehenden Bankbeziehungen bei einer Bank offenlegen, um von holistischen Betrachtungen profitieren zu können? Wahrscheinlich die wenigsten. Für nicht vorbelastete Anbieter genau das „Window of Opportunity", um sich Marktanteile zu sichern.

Den Vorteilen stehen allerdings auch Nachteile gegenüber, welche die „New Kids on the Block" erst beseitigen müssen.

- **Sicherheit:** Die FinAg's müssen gegenüber Kunden glaubhaft darlegen, dass die bei ihnen hinterlegten persönlichen und finanziellen Daten absolut sicher gehalten werden und dass damit kein Missbrauch betrieben wird. Dies ist die Grundvoraussetzung, um die kritische Masse zu erreichen und sich nachhaltig im Markt zu etablieren. Das entsprechende Vertrauen zu schaffen und intakte Kundenbeziehungen zu knüpfen, werden überlebenswichtige Kompetenzen der neuen Player sein.

- **Service Offering:** Etablierte Anbieter bieten ein umfassendes Angebot für die alltäglichen Finanzbedürfnisse von Kunden. Sie bieten das komplette Sortiment von Konto, Karten, Kredite, Hypotheken, Finanzplanung und Vermögensverwaltung, gestützt durch sichere Infrastrukturen und Transaktionsprozesse – ein Angebot, welches bis heute kein FinAg bieten kann.

3 Quo Vadis?

Was wird in Zukunft zu erwarten sein und was sind die Auswirkungen auf die etablierten Anbieter?

3.1 Funktionsumfang in der Zukunft

Als mögliche strategische Option haben sich Banken als auch Versicherer am Thema Allfinanz in den letzten Jahren die Zähne ausgebissen. Heute ein Reizwort, ist Allfinanz im Grunde nichts anderes als das Konzept der unabhängigen und ganzheitlichen Unterstützung bei finanziellen Entscheidungen. Dafür reichen simple Produkt- und Preisvergleiche nicht aus. Entscheidungen müssen Kriterien, individuelle Präferenzen und alle relevanten finanziellen Aspekte berücksichtigen. Beratung mit dem Anspruch Allfinanz muss anhand von Simulationen aufzeigen, welche Entscheidung sich wie konkret auf die persönliche Situation auswirken würde.

Als Beispiel sei hier der Hauskauf genannt. Beim Erwerb eines Hauses spielen unterschiedliche Fragestellungen, wie persönliche Finanzen, Hypotheken, Versicherungen und Steuern eine zentrale Rolle:

- *Zu welchem Zeitpunkt kann ich mir ein Haus zu welchem Preis leisten?*

- *Mit welcher Eigenkapitalquote finanziere ich den Kauf und welchen Einfluss hat dies auf die Höhe meiner Raten?*

- *Investiere ich dafür Vorsorgegelder oder an der Börse angelegtes Vermögen?*

- *Wie verändert sich meine Steuersituation in den verschiedenen Szenarien?*

- *Welchen Einfluss haben die Raten auf mein privates Budget und welche Budgetposten bieten möglicherweise Sparpotenzial?*

- *Welchen Einfluss hat die Transaktion auf mein Portfolio, wenn ich Titel für den Hauskauf verwende?*

- *Welche Risiken entstehen und wie decke ich diese versicherungtechnisch ab?*

Der FinAg der Zukunft nimmt dabei die Rolle des Sparringpartners ein. Er erhebt nicht den Anspruch eines Beraters. Genau darin liegt denn auch der Unterschied zu den vergangenen, gescheiterten Ansätzen im Allfinanzbereich. Der FinAg wird zum Mediator zwischen Kunde und Anbieter und ist nicht Berater.

Kaum ein Kunde wird aufgrund der gelieferten Entscheidungsgrundlagen selbstständig eine Entscheidung treffen. Echte Beratung wird nach wie vor ihren wichtigen Platz einnehmen. Der FinAg der Zukunft bietet dafür Raum im Rahmen einer Community, in der sich Gleichgesinnte austauschen oder direkt Beratung von Anbietern beziehen können.

Der Mehrwert für den Kunden besteht dabei in der objektiven und holistischen Betrachtungsweise seiner finanziellen Situation und in der Aufklärung über seine unterschiedlichen Möglichkeiten bis auf die Stufe des einzelnen Produktes. Für den Anbieter besteht der Mehrwert darin, dass er sich auf seine Kernkomptenz besinnen kann – nämlich die Beratung rund um seine Produkte.

3.2 Mögliche Hürden

Der Weg zum ernstzunehmenden und holistischen Sparringspartner ist mit Herausforderungen gespickt. Funktionalität, Akzeptanz und Sicherheit sind dabei zentrale Themen.

Die Anforderungen an die Funktionalität gehen weit über die eines vergleichsweise simplen Produktevergleiches hinaus. Um die Auswirkungen einer Entscheidung darzustellen, benötigt es komplexe Simulationen, wofür wiederum entsprechende Daten aus den verschiedensten Quellen zur Verfügung stehen müssen. Um eine befriedigende Analyse durchzuführen, benötigt man eine möglichst komplette und aktuelle Erfassung der persönlichen finanziellen Situation. Ob Nutzer zur Offenlegung ihrer Situation bereit sein werden, hängt stark vom zu erwartenden Mehrwert ab. Nur dann dürfte die Akzeptanz soweit gehen, dass man den Zeitaufwand für die Erfassung auf sich nehmen wird und den Preis in Form des finanziellen Striptease zu bezahlen bereit ist. Spätestens zu diesem Zeitpunkt fragt sich der Nutzer, ob seine Daten auch wirklich sicher sind und was mit diesen geschieht. Eine Frage, die glaubwürdig beantwortet werden muss.

Das entsprechende Vertrauen zu schaffen, wird eine zentrale Aufgabe der FinAg's werden. Vertrauenswürdige Partner wie Medienhäuser, Konsumentenschützer, unabhängige Verbände oder gar staatliche Institutionen könnten dabei eine Rolle spielen. Unter dem Motto „Trust is Key" ergibt sich hier die Möglichkeit interessanter Konstellationen, die bis dahin in der Finanzbranche unvorstellbar gewesen wären.

3.3 Antwort auf die Titelfrage

Jeder in der westlichen Welt bezieht fast tagtäglich irgendwelche Finanzdienstleistungen und ist dabei auf Expertenwissen angewiesen. Bis heute lässt sich die Finanzbranche ihr Wissen um die komplexen Vorgänge auf den Finanzmärkten vom Kunden teuer bezahlen.

Das neue Phänomen der Financial Aggregators stellt hier eine ernstzunehmende Entwicklung dar, denn ein Teil des spezifischen Wissens kann bereits heute automatisiert, unabhängig und transparent von FinAg's als Entscheidungsgrundlage geliefert werden – zu einem Bruchteil der Kosten.

Je mehr sich diese FinAg's funktional entwickeln, desto höher wird der Kundennutzen ausfallen. Wenn es FinAg's gelingt, eine breite Palette von Finanzdienstleistungen in hoher Qualität, transparent und zu geringen Kosten erbringen, ist eine gewaltige Veränderung innerhalb der Finanzbranche wahrscheinlich.

Sind FinAg's also „The Next Big Thing"? Die Antwort auf diese Kardinalfrage lautet: „For sure". Bis die Vision des ganzheitlichen Sparringpartners Realität wird, werden allerdings noch einige Jahre vergehen. Bedingt durch die Vielfalt lokal unterschiedlicher Rechtsordnungen und Produktspezifika werden sich pro Markt 3-5 Plattformen etablieren können. Bis dahin wird man eine Vielzahl neuen Playern auf dem Spielfeld begrüßen, die jedoch nur eine Teilmenge des geforderten ganzheitlichen Funktionsumfanges liefern werden können. Einige dieser Player werden sich zusammenschließen und über Kooperationen mit Softwareherstellern und vertrauensbildenden Partnern wie z.B. Medienhäusern den Markt nicht nur bereichern, sondern die bisherige Finanzlandschaft nachhaltig prägen. Die Kids werden erwachsen werden.

4 Financial Aggregators oder Financial Aggressors?

Wie ist der Entstehung solcher Plattformen aus Sicht der etablierten Anbieter zu begegnen? Man kann sie als Aggressoren wahrnehmen und entsprechend handeln, indem man diese Plattformen ignoriert. Die neue Ausgangslage sollte jedoch differenzierter unter den Aspekten Kundenbedürfnisse, eigene Kompetenzen und Nutzenpotenziale betrachtet werden.

4.1 Finanzberatung heute und morgen

Wie bereits erwähnt, sollten FinAg's nicht als Mitbewerber betrachtet werden. Sie besetzen lediglich eine neue Nische in der Wertschöpfungskette und bieten dem Kunden verdichtete Informationen, um finanzielle Entscheidungen zu treffen. Am Ende des Entscheidungsprozesses wird nach wie vor ein Produkt mit dazugehöriger Transaktion und entsprechendem Beratungsbedarf stehen. Also genau das, was die effektive Daseinsberechtigung der etablierten Anbieter ausmacht. Die bis dato erbrachte Beratung dient in Tat und Wahrheit allerdings oftmals lediglich der Verschleierung der Tatsache, dass es sich bei der Beratung im Grunde um einen reinen Produktverkauf handelt. Die erhöhte Transparenz wird dazu führen, dass Produktsortiment und Dienstleistungen optimiert werden, um auf den Plattformen in möglichst vielen Szenarien ein Kundenbedürfnis abzudecken. Sei dies in der Flexibilität des Leistungskataloges oder des Preises. Jener Anbieter, der dies frühzeitig erkennt und sein Angebot enstprechend überarbeitet, wird FinAg's nicht als Konkurrenz wahrnehmen, sondern als neue „Leadpipeline" und potenzieller Umsatztreiber nutzen.

Der aufgeklärte Kunde erwartet von einer kompetenten Beratung ganz neue Qualitäten. Zwar kann sich der Berater eines Anbieters nun ungeniert als Produktverkäufer zu erkennen geben, er darf es jedoch keinesfalls dabei belassen. Die Beratung dient unter den neuen Vorzeichen nämlich nicht mehr der Vernebelung rund um den eigentlichen Produktverkauf, sondern bietet jetzt Raum für einen transparenten Dialog mit dem Kunden. Im Rahmen der Community wird sich der Kunde möglicherweise sogar zur Qualität der Beratung äußern. Dies könnte zwangsläufig dazu führen, dass Berater mit guten Rankings jenen mit durchzogenen Benotungen den Rang ablaufen werden. Prozesstechnisch wird es interessant sein zu sehen, wie die etablierten Anbieter damit umgehen werden. Kunden werden sich kaum an einen Berater mit schlechtem Ranking wenden; umgekehrt hat der Tag eines guten Beraters auch nur 24 Stunden. Möglicherweise werden Kunden sogar bereit sein für eine kompetente und transparente Beratung Gebühren zu bezahlen (Honorarberatung → in Deutschland auf dem Vormarsch), was wiederum eine ganz neue Dimension eröffnen, den Rahmen dieses Artikels jedoch sprengen würde.

4.2   Existenzberechtigung der Etablierten

Es obliegt den einzelnen Anbietern, wie sie FinAG's in ihre Überlegungen miteinbeziehen. Bewahrheiten sich die o.g. Annahmen, so verfügen FinAg's über ein erhebliches Umsatzpotenzial für die Finanzbranche, sofern die Bereitschaft gegeben ist, sich in einem transparenten Umfeld zu bewegen und das eigene Produktesortiment entsprechend zu bereinigen. Im Sinne von „Hate or Date" wird „Date" sicherlich die vernünftigere Wahl sein. Setzen sich die hier skizzierten Modelle am Markt durch, so werden sich etablierte Anbieter rasch die Frage nach ihrer Existenzberechtigung stellen müssen. Entweder man beweist die Fähigkeit zur Anpassung oder man mutiert zur reinen Transaktionsengine und begibt sich in einen reinen Kostenwettbewerb, den nur wenige überstehen werden.

5 Hate or Date?

Mydepotcheck.com dient als konkretes Beispiel, wie neue unabhängige Dienste den Markt beinflussen können.

Die Dienstleistung von MydepotCheck umfasst einen Depot-Check und die Möglichkeit, Anlagevorschläge von Banken konkret zu vergleichen. Beide Dienste sind für den Nutzer kostenlos. Der Mehrwert beim Depotcheck besteht darin, dass für den Nutzer ein detaillierter Report generiert wird, in welchem die grundlegenden Anlagekriterien geprüft werden. Dabei werden Fragen beantwortet wie:

1. Entspricht meine momentane Anlage oder ein von einer Bank empfohlener Anlagevorschlag meinem Anlegerprofil?

2. Befinden sich in meinem Depot Produkte, die ich nicht verstehe?

3. Welche Risiken bestehen und wie verhalten sich diese bei anderen Anbietern?

MydepotCheck vermeidet es dabei, Anbieter zu belehren. Der Nutzer wird aber neutral auf mögliche Diskrepanzen zwischen Bedürfnissen und deren Befriedigung aufmerksam gemacht und in die Lage versetzt, entsprechend zu handeln. Fragenkataloge zu den einzelnen Themen bieten dem Nutzer die Möglichkeit, sich auf Augenhöhe mit seinem Berater zu bewegen. Dies schafft eine völlig neue Ausgangslage für Berater, die sich nun mit einem aufgeklärten Kunden auseinandersetzen muss. Liefert der Berater nicht die gewünschte Beratungsqualität, kann der Nutzer auf MydepotCheck andere Anbieter identifzieren, die seinen Bedürfnissen eher gerecht werden.

Beim Anbietervergleich auf MyDepotcheck werden die Anlageangebote nach objektiven Kriterien vergleichbar dargestellt. Der Nutzer kann seine Entscheidungskritierien nach persönlichen Prioritäten auswählen und gewichten, sei dies nun die historische Performance, das Risiko oder die Kosten. Die Möglichkeit des Nutzers, einen Anbieter direkt zu kontaktieren, verschafft dem Anbieter wiederum ein großes Potenzial neuer Interessenten. Dafür bezahlt er eine moderate Listinggebühr und eine „Fee pro Lead". Es ist den Anbietern überlassen, die Plattform als „Lead Generator" zu benutzen. Je mehr User die Plattform verzeichnet und je mehr Anbieter darauf vertreten sind, desto mehr steigt der Druck auch für innovationsresistente Anbieter, nicht zuletzt auch aus Imagegründen, sich dem Vergleich zu stellen.

Sich aktiv für „Hate" zu entscheiden, wird sich mittelfristig als Bumerang herausstellen. Wieso sich also nicht schon heute auf ein „Date" einlassen?

Einfluss der Social-Media-Analyse auf den Aktienmarkt

Jonas Krauß/Stefan Nann

1 Einleitung

Die Erwartungen und die Euphorie waren hoch, und die Zeit schien reif. Der Börsengang des größten sozialen Netzwerks im Mai dieses Jahres war ohne Zweifel ein Höhepunkt der Börsengeschichte. Viele Experten und die meisten Privatanleger waren sich über die Richtung des zukünftigen Kurses der Aktie einig: nach oben. Dementsprechend positiv schien auch die Stimmung rund um die Aktie und den bevorstehenden Börsengang zu sein. Doch wer sich neuer Kommunikationsformen bediente, hätte früher gewarnt sein können: Mit der Analysesoftware StockPulse konnte man die tatsächliche Stimmung zur Facebook-Aktie in den Social Media schon mehrere Wochen vor dem offiziellen Börsengang verfolgen und dabei beobachten, wie kurz vor dem IPO die Ausschläge ins Negative zunahmen und frühzeitig auf die Talfahrt der Aktie hindeuteten.

Dies ist nur ein Beispiel dafür, wie mithilfe von großen Datenmengen aus sozialen Medien wertvolle Informationen generiert werden können. Die Vernetzung und der Austausch von Menschen über Kanäle wie Twitter und Facebook erzeugen riesige, neue Datensammlungen und ermöglichen neue Formen der Analyse und Informationsgewinnung. Zum Beispiel konnten wir bereits 2008 zeigen, dass es möglich ist, Filmeinspielergebnisse und Academy-Award-Nominierungen basierend auf der Kommunikation im Internet vorherzusagen (Krauss & Nann et al., 2008). Es gibt heutzutage kaum ein Unternehmen, welches keine Fan-Seite bei Facebook pflegt. Obwohl in diesem Bereich noch sehr viel Entwicklungspotenzial steckt, wurde in den Marketingabteilungen längst erkannt, dass die Interaktion mit den Kunden über die elektronischen Plattformen sehr sinnvoll ist und nicht einfach ignoriert werden kann.

Im Aktien- und Finanzmarkt wird die Relevanz von Social Media gemeinhin noch deutlich geringer eingeschätzt als zum Beispiel in Marketingabteilungen. Allerdings gibt es einen deutlichen Unterschied zwischen Wirtschaft und Wissenschaft. Besonders im wissenschaftlichen Bereich steht die Analyse von Daten aus Social Media und deren Auswirkung auf den Aktienmarkt in den letzten Jahren verstärkt im Fokus. Experten sprechen hier von „Big Data"-Studien (Hey, Tansley and Tolle, 2009). Für dieses Forschungsgebiet findet derzeit ein Paradigmenwechsel statt – hin zu empirischen und viel stärker datenorientierten Methoden und Ansätzen, was noch vor einigen Jahren aufgrund der fehlenden Basis nicht möglich war. Durch diese neuen Datenquellen und Kommunikationsmöglichkeiten, die das Internet bereitstellt und immer wieder neu erfindet, wird ein grundsätzliches Umdenken für Unternehmen und ganze Branchen nötig (analog zu den Anfängen des Internets, dem Web 1.0).

Während sich Antweiler and Frank (2002-2004) bereits vor ungefähr zehn Jahren mit dem Zusammenhang von Beiträgen in Finanzforen (z.B. Yahoo! Finance) mit der Volatilität und dem Kursverlauf von Aktien beschäftigten, entstand besonders durch das Aufkommen von Twitter eine neue Forschungswelle, die sich mit der Auswirkung von finanzmarkt-relevanten Nachrichten auf Aktienkurse auseinandersetzt. Bollen, Mao und Zeng (2010) waren Vorreiter auf dem Gebiet, sie sammelten und klassifizierten ca. zehn Millionen Tweets, um die Entwicklung des Dow Jones Index vorherzusagen. Sprenger und Welpe (2010) fanden heraus, dass Tweets über Unternehmen aus dem S&P 500 Index vorher-sagend sein können für die Kursentwicklung der jeweiligen Aktie. Asur und Huberman (2010) zeigten in ihrer Arbeit, dass Kurznachrichten bei Twitter den Erfolg von Filmen an der Kinokasse prognostizieren können. Diese und weitere Arbeiten trugen in den letzten Jahren maßgeblich dazu bei, dass sich insbesondere im Informationsmanagement eine neue Forschungsrichtung herausgebildet hat, die versucht, das Potenzial dieser öffentlich ver-fügbaren Daten herauszuarbeiten.

Auch wenn sich das Thema in der eher konservativen Finanzwelt nicht mit der gleichen Geschwindigkeit wie in der Wissenschaft entwickelt, zeigen Beispiele wie die Next Gene-ration Finance Invest AG, eine Beteiligungsgesellschaft aus der Schweiz, dass auch in der Praxis seit einigen Jahren Entwicklungen im Gange sind, innovative Geschäftsmodelle aus diesem Bereich im Finanzmarkt zu verankern. Next Generation Finance Invest för-dert, neben StockPulse auch andere junge Unternehmen mit Fokus auf innovativen Finanz-geschäftsmodellen und unterstützt sie dabei, die „Next Generation Finance"-Idee aktiv mitzugestalten.

2 Social Media als Analyse- und Einflussinstrument für den Aktienmarkt

Das folgende Kapitel zeigt auf, wie weit Social Media als Analyse- und Einflussinstrumente für den Aktienmarkt bisher fortgeschritten sind und in welche Richtung die Entwicklung tendiert. Anhand von fünf Thesen wird die Bedeutung und die Veränderung der Nutzung von Social Media im Aktienmarkt erörtert. Weiterhin wird dargestellt, welche strate-gischen Veränderungsprozesse und Mechanismen für Unternehmen erforderlich sein werden, um dieser Dynamik Rechnung zu tragen, sowie welche Auswirkungen diese Entwicklung grundsätzlich auf den Anlageprozess haben wird.

2.1   Social Media bieten die Chance auf „Alpha"

Wer bei der Kapitalanlage „Alpha" erzielt, der schlägt den so genannten Gesamtmarkt. Alpha ist die Überrendite, die zum Beispiel jeder Aktienfonds gegenüber einem Aktienindex zu erzielen versucht. In der aktuellen Marktsituation steckt eine Menge Alpha-Potenzial in Social-Media-Kanälen wie Twitter, Börsenforen oder anderen digitalen sozialen Medien, in denen ein Austausch über Unternehmen oder deren Aktien stattfindet.

Warum das so ist? Es greifen noch nicht genügend Händler auf diese Informationsquelle zurück. Deshalb ist sie nicht eingepreist. Eine Nachricht, die sich wie ein Lauffeuer über Twitter verbreitet, fällt vielleicht ein paar Händlern auf, jedoch entdeckt die große Menge der Anleger sie noch zu spät. Alpha erzielt, wer zu den ersten gehört, die ein Anschwellen der Nachrichtenflut erkennen und entsprechend handelt. Wer hier systematisch auswertet und nicht nur per Zufallsprinzip Nachrichten aufgreift, hat einen klaren Vorsprung.

Der Austausch von Informationen in den sozialen Medien, insbesondere bei Twitter, erfolgt schneller und viel weitreichender als dies in anderen Medien möglich wäre. Durch die spezielle Systematik bei Twitter, Nachrichten von Nutzern durch Re-Tweets ohne zeitliche Verzögerung direkt auch an seine eigene Gefolgschaft zu verteilen, erhält man die Möglichkeit, neue Meldungen in Rekordzeit einem sehr großen Netzwerk zur Verfügung zu stellen. Dass der Faktor Zeit in der heutigen, schnelllebigen Zeit beim Handel mit Finanzprodukten immer wichtiger wird, steht außer Frage. Diese neue Form des digitalen sozialen Austauschs zwischen einer sehr großen Anzahl von Menschen ermöglicht einen wesentlichen, zeitlichen Vorsprung – falls man rechtzeitig auf die Nachrichten aufmerksam wird.

2.2   Wer Social Media nicht auswertet, wird abgehängt

Innerhalb der nächsten drei bis vier Jahre werden Social Media als Nachrichtenkanal so wichtig, dass kein professioneller Händler sich mehr leisten kann, ihn nicht auszuwerten. Dabei spielt es keine Rolle, ob – wie heute noch – Facebook und Twitter dominant bleiben oder sich andere Kanäle herausbilden. Fakt ist: Immer mehr Menschen werden sich online mitteilen, zunehmend auch mobil. Wer diese Datenflut nicht professionell auswertet und für sich nutzt, schneidet sich von einem wichtigen Informationskanal ab.

Gerade die Nutzung dieser Medien über mobile Geräte hat sich in den letzten Monaten drastisch verstärkt und wird mit sehr großer Wahrscheinlichkeit auch in Zukunft weiter zunehmen. Die Veränderungen, die sich dadurch für das Nutzerverhalten ergeben, sind bis heute noch nicht richtig abschätzbar. Sicher ist jedoch, dass der Vernetzungsgrad und die Interaktionshäufigkeit um ein Vielfaches steigen werden, wodurch auch die Menge der Daten wächst.

Im Jahr 2012 können Händler mit Social Media Alpha generieren und den Markt schlagen. Im Jahr 2016 wird es umgekehrt sein: Wer Social Media nicht professionell auswertet und in seinen Anlageprozess mit einbezieht, wird Probleme haben, dem Markt zu folgen. So wie heute kein Händler ohne professionelle Kurslieferanten auskommt, wird in Zukunft kein Händler ohne professionelle Social-Media-Auswertung auskommen.

2.3 Social Media wandern von der Marketing-Abteilung in den Vorstand

Insbesondere bei Unternehmen, die in der Öffentlichkeit sehr aktiv sind, spielen Social Media bereits heute eine sehr große Rolle. Dabei ist eine professionelle und offene Kommunikation nur eine Seite der Medaille. Viel wichtiger ist noch, den Nachrichtenfluss zum eigenen Unternehmen zu beobachten und insbesondere nicht zu verpassen, wenn die Menge und der Ton der Nachrichten sich ändern.

In wenigen Jahren werden diese Informationen den Kreis der Marketing-Experten verlassen und in die Entscheidungen der obersten Management-Ebenen einfließen. Vorstände werden sich mit Hilfe aggregierter Daten zum Meinungsaustausch im Internet ein Bild davon machen, welche Nachrichten den Aktienkurs bewegen. Auswertungen dieser Art haben sogar das Potenzial, zur Bewertungskennzahl für das Management eines ganzen Unternehmens zu werden.

StockPulse trägt durch die strukturierte Darstellung der wichtigsten Social-Media-Kennzahlen für Unternehmen dazu bei, diese Informationen für den Kapitalmarkt zu operationalisieren.

2.4 Social Media demokratisieren den Anlageprozess

Die These vieler Anlagetheoretiker ist, dass die Märkte sich nicht irren und alle verfügbaren Informationen in die Kurse eingepreist sind. Allerdings gilt vor allem für Privatanleger, dass sie den Kursen und diesen Informationen meistens hinterherlaufen. Die Professionellen haben Zugriff auf mehr Nachrichten und das Hintergrundwissen, um diese Informationen einzuordnen. Der Privatanleger kann sich nur dort mit Neuigkeiten versorgen, wo dieses System diese herauslässt – etwa in Form von Ad-hoc-Mitteilungen oder sich ändernden Aktienkursen.

Social Media erlauben viel mehr Menschen mit Zugang zu diesen eigentlich exklusiven Informationen, sich mitzuteilen und einen Ruf als zuverlässiger Tipplieferant zu erarbeiten. Nachrichten über bestimmte Kursereignisse werden nicht nur berichtet, sondern eingeordnet und bewertet. Der Vorsprung der professionellen Händler auf den Kleinanleger wird kleiner. War es früher unerlässlich, den teuren Bloomberg- oder Reuters-Nachrichtenticker zu verfolgen, um über die neusten Geschehnisse auf dem Finanzmarkt top-aktuell informiert zu sein, so wird es in Zukunft genügen, die geeigneten freien Social-Media-Streams zu verfolgen.

2.5 Anleger werden sich schwerer manipulierbaren lassen

Social Media wird mit zunehmender Relevanz nicht nur Kursbewegungen analysieren, sondern sie selbst auslösen. Bereits heute ist es Künstlern mit großer Fangemeinde bei Twitter schon gelungen, genügend Menschen zum Kauf günstiger Aktien zu bewegen, um deren Kurs deutlich nach oben zu katapultieren. In Zukunft werden diese Versuche der Manipulation noch deutlich zunehmen.

> *Eines der inzwischen bekanntesten Beispiele für die Auswirkung eines 140 Zeichen kurzen Textes lieferte im Januar 2011 der amerikanische Rapper 50 Cent. Er empfahl den damals 3,8 Millionen Followern seines Twitter-Accounts, sich das Unternehmen H&H Imports genauer anzuschauen und „jetzt einzusteigen", das Unternehmen sei „kein Witz". Der Rapper besaß zu diesem Zeitpunkt selbst 30 Millionen Anteile an H&H Imports, eine Firma, die auf die Vermarktung von Produkten in Teleshopping-Kanälen spezialisiert ist. Der Kurs des Pennystocks kletterte danach innerhalb eines Tages von 10 auf 39 Cent. Dies entspricht einer Kurssteigerung von ca. 290%, was für 50 Cent eine Wertsteigerung von etwa 8,7 Millionen USD für den Wert seiner Anteile bedeutete. Da die amerikanische Börsenaufsicht diesen Vorfall als kritisch einstuft, wurden die entsprechenden Tweets in der Zwischenzeit wieder gelöscht. Es ist nicht bekannt, ob 50 Cent H&H-Aktien verkauft hat.*

Unabhängig davon verdeutlicht dieser Fall aber, welchen Einfluss dieses Medium besitzen kann. Durch die Follower- und Retweetsystematik bei Twitter ist es möglich, Nachrichten in kürzester Zeit an ein sehr großes Publikum zu verbreiten.

Gleichzeitig wird es jedoch immer schwieriger, größere Nutzergruppen wirklich zu manipulieren. Die längerfristige Glaubwürdigkeit eines Informationsgebers lässt sich schon heute computergestützt analysieren. Mit zunehmender Informationsfülle steigt auch die Zahl derjenigen, die einer falschen Information fast in Echtzeit widersprechen können. Die Aufgabe des Anlegers ist es nur, jederzeit den Zugriff auf diese Warninformationen sicherzustellen.

3 StockPulse: Ein System macht die Psychologie der Börse handelbar

Früher auf dem Börsenparkett, heute in Social Media: Wenn über Aktien und Märkte diskutiert wird, kann dies Kurse stark beeinflussen. StockPulse ist dabei, wenn sich die Marktteilnehmer in Online-Foren, auf Twitter oder in sozialen Netzwerken austauschen. StockPulse fasst die Stimmungslage der Marktteilnehmer mit hoher Treffsicherheit zusammen, zeigt die marktbewegenden Themen auf einen Blick und liefert börsentäglich wertvolle Handelssignale. Mit der Social-Media-Trendanalyse lassen sich Anlage- und Tradingstrategien umsetzen. Insbesondere für das sich derzeit etablierende Feld des Sentiment Trading sind StockPulse-Informationen sehr geeignet.

Die Trendanalyse erfolgt in Echtzeit und automatisch. StockPulse analysiert täglich bis zu 100.000 Nachrichten und Meinungen zu rund 19.000 Titeln (Indizes, Aktien, Währungen, Rohstoffe). Dabei werden Stimmungen und Trends an den Finanzmärkten meist frühzeitig erkannt – noch bevor die Masse der Marktteilnehmer davon erfährt. Dieser Wissensvorsprung lässt sich für die eigene Anlagestrategie und aktives (Intraday-)Trading nutzen. Privatanleger erhalten rechtzeitig Hinweise auf Chancen und Risiken in ihrem Portfolio – und können entsprechend handeln. Analysten profitieren von einer komplementären Informationsquelle, institutionelle Investoren können die Informationen in quantitative Modelle integrieren.

Aus der unüberschaubaren Datenflut werden nur die wirklich relevanten Informationen gefiltert und aufbereitet. StockPulse weist auf diejenigen unter den rund 19.000 beobachteten Titeln hin, die am nächsten Börsentag hohe Kursschwankungen und Handelsvolumina erwarten lassen. Dieser Wissensvorsprung lässt sich für die eigene Handelsstrategie, die Portfolio-Überwachung und das kurzfristige (Intraday-)Trading nutzen.

Das System filtert aus Twitter, Online-Nachrichtenquellen und einer Vielzahl Onlineforen wie z.B. Yahoo! Finance, Stockhouse, wallstreet:online, finanzen.net oder iii.co.uk die Kommunikation zu einzelnen Aktientiteln und Märkten und wertet diese mit verschiedenen Verfahren aus. Darunter fallen zum Beispiel die Erkennung von Meinungsführern in Online-Netzwerken oder die Bestimmung des Sentiments einzelner Nachrichtentexte. Im Vordergrund stehen hierbei Informationen, welche von den Nutzern des jeweiligen Kanals (also etwa eine Person, welche auf Twitter über ihre Apple-Aktien berichtet) initiativ veröffentlicht werden. Das bedeutet, dass die durch die Trendanalyse gewonnen Informationen einen hohen Authentizitätsgrad haben, da ihre Quellen intrinsisch motiviert sind. Das ist ein großer Vorteil gegenüber traditionellen Sentiment-Indikatoren wie etwa die von Sentix oder AnimusX erstellten Einschätzungen – hier muss für Meinungen bezahlt werden und die Befragten handeln extrinsisch motiviert.

4 Beispiele für den Einfluss von Social Media

Der folgende Abschnitt verdeutlicht anhand einiger Beispiele, wie eine systematische Auswertung von Kommunikation in Social-Media-Kanälen dazu genutzt werden kann, um frühzeitig Benachrichtigungen oder Warnungen über bevorstehende Ereignisse zu generieren. Mittels automatischer Analyseverfahren wird die Kommunikation in Twitter und Online-Foren über Indizes, einzelne Aktientitel, Währungspaare und Rohstoffe ausgewertet. Basierend auf der in den Texten enthaltenen Stimmung werden so Prognosen für mögliche Kursverläufe gestellt. Die dargestellten Beispiele wurden mit der Analysesoftware von StockPulse ausgewertet.

4.1 Facebook

Spekulationen rund um den Börsengang des sozialen Netzwerks und die Facebook-Aktie waren schon einige Monate vor dem offiziellen Listing des Unternehmens an der Börse die dominierenden Themen im Internet. Der Hype über den größten Börsengang aller Zeiten sowie das große Interesse bei sehr vielen Privatanlegern sorgte für eine beispiellose Aufmerksamkeit in verschiedenen sozialen Medien, wie Twitter, Foren oder bei Facebook selbst. Allein in den zwei Tagen vor dem Börsengang am 18.05.2012 registrierte StockPulse mehr als 20.000 Nachrichten und Kommentare bei Twitter und in Foren. Diese große Datenbasis ermöglichte eine sehr detaillierte Auswertung der Kommunikation. Durch eine automatische Analyse der Textinhalte der zahlreichen Tweets und Forumsbeiträge konnten mit der Analysesoftware von StockPulse laufend aktuelle Stimmungsbilder erstellt werden.

Die Analyse zeigte, dass die Stimmung der Nutzer von Social Media in den zwei Monaten vor dem Börsengang stark geschwankt hat. Zunächst gab es Anfang und Mitte April starke Ausschläge ins Positive. Zu dieser Zeit sickerten Gerüchte über den Börsengang durch, z.B. wurde über den möglichen Ausgabepreis der Aktie spekuliert. Die große Aufmerksamkeit sorgte dafür, dass jedes Gerücht umfangreich bei Twitter oder in Foren diskutiert wurde. Ein außergewöhnlich hohes, positives Interesse bei Privatanlegern war mitverantwortlich für die positive Stimmung zu dieser Zeit.

Anfang Mai ging die Euphorie jedoch spürbar zurück und Skepsis verbreitete sich unter der Nutzerschaft. Inhaltlich kritisierten die Twitter-Nutzer vor allem drei Dinge. Die am häufigsten geäußerten Kritikpunkte waren, dass der Börsengang zu viele Amateure anziehe und dass die Gewinnaussichten und damit die Entwicklung des Aktienkurses von Facebook kaum einschätzbar seien. Ein weiterer Kritikpunkt war, dass einzig diejenigen wirklich mit Facebook-Aktien Geld verdienen würden, die bereits vor dem Börsengang Anteile an dem Unternehmen besessen haben. So gaben zum Beispiel zahlreiche Twitter-Nutzer den Tipp, nur dann auf die Facebook-Aktie zu setzen, wenn man zu den Erstzeichnern gehört – und sie dann bei steigenden Kursen relativ schnell wieder abzustoßen. Das unklare Geschäftsmodell und die unsicheren Wachstumsaussichten wurden ebenfalls als kritisch eingestuft.

Nach einem leicht positiven Sentiment am Tag direkt vor dem IPO kippte die Stimmung jedoch am Tag des offiziellen Börsengangs deutlich ins Negative. StockPulse registrierte hohe negative Ausschläge bei einer sehr großen Masse an Nachrichten. Die Skepsis über wichtige Punkte überwog, und die Mehrzahl der Social-Media-Nutzer sah den Facebook-IPO eindeutig kritisch. Der Kursverlauf der Aktie bestätigte dieses Bild in den ersten Tagen und Wochen nach dem IPO des größten sozialen Netzwerks.

Die enorme Aufmerksamkeit für das Thema und die vielen subjektiven Emotionen, die damit vor allem von Seiten der Privatanleger verbunden waren, machten die Einschätzung und Bewertung einzelner Meinungen sehr schwierig. Mit StockPulse war es in diesem Fall möglich, im Vorfeld eine sehr große Masse an Personen passiv nach ihren Meinungen zu fragen, diese zu aggregieren und zu filtern und damit ein präzises Stimmungsbild nachzuzeichnen. Auch im weiteren Zeitverlauf lag die Weisheit der Masse im Falle der Facebook-Aktie erstaunlich oft richtig mit ihrer Einschätzung.

Abbildung 1

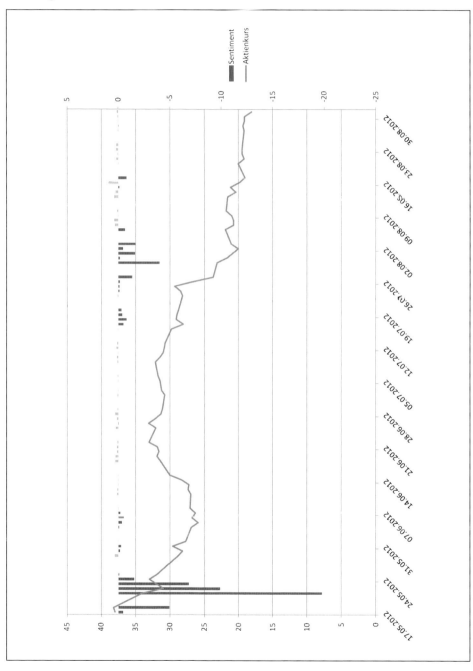

4.2   Eastman Kodak

Am Beispiel von Eastman Kodak kann die Fähigkeit von Social Media als Frühwarnsystem gut veranschaulicht werden. Die Schnelligkeit und die rapide Verbreitung von Nachrichten über Kanäle wie Twitter und Foren zeigt in diesem Fall sehr gut, welches Potenzial in der Auswertung dieser neuen Quellen steckt.

Kurzer Rückblick: Am 30.09.2011 verlor die Aktie von Eastman Kodak mehr als 50 % ihres Wertes an einem einzigen Tag. Der Marktwert sank damit auf ein historisches Tief von 210 Millionen USD, dabei hatte das Unternehmen im Februar 1997 noch einen Wert von ca. 37 Milliarden USD. Große Nachrichtenagenturen vermeldeten daraufhin Gerüchte über die bevorstehende Insolvenz des Unternehmens. Bereits in den Tagen zuvor sank der Aktienkurs von Eastman Kodak kontinuierlich.

StockPulse beobachtete die Kommunikation über Eastman Kodak in Social Media schon seit längerem und verzeichnete einige Tage vor Ende September eine auffällig hohe Beteiligung in der Diskussion. Am 26.09. erkannte das System bereits überdurchschnittlich viele negative Beiträge und Tweets, wobei ein Tweet besonders in den Fokus der Analyse fiel. Die Kurznachricht von Twitter-Nutzer @dkberman wurde kurz nach seiner Veröffentlichung auffällig oft von anderen Twitter-Nutzern aufgegriffen und wiederum gepostet (Re-Tweet).

Diese Systematik ermöglicht eine blitzschnelle Verbreitung der Kurznachricht an eine sehr große Leserschaft, da jeder Twitter-Nutzer, der die Nachricht re-tweetet, sie wiederum seinen eigenen Followern (Abonnenten eines Twitter-Accounts) zur Verfügung stellt. Diese können die Nachricht ihrerseits wieder nach dem gleichen Prinzip im Netzwerk verbreiten. Entscheidend für das Eintreten dieses Effektes ist jedoch der Twitter-Nutzer, über welchen der Tweet initial veröffentlich wird. Andere Nutzer verbreiten einen Tweet in der Regel nur dann weiter, wenn sie den ursprünglichen Twitterer bzw. den Tweet als glaubwürdig einstufen. Twitter-Nutzer, die offensichtlich Spam oder Unwahrheiten verbreiten, werden folglich von der Twitter-Gemeinschaft als nicht glaubwürdig eingestuft.

@dkberman besitzt demnach unter seinen ca. 16.000 Followern eine relativ hohe Reputation, da seine Beiträge häufig weiterverbreitet werden. Das Verhältnis von Followern zu Following (Kontakte, denen ein Twitter-Nutzer selbst folgt) ist in der Regel eine sehr gute Kennzahl für die Reputation eines Twitterers. Bei @dkberman, mit realem Namen Dennis K. Berman, ein Redakteur des Wall Street Journals, ist dieses Verhältnis sehr hoch – er besitzt ungefähr 21-mal mehr Follower als Personen, denen er selbst folgt. StockPulse bewertet Tweets von solchen Nutzern höher.

Die Nachricht des Wall-Street-Journal-Redakteurs wurde auch nach der ersten Welle der Re-Tweets weiter stark diskutiert und auf Twitter verteilt. Mit 439 Nachrichten wurden an einem Tag mehr als zehnmal so viele Tweets wie im Durchschnitt über Eastman Kodak gepostet. Durch die ständige Beobachtung der Kommunikation konnte StockPulse seinen Abonnenten daher frühzeitig warnen, dass die Kommunikation ansteigt (Buzz Warnungen) und ins Negative kippt. Reuters und CNN berichteten erst nach dem Tag des Kurseinbruchs über das Ereignis – zu spät, um als aktiver Händler eine geeignete Handelsgelegenheit auszunutzen.

Abbildung 2

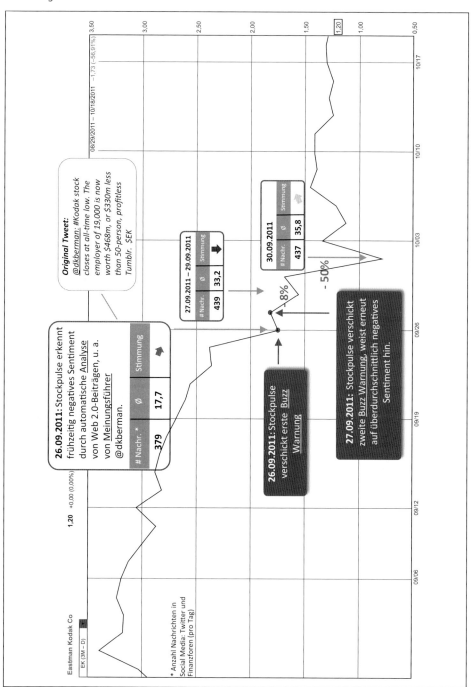

4.3   Green Mountain Coffee Roasters

Im Gegensatz zum vorangegangenen Beispiel, wo der Tweet eines Meinungsführers der Auslöser für eine hohe Diskussion darstellte, waren es im Fall von Green Mountain Coffee Roasters mehrere Nutzer, die während der Präsentation eines bekannten Hedgefonds-Managers eine heftige Diskussion anstießen.

Der einflussreiche Hedgefond-Manager David Einhorn deckte bei dem Unternehmen Green Mountain Coffee Roasters Bilanzbetrug auf und riet während seiner Präsentation dazu, die Aktie des Unternehmens zu „shorten" (darauf zu wetten, dass der Aktienkurs fallen wird). Das löste umgehend starke Reaktionen in Social Media aus. Zuhörer, die die Präsentation verfolgten, veröffentlichten bei Twitter noch während der Präsentation z.B. folgende Kurznachrichten: *„Einhorn negative on $gmcr"*, *„Einhorn is short $GMCR"* oder *„David Einhorn giving presentation on shorting $gmcr watchout!"*. Diese Nachrichten verbreiteten sich nach der Präsentation um die Mittagszeit am 17.10.2011 wie ein Lauffeuer, wie man anhand der Entwicklung der Nachrichtenzahl auf stündlicher Basis erkennen kann (siehe Balkenchart unten). Vor Handelsbeginn am 19.10.2011 erreichte die Kommunikation mit 175 Nachrichten pro Stunde ein sehr hohes Niveau, im Vergleich zum üblichen Diskussions-Level.

StockPulse beobachtet und interpretiert Meinungen aus Social-Media-Quellen in Echtzeit, wodurch direkt während des Entstehens erhöhter Kommunikation eine entsprechende Benachrichtigung ausgegeben werden kann. Dadurch konnte im Fall von Green Mountain Coffee Roasters auf Basis der auffällig hohen Kommunikationsintensität der vergangenen Stunden frühzeitig eine negative Stimmungsschwankung festgestellt und an alle Abonnenten eine entsprechende Buzz-Warnung verschickt werden. Während des Handelstages am 19.10. verlor die Aktie des Unternehmens stark an Wert. An den folgenden Tagen wird die Entdeckung des Bilanzbetrugs auch von anderen Medien aufgegriffen, was die hohen Ausschläge des Balkencharts darstellen.

Abbildung 3

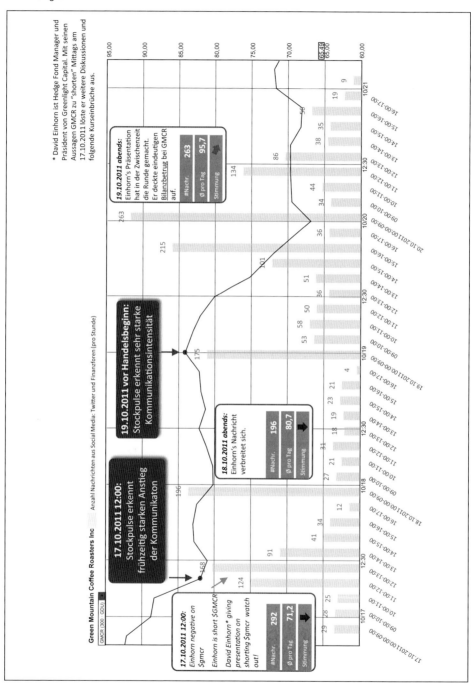

5 Die Zukunft von Social Media im Finanzbereich

Es ist ein Paradigmenwechsel für die Informationsverarbeitung im Finanzmarkt: *„Wer Social Media ignoriert, wird schlechtere Anlageentscheidungen treffen."* Dieser Satz stammt nicht aus einem Verkaufsprospekt zum Facebook-IPO, sondern von Prof. Dr. Klemens Skibicki von der Cologne Business School. Prof. Skibicki weiß: Informationen aus Social-Media-Quellen können Alpha generieren. Klassische Trading-Modelle werden derzeit vom sogenannten Sentiment-Trading in den Schatten gestellt. Bei diesen Modellen wird basierend auf Indikatoren wie etwa dem IFO-Geschäftsklimaindex oder eben Social-Media-Stimmungswerten gehandelt. Firmen wie Ravenpack oder StockPulse bieten historische Sentiment-Daten zur Analyse und in Echtzeit zum aktiven Trading an.

In einer Analyse der Sentiment-Daten aus Social Media für den Zeitraum zwischen Mai und November 2011 konnte gezeigt werden, dass mit einer einfachen Handelsstrategie eine positive Rendite von 0,5 % pro Trade erzielbar ist – bei 833 Trades in diesem Zeitraum. Dies zeigt, dass den Informationen in Social Media ein hoher Wert innewohnt. Noch ist dieser Wert im Allgemeinen nicht in den Börsenkursen eingepreist – doch in Zukunft wird dies immer mehr der Fall sein, und ähnlich wie beim Aufkommen der technischen Analyse werden Marktteilnehmer in Zukunft nicht mehr um die Nutzung von Social-Media-Daten für ihre Analysen umhinkommen.

Was bedeutet dies für Unternehmen, die im Finanzmarkt tätig sind? Was müssen Banken, Broker, Hedge-Fonds und Vermögensverwalter beachten, um in Zukunft weiterhin einen adäquaten Informationsstand über das Marktgeschehen aufrechterhalten zu können? Analysten, Investmentbanking-Abteilungen und Broker müssen Social-Media-Informationen in ihre Betrachtungen und Systeme integrieren, um einen vollständigen Blick auf den Markt zu erhalten. Es reicht nicht mehr aus, Ad-hoc-Meldungen und Nachrichten-Ticker zu verfolgen, um auf dem aktuellsten Stand der Entwicklung zu sein – verlässt man sich ausschließlich auf diese Quellen, kann ein kursbewegender Tweet oder ein stimmungstreibender Kommentar im Online-Forum unentdeckt bleiben, eine neue Information zum Markt aus Twitter fehlen. Kunden von Online-Brokern werden verlangen, dass sie Social-Media-Informationen direkt im Handelssystem des Brokers angezeigt bekommen, Analysten werden in ihren Wochenausblicken die Stimmung in Social Media berücksichtigen und Vermögensverwalter integrieren Social-Media-Indikatoren bei Allokationsentscheidungen und Risikobewertungen.

Um auf dem Finanzmarkt nicht abgehängt zu werden, sollten kritische Informationen aus sozialen Medien jederzeit für die Entscheidungsträger verfügbar sein. Dazu sind ausgefeilte Analyse- und Bewertungswerkzeuge notwendig, da niemand die Informationsflut aus den neuen Quellen ohne technische Hilfe vollständig im Blick haben kann. Neben der Bewertung des Verfassers einer Nachricht (Glaubwürdigkeit) steht an erster Stelle die Filterung des Grundrauschens (Relevanz) und die Beurteilung des Inhalts (Klassifizierung). Banken, Broker, Hedge-Fonds und Vermögensverwalter sind gezwungen, eigene Systeme für diesen Zweck zu entwickeln oder einzukaufen, um im Rennen um die aktuellste Information und beste Anlagestrategie ihren Vorsprung aufrecht zu erhalten.

Das Feld Social Media wird im Finanzmarktbereich erst eingeschränkt genutzt. Im Umkehrschluss bedeutet dies ein enormes Potenzial für Akteure, welche sich frühzeitig für die intensive Nutzung entscheiden – im Hedgefonds-Bereich ist das bereits deutlich beobachtbar. Auch im stark umkämpften Markt der Online-Broker gibt es erste Firmen, die ihren Kunden durch Social-Media-Integration einen besonderen Service bieten – und sich so von der Konkurrenz absetzen. Analysten und Banken sind bislang zögerlich und setzen eher auf die eigene Präsenz im Social Web als die aktive Nutzung der Informationen zur Marktanalyse. Doch der Trend ist klar:

> *„Kein Kapitalmarkt-Profi wird sich in Zukunft leisten können, Social Media zu ignorieren." (Professor Markus Rudolf von der WHU – Otto Beisheim School of Management)*

Wer dies nicht beherzigt, wird es schwer haben, Schritt zu halten; wer jedoch frühzeitig reagiert, kann zurzeit noch ein gewaltiges Potenzial an Renditechancen hebeln.

Wertpapierhandel im Kontext des technologischen Wandels – der algorithmische Handel

Peter Gomber/Kai Zimmermann

1 Einführung

Computergestützte Entscheidungsunterstützung spielt im wirtschaftlichen und technischen Leben des 21. Jahrhunderts eine zentrale Rolle. Neben der Mobilitäts- und Luftfahrttechnik sowie der modernen Medizin haben viele Bereiche vollständig automatisierte Systeme im Einsatz, mit deren Hilfe Prozesse kosteneffizient und nachweislich identisch ausgeführt werden können. Auch hochkomplexe Prozessketten, wie der Landeanflug eines Flugzeugs, werden darüber hinaus ebenso nahezu vollständig von Computern gesteuert. Auch der Wertpapierhandel hat diese Chancen in den vergangenen Jahren erkannt und begonnen, diese neuen technischen Möglichkeiten umzusetzen. Nach der Entstehung elektronischer Wertpapierbörsen löste die Einführung elektronischer Handelsdesks und neuer Kommunikationsschnittstellen eine technische Evolution des traditionell physischen bzw. manuellen Handels aus. Diese computergestützte Infrastruktur erlaubte vermehrt den Einsatz von Echtzeit-Entscheidungsunterstützungssystemen, welche mittlerweile nicht mehr nur den Handel entscheidend vereinfachen, sondern in vielen Bereichen bereits auf den menschlichen Entscheider verzichten können.

Der Wunsch nach Kosten- und Zeitersparnissen innerhalb des Wertpapierhandels bewegte sowohl die Buy Side – wie zum Beispiel das traditionelle Asset Management, Hedgefonds sowie weitere Kunden von Handelsdienstleistungen – als auch die Sell-Side-Institutionen – also die Banken, Broker sowie Broker-Dealer – dazu, algorithmische Dienstleistungen entlang der gesamten Wertpapierhandelswertschöpfungskette nachzufragen bzw. anzubieten. Computeralgorithmen finden sich mittlerweile im gesamten Handelsprozess – die Buy Side sowie die Sell Side richten ihre Geschäftsmodelle zunehmend auf die Nutzung von Informationssystemen und deren Bereitstellung aus, wobei der Handel durch zunehmend weniger menschliche Eingriffe stattfindet. Die Buy Side erlangt mit Hilfe neuer Marktzutrittsmodelle die Kontrolle über den eigenen Ausführungs- und Allokationsprozess und fördert dadurch die Entwicklung und Implementierung eigener Handelsalgorithmen. Nichtsdestotrotz bietet die Sell Side ihren Kunden weiterhin den Großteil der algorithmischen Handelswerkzeuge an. Die Nutzung von Computeralgorithmen erlaubt nicht mehr ausschließlich nur Kostenreduktionen durch das Umgehen von Intermediären, auch der Eigenhandel profitiert durch den Einsatz und ermöglicht das Erschließen neuer Umsatzquellen. Folglich hat der algorithmische Handel in den vergangenen Jahren einen signifikanten Marktanteil auf den internationalen Finanzmärkten erreicht und somit stark an Bedeutung gewonnen. Ziel dieser Arbeit ist es, diese Entwicklungen und Innovationen im Wertpapierhandel aufzuzeigen, um die heutigen Veränderungen des traditionellen Wertpapierhandels nachvollziehen zu können. Der Artikel stellt eine deutschsprachige Kurzversion des englischsprachigen Beitrages von Gomber und Zimmermann (2013) dar.

Nach dieser Einführung wird nachfolgend der algorithmische Handel auf Basis der in Wissenschaft und Regulierung verfügbaren Definitionen eingegrenzt. Hierfür werden die Unterschiede zwischen algorithmischem Handel und ähnlichen Konzepten wie bspw. dem High Frequency Trading (HFT) aufgezeigt. Kapitel 2 bietet Einblicke in die Fortentwicklung des Handelsprozesses entlang der historischen Zeitachse der vergangenen 30 Jahre und zeigt, wie die Evolution von Handelstechnologien die Interaktion zwischen Marktteilnehmern entlang der Wertschöpfungskette des Wertpapierhandels beeinflusst hat. Das anschließende Kapitel 3 behandelt die Entwicklung von algorithmischen Strategien und stellt aktuelle Innovationen wie den Bereich der Newsreader Algorithmen vor. Ein kurzer Ausblick in Kapitel 4 schließt diesen Beitrag ab.

1.1 Charakterisierung, Definition und Klassifizierung

Computeralgorithmen führen vordefinierte Anweisungen zur Erfüllung einer gegebenen Aufgabe aus (Johnson 2010). Im Kontext des Wertpapierhandels spricht man von Algorithmen als eine Abfolge von Anweisungen zur Verarbeitung und Modifizierung einer oder mehrerer Wertpapierorders mit wenigen oder gänzlich ohne menschliche/n Eingriffe/n. Ein einheitliches wissenschaftliches Verständnis zur Eingrenzung des Bereichs algorithmischer Handel hat sich erst in den letzten Jahren formiert und variierte davor stark durch unterschiedliche Eingrenzungen. Im weiteren Verlauf sollen daher aktuelle Definitionen vorgestellt und deren Übereinstimmungen festgehalten werden. *"Throughout the literature, AT [algorithmic trading] is viewed as a tool for professional traders that may observe market parameters or other information in real-time and automatically generates/carries out trading decisions without human intervention"* (Gomber et al. 2011, S. 11). Gomber et al. (2011) listen die Eigenschaften Marktbeobachtungen in Echtzeit und automatische Ordergenerierung als Schlüsselfaktoren des algorithmischen Handels auf. Diese Schlüsselelemente sind auch in weiteren Definitionen wiederzufinden (Chaboud et al. 2009). Eine weitaus engere regulatorische Definition wurde von der Europäischen Kommission innerhalb des Vorschlags zum Review der „Market in Financial Instruments Directive" (MiFID) in 2011 vorgelegt (European Commission 2011, S. 54). Zusammenfassend lässt sich der Konsens der wissenschaftlichen und regulatorischen Meinung wie folgt beschreiben: Handel ohne menschliches Eingreifen mit starker Abhängigkeit zu aktuellen Marktdaten ist der Kernaspekt des algorithmischen Handels. Gomber et al. (2011) definieren weitere charakteristische Eigenschaften, die nicht notwendig, jedoch häufig mit algorithmischem Handeln verbunden sind:

- Kundenhandel

- Minimierung von Markteinfluss (für große Orders)

- Ziel ist es, eine bestimmte Benchmark zu erreichen

- Halteperioden der Wertpapiere von Tagen/Wochen oder Monaten

- Aufspaltung von Orders über die Zeit und über Marktplätze

Diese Eigenschaften kehren häufig in Definitionen wieder und sind ausschließlich dem algorithmischen Handel zuzuschreiben. Außerdem erlauben sie die Abgrenzung zur artverwandten Unterkategorie, dem HFT.

Mit der fortwährenden Veränderung der technologischen Umgebung scheint eine all-umfassende Klassifizierung unzweckmäßig. Dagegen spiegeln die dargestellten Eigen-schaften allgemein anerkannte Eckpunkte des Phänomens des algorithmischen Handels wider und erlauben dennoch eine eindeutige Abgrenzung des algorithmischen Handels

1.2 Algorithmischer Handel in Abgrenzung zum High Frequency Trading

HFT ist ein neueres Phänomen im Bereich des algorithmischen Handels und kann folglich weitaus weniger Literatur und Definitionen vorweisen. Während die Medien die Begriffe HFT und algorithmischer Handel oftmals fälschlicherweise synonym verwen-den, ist eine Abgrenzung beider Konzepte essenziell, da beide Bereiche starke Unter-schiede in Technik und Strategie vorweisen und somit auch das Marktgeschehen unter-schiedlich beeinflussen. Aldridge (2009), Hendershott und Riordan (2011) sowie Gomber et al. (2011) bezeichnen HFT als Unterkategorie des algorithmischen Handels. HFT-basierte Handelsstrategien fokussieren, im Gegensatz zum algorithmischen Handel, primär auf die hohe Geschwindigkeit und Reaktion ihrer Systeme, weshalb HFT spezi-fischer als Technologie und weniger als Strategie zu bezeichnen ist. Die schnelle Eingabe, Anpassung und Löschung von Handelsaufträgen ist notwendig, um kleine Profite pro Trade, aber signifikante Profite bei einer großen Anzahl von Trades zu realisieren. HFT ist daher auf einen schnellen Marktzugang angewiesen. Geringe Latenzzeiten, die Nut-zung von Co-Location und Proximity Services und individuelle Datenströme stehen des-halb im Fokus von Hochfrequenzhändlern.

2 Entwicklungen in den Bereichen Handel und Technologie

Der Übergang hin zum vollelektronischen Handel ist ein weit in die Vergangenheit zurückreichender und immer noch andauernder Prozess. Im Jahr 1971 war die „National Association of Securities Dealers Automated Quotation" (NASDAQ) die erste elektronische Wertpapierbörse, die es ermöglichte, Quotes für 2.500 Over-the-Counter Wertpapiere zu aggregieren und elektronisch anzuzeigen. Bald darauf folgten Wettbewerber auf beiden Seiten des Atlantiks und markierten den Beginn eines immer noch fortdauernden Prozesses. Der folgende Abschnitt wird die Entwicklung dieses Prozesses zusammenfassen. Im Kern stehen dabei die chronologische Abfolge sowie die sich verändernde Beziehung zwischen Buy Side und Sell Side durch den algorithmischen Handel. Entscheidende technologische Innovationen, die in enger Beziehung mit dem algorithmischen Handel und zumeist auch mit HFT stehen, werden diskutiert und die Treiber hinter dieser Evolution identifiziert.

2.1 Evolution der Handelsprozesse entlang der historischen Zeitachse

Abbildung 1 zeigt die Meilensteine der evolutorischen Veränderung der Handelsprozesse seit der Einführung der ersten elektronischen Wertpapiermärkte. Seit Ende der 80er/Anfang der 90er Jahre werden die wichtigsten Wertpapierbörsen vollelektronisch betrieben, das bedeutet, dass die Zusammenführung der Handelsaufträge sowie die Preisfeststellung von Computern autark und kontinuierlich ausgeführt wird (Johnson 2010). Die Börsen etablierten über den Einsatz zentraler, elektronischer Orderbücher eine transparente, anonyme und kosteneffektive Lösung zur Aggregation, Speicherung und Veröffentlichung von unausgeführten Limit Orders sowie für das Zusammenführen („matchen") von ausführbaren Orders in Echtzeit. Dieser Fortschritt führte zu einer Dezentralisierung des Marktzutritts und erlaubte somit allen Investoren, Orders unabhängig vom Aufenthaltsort des Händlers zu platzieren. Das physische Handelsparkett verlor daher mehr und mehr an Bedeutung. Auf der Seite der Sell Side führte etwa um die Jahre 1995 die zunehmende Elektrifizierung zur Entwicklung von automatischen Preisbeobachtungs- und Handelsmechanismen, d.h. „Electronic eyes" und „Automated quoting machines", welche Quotes anhand von vorparametrisierten Bedingungen stellen und somit die Aufgabe des Market Makers, Liquidität manuell bereitzustellen, erleichtern. Diese Innovationen bilden die Grundlage der heutigen Algorithmen, denn schon hier lag der Fokus auf automatisierter Marktbeobachtung sowie der Entscheidungsunterstützung der menschlichen Akteure. Um das Jahr 2000 begann nun auch die Buy Side, elektronische Handelsdesks zu etablieren. Die Einführung des „Financial Information eXchange" (FIX) Protokolls erlaubte eine weltweite uniforme elektronische Kommunikation von orderbezogenen Nachrichten und wurde der De-facto-Nachrichtenstandard der Vorhandels- und Handelskommunikation (FIX Protocol Limited 2012). Gleichzeitig setzte die Sell Side erste Algorithmen im Eigenhandel ein. Die Broker erkannten, dass auch die Buy Side von diesen Systemen profitieren kann, sodass IT-Dienstleistungen und Services zunehmend in den Vordergrund der Angebote der Sell Side an ihre Kunden rückten und ein deutliches Gewicht neben der eigentlichen Orderausführung gewinnen konnten. Um etwa 2006, Hand in Hand mit der zunehmend aufkommenden Fragmentierung der amerikanischen und europäischen Märkte und deren Vernetzung, begann die Sell Side Co-Location und Proximity Services zu nutzen, primär um ihren eigenen Bedarf an niedrigen Übermittlungszeiten von Handelsaufträgen zu decken, aber auch den der Buy Side. Dabei ermöglichen unter anderem die Börsen, dass Investoren und Intermediäre die Handelsrechner möglichst nahe an den Handelscomputern der Marktplätze platzieren, um Datenwege minimal zu halten. Der Begriff „High Frequency Trading" kam auf. Allerdings muss man beachten, dass vor allem mittlere und kleine Buy-Side-Firmen heutzutage immer noch das Telefon, das Faxgerät oder E-Mails für die Kommunikation mit ihren Brokern verwenden. Am 06.05.2010 markierte der U.S. Flash Crash ein signifikantes Ereignis innerhalb dieser Entwicklung. Erste massive Kritik an dem Voranschreiten dieses Entwicklungsprozesses und der hohen Durchdringung der Handelsprozesse mit Technologie wurde artikuliert. Massive Kursschwankungen und Ansteckungseffekte beflügelten die Regulierungsdiskussionen bezüglich der Vor- und Nachteile dieser Entwicklung und prägen das heutige Katz- und Mausspiel zwischen technologischem Fortschritt und sicherheitsorientierten, regulatorischen Einschnitten.

Die traditionelle, scharfe Unterscheidung der Buy und Sell Side hat sich in den vergangen Jahren vor allem durch die genannten Entwicklungen deutlich aufgeweicht, da die vormals fest zuzuordnenden Verantwortungsbereiche heute verschwimmen. Das nächste Kapitel wird dieses Zusammenwachsen der Marktteilnehmer näher beleuchten.

Abbildung 1: Die Evolution des Handelsprozesses – 1990 bis 2010

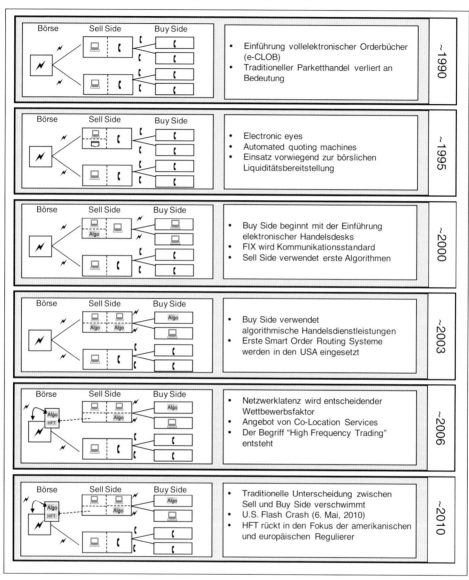

Quelle: Gomber und Zimmermann (2013)

2.2 Evolution der Handelsprozesse anhand der Beziehungen der Marktteilnehmer

Dieses Kapitel wird die wichtigsten technologischen Fortschritte anhand der Beziehung der Marktteilnehmer im Prozess des Wertpapierhandels, also der Buy Side, der Sell Side und den Markplatzbetreiben, aufzeigen. Abbildung 2 zeigt die traditionelle Handelswelt anhand der Wertpapierwertschöpfungskette. Diese reicht von der Allokationsentscheidung des Investors bzw. Portfoliomanagers der Buy Side bis zur endgültigen Einstellung bzw. Ausführung der Handelsaufträge in den Märkten.

Abbildung 2: Traditionelle Beziehung zwischen Buy und Sell Side

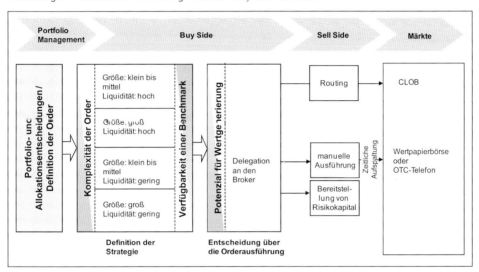

Quelle: Gomber und Zimmermann (2013)

Beispielhaft werden die verschiedenen Entscheidungseckpunkte und -möglichkeiten dieser Prozesskette dargestellt. In diesem in Abbildung 2 dargestellten traditionellen Prozess spielten die Sell Side Broker eine zentrale Rolle im Rahmen der Orderausführung, da das gesamte Ordermanagement sowie die Ausführungsverantwortung der Buy Side an die Sell Side delegiert bzw. ausgelagert war. Abhängig von der Komplexität der Order und der Verfügbarkeit von Benchmarks, entschied der Broker über das Orderausführungsverfahren bzw. den Orderausführungskanal, d.h. ob er die Order sofort direkt an den Markt weiterleitete oder ob er sie über eine Zeitspanne mit kleineren Teilorders marktschonend ausführte. Wenn auf dem Markt nicht genügend Liquidität verfügbar ist, führt der Broker die Order gegen sein eigenes Buch aus, d.h. er stellt Risikokapital bereit.

Abbildung 3: Interaktion von Buy und Sell Side bei Nutzung moderner Handelstechnologien

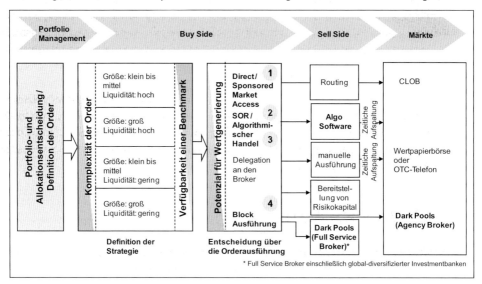

Quelle: Gomber und Zimmermann (2013)

Abbildung 3 zeigt auf, wie sich diese Intermediation zwischen Buy Side und Sell Side im Laufe dieser technologiegetriebenen Evolution verschoben hat. Weite Teile der Orderkontrolle, im Besonderen die Wahl der exakten Orderausführung, liegt nun wieder bei der Buy Side, während die Sell Side nun mehr und mehr als Marktzugangsintermediär und Infrastrukturanbieter fungiert. Als Katalysator für diese Entwicklungen sind allen voran die dargestellten Service- und Produktinnovationen der Sell Side zu nennen, die nunmehr die Kommunikation zwischen Buy Side und den Märkten erleichtern und vereinfachen. Der nächste Abschnitt soll einige der hierfür verantwortlichen Innovationen, wie Direct Market Access, Sponsored Market Access sowie Smart Order Routing, erläutern und analysieren. Dabei soll die direkte Verbindung zum algorithmischen Handel aufgezeigt werden. Diese Auflistung kann nicht als allumfassend angesehen werden, einige marktbestimmende Innovationen, welche nicht direkt im Kontext des algorithmischen Handels stehen, wie beispielsweise der Handel in Dark Pools, werden in diesem Abschnitt nicht aufgeführt.

Direct Market Access und Sponsored Market Access

Die Organisation von Wertpapierbörsen sieht es vor, nicht jedem Marktteilnehmer direkten Zugang zum elektronischen Orderbuch zu gewähren. Ausschließlich registrierte Mitglieder erhalten direkten Zugang zur Wertpapierbörse, die Zulassungsvoraussetzungen hierfür regelt in Deutschland das Börsengesetz bzw. die Börsenordnungen.

Direkte Marktteilnehmer, die den Marktzugang als Service anbieten, werden im Allgemeinen als Marktzugangsintermediäre oder Broker bezeichnet (Harris 2003). Broker ermöglichen somit ihren Kunden einen indirekten Zugang zu den Handelsplätzen, indem sie auf Rechnung ihrer Kunden die Handelsaufträge an den jeweiligen Wertpapierbörsen für eine Kommissionsgebühr ausführen. Als die Buy Side über die Jahre mehr und mehr Kostenbewusstsein im Wertpapierhandel zeigte, begannen die Broker neben dem traditionellen Börsenzugang vermehrt auch alternative Modelle anzubieten. Mit dem so genannten „Direct Market Access" (DMA) erlauben Broker ihren Kunden die Mitbenutzung ihrer Marktzugangsinfrastruktur. Der Kunde kann nun unabhängig vom Broker und ohne dessen Eingriffe auf die Wertpapierbörse zugreifen, Kundenaufträge werden in diesem Fall direkt weitergeleitet. Johnson (2010) spricht in dieser Form von „Zero-touch" DMA, da hier allein die Buy Side die Kontrolle über ihre Handelsaufträge besitzt. Neben der direkten Orderkontrolle realisieren DMA-Kunden so auch signifikante Latenzvorteile. Im Kontext einer Algorithmen-gesteuerten Handelsstrategie sind sowohl direkte Orderkontrolle aber umso mehr auch eine verzögerungsminimale Börsenanbindung von großem Vorteil.

„Sponsored Market Access (SMA)" repräsentiert einen erweiterten Ansatz im Vergleich zu DMA Angeboten. SMA hat Buy-Side-Kunden zur Zielgruppe, die speziell HFT-Strategien nachfragen und deshalb wünschen, sich direkt an den Markt anzubinden. Im Gegensatz zum DMA verwenden die Kunden hier die eigene Infrastruktur und bedienen sich rein der Borsenkennung des Brokers, handeln also auf dem Markt allein über die Börsenmitgliedschaft ihrer Sell-Side-Broker. Die Sell Side stellt in diesem Modell nur automatisierte Vorhandelsrisikokontrollen bereit, welche meistens innerhalb der Wertpapierbörsensoftware implementiert und durch die entsprechenden Broker verwaltet werden (bspw. durch Setzen eines maximalen Auftragswerts oder einer maximalen Anzahl von Orders in einer vordefinierten Zeitperiode). Als Ausweitung dieses Modells entfallen bei sog. „naked access"- oder „unfiltered access"-Modellen eben diese Vorhandelsrisikokontrollen. Um in diesem Zusammenhang weitere Latenzreduktion zu erreichen, werden ausschließlich Nachhandelskontrollen durchgeführt, dieses Verfahren erlaubt damit allerdings auch von potenziell fehlerhaften Algorithmen eingereichten Orders den ungefilterten Markteintritt. Aufgrund der möglicherweise verheerenden Auswirkungen speziell des letztgenannten Modells entschloss sich die amerikanische Wertpapieraufsichtsbehörde (Securities Exchange Commission – SEC), den „naked access" 2010 zu verbieten. Darüber hinaus erlegt die SEC allen Brokern auf, Risikokontrollen und Präventionsmechanismen bei alternativen Marktzugangsmodellen einzurichten und diese zu kontrollieren (SEC 2010). Auch im europäischen Wertpapierhandel ist dieser „naked access" nicht erlaubt.

Smart Order Routing

Bei einem Marktsystem, auf welchem ein Wertpapierinstrument nur auf einem einzigen Markt gehandelt wird, ist es erforderlich, dass ein Händler im Wesentlichen folgende Zielgrößen berücksichtigt: das Erreichen des bestmöglichen Ausführungspreises, das optimale Timing des Handels sowie eine optimale Ordergröße, um potenzielle adverse Preisbewegungen (implizite Transaktionskosten) zu minimieren. In einem System alternativer bzw. substitutiver Handelsmöglichkeiten, einem sog. fragmentierten Marktsystem, in welchem identische Wertpapiere auf mehreren Marktplätzen handelbar sind, wie es auch in Europa und den USA existiert, wird dieses Optimierungsproblem komplexer. Wird ein Instrument auf mehreren Plätzen gehandelt, so muss ein Händler die Liquiditätsniveaus und Preisunterschiede auf jedem Marktplatz möglichst zeitnah überwachen. Algorithmen-basierte Systeme mit schneller Datenanalyse und -verarbeitung stellen eine mögliche Lösung dieser Herausforderung in fragmentierten Märkten dar. Smart-Order-Routing-(SOR)-Systeme kontrollieren mehrere Liquiditätspools, wie beispielsweise Börsen und alternative Handelssysteme, um den bestmöglichen Ausführungskanal zu identifizieren. Foucault und Menkveld (2008) analysieren die Ausführungsergebnisse zwischen zwei Handelsplätzen für niederländische Aktien und argumentieren, dass entscheidende Ausführungsverbesserungen durch automatisierte Routingentscheidungen bestehen (Foucault und Menkveld 2008). Ende et al. (2009) bewerten empirisch den Wert der SOR-Algorithmen im europäischen Wertpapiersystem. Die Autoren errechnen mögliche Kosteneinsparungen in Höhe von insgesamt 9,5 Millionen EUR für die Orderausführungen innerhalb einer vierwöchigen Beobachtungsperiode.

3   Evolution von algorithmischen Handelsstrategien

Nicht nur die Handelsumgebung, die Technologie und die Serviceinnovationen haben sich den heutigen Anforderungen angepasst, allen voran hat sich die Interaktion mit Märkten und das Ordermanagement dank der Unterstützung der Algorithmen stark gewandelt. Die Computer ermöglichen neue innovative und komplexe Möglichkeiten, Orders zu managen und zu kontrollieren. Dieses Kapitel wird einen Überblick über den Status Quo der algorithmischen Handelsstrategien geben. Der Fokus liegt auf Handelsstrategien, die für den Kundenhandel sowie den Eigenhandel eingesetzt werden. Dabei sollen sowohl bekannte als auch innovative Strategien diskutiert werden.

3.1 Algorithmische Handelsstrategien im Kundenhandel

Seit Beginn des algorithmischen Handels hat sich die Komplexität und Granularität der Algorithmen gemeinsam mit den zugrunde liegenden Strategiemodellen sowie der unterstützenden Hard- und Software weiterentwickelt. Algorithmen reagieren auf sich verändernde Marktbedingungen, passen ihre Aggressivität an die aktuelle Handelszeit und -situation an und beziehen Finanznachrichten direkt in ihr Handelsverhalten ein. Interessanterweise haben sich die traditionell zugrunde liegenden Strategien durch die Algorithmen nur wenig verändert. Der Großteil der heute verwendeten Algorithmen strebt weiterhin eine vorgegebene Benchmark an, minimiert Transaktionskosten oder positioniert Liquidität in unterschiedlichen Märkten. Die Kategorisierung dieser vielfältigen Methoden basiert in der Wissenschaft zumeist auf den unterschiedlichen Zielsetzungen oder Verhalten der Algorithmen. Domowitz und Yegerman (2005) kennzeichnen Algorithmen anhand ihrer Komplexität und der grundlegenden Mechanismen. Johnson (2010) hingegen schlägt eine Klassifizierung auf der Basis des jeweiligen Zwecks vor. Wir folgen dem Vorschlag von Johnson und zeigen den chronologischen Ablauf der Entwicklung von Algorithmen anhand der jeweiligen Zielsetzung. In Abschnitt 3.2 werden dann speziell im Eigenhandel eingesetzte Strategien beleuchten.

3.1.1 Impact-Driven-Algorithmen

Prinzipiell kann jede eingestellte Order, in Abhängigkeit ihres Ordervolumens, des Limitpreises und der aktuellen Orderbuchliquidität, die aktuelle Marktsituation entscheidend verändern. Man stelle sich eine große Market-Order in einem wenig liquiden Markt vor. Diese Order würde einen Großteil der entgegengesetzten Seite des Orderbuchs ausführen, wodurch der eigene Ausführungspreis mit jeder Teilausführung deutlich verschlechtert werden würde. Dieses Phänomen bezeichnet den sog. Market Impact, welcher einen wesentlichen Teil der impliziten Handelskosten darstellt (Harris 2003). Impact-Driven-Algorithmen zielen auf eine Minimierung dieses Effekts beim Handel ab. Indem sie die Order in kleine Teilorder zerlegen und ihre Ausführung zeitlich variieren, führen diese Algorithmen ihre Teilorder zumeist nach einer vordefinierten Preis-, Zeit- oder Volumenbenchmark aus. Die Benchmark des volumengewichteten Durchschnittspreises (VWAP) betrachtet die vorherigen Handelspreise in Relation zu den dazugehörigen Ordervolumina und stellt damit einen Marktdurchschnitt dar. Steht die Ausführungszeit im Fokus des Algorithmus, generiert er bei Nutzung der zeitgewichteten Durchschnittspreisbenchmark (TWAP) Teilorder mit identischer Größe und führt diese innerhalb fest definierter Zeitintervalle aus. Beide Methoden weisen in der einfachsten Ausführung beträchtliche Nachteile auf. Die Nichtbeachtung der aktuellen Marktsituation kann bei beiden Algorithmen unvorteilhafte Ausführungsbedingungen hervorrufen.

Auch die Vorhersehbarkeit dieser Algorithmen könnte Händler dazu veranlassen, diesen statischen Ansatz auszunutzen. Über Nutzung eines Echtzeitzugangs zu Marktdaten werden VWAP-Benchmarks heutzutage kontinuierlich berechnet und auf dieser Basis operierende Algorithmen somit bei jeder Preisfeststellung angepasst. Im Vergleich dazu bauen „Percentage-of-Volume" (POV)-Algorithmen ihre Marktteilnahme auf dem aktuell gehandelten Marktvolumen auf, indem sie den Handel an die vorherrschende Liquidität anpassen.

3.1.2   Cost-Driven-Algorithmen

Market-Impact-Kosten bilden nur einen Teil der im Wertpapierhandel entstehenden Gesamtkosten. Die wissenschaftliche Literatur unterscheidet zwischen impliziten Handelskosten, wie Market-Impact- oder Timing-Kosten, sowie expliziten Handelskosten, wie Provisionen oder Zugangsgebühren (Harris 2003). Cost-Driven-Algorithmen erfassen beide Kostenteile, um die Gesamthandelskosten zu minimieren. In diesem Fall ist eine einfache Orderaufteilung nicht erstrebenswert, da der Market Impact zwar reduziert werden kann, die Kosten jedoch durch höheres Timing-Risiko aufgrund einer ausgedehnten Zeitspanne des Orderausführungsprozesses wieder steigen können. Cost-Driven-Algorithmen müssen solche gegensätzlichen Effekte antizipieren, um die Ursachen des Risikos nicht nur innerhalb der Risikoklassen zu verschieben, sondern eine risikominimierende Lösung zu finden. Implementation Shortfall (IS) ist eine der weit verbreitetsten Benchmarks im Kundenhandel. Er beschreibt die Differenz zwischen dem durchschnittlichen Ausführungspreis, der auf dem Markt zur Zeit der Handelsintention erreichbar ist, und dem schlussendlichen Ausführungspreis, der vom Algorithmus erzeugt wird. Adaptive Shortfall (AS) leitet sich als Unterkategorie des IS ab. Aufbauend auf die Restriktion des IS adaptiert dieser Algorithmus veränderte Handelsbedingungen, wie Preis- und Volumenbewegungen, und erlaubt somit opportunistischer zu agieren, um vorteilhafte Marktsituationen auszunutzen.

3.1.3   Newsreader-Algorithmen

Eine der neuen Algorithmenklassen stellen die sog. Newsreader-Algorithmen dar. Da Investitionsentscheidungen in der Regel auf Nachrichten oder Informationen basieren, ist es naheliegend, dass Investoren ihre Algorithmen an Echtzeitnachrichtenquellen anbinden. Aus der wissenschaftlichen Perspektive basieren diese Investitionsstrategien auf der semi-starken Form von effizienten Märkten (Fama 1970). Das bedeutet, dass Marktpreise öffentlich verfügbare Informationen sehr schnell und unverzerrt widerspiegeln. In der Praxis fließen neue Informationen mit einer gewissen transitorischen Verzögerung in die Marktpreise ein und erlauben es Investoren damit, aufgrund dieser Verzögerung

Gewinne zu realisieren. Der Einsatz von Newsreader-Algorithmen ermöglicht es, innerhalb kürzester Zeit relevante Informationen aus Nachrichtenquellen zu extrahieren und Handelsstrategien daran anzupassen. Das Hauptaugenmerk liegt dabei darin, nur die relevantesten Informationen aus Dokumenten, wie Blogs, Nachrichten, Artikeln oder Geschäftsberichten, zu verwenden. Diese Informationen können durchaus auch in unstrukturierter Form vorliegen bzw. durch syntaktische und semantische Merkmale wie zum Beispiel Ironie verzerrt sein. Textmining-Konzepte gewichten hierbei die Relevanz der einzelnen Worte und erlauben eine zeiteffiziente Aggregation und Analyse größerer Texte. Das theoretische Gebiet der Sentiment-Analyse umfasst im Gegensatz dazu die Untersuchung von Dokumenten im Hinblick auf ihre positiven oder negativen Stimmungen zu dem jeweiligen Thema. In beiden Methoden bestimmt die Menge der eindeutig als positiv oder negativ klassierten Inhalte darüber, wie der Algorithmus Investitionsentscheidungen trifft, mit der Absicht, dem allgemeinen Informationsübermittlungsprozess voraus zu sein. Eine Einführung in unterschiedliche Ansätze zur Analyse von unstrukturierten Dokumenten sowie eine Beurteilung der Effizienz dieser Ansätze bieten Tetlock (2007) und Tetlock et al. (2008).

3.2 Algorithmische Handelsstrategien im Eigenhandel

Während das letzte Kapitel die Entwicklung der algorithmischen Handelsstrategien im Kundenhandel aufzeigte, wird sich dieses Kapitel auf die verbreiteten Handelsstrategien im Eigenhandel fokussieren, die sich aufgrund des Einsatzes von computerunterstützten Entscheidungsfindungen zum Teil signifikant verändert haben.

3.2.1 Market Making

Elektronische Market-Making-Strategien unterscheiden sich wesentlich von den Strategien, welche zum Beispiel im algorithmischen Handel für Orders der Buy Side Verwendung finden, da Market-Making-Strategien nicht darauf abzielen, eine permanente Position in einem Wertpapier aufzubauen. Stattdessen profitieren sie von der kurzzeitigen Liquiditätsbereitstellung, indem sie gleichzeitig Kauf- und Verkaufsaufträge in den Markt einstellen. Die Einkünfte der HFT-Market Maker basieren dabei auf der aggregierten Geld-Brief-Spanne der ausgeführten Aufträge. Hierfür setzen Market Maker oft automatisierte Quotealgorithmen ein, die ihre Quotes auf verschiedenen Märkten zu den vorherrschenden Marktkonditionen platzieren, überwachen und modifizieren. Der Einsatz dieser Algorithmen muss meistens durch den Handelsplatz autorisiert und vom jeweiligen Nutzer überwacht werden. Der Erfolg des Market Making basiert hauptsächlich auf den Marktpreisbeobachtungen in Echtzeit, da zeitnahe Informationen über die aktuelle Orderbuchsituation es ermöglichen, genauere Quotes zu setzen und somit durch eine erhöhte Anzahl an ausgeführten Orders die engere Geld-Brief-Spanne kompensieren zu können. Auf der anderen Seite reduziert die gestiegene Reaktionsgeschwindigkeit der Quotealgorithmen das Marktrisiko des Market Makers im Vergleich zum menschlichen Händler.

Ein Market Maker kann aufgrund der Anforderung des Marktplatzbetreibers eine Verpflichtung eingegangen sein, Quotes zu platzieren, wie beispielsweise die Designated Sponsors im XETRA-Handelssystem an der Frankfurter Wertpapierbörse. HFT dagegen setzen ähnliche Strategien wie das traditionelle Market Making ein, jedoch sind diese nicht dazu verpflichtet, Quotes zu setzen, und können deshalb jederzeit aus dem Markt austreten, wenn die Marktsituation angespannt ist. Außer dem Gewinn, der durch die generierte Geld-Brief-Spanne entsteht, profitieren diese HFT-Market Maker von den Preismodellen der Handelsplätze, die einen Gebührennachlass gewähren oder sogar eine Erstattung zahlen (negative Gebühren), wenn HFT-Market Maker mit ihren Orders freiwillig Liquidität bereitstellen (Liquidity Maker), indem sie im Orderbuch stehen und von Liquidity Takern ausgeführt werden, die wiederum eine (positive) Gebühr entrichten müssen. Dieses Modell wird häufig als asymmetrisches Pricing oder Maker/Taker Pricing bezeichnet.

3.2.2 Statistische Arbitrage

Ein anderer Bereich, der wesentlich durch den Einsatz von Algorithmen vorangetrieben und weiterentwickelt wurde, sind die unterschiedlichen Formen des Ausnutzens von Arbitragemöglichkeiten. Harris (2003) definiert Arbitrageure als Spekulanten, die auf Basis von Preisunterschieden und -erwartungen bestimmte Instrumente handeln. Die Art der Arbitrage variiert mit der zugrunde liegenden Annahme über den „natürlichen" Preis eines Instruments. Harris identifiziert zwei unterschiedliche Kategorien von Arbitrage: Reine Arbitrage (auch als Mean Reverting Arbitrage bezeichnet) baut auf der Annahme auf, dass der fundamentale Preis einem Langzeitmittelwert entspricht. Abweichungen von diesem Mittelwert sind lediglich Momentverschiebungen aufgrund von kurzzeitigen Informationsanpassungen. Die zweite Kategorie, die spekulative Arbitrage, geht hingegen von einem nicht stationären Preis des Wertpapiers aus. Nicht stationäre Preise tendieren zum Steigen und Fallen, ohne zu einem bestimmten Wert zurückzukehren. Anstatt den Langzeitmittelwert zu antizipieren, wägen diese Arbitrageure die zukünftige Preisbewegung des Instruments ab und bauen ihre Investmentstrategien auf diesem erwarteten Wert auf. Weitere Arbitragestrategien leiten sich aus diesen beiden Ansätzen ab.

Über permanente Marktbeobachtung, algorithmenbasierte Preisanalysen und geringe Handelslatenzen nutzen HFT-Arbitrageure diese, häufig nur für sehr kurze Augenblicke existierenden Preisdifferenzen aus. Da die menschliche Wahrnehmung und Reaktion nicht in der Lage ist, diese kurzlebigen Möglichkeiten auszunutzen, gehört Arbitrage zu den wesentlichen Strategien, die von High Frequency Tradern eingesetzt werden (Gomber et al. 2011). Gerade fragmentierte Marktsysteme erlauben ein Ausweiten der Suche nach Kursdifferenzen auf mehrere Marktplätze, garantieren dagegen aber auch einheitliche Preise auf allen Märkten. Detailliertere Einblicke in verschiede Arbitrage-varianten bietet Pole (2007).

4 Ausblick

Der ursprünglich aus Kostengründen angestoßene Prozess der Automatisierung hat eine strukturelle Evolution des Wertpapierhandels ermöglicht. Fragmentierte Marktplätze, die Bewältigung der kontinuierlichen Informationsflut und die „Sofortigkeit" des Wert-papierhandels im 21. Jahrhundert machen Reaktionsschnelligkeit und -sicherheit zu einer Kernkompetenz jedes Marktteilnehmers. Diese Handelsumgebung stellt das Fundament der Erfolgsgeschichte des algorithmischen Wertpapierhandels dar. Algorithmischer Handel erlaubt es Marktteilnehmern der Buy und Sell Side, legitime Profite basierend auf ihren Investitionen in Technologie, Infrastruktur und Know-how zu realisieren. Dabei erlebt der Wertpapierhandel das Aufbrechen traditioneller Rollenverteilungen, die Weiter-entwicklung fundierter Strategien sowie das kontinuierliche Aufleben innovativer Kon-zepte. Zwar ist den Geschwindigkeitserhöhungen in der Datenübermittlung spätestens mit der Lichtgeschwindigkeit ein Ende gesetzt, trotzdem werden das Verlangen nach Kostenreduzierung und der fortlaufende regulatorische Wandel der Wertpapiermärkte die Notwendigkeit von Innovationen weiter beflügeln. Demzufolge kann auch der Anteil des algorithmischen Handels am Handelsvolumen der Märkte weiter zunehmen und man wird weiterhin versuchen, den Menschen in den Prozessketten zu substituieren. Jedoch gilt es auch hier, wie auch in anderen Wirtschaftssektoren, die Konsequenzen und Risi-ken zu antizipieren. Wissenschaftliche Analysen zeigen, dass algorithmischer Handel, genauso wie HFT, sehr differenziert und auf Basis der jeweiligen Einzelstrategien zu betrachten ist. Viele Strategien, wie etwa Liquiditätsbereitstellung und das Ausnutzen von Kursunterschieden an verschiedenen Börsen, leisten einen positiven Beitrag zur Marktqualität beziehungsweise Marktliquidität. Trotzdem existieren aber auch miss-bräuchliche Strategien, die versuchen, über das Aufspüren von Liquidität bei anderen Marktteilnehmern und/oder durch Vorspiegelung eines falschen Bildes der Angebots-und Nachfragesituation („Quote Stuffing" oder „Layering") den eigenen Profit zu ma-ximieren. Es ist Aufgabe der Regulatoren und Aufsichtsbehörden, dafür zu sorgen, dass die positiven Strategien weiterhin zur Marktliquidität und damit zur Kostenreduktion für die Marktteilnehmer beitragen, während diejenigen, die gezielt Vorteile auf Kosten anderer Marktteilnehmer, eventuell sogar durch Marktmanipulation, erzielen wollen, weitgehend zurückgedrängt werden.

Literatur

Aldridge, Irene (2009): High-Frequency Trading. London.

Chaboud, Alain/Chiquoine, Benjamin/Hjalmarsson, Erik/Vega, Clara (2009): Rise of the Machines: Algorithmic Trading in the Foreign Exchange Market. International Finance Discussion Papers Number 980.

Domowitz, Ian/Yegerman, Henry (2005): The Cost of Algorithmic Trading: A First Look at Comparative Performance. Journal of Trading 1, 33-42.

Ende, Bartholomäus/Gomber, Peter/Lutat, Marco (2009): Smart Order Routing Technology in the New European Equity Trading Landscape. Proceedings of the Software Services for e-Business and e-Society, 9th IFIP WG 6.1 Conference, I3E, 197-209.

European Commission (2011): „Proposal for a Directive of the European Parliament and of the Council on Markets in Financial Instruments repealing Directive 2004/39/EC of the European Commission.". http://ec.europa.eu/internal_market/securities/docs/isd/mifid/COM_2011_656_en.pdf. Abruf: 02.10.2012.

Fama, Eugene (1970): Efficient Capital Markets: A Review of Theory and Empirical Work. Journal of Finance 25, 383-417.

FIX Protocol Limited (2012): What is FIX?. http://fixprotocol.org/what-is-fix.shtml, Abruf 02.10.2012

Foucault, Thierry/Menkveld, Albert (2008): Competition for Order Flow and Smart Order Routing. In: Journal of Finance 63,119-158.

Gomber, Peter/Arndt, Björn/Lutat, Marco/Uhle, Tim (2011): High Frequency Trading, Study Report.

Gomber, Peter/Zimmermann, Kai (2013): Algorithmic trading. Forthcoming; in: Shu-Heng Chen/Mak Kaboudan: OUP Handbook on Computational Economics and Finance, Oxford.

Harris, Larry (2003): Trading and Exchanges – Market Microstructure for Practitioners. New York, Oxford.

Hendershott, Terrence/Riordan, Ryan (2011): Algorithmic Trading and Information. NET Institute Working Paper No. 09-08.

Johnson, Barry (2010): Algorithmic trading & DMA, London.

Pole, Andrew (2007): Statistical Arbitrage. Hoboken, New Jersey.

SEC (2010): Risk Management Controls for Brokers or Dealers with Market Access. Federal Register – 17 CFR Part 240 75.

Tetlock, Paul (2007): Giving Content to Investor Sentiment: The Role of Media in the Stock Market. Journal of Finance 62, 1139-1168.

Tetlock, Paul/Saar-Tsechansky, Maytal/Macskassy, Sofus (2008): More than words: Quantifying language to measure firms' fundamentals. Journal of Finance 63, 1437-1467.

Nachhaltigkeitsbanken – ein Geschäftsmodell mit Zukunft

Georg Schürmann

1 Begriffsbestimmung Nachhaltigkeit

In den letzten Jahren ist ein gesellschaftlicher Trend zu einem bewussteren Lebensstil feststellbar. Bio-Lebensmittel gibt es mittlerweile im Discounter und der Marktanteil von Ökostrom nahm ständig zu, um in 2011 einen neuen Höchststand zu erreichen. Mit diesem veränderten Konsumverhalten und damit gesellschaftlichem Wandel taucht auch der Begriff Nachhaltigkeit im täglichen Leben auf.

Doch was verbirgt sich dahinter genau? Schließlich wird der Begriff „Nachhaltigkeit" seit Jahren geradezu inflationär benutzt. Ob in der Politik, der Wirtschaft oder auch im privaten Umfeld: Jeder und alles ist irgendwie „nachhaltig" beziehungsweise gibt es vor es zu sein. Schließlich verspricht „Nachhaltigkeit" so etwas wie eine positive Philosophie beziehungsweise Weltanschauung, die geprägt ist von Verantwortung gegenüber Mitmenschen und Umwelt.

Tatsächlich bedeutet Nachhaltigkeit im Kern so viel wie langfristiger Substanzerhalt. Die ursprünglich aus der Forstwirtschaft stammende Definition von Nachhaltigkeit besagt, dass nur so viel Holz geerntet werden darf, wie durch Wiederaufforstung nachwächst.

Hans Carl von Carlowitz (1645-1714), sächsischer Berghauptmann, gilt als Begründer dieses Prinzips. Angesichts einer drohenden Rohstoffkrise formulierte von Carlowitz im Jahre 1713 in seinem Werk „Sylvicultura oeconomica" erstmals, dass immer nur so viel Holz geschlagen werden sollte, wie durch planmäßige Aufforstung, durch Säen und Pflanzen nachwachsen konnte. Er forderte daher eine Waldbewirtschaftung, ein konsequentes Aufforsten und eine „nachhaltende" Nutzung, die als nachhaltige Forstwirtschaft schnell zu einem Fachterminus wurde. Dieser schonende Umgang mit den natürlichen Ressourcen der Erde ist auch heute noch ein ganz wichtiges Kriterium bei nachhaltigen Investments.

Allerdings wird Nachhaltigkeit eher als Gesamtkonzept verstanden. Die Idee: Ökonomische, ökologische und soziale Entwicklungen dürfen voneinander nicht getrennt oder gegeneinander ausgespielt werden. Es kann kein Wachstum und kein Fortschritt entstehen ohne eine intakte Umwelt.

Im Laufe der Jahrzehnte beziehungsweise Jahrhunderte geriet die Idee des schonenden Umgangs mit der Natur in Vergessenheit. Erst der Club of Rome machte 1972 den Gedanken wieder richtig populär. In der viel beachteten Publikation „Die Grenzen des Wachstums" erstellte die Vereinigung von Persönlichkeiten aus Wissenschaft, Kultur, Wirtschaft und Politik eine düstere Prognose für die zukünftige Weiterentwicklung der Welt. Wenn Politik, Wirtschaft und Gesellschaft angesichts der enormen Ressourcenverschwendung nicht nachhaltiger wirtschafte und agiere, sei langfristig die Erde nicht mehr bewohnbar.

2012 erschien zum 40-jährigen Jubiläum des ersten großen Warnrufes des Club of Rome der Bericht „2052: Eine globale Vorhersage für die nächsten 40 Jahre". Darin stehen wieder die Grenzen des Wachstums im Vordergrund. Der Tenor: Die Menschheit hat die Ressourcen der Erde ausgereizt, die Wirtschaft schade mit ihrem steten Wachstum dem Klima und den Naturschätzen. Damit auch künftige Generationen auf einem zukunftsfähigen Planeten leben, sei ein Umdenken dringend notwendig.

Bereits Ende der achtziger Jahre versuchte sich die 1983 gegründete Weltkommission für Umwelt und Entwicklung im so genannten Brundtland-Report – benannt nach der Kommissionsvorsitzenden, der damaligen Premierministerin von Norwegen, Gro Harlem Brundtland – an einem weiteren Definitionsversuch. „Nachhaltige Entwicklung ist eine Entwicklung, die die Lebensqualität der gegenwärtigen Generation sichert und gleichzeitig zukünftigen Generationen die Wahlmöglichkeit zur Gestaltung ihres Lebens erhält", schrieb die Kommission und prägte damit die mittlerweile klassische Definition für Nachhaltigkeit entscheidend mit. Der Begriff der „nachhaltigen Entwicklung" wurde anschließend in der umwelt- und entwicklungspolitischen Diskussion häufig verwendet.

Anlehnend an den Brundtland-Bericht beschrieb auch die Enquete-Kommission des Deutschen Bundestages „Schutz des Menschen und der Umwelt" Nachhaltigkeit als die Konzeption einer dauerhaft zukunftsfähigen Entwicklung der ökonomischen, ökologischen und sozialen Dimension menschlicher Existenz.

Das Thema Nachhaltigkeit blieb in den folgenden Jahren in der öffentlichen Wahrnehmung präsent, hauptsächlich aber aus ökologischer Sicht. Er wurde quasi das Leitmotiv für ökologische Modernisierung. Nicht mehr ernten, als nachwächst – dieses Prinzip aus der Forstwirtschaft sollte auch zur Leitlinie allen Wirtschaftens werden, einprägsam formuliert in der Maxime: Von den Erträgen leben, nicht von der Substanz.

1992 kamen die Staats- und Regierungschefs aus aller Welt zum UN-Klimagipfel in Rio de Janeiro zusammen, um über Möglichkeiten zu debattieren, den Klimawandel aufzuhalten. Die Teilnehmer verständigten sich darauf, ihr politisches Handeln an dem Leitbild der nachhaltigen Entwicklung auszurichten. Das hehre Ziel lautete: eine globale Partnerschaft für „nachhaltige Entwicklung" sowie Lösungen für die wachsende soziale Kluft zwischen Industrie- und Entwicklungsländern.

Es folgten 1997 das Kyoto-Protokoll, 2009 der UN-Klimagipfel in Kopenhagen, ein Jahr später die Klimakonferenz im mexikanischen Cancun und schließlich 2012, genau 20 Jahre nach der Premiere, der Gipfel wieder in Rio. Doch von den großen Worten und Absichtserklärungen ist leider nicht viel geblieben. Konkrete Beschlüsse kamen zu selten heraus. Immerhin: Die Vollversammlung der Vereinten Nationen beschloss im Dezember 2002 auf Empfehlung des Weltgipfels in Johannesburg, für 2005 bis 2014 die Weltdekade „Bildung für nachhaltige Entwicklung" auszurufen. Denn der Zusammenhang von Bildung und Nachhaltigkeit wurde im Laufe der Jahre immer deutlicher. Bildung, das heißt konkret Wissen, hat einen hohen Stellenwert als Schlüssel zur nachhaltigen Entwicklung.

Die UN-Mitgliedstaaten verpflichten sich, in dieser Dekade das Leitbild der zukunfts-fähigen Entwicklung in Kindergärten, Schulen und Universitäten zu verankern – das heißt, die Prinzipien nachhaltiger Entwicklung, wie sie in der Agenda 21 festgelegt wur-den, in ihren Bildungssystemen zu integrieren. Alle Menschen sollen die Chance haben, sich Wissen anzuzeigen, damit sie nachhaltig denken und verantwortungsvoll handeln können – das betrifft auch das Thema Finanzen.

Die Entwicklung des Verständnisses des Begriffs „Nachhaltigkeit" ist immer auch ein Spiegel von aktuellen gesellschaftlichen Diskussionen. Somit ist die Begriffsbestimmung auch nicht statisch, sondern dynamisch, und immer nur eine Momentaufnahme. Abge-leitet aus dem angelsächsischen Verständnis „Triple bottom line" (people, planet, profit) wird aktuell oft das Gleichgewicht von Sozialem, Mensch und Wirtschaft unter Nach-haltigkeit verstanden.

2 Nachhaltigkeit – ein Zukunftstrend

Seit ein paar Jahren ist zu beobachten, dass ein neuer Lebensstil verschiedene Konsum-bereiche erobert. Bekannte Beispiele sind Bio-Lebensmittel und Öko-Strom. Sie zeigen, dass sich ein Wertewandel auch im Konsum äußert. Man kann vermehrt von „bewuss-tem" Konsum sprechen. Für immer mehr Menschen werden Gesundheit, Nachhaltigkeit, Lebensqualität und gesellschaftliche Verantwortung zum grundlegenden Bestandteil ihres Lebens- und Konsumstils.

Diese Nachhaltigkeitsbewegung ist bereits in den Achtzigern entstanden und hat heute die Mitte der Gesellschaft erreicht. Ein Drittel der Konsumenten in Deutschland, West-europa und Nordamerika kann laut des Zukunftsinstituts schon jetzt als LOHAS (Life-style of Health and Sustainability) bezeichnet werden. Und diese progressive Zielgruppe, so die Prognose, wird weiter wachsen. Laut Zukunftsinstitut könnte sie mittelfristig die Hälfte der Bevölkerung umfassen.

Nur logisch ist, dass mit diesem verbundenen Wertewandel in den kommenden Jahren viele Märkte erfasst werden. Was in der Food-Branche mit Bio-Produkten begann und zu einem großen Erfolg führte, greift auf immer mehr Bereiche der Wirtschaft über: Fra-gen von Ökologie und Nachhaltigkeit, des sorgenfreien Genießens und der Steigerung der Lebensqualität werden immer wichtiger. Angefangen im Tourismus, über die Automobil- und Baubranche bis hin zur Mode und zur Finanzbranche. Die Lebensführung und die Konsum-Kultur der LOHAS sind dabei, die Koordinaten des gesamten Wirtschaftssystems zu verschieben – so das Zukunftsinstitut.

> *Beispiel: Bio-Lebensmittel: In den 1980er gab es die ersten, kleinen Bioläden in den Studentenvierteln der Unistädte. Heute findet man Bio-Lebensmittel in jedem Discounter und Supermarkt. Einzelhändler wie Alnatura, Denn`s oder Bio-Company eröffnen neue Märkte. Dass Deutschlands Verbraucher gerne Bio-Lebensmittel kaufen, zeigen aktuelle Zahlen: In 2011 setzen Lebensmittelhandel und Drogeriemärkte Bioprodukte im Gesamtwert von 6,59 Mrd. EUR (+9%) ab, wie der Bund Ökologischer Lebensmittelwirtschaft berichtet.*

Ein Grund für die steigende Nachfrage dürften auch Skandale in der Lebensmittelindustrie sein. Ob EHEC, Gammelfleisch oder Dioxin in Eiern – das Vertrauen der Verbraucher wurde in den vergangenen Jahren immer wieder kräftig erschüttert, was dazu führte, dass viele Kunden umdenken und bewusster auf Herkunft und Herstellung der Nahrungsmittel achten.

Dass Krisen beziehungsweise Katastrophen beim Konsumenten einen Sinneswandel in Richtung Nachhaltigkeit auslösen können, ist auch beim Thema Energieversorgung zu beobachten. Nach der Atomkatastrophe im japanischen Fukushima stieg die Nachfrage nach Ökostrom drastisch an. Die Naturstrom AG konnte beispielsweise die Kundenzahl von 79.500 Kunden (Ende 2010) auf 195.000 (Ende 2011) mehr als verdoppeln. Insgesamt haben knapp 4 Millionen Haushalte Ende 2011 Ökostrom bezogen – ein Anstieg von rund 30% gegenüber dem Vorjahr.

Die Beispiele verdeutlichen: Das nachhaltige Denken ist in der Gesellschaft ein langfristiger Trend. Zukunftsforscher sehen einen Wertewandel hin zu mehr Transparenz, Glaubwürdigkeit und Berücksichtigung öko-sozialer Aspekte. Auch die Terminologie passt sich allmählich an: Dehnbare Begriffe wie Corporate Responsibility und Energieeffizienz werden ersetzt durch neue Vokabeln wie bewusstes Unternehmertum, Ressourceneffizienz und Social Innovation.[1] Und die Nachhaltigkeitsbewegung hat inzwischen die gesamte Wirtschaft erreicht.

So hat sich hierzulande seit 2008 der Deutsche Nachhaltigkeitspreis als feste Größe etabliert. Die Auszeichnung für nachhaltiges Wirtschaften ging hervor auf eine Initiative der Stiftung Deutscher Nachhaltigkeitspreis e.V. in Zusammenarbeit mit der Bundesregierung, dem Rat für Nachhaltige Entwicklung, Wirtschaftsvereinigungen, kommunalen

---

[1] Jeffrey Hollender (2010) The Responsibility Revolution: how the next Generation of Businesses will win.

Spitzenverbänden, zivilgesellschaftlichen Organisationen und Forschungseinrichtungen. Der Preis würdigt im Rahmen eines Wettbewerbes die Arbeit von Unternehmen, die vorbildlich wirtschaftlichen Erfolg mit sozialer Verantwortung und Schonung der Umwelt verbinden. Neu ist 2012, dass auch Städte und Gemeinden, die im Rahmen ihrer wirtschaftlichen Möglichkeiten die Stadt- und Gemeindeentwicklung nachhaltig gestaltet haben, prämiert werden.

Auch der seit Ende 2011 existierende Deutsche Nachhaltigkeitskodex passt in diese Entwicklung. Der Kodex will Unternehmen mithilfe einer Datenbank Impulse für mehr Transparenz und nachhaltige Verantwortung geben. Gefördert wird das Projekt vom Bundesministerium für Bildung und Forschung (BMBF). Der Deutsche Nachhaltigkeitskodex ist – neben vielen anderen Möglichkeiten der Darstellung unternehmerischer Sozialverantwortung – ein gutes Instrument, mit dem eine nachhaltige Unternehmensführung dokumentiert werden kann. Er ist ein weiteres Instrument, um die Bemühungen der deutschen Wirtschaft für eine nachhaltige Entwicklung noch stärker zu unterstützen.

Das beinhaltet ausdrücklich auch die Finanzbranche, wo es angesichts von zahlreichen Finanzskandalen und die Diskussion um hohe Boni reichlich Nachholpotenzial gibt. Die weltweiten zivilen Proteste gegen die Bankenbranche – u.a. in Form der Occupy-Bewegung – zeigen: Die Bevölkerung fordert ein Umdenken in der Bankenbranche. Seit Ausbruch der Finanzkrise ist aus ihrer Sicht nicht genug verändert worden. Sie wollen eine andere Form von Bank – ein neues Denken über Banken.

Festzustellen ist, dass immer mehr Menschen deshalb bei der Geldanlage ebenfalls verstärkt Wert auf das Thema Nachhaltigkeit legen. Ob Umweltsparbuch, Tagesgeld oder Girokonto – auch bei normalen Bankgeschäften achten die Bundesbürger stärker auf ökologisch orientierte und ethisch korrekte Angebote. Der Grund liegt auf der Hand: Die Entwicklung der vergangenen Jahre hat gezeigt, dass viele Banken mit den Geldern ihrer Kunden nicht verantwortungsbewusst umgehen und zum Teil in hochriskante Produkte investieren. Viele Kunden interessieren sich daher jetzt vermehrt dafür, wo die Gelder angelegt werden. Ihnen geht es darum, ihr Anlageverhalten mit den persönlichen Wertvorstellungen in Einklang zu bringen.

Für viele Kunden war und ist die Krise also Zeichen und Anlass genug, um ihr bisheriges Investitionsverhalten zu überdenken und in entsprechender Weise zu handeln. Deshalb erfahren die Nachhaltigkeitsbanken seit ein paar Jahren starken Zulauf. Nachhaltigkeitsbanken wollen keine Gewinne maximieren, sondern in erster Linie das ihnen anvertraute Geld sinnvoll anlegen.

Um Spitzenzinsen geht es den Nachhaltigkeitsinstituten nicht – und ihren Kunden offenbar ebenso wenig. Die Bankberatungsgesellschaft zeb hat dafür eine Erklärung: Die sozial, ökologisch und ökonomisch nachhaltige Verwendung ihrer Spargelder verschaffe den Kunden der Nachhaltigkeitsbanken eine „soziale Rendite", die in ihrer Wertigkeit dem bisher üblichen Bewertungsmaßstab, der Verzinsung ihres Guthabens, nahe komme.

Laut zeb-Studie[2] gehören rund 16 Millionen Menschen in Deutschland zu der Zielgruppe, die sich für nachhaltige Geldanlagen interessiert. Das bedeutet, all diese Menschen sind potenzielle Kunden für die Nachhaltigkeitsbanken. Sie könnten mit ihrem Bankwechsel etwas bewegen: für einen besseren Finanzmarkt und für eine nachhaltigere Gesellschaft.

3   Geschäftsmodell der Nachhaltigkeitsbanken

3.1   Beispiel: Philosophie der Triodos Bank

In Deutschland gibt es mittlerweile vier klassische Nachhaltigkeitsbanken: die genossenschaftliche GLS Bank aus Bochum, die Ethikbank aus Eisenach als Niederlassung der Volksbank Eisenberg, die Umweltbank AG aus Nürnberg und die Triodos Bank Deutschland mit Sitz in Frankfurt.

Sie erfreuen sich zunehmender Popularität: Die Kredite und Einlagen der vier Institute wuchsen in Deutschland der Studie der Beratungsgesellschaft zeb zufolge von 2006 bis 2011 jährlich um 20 bis 30 %. Damit verbuchen sie die höchsten Wachstumsraten in der Bankenbranche in den vergangenen Jahren – allerdings von einem niedrigen Niveau aus: Insgesamt kamen die Nachhaltigkeitsbanken Ende 2011 auf rund 230.000 Kunden – Tendenz steigend.

Die Kunden kommen gerne, dabei ist das Angebot auf den ersten Blick nicht unbedingt verlockend: Die Zinsen für das Tagesgeld bewegen sich im Marktmittel und sind damit deutlich niedriger, als bei manch anderen Banken. Das Girokonto kostet in der Regel auch ein paar Euro monatlich. Doch was die Kunden anzieht, ist die Verwendung: Das Geld der Sparer geht zu einem großen Teil als Kredite an Projekte etwa im Pflege- und Gesundheitsbereich, in der Bildung, der ökologischen Landwirtschaft und in den regenerativen Energien. Im Internet können sich die Kunden die einzelnen Kreditbereiche anschauen und überlegen, wohin ihr Geld investiert werden soll.

---

[2]   Marktstudie zum Social Banking von zeb/rolfes.schierenbeck.associates gmbh, Alanus Hochschule und puls Marktforschung (2012).

So auch bei der niederländischen Triodos Bank, die erst seit Ende 2009 auf dem deutschen Markt aktiv ist. Das Institut zählt zu den führenden Nachhaltigkeitsbanken weltweit und ist seit ihrer Gründung 1980 in zahlreichen Ländern aktiv. 2009 wurde sie von der Financial Times und der Weltbanktochter IFC zur „Nachhaltigkeitsbank des Jahres" gekürt. Ende 2011 hatte sie europaweit insgesamt rund 355.000 Kunden.

Der Fokus der Nachhaltigkeitsbanken – so auch der Triodos Bank – liegt im breiten Privatkundengeschäft. Die angebotene Produktpalette ist somit auch auf diese Zielgruppe ausgerichtet. Die Triodos Bank ist folglich als Direktbank tätig. Kunden können ihre Gelder sowohl in einfachen Anlageprodukten als auch auch über Fonds, die nach ökologischen, sozialen und wirtschaftlichen Kriterien gemanagt werden, nachhaltig investieren. Natürlich ist Rendite ein Thema, das auch die Triodos Bank nicht außer Acht lässt. Doch ebenso wichtig ist die Frage nach dem Wert einer Investition. Diese Philosophie spiegelt sich auch im Namen wieder: Triodos stammt aus dem Griechischen und heißt so viel wie „drei Wege". Jedes Tun wird unter den Aspekten Menschen, Umwelt und Wirtschaft verbunden.

Bereits vor über 40 Jahren sahen die vier Gründer der Triodos Bank den dringenden Bedarf, das Bankwesen zu transformieren, und den Menschen sowie seine Umwelt wieder ins Zentrum der Wirtschaft zu rücken. Die Philosophie war und ist klar: Ziel des wirtschaftlichen Handelns ist nicht die finanzielle Rendite. Dies ist das Ergebnis. Es geht um die Maximierung der Nachhaltigkeit durch Ausrichtung an den Bedürfnissen von Mensch und Gesellschaft. Wirtschaftlicher Erfolg ist dann auch ein natürliches Ergebnis.

Einer der Leitsprüche der Triodos Bank lautet: „Mit unserem Geld von heute machen wir unsere Welt von morgen." Dieser Satz beschreibt sehr anschaulich, dass die Triodos Bank das anspruchsvolle Vorhaben, eine bessere Welt zu schaffen, ausdrücklich als Gemeinschaftsaufgabe ansieht. Der oft gehörte Titel „Ökobank" greift dabei viel zu kurz. Abgedeckt werden vielmehr alle Kriterien der Nachhaltigkeit, nicht nur den Umweltaspekt.

Genauso wie die konventionellen Institute aus den Bereichen der Sparkassen und Volksbanken arbeitet Triodos nach dem ursprünglichen Bankmodell, das heißt, sie finanziert die Realwirtschaft und unterstützt das Unternehmertum. Anders ist jedoch, dass Menschen, die mit ihrem Geld etwas Positives bewirken und bewegen wollen, mit Unternehmern und Firmen, die genau das tun, zusammengebracht werden. Deswegen finanziert die Triodos Bank ausschließlich Projekte, Unternehmen und Organisationen, die nicht nur sinnvoll wirtschaften, sondern auch einen ökologischen, sozialen oder kulturellen Mehrwert schaffen. Das sind beispielweise nachhaltige Unternehmen aus den Bereichen ökologische Landwirtschaft, Bio-Lebensmittel *und erneuerbare Energien. Aber auch Schulen und Kindergärten, Behinderteneinrichtungen, Altenheime oder spirituelle Institutionen, wie zum Beispiel Yoga- und Meditationszentren, werden gefördert.*

Auf der anderen Seite gibt es klare und transparente Ausschlusskriterien bei der Kreditvergabe, die sicherstellen, dass keine Gelder an die Rüstungsindustrie, die Glücksspielbranche, die Pelzindustrie oder die Pornografie-Branche gehen. Außerdem finanziert die Triodos Bank keine Gentechnik, nicht-artgerechte Tierzucht und -haltung. Korruption, diktatorische Regime sowie Unternehmen, die gegen grundsätzliches Arbeitsrecht verstoßen, stehen ebenfalls auf der Ausschlussliste.

Das Geld der Anleger und Sparer wird somit ganz gezielt für Finanzierungen und Investitionen nachhaltiger Projekte und Unternehmen verwendet. Die Palette reicht vom einfachen Kredit bis hin zu anspruchsvollen Anlageprodukten.

Einfach, klar und transparent – so möchte die Triodos Bank den Dialog mit ihren Kunden führen – ganz besonders, wenn es darum geht, wo und wie das Geld der Kunden Projekte und Unternehmen finanziert. Die ethischen Prinzipien, nach denen die Triodos Bank dabei arbeitet, sind allen Kunden und Mitarbeitern offen zugänglich. Dabei gilt insgesamt: Nachhaltigkeit sollte nicht nur der Ausgangspunkt für alles, was die Bank tut, sein. Nachhaltigkeit ist auch der Grund, warum es diese Bank überhaupt gibt. Spekulation und Eigenhandel gibt es bei der Triodos Bank nicht.

Dazu passt, dass die Triodos Bank anders als viele andere Banken nicht börsennotiert ist. Sie ist vielmehr eine Aktiengesellschaft, die im Besitz einer eigens gegründeten Stiftung ist und von ihr verwaltet wird. Die Aktien der Triodos Bank werden somit durch die Stiftung gehalten. Sie vergibt wiederum Anteilsscheine an Privatpersonen und Institutionen. Aktuell sind etwas mehr als die Hälfte im Besitz von über 21.000 Privatpersonen.

Die Stimmrechte können die Anteilseigner bei der jährlichen Hauptversammlung wahrnehmen. Der Stiftungsrat wacht über die finanziellen Interessen der Anteilseigner, die Anliegen der Mitarbeiter sowie die generelle Philosophie der Bank. Zu viel Einfluss ist ausgeschlossen: Kein Institut und keine Einzelperson kann mehr als 10 % des ausgegebenen Kapitals erwerben. Und das Stimmrecht wurde begrenzt auf maximal 1000 Stimmen – unabhängig von der Anzahl der Anteile. So wird sichergestellt, dass die Triodos Bank ihren Werten treu bleibt.

3.2 Geschäftsentwicklung

Die Philosophie der anderen Nachhaltigkeitsbanken ist der der Triodos Bank ähnlich, vor allem bei der 1974 gegründeten GLS Bank gibt es keine wesentlichen Unterschiede. Bei der Umweltbank liegt der klare Fokus jedoch bei der Kreditvergabe auf Umweltprojekte. Schwerpunkt sind „Erneuerbare Energie" und ökologisches Bauen. Damit ist die Umweltbank, die seit 1997 am Markt ist, eher eine „Ökobank" als Nachhaltigkeitsbank, da sie keinen ganzheitlichen Ansatz verfolgt. Im Gegensatz dazu legt die Ethikbank ihren Schwerpunkt auf verantwortungsvolle Geldanlage. Das Kreditgeschäft des erst 2002 gegründeten Instituts ist gering, der Großteil der Einlagen wird in Anleihen investiert.

Nicht verschweigen darf man in diesem Zusammenhang aber auch die Negativbeispiele in dem Segment. So geriet die 1988 gegründete Ökobank in wirtschaftlicher Schieflage und wurde schließlich 2003 von der GLS übernommen. Keine Erfolgsgeschichte war auch die Gründung der Noa Bank 2009. Das Institut versuchte, das Modell der Nachhaltigkeitsbanken zu kopieren – erfolglos. Die Noa Bank wurde bereits im August 2010 von der Bankenaufsicht BaFin wieder geschlossen.

Die Fehlschläge im Markt zeigen den hohen Anspruch, eine Nachhaltigkeitsbank zu etablieren. Zumal sich auch das Geschäftsmodell von den meisten klassischen Banken unterscheidet. Von den vier genannten Instituten sind drei als reine Direkt- bzw. Online-Bank tätig. Nur die GLS Bank verfügt über Filialen. Allerdings kann hier bei lediglich sieben Standorten auch nicht von einem klassisches Filialnetz sprechen. Hauptvertriebsweg ist auch bei der GLS Bank somit das Internet und das Telefon.

Hilfreich für den zunehmenden Erfolg der Nachhaltigkeitsbanken ist sicherlich auch der Trend im Bankenmarkt zum Directbanking. Der Aufschwung der Onlinebanken seit etwa 2000 war und ist somit Basis für den Aufschwung der Nachhaltigkeitsbanken.

Ebenso haben veränderte rechtliche Rahmenbedingungen den Markteintritt der Ethikbank in 2002 und der Triodos Bank Deutschland in 2009 erleichtert. Beide Institute sind in der Rechtsgestaltung einer Niederlassung tätig. Dies reduziert die Overheadkosten erheblich.

Ein weiterer Erfolgsfaktor ist die Nutzung der Infrastruktur des Volkbankensektors durch drei der Institute. Dies führt durch Nutzung von Skaleneffekten zu erheblichen Kostenvorteilen.

Das Wachstum – wenn auch von niedrigem Niveau aus – ist bemerkenswert. Immer mehr Kunden eröffnen ihr Konto bei den vier Nachhaltigkeitsbanken. Die GLS Bank hatte Anfang 2012 116.000 Kunden, ein Plus von 27,5 % gegenüber 2011. Die Kundenzahl der

Umweltbank aus Nürnberg stieg 2011 um 6,9 % von rund 86.000 auf 92.000. Rund 2600 Kunden zählt die 2009 gegründete deutsche Niederlassung der niederländischen Triodos Bank, europaweit nahm ihre Zahl um 70.000 auf 355.000 Menschen zu.

2011 hatte die GLS Bank eine Bilanzsumme von 2,26 Milliarden EUR, die Umweltbank 1,99 Milliarden EUR. Die Bilanzsumme der Triodos Bank belief sich auf 4,3 Milliarden EUR, ein Plus von 23 %. Und das Wachstum hält an, wie aktuelle Zahlen der Triodos Bank zeigen. Das Institut erhöhte ihre Bilanzsumme im ersten Halbjahr 2012 um 11 % auf 4,8 Milliarden EUR, was ein Plus von 7 % gegenüber dem Vorjahreszeitraum bedeutet. Die Einlagen, die sich aus Spareinlagen, Termineinlagen und Guthaben auf Girokonten zusammensetzen, stiegen um 11 % auf 4,2 Milliarden EUR (plus 7 %).

Es stellt sich natürlich die Frage, wie sich die Nachhaltigkeitsbanken im Vergleich zur gesamten Bankenindustrie darstellen. Hier gibt eine Studie der Global Alliance for Banking on Values (GABV) Aufschluss. Dieser Zusammenschluss vereint mittlerweile 13 der weltweit führenden Nachhaltigkeitsbanken.

Diese Studie[3] der GABV zusammen mit der Rockefeller Stiftung zeigt sehr deutlich: Nachhaltige Banken setzen sich nicht nur stärker als konventionelle Banken für gesellschaftliche und ökologische Ziele ein, sie schneiden auch bei vielen Finanzkennzahlen besser ab. Verglichen wurden für den Zeitraum 2007 bis 2010 Finanzkennzahlen von 17 nachhaltigen Banken mit denen der 29 weltweit größten konventionellen Banken. So zeigt die Studie, dass nachhaltige Banken im Vergleichszeitraum Kredite in Höhe von durchschnittlich über 70 % ihrer Bilanzsumme vergeben hatten, während der entsprechende Wert der systemrelevanten Banken nur bei rund 38 % lag.

Das Ergebnis spiegelt damit sehr deutlich das Selbstverständnis der nachhaltigen Banken als Dienstleister der Realwirtschaft wider. Nachhaltige Banken sind laut der Studie auch finanzstärker als die systemrelevanten Banken. Sie verfügen relativ gesehen über mehr Eigenkapital, was zudem qualitativ hochwertiger ist. Zudem refinanzieren sich nachhaltige Banken vorwiegend durch Kundeneinlagen, wodurch sie eine größere Unabhängigkeit vom Interbanken-Markt und damit speziell in Krisenzeiten eine höhere Stabilität vorweisen können.

Die Ergebnisse der Studie zeigen die Überlegenheit des Geschäftsmodells nachhaltiger Banken. Sie bieten nicht nur eine deutlich höhere öko-soziale Rendite, sondern auch ein attraktiveres finanzielles Rendite-Risiko-Profil als konventionelle Banken. Trotz des rasanten Wachstums müssen sich Nachhaltigkeitsbanken nicht in Sachen Profitabilität

---

[3] Global Alliance for Banking on Values: A Report on Financial Capital and Impact Metrics of Values Based Banking (März 2012).

verstecken. Es gibt demnach eigentlich keinen Grund mehr für Kunden oder Investoren, sich für Kreditinstitute, die dem alten Denken verhaftet sind, zu entscheiden. Die neue, moderne Bank ist eine nachhaltige Bank. Sie ist transparent und fair. Und immer mehr Kunden erkennen dies.

4 Erfolgsfaktoren

4.1 Transparenz und Fairness

Die Menschen, die die Angebote der Nachhaltigkeitsbanken besonders attraktiv finden, sind der zeb-Studie zufolge mehrheitlich hoch gebildet und haben ein höheres Einkommen. Die Kreditvergabe nach sozialen und ökologischen Kriterien empfinden sie als eine „soziale Rendite". Sie stellt einen zusätzlichen Nutzen zur üblichen finanziellen Rendite beziehungsweise Verzinsung dar. Das heißt, die Kunden sind deutlich aufgeklärter als der Durchschnitt. Sie verstehen den Zusammenhang zwischen Einlagen und Kredit und beginnen gleichzeitig zu hinterfragen, was die Bank eigentlich genau mit ihrem Geld macht.

Die Transparenz, die die Kundenseite zunehmend einfordert, wird dabei durch neue Kommunikationsmittel und technischen Möglichkeiten erleichtert. Transparenz ist die Basis für Vertrauen. Für Nachhaltigkeitsbanken ist Transparenz ein zentraler Wert und Selbstverständlichkeit. Die Kunden sollen sehen, was mit ihrem Geld geschieht, da es ihr Geld ist und nicht das Geld der Bank. Nicht nur die Kreditkunden werden gezeigt, sondern auch die Liquiditätsanlagen der Bank.

Die Anleger können über die Internetseiten oder den Einsatz moderner Medien wie den sozialen Netzwerken im Web erfahren, welche Projekte und Aktionen die jeweilige Bank mit den Kundengeldern über die Vergabe von Krediten an Privat- und Geschäftskunden finanziert hat. Gerade moderne Technik wie Google Maps oder Facebook sind wichtige Tools zur Darstellung der Transparenz und damit auch wichtige Erfolgsfaktoren. Bei den traditionellen Banken fallen derartige Rechenschaftsberichte in der Regel weitaus geringer an Umfang aus.

Bei einigen der nachhaltigen Institute können die Kunden auch direkt mitentscheiden, welche Projekte unterstützt beziehungsweise welche Investitionen getätigt werden sollen. Das zeigt: Dem Kunden ist zu jeder Zeit klar, was die Bank finanziert oder in was sie investiert, wie sie ihre Erträge und Rendite erwirtschaftet, welche Risiken sie hierbei eingeht und wie sie diese managt.

Verstärkt wird auch über den gesellschaftlichen Nutzen, oder auch öko-soziale Rendite genannt, berichtet. Dies findet bisher eher in deskriptiver Form statt. So wird zum Beispiel dargestellt, wie viele Haushalte mit Ökostrom aus den Projekten, die eine Nachhaltigkeitsbank finanziert hat, versorgt werden. Diese Darstellung des „Impact", den ein Anleger hat, befindet sich noch in den Anfängen.

Bei der Gestaltung der Produkte setzt sich der Grundsatz der Transparenz und Fairness fort. Sie sind einfach, nachvollziehbar und somit fair. Denn Fairness ist eine Grundlage für Vertrauen. So gibt es beispielsweise keine Mindestanlage beim Tagesgeld bei einigen Nachhaltigkeitsbanken. Alle Institute haben gemeinsam, dass sie auf unseriöse Lockangebote, wie beispielsweise unterschiedliche Zinsen für Neu- und Bestandskunden, verzichten.

Einfach, klar und transparent – so lautet das Ziel. Auch die ethischen Prinzipien, nach denen die Nachhaltigkeitsbanken dabei arbeiten, sind allen Kunden und Mitarbeitern zugänglich. Das Motiv für so viel Offenheit und Fairness ist klar und hat grundsätzlich etwas mit der Philosophie der Nachhaltigkeitsbanken zu tun. Eine nachhaltige Bank will den bewussten Umgang mit Geld fördern. Und dazu ist es erforderlich, eine größtmögliche Transparenz über seine Verwendung herzustellen. Und dadurch, dass das Geld der Kunden für Finanzierungen in den Bereichen Ökologie, Kultur und Soziales verwendet wird, fördert sie die Lebensqualität in einer nachhaltigen Gesellschaft. Extra Abteilungen für soziale und ökologische Verantwortung sind deshalb in den Banken nicht vorhanden. Nachhaltige Banken sind per se Einrichtungen für soziale und ökologische Verantwortung.

Die Triodos Bank ist sogar einen Schritt weiter gegangen: Im Juni 2012 hat sie als erste Bank in Deutschland eine so genannte Entsprechenserklärung zum Deutschen Nachhaltigkeitskodex (DNK) vorgelegt. Die Triodos Bank entspricht dem Deutschen Nachhaltigkeitskodex, da sie eine umfassende Berichterstattung nach den Richtlinien der Global Reporting Initiative (GRI) mit dem Anwendungsstandard A+ (Bericht wird durch externe Dritte geprüft) vorlegt. Ziel ist eine höhere Transparenz und Vergleichbarkeit der Nachhaltigkeitsleistungen von Unternehmen jeder Größe oder Rechtsform. Auch die GLS Bank berichtet nach dem GRI Standard.

Meist bekennen sich Unternehmen erst bei Skandalen zu ihrer Verantwortung. Das ist falsch. Die Finanzkrise hat der Öffentlichkeit die Intransparenz und fehlende gesellschaftliche Verantwortung des Bankensektors sehr deutlich vor Augen geführt. Der Konsens aus der Finanzkrise war und ist, dass Banken mehr Rechenschaft ablegen müssen. Der Deutsche Nachhaltigkeitskodex hat daher eine wichtige Bedeutung speziell für die deutsche Bankenlandschaft.

Es ist wichtig, soziale und ökologische Verantwortung in die Geschäftsmodelle von Finanzinstituten aufzunehmen und eine Kultur der Partizipation der Bürger am Finanzsystem zu schaffen. Denn die positive Vorbildfunktion in diesem Prozess, die speziell nachhaltige Banken einnehmen können, ist durch die ökologischen, sozialen und auch finanziellen Erträge dieser Finanzinstitute während der vergangenen Jahrzehnte erwiesen. Gleichzeitig unterstreichen die jüngsten Erfahrungen im Finanzsystem die Notwendigkeit eines fundamentalen Wandels, um sicherzustellen, dass wirklich alle Finanzinstitute eine proaktive Rolle bei der Errichtung einer grünen, fairen und inklusiven Finanzwirtschaft übernehmen.

4.2 Community Building

Die Verbraucher informieren sich zunehmend im Internet über Produkte und Dienstleistungen und tauschen sich in sozialen Medien und Foren auch dazu aus. Laut einer Umfrage des Marktforschungsunternehmens Forsa finden es 81 % der Befragten richtig, wenn sich Unternehmen durch direkte Kontaktaufnahme in Internet-Foren mit Fragen und Kritiken ihrer Kunden auseinandersetzen.

Mit klassischer Werbung sind dagegen immer weniger Menschen zu erreichen. Das zeigt ein weiteres Ergebnis der Forsa-Umfrage: Demnach gaben drei Viertel der Befragten an, dass Werbebriefe bei ihnen keine Beachtung finde, weil die an sie adressierte Werbung nicht auf ihre Bedürfnisse abgestimmt sei.

Die Bank sollte deshalb Bestandteil des Lebensgefühls werden. Die Nachhaltigkeitsbanken sind wertorientierte Banken. Das gemeinsame Lebensgefühl ergibt sich aus gemeinsamen Werten. Daraus entwickelt sich dann eine Gemeinschaft.

Die Verwendung von Social Media ist gerade für Nachhaltigkeitsbanken ein wichtiges und natürliches Kommunikationsinstrument. Das liegt zum einen an der fehlenden Filialstruktur; der persönliche Kontakt mit dem Kunden am Bankschalter fällt also weg. Zum anderen sind viele Kunden der Nachhaltigkeitsbanken social-media-affin.

Das bedeutet für die Bank der Zukunft, dass die Kunden vermehrt dort abgeholt werden müssen, wo sie ihre Zeit verbringen: in der digitalen Welt. Es wird immer wichtiger, sich in den neuen Medien zu präsentieren und die Diskussion anzubieten und zu suchen. Dabei sollten die Banken aber wissen: Alles, was veröffentlicht wird, kann sofort auf den Wahrheitsgehalt überprüft und blitzschnell mit den Erfahrungen anderer abgeglichen werden. Und: Man muss etwas zu sagen haben. Social Media sind keine Plattformen für einfache Produktwerbung. Auch gelten klare Kommunikationsregeln. Wer nicht offen ist und sich nicht an die Wahrheit hält, wird für die ganze Welt sichtbar an den Online-Pranger gestellt. Im Social Web bleibt (fast) nichts mehr verborgen. Und Öffentlichkeit erzeugt immer sozialen Druck. Doch solcher Druck zwingt zu fairem Verhalten – also sollten alle was davon haben.

Der Dialog ist ein wichtiger Bestandteil der Unternehmenskultur. Weil die Nachhaltig-keitsbanken nichts zu verbergen haben, sollte Transparenz auch als Einladung ver-standen werden. Die Kunden sollen mitdiskutieren, sie sollen sich anschauen, in welche Projekte und Unternehmen investiert wird und sie sollen mitentscheiden. Sicher, Social Media sind kein Allheilmittel, doch richtig eingesetzt und geschickt vernetzt, bieten sie die besten Antworten und die größten Chancen.

In der Praxis bedeutet, dass Social-Media-Auftritte auch Kapazitäten benötigen. Es han-delt sich um einen weiteren Kommunikationskanal, der in die gesamte Kommunikations-strategie integriert sein muss. Hier sind kurze Entscheidungswege notwendig. Tagelange Abstimmungsprozesse sind in einer Social-Media-Welt nicht möglich. Nur wer eine vertrauensbasierte Unternehmenskultur pflegt – wie sie bei den Nachhaltigkeitsbanken gelebt wird – hat die Voraussetzung für einen gelungenen Social-Media-Auftritt.

Die Triodos Bank versucht als Direktbank mit dem Anspruch, eine „menschliche" Bank zu sein, zugegebenermaßen einen Spagat. Social Media spielen aber eine wichtige Rolle, um diesen Spagat auch zu meistern. Facebook, Online-Magazin und Blogs sollen Menschlichkeit und Nähe vermitteln. Sie regen zur Partizipation und zum Dialog an und sind auch deshalb ein wichtiges Element, um den Transparenz-anspruch zu erfüllen und Vertrauen zu erzielen.

Community Building setzt Menschlichkeit voraus. Im echten Dialog muss man die Menschen spüren, die hinter einer Nachhaltigkeitsbank stehen. Dies gilt sowohl beim Dialog über Facebook als auch im direkten telefonischen Austausch. Die Mit-arbeiter übernehmen somit eine große Verantwortung. Bei den Nachhaltigkeits-banken existieren keine 0800-Telefonnummern. Man ruft nicht in einem Call Cen-ter, sondern immer direkt bei der Bank in der Kundenbetreuung an.

Bei Facebook ändert die Triodos Bank gerade das Profil auf „persönliche" Posts. Die Mitarbeiter, die für die Bank posten, werden somit mit Fotos und Namen für den User sichtbar. Bei der Triodos Bank gibt es zudem eine offene Facebook-Pinnwand, das heißt, jeder User kann posten, ohne eine vorherige Freigabe bekommen zu müs-sen. Es gibt aber natürlich klare Regeln, die eingehalten werden müssen.

Es gilt also, mithilfe der Social-Media-Aktivitäten nah an die Kunden und Interessenten heranzukommen. Auch dadurch entsteht die Möglichkeit, die Akzeptanz bestimmter Positionen, Projekte, und Entscheidungen zu überprüfen. Doch nur durch die Entwick-lung Web 2.0 ist echter Dialog in einer Community möglich. Nachhaltigkeitsbanken haben etwas zu sagen. Echter Dialog erfordert aber eine entsprechende Unternehmens-kultur. Es muss um mehr gehen als finanzielle Rendite und Bankprodukte.

Community hat für die Nachhaltigkeitsbanken auch ökonomischen Nutzen – auch wenn dieser nicht das Ziel ist. Sowohl die Kundenbindung als auch die Weiterempfehlungs-bereitschaft ist sehr hoch. Die Empfehlung ist bei den Nachhaltigkeitsbanken in der Regel die wichtigste Säule bei der Neukundengewinnung. Auch ein Großteil der Eigen-kapitalgeber – unabhängig von der Rechtsform – kommt bei den Nachhaltigkeitsbanken aus dem Kundenkreis. Die Kunden fühlen sich ihrer Bank wirklich verbunden. Sie fühlen sich eben mehr als Mitglied und weniger als Kunde.

5 Potenzial und Herausforderungen

Insgesamt befindet sich die nachhaltig orientierte Geldanlage hierzulande immer noch in der Nische. Es gibt eine klare Diskrepanz zwischen der Wahrnehmung der Menschen und der tatsächlichen Umsetzung beim Thema Geldanlage. Gerade in Deutschland ist der Markt im Vergleich zu anderen Ländern wie Belgien, Niederlande oder die Schweiz recht klein.

Die größte Herausforderung ist es, den Menschen den „bewussten" Umgang mit Geld näher zu bringen. Ein Hindernis ist jedoch die geringe Kenntnis in der Gesellschaft über die Funktionsweise der Kreditwirtschaft. Es bedarf also eines Mehr an „finanzieller Bildung" in der Gesellschaft. Denn nachhaltiges Banking als Alternative ist selbst in der Zielgruppe noch recht unbekannt.

Das verdeutlicht auch eine Untersuchung der GLS Bank und Green City Energy. Danach zeigen Anleger trotz klar erkennbarer „grüner Trends" ein großes Informations-defizit beim Thema nachhaltiger Investments. Nachhaltige Geldprodukte sind für viele ein Fremdwort. Bisher hat nur jeder dritte Finanzentscheider von sozial-ökologischen oder ethisch-sozialen Geldanlagen gehört. Rund 66 % der Gesamtbefragten ist diese Anlageform gänzlich unbekannt. Zu ähnlichen Zahlen kommt auch die zeb-Studie: 72 % der Zielgruppe von Nachhaltigkeitsbanken haben demnach noch nie von dieser Art von Banking gehört.

Ein Hoffnungsschimmer ist aber das große Potenzial: Laut zeb gehören rund 16 Millio-nen Menschen in Deutschland zu der Zielgruppe, die sich für nachhaltige Geldanlagen interessiert. Das bedeutet, all diese Menschen sind potenzielle Kunden für die Nachhal-tigkeitsbanken. Dementsprechend wird von der Zielgruppe der Nachhaltigkeitsbanken die Gesamtrendite eines Social-Banking-Angebots als höher empfunden als die Rendite eines konventionellen Produkts mit demselben Zinssatz. Aber auch an die allgemeinen Bankleistungen wie die Kundenbetreuung und das Telefon- oder Onlinebanking hat diese Zielgruppe überdurchschnittliche Erwartungen. Nachhaltigkeitsbanken müssen also auch in diesem Punkt Besonderes leisten.

Zudem prognostiziert die Studie, dass ähnlich der Entwicklung im Markt für Bio-Lebensmittel auch konventionelle Banken verstärkt mit Social-Banking-Angeboten um die Gunst dieser 16 Millionen starken Zielgruppe werben werden. Ähnlich wie in anderen Konsumbereichen der Nachhaltigkeit ist zu erwarten, dass traditionelle Anbieter wie Sparkassen und Volksbanken verstärkt nachhaltige Produkte anbieten werden oder sogar eigene „Nachhaltigkeitsproduktlinien" auflegen werden.

Abbildung 1: Spektrum möglicher Ansätze für Nachhaltigkeit im Bankwesen

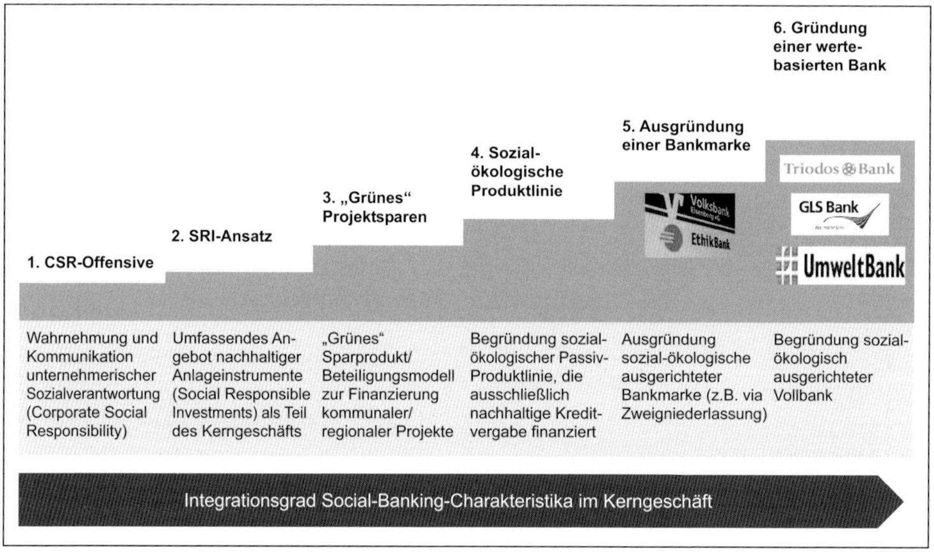

Quelle: Social Banking Study. zeb/rolfes.schierenbeck.associates et al, 2012

Wie auch immer: Die Latte hängt hoch. Doch Konkurrenz belebt das Geschäft. Die Nachhaltigkeitsbanken müssen also weiter hart arbeiten, um die Bekanntheit in Deutschland zu vergrößern und das Thema Nachhaltigkeit bei der Geldanlage stärker in die Gesellschaft zu transportieren. Und Community Buliding ist ein wichtiger Schlüssel dazu. Die Verwendung von Social Media ist deshalb gerade für Nachhaltigkeitsbanken ein wichtiges Kommunikationsinstrument. Sie sorgt – im Idealfall – nicht nur für Information, sondern auch für Transparenz. Und Transparenz schafft Vertrauen.

Das Potenzial für „Nachhaltiges Banking" ist jedenfalls unbestritten. Sowohl die Marktforschung als auch die vergleichbaren Segmente Bio-Lebensmittel und Ökostrom sind ein eindeutiger Nachweis. Bei den aktuellen Wachstumsraten dürften in rund zehn Jahren etwa eine Million Kunden ihre Konten bei Nachhaltigkeitsbanken führen. Es bleibt die Frage, ob diese Entwicklung sich noch stärker beschleunigt.

Corporate Crowdfunding

Dirk Elsner

„Finanzdienstleister der nächsten Generation" bieten Produkt- und Prozessinnovationen, die bisherige Wertschöpfungsketten im Finanzwesen aufbrechen oder deren Leistungsprozesse verändern. Seit einigen Jahren ist eine Welle von Veränderungen im Finanzbereich bzw. in finanzmarktnahen Segmenten zu beobachten, die auf die Technologie des Internets und mobiler Endgeräte setzt. Neben technologischen Änderungen wird von „kulturellen Anpassungen" gesprochen. Unter dem Schlagwort der digitalen Gesellschaft[1] werden derzeit nicht nur viele klassische Unternehmensformen rekonfiguriert, auch das durch Krisen geschüttelte Finanzsystem gerät damit unter Druck, neue Lösungsansätze für die Bedürfnisse ihrer Retail- und Wholesalekunden zu entwickeln.

Zu diesen neuen Leistungen gehören die hier betrachteten Crowdfunding-Dienstleistungen. Darunter wird der auf das Internet gestützte direkte Geldtransfer von nach Anlagen suchenden Überschusseinheiten zu nach Finanzierung suchenden Defiziteinheiten verstanden. Crowdfunding-Plattformen vermitteln diesen direkten Finanzmitteltransfer zwischen großen Gruppen (Crowds) und Einzelsubjekten. In Literatur und Wirtschaftspraxis werden außerdem alternative Begriffe wie Crowdinvesting oder Peer-to-Peer-Finanzierung und weitere Synonyme verwendet.[2]

Beim Crowdfunding handelt es sich um ein noch in der frühen Entwicklung befindendes Angebot. Dieser Beitrag bietet eine Momentaufnahme und zeigt einige Perspektiven des noch sehr jungen Marktes für die Finanzierung von Unternehmen auf.

1 Finanzierung im Kern der Finanzintermediation

Finanzinstitutionen schaffen einen Ausgleich zwischen den Subjekten, die Finanzmittel anlegen (Überschusseinheiten) und denen, die Mittel aufnehmen wollen oder müssen (Defiziteinheiten). Daneben sorgen sie für den Zahlungsmitteltransfer. Die Gesamtheit derartiger Transaktionen einschließlich der sich dabei herausbildenden Usancen und der institutionellen Rahmenbedingungen bezeichnet Michael Bitz als Finanzmarkt. Bitz definiert:[3]

---

[1] Siehe ausführlich dazu Thomas F. Dapp, Die digitale Gesellschaft: Neue Wege zu mehr Transparenz, Beteiligung und Innovation, Studie Deutsche Bank Research 2011.

[2] Für einen ersten Einblick siehe auch Dirk Elsner, Crowdfunding ist nichts für Muppets, Wall Street Journal Deutschland Online v. 07.09.2012, abgerufen unter http://www.wallstreetjournal.de/article/SB10000872396390443686004577636772632217342.html am 07.09.2012 und Jörn Begner, Crowdfunding im Licht des Aufsichtsrechts, Webseite der BaFin, veröffentlicht am 05.09.2012, abgerufen unter http://www.bafin.de/SharedDocs/Veroeffentlichungen/DE/Fachartikel/fa_bj_2012_09_crowdfunding.html.

[3] Michael Bitz, Diskussionsbeitrag Nr. 389 der Fernuni Hagen, 2006: Banken als Einrichtungen zur Risikotransformation.

„In seiner einfachst denkbaren, gewissermaßen ‚archaischen‘ Urform kann dieser Finanzmarkt allein als Geflecht einer Vielzahl von Verträgen gedacht werden, die zwischen den potentiellen Geldnehmern der ersten Gruppe und den potentiellen Geldgebern der zweiten Gruppe jeweils unmittelbar und ganz individuell, ohne allgemein vorgegebene Rahmenregelungen und ohne jegliche Einwirkung Dritter vereinbart werden.“

1.1 Welche Probleme sollen Finanzmärkte lösen?

Nach Bitz könnten aber alle Transaktionen, die heute etwa über Banken angeboten werden, auch direkt in der „archaischen Urform" zwischen Vertragspartnern abgeschlossen werden.

Viele Aktivitäten und institutionelle Arrangements auf den Finanzmärkten sind entstanden, weil bilaterale Verträge Schwierigkeiten machen können. Bitz hat diese Probleme wie folgt zusammengefasst:[4]

1. **Informationsprobleme:** Potenzielle Transaktionspartner (Überschuss- und Defiziteinheit) müssen sich finden. Da Leistung und Gegenleistung zeitlich auseinanderfallen und die Informationen über die Vertragspartner asymmetrisch verteilt sind, wird sich ein Geldgeber ein Bild von der Fähigkeit seines Vertragspartners machen wollen, ob dieser die später zu erbringende Gegenleistung vereinbarungsgemäß erfüllen kann.

2. **Losgrößen- oder Betragsprobleme:** Die jeweiligen Anlage- und Finanzierungsbeträge von Marktpartnern stimmen in der Regel nicht überein. Kontrakte können daher nur zustande kommen, wenn sich zumindest ein Partner anpasst, indem er entweder seine Zahlungspläne ändert oder weitere Marktpartner sucht.

3. **Fristenprobleme:** Daneben können die Vorstellungen über die Dauer des beabsichtigten Finanzkontraktes abweichen. Zu einem Vertragsabschluss kommt es also auch hier nur, wenn zumindest ein Partner von seinen ursprünglichen Fristen abweicht und/oder weitere Marktpartner findet, die den eigenen Fristenvorstellungen entsprechen.

4. **Risikoprobleme:** Finanzkontrakte sind mit zahlreichen Risiken verbunden. Dazu gehört insbesondere der Wille und die Fähigkeit des Geldnehmers, die später zu zahlenden Gegenleistungen vereinbarungsgemäß zurückzuzahlen (Kreditrisiko). Eine Risikoeinschätzung wird erschwert durch die Informationasymmetrie. Der Geldgeber wird eine Vereinbarung abschließen, wenn er bereit ist, solche Risiken zu tragen bzw. sie entsprechend vergütet bekommt. Für den Geldnehmer bedeutet es eine Verteuerung der Geldaufnahme, je höher der Geldgeber das Risiko einschätzt.

---

[4] Michael Bitz, Diskussionsbeitrag Nr. 389 der Fernuni Hagen, 2006: Banken als Einrichtungen zur Risikotransformation, S. 1 f.

1.2 Problemlösungen durch Banken oder Markt

Angebote von Finanzdienstleistern bzw. institutionelle Arrangements sollen die oben genannten Probleme lösen und Transaktionskosten so weit reduzieren, dass Abschlüsse zustande kommen. Finanzmarktteilnehmer, wie Banken, Börsen, Makler, Beteiligungsgesellschaften oder Hedge-Funds bieten für alle vier Problemkategorien Lösungen. Grundsätzlich bedarf es dafür aber nicht zwingend derartiger Finanzinstitutionen. Stets standen und stehen sich bei Finanztransfers bankbasierte und marktbasierte Systeme gegenüber.[5] Crowdfunding stellt einen Versuch dar, die bankbasierte Intermediation auf ein marktbasiertes System des direkten Vertragsabschlusses umzustellen.

Diese vier skizzierten Probleme sind daher geeignete Kriterien, um die Aktivitäten des Crowdfunding-Marktes zu beurteilen. Wenn es den Crowdfunding-Plattformen gelingt, hier über ihre institutionellen Arrangements einen höheren Beitrag unter Kosten-Nutzen-Aspekten anzubieten, dann könnten sich daraus ernsthafte Alternativen zu bisherigen Angeboten entwickeln.

2 Crowdfunding und -investing als neue Formen der Finanzintermediation?

Ist nun Crowdfunding wirklich etwas substanziell Neues oder erleben wir hier lediglich eine Rückkehr zu der von Bitz skizzierten „archaischen Urform" von Finanzverträgen?

2.1 Crowdsourcing als Basisphilosophie des Crowdfundings

Die Begriffsfindung kann zurückgeführt werden auf eine Nomenklatur, die unter dem Schlagwort „digitale Gesellschaft" entstanden ist. Crowdsourcing gehört zu einer relativ jungen Begriffswelt,[6] die in den letzten Jahren für viele auf dem Internet basierende Leistungen entwickelt wurde. Dabei werden die von einem Empfänger (Unternehmen, Privatperson, Organisation etc.) für eine Aktivität (Investitionsvorhaben, Projekt, Wissenssammlung etc.) benötigten Ressourcen (Arbeitskraft, Fachwissen, finanzielle Mittel) von einer Gruppe von Menschen (= Crowd) eingesammelt. Das Prinzip ist zum Beispiel bekannt durch Projekte wie die Internetenzyklopädie Wikipedia, die Entwicklung des

---

[5] Vgl. Andreas Trauten, Zur Effizienz von Wertpapieremissionen, Arbeitsbericht des Kompetenzzentrum Internetökonomie, o. Jg., S. 7.

[6] Zugeschrieben wird die Begriffsprägung Jeff Howe in seinem 2006 in Wired erschienen Artikel „The Rise of Crowdsourcing".

Internetbrowser Firefox oder des Betriebssystems Linux. Stets geht es darum, dass eine Gruppe von Menschen ihre Leistungen oder Ressourcen gegen finanzielle oder nicht finanzielle bzw. soziale Gegenleistungen für einen bestimmten Zweck zur Verfügung stellt.[7]

Tatsächlich steckt hinter dem Begriff mehr als nur das einfache „Einsammeln von Ressourcen" aus einer Gruppe Freiwilliger. Beim Crowdsourcing werden besonders die interaktiven Elemente, wie insbesondere die Beteiligung und auch Netzwerkeffekte betont. Frank Puscher nennt daneben drei Faktoren, die die Erfolgschancen von Crowdsourcing bestimmen:[8]

- „Die Crowd muss überhaupt willens sein, einen Beitrag zu leisten. Man benötigt dazu ein funktionierendes Motivations- und Anreizsystem, also ein faires oder als fair empfundenes Belohnungskonzept, das aber nicht zwangsläufig aus pekuniärer Bezahlung besteht.

- Die Crowd muss technisch, gestalterisch und kognitiv in der Lage sein, die gestellte Aufgabe zu meistern.

- Der Anbieter muss das Vertrauen der Crowd besitzen. Das gilt vor allem, wenn die Ergebnisse für Firmenzwecke weiterverwendet werden."

In der Wirtschafts- und Finanzpraxis hat das Crowdsourcing trotz Ähnlichkeiten mit bisherigen Erscheinungsformen zu der Kreation zahlreicher neuer Dienstleistungen geführt. Jeff Howe unterscheidet dabei grundsätzlich in[9]:

- Wissen der Vielen (Crowd Wisdom)

- Nutzung des schöpferischen Potenzials der Vielen (Crowd Creation)

- Nutzung des Abstimmungsverhaltens der Vielen (Crowd Voting)

- Nutzung des finanziellen Potenzials der Vielen (Crowdfunding)

---

[7] Vgl. Dirk Elsner, Crowdsourcing ist für die Finanzwirtschaft ein alter Hut – eigentlich, Wall Street Journal Online v. 27.06.2012, abgerufen unter http://www.wallstreetjournal.de/article/SB10000872396390443477104577552352933063514.html.

[8] Frank Puscher, Outsourcing an die Community, in: C't, Heft 9/2009, S. 82.

[9] Jeff Howe, Crowdsourcing: Why the Power of the Crowd Is Driving the Future of Business, 2009.

2.2 Grundformen des Crowdfundings

Unter Funding kann man allgemein die Beschaffung von Ressourcen verstehen, wobei dies nicht immer finanzielle Ressourcen sein müssen. Einige Crowdfunding-Definitionen[10] beziehen sich in der Begriffsklärung auf die Finanzierung von Unternehmen in der Gründungsphase oder einzelne Projekte. Solche Definitionen sind zu eng, weil die Prinzipien des Crowdfundings nicht nur auf die Gründungs- und Projektfinanzierung angewendet werden können, sondern ebenfalls auf die Finanzierung bestehender Unternehmen. Der Zusatz Crowd (englische Bezeichnung für Menge, Masse) erklärt die Herkunft von einer größeren Gruppe von Menschen, die diese Mittel gemeinsam für einen bestimmten Zweck bereit stellen.

Crowdfunding wird oft in folgende vier Grundformen unterschieden:[11]

1. Beim **donation-based Crowdfunding** werden zwar Mittel eingesammelt, es werden aber keine Gegenleistungen erwartet. Im Prinzip handelt es sich hier um eine besondere Form des Spendensammelns.

2. Beim **reward-based Crowdfunding** erfolgt keine Gegenleistung in Form von Geld, sondern diejenigen, die Ressourcen bereitgestellt haben, erhalten vom Leistungsempfänger eine Belohnung in bestimmter Form. Das können z.B. bei einem finanzierten Spiel eine Nutzungslizenz des Spiels oder bei der Finanzierung eines Film die Namensnennung im Abspann oder die Einladung zu der Filmpremiere sein.

Während bei den bisher genannten Formen des Crowdfundings finanzielle Gegenleistungen eine untergeordnete Rolle spielen, werden beim equity-based und lending-based Crowdfunding Gegenleistungen in Form finanzieller Zahlungen versprochen und erwartet.

3. Beim **lending-based Funding** wird eine feste Gegenleistung vereinbart, die zu einem bestimmten Zeitpunkt mit entsprechender Verzinsung zurück erstattet werden muss. Hier spricht man auch von Peer-to-Peer-Krediten, die in Deutschland von den Plattformen Smava und und Auxmoney vermittelt werden.[12]

---

[10] Siehe zum Beispiel: Etham Mollick, The Dynamics of Crowdfunding: Determinants of Success and Failure, Working Papier University of Pennsylvania – Wharton School, Juli 2012., S. 4.

[11] Vgl. Carl Esposti, Crowdsouring.org, Crowdfunding Industry Report (abridged version), Crowdfunding.org v. 08.05.2012 abgerufen unter http://www.crowdsourcing.org/document/crowdfunding-industry-report-abridged-version-market-trends-composition-and-crowdfunding-platforms/14277 am 27.09.2012.

[12] Siehe dazu Dirk Elsner, Wenn sich Anleger direkt mit Kreditnehmern paaren, in: Wall Street Journal Deutschland v. 09.08.2012, abgerufen unter http://www.wallstreetjournal.de/article/SB10000872396390443537404577578474011332992.html am 23.09.2012.

4. Beim **equity-based Funding** halten die Investoren nur in den wenigsten Fällen eine Kapitalbeteiligung im gesellschaftsrechtlichen Sinne. Bei dieser Form des Fundings sind die Gegenleistungen abhängig vom Erfolg des finanzierten Unternehmens oder Projektes und damit variabel. Hier sind eher nachrangige bzw. hybride Finanzierungsformen (Mezzanine) zu finden, die im Insolvenzfall hinter den Forderungen der Fremdkapitalgläubiger zurücktreten.

Schon aus diesen Merkmalen lässt sich ableiten, dass Crowdfunding nicht substanziell neu ist, sondern es sich lediglich um neue Ausprägungen bereits bekannter marktbasierter Finanzierungskanäle handelt.

3 Ausgewählte Merkmale der praktischen Gestaltung

Trotz der oben dargestellten grundsätzlichen Kategorisierung der Crowdfunding-Plattformen, differenzieren die verschiedenen Anbieter erheblich die praktischen Details ihrer Angebote. Eine vollständige Übersicht und Diskussion würden den Umfang dieser Arbeit deutlich überschreiten. Daher erfolgt hier die Beschränkung auf ausgewählte Merkmale und Ausprägungen, die sich hauptsächlich auf das equity-based Crowdfunding für Unternehmen beziehen.

3.1 Zielgruppen Finanzierung

Als Zielgruppen für die Finanzierung lassen sich Finanzierungssubjekt und -objekt unterscheiden. Derzeit richten sich viele Crowdfunding-Anbieter an Personen (Subjekte), die Start-ups oder bestimmte Projekte (Objekte) finanzieren wollen. Es zeichnet sich aber bereits ab, dass Crowdfunding auf weitere Finanzierungsbereiche ausgedehnt wird, wie vor allem auf die Wachstumsfinanzierung bereits etablierter Unternehmen.

Die Plattformen treffen eine an eigenen Kriterien festgelegte Vorauswahl der Unternehmen, die sich über ihre Plattform finanzieren können. Grob skizziert orientieren sich diese Kriterien neben betriebswirtschaftlichen Kennzahlen an den Geschäftsaussichten, dem Status des Unternehmens, Erwartungen zur Vermarktbarkeit des Angebots sowie an der Form der Präsentation.

Als Zielgruppen für das equity-based Funding kommen Unternehmen in Frage, deren Finanzierungsbedarf nicht durch staatliche Programme oder sogenannte Family&Friends-Finanzierungen abgedeckt wird und für die alternative Finanzierungsquellen aus Gründen zu hoher Transaktionskosten nicht offenstehen.

3.2 Zielgruppen Anlage

Die kommunikative Ansprache einiger Plattformen suggeriert zwar, dass in erster Linie eine jüngere Zielgruppe angesprochen werden soll. Insbesondere soll „Kleinanlegern" eine wie auch immer gestaltete Form an innovativen und risikoreichen Projekten ermöglicht werden.

Tatsächlich sind aber die Zielgruppen beim Crowdinvesting eingeschränkt. Das hat in Ländern wie den USA rechtliche Gründe. So sollten dort Anleger mit geringem Einkommen bzw. Vermögen vor zu riskanten Anlagen geschützt werden.[13]

Die zur Kategorie „Lending" gehörenden US-Plattformen Lending Club und Prosper platzieren nach eigenen Angaben zwischen 35 und 40 % der Kredite bei institutionellen Investoren und Family Offices, die sich davon ein Investment mit höherer Verzinsung versprechen.[14] Daneben hat Lending Club eigene Fonds aufgelegt, die in unterschiedlichen Risikoklassen Kredite vergeben und dafür sorgen, dass auch die Restbeträge finanziert werden.

Die ökonomischen und rechtlichen Spezifikationen des Crowdfundings lassen es offensichtlich erscheinen, dass diese Anlageform ein bestimmtes Maß an Kenntnissen voraussetzt. Insbesondere beim equity-based Crowdfunding handelt es sich um Risikokapital. Darauf weisen die Plattformen selbst hin.[15]

Lars Klöhn und Lars Hornuf konnten die Nutzerdaten der Plattform „Innovestment" auswerten und fassen die Ergebnisse wie folgt zusammen:[16]

---

[13] Vgl. Philipp Liekefett, Neues Gesetz legalisiert Crowdfunding (Crowdinvestment) in den USA, auf: www.startnext.de vom 28.03.2012, abgerufen am 30.08.2012 unter http://www.startnext.de/Blog/Blog-Detailseite/b/Neues-Gesetz-legalisiert-Crowdfunding-Crowdinvest-344.

[14] Vgl. dazu Peter Renton, Options for Accredited Investors at Lending Club and Prosper, auf www.sociallending.net vom 16.04.2012, aberufen am 30.08.2012 unter http://www.sociallending.net/investing-lending/options-for-accredited-investors-at-lending-club-and-prosper/.

[15] So sagte Thomas Herzog, der Sprecher des deutschen Anbieters Innovestment, in einem Interview: „Wir wollen unerfahrene Anleger abschrecken, weil es eine hochriskante Anlageklasse ist." Corina Visser, Wenn Anleger schwärmen, Tagesspiegel Online v. 23.08.12, abgerufen unter http://www.tagesspiegel.de/wirtschaft/crowdinvesting-das-risiko-des-investors-ist-auf-seine-einlage-beschraenkt-/7041170-2.html am 09.09.2012.

[16] Vgl. Lars Klöhn und Lars Hornuf, Crowdinvesting in Deutschland, in Zeitschrift für Bankrecht und Bankwirtschaft, S. 237 ff.

„Die bei Innovestment registrierten Nutzer sind zu 93,7 % männlich und durchschnittlich 39 Jahre alt. Der älteste registrierte Nutzer ist 72 Jahre alt; der jüngste 18 Jahre. Fast die Hälfte der Personen ist beruflich selbstständig und in den Branchen Informationstechnologie, Beratungs- oder Finanzdienstleistungen tätig. Die Mehrheit der Nutzer hat Erfahrungen am Kapitalmarkt gesammelt. 82 % waren bereits in Aktien engagiert, zwei Drittel geben an, sich mit Fonds oder Zertifikaten auszukennen, und über die Hälfte konnte Wissen im Immobilienbereich vorweisen."

3.3   Spezifikation der Finanzierungsform

Zwar wird umgangssprachlich Crowdfunding oft selbst als Finanzierungsform bezeichnet. Juristisch ist dies jedoch nicht korrekt. Rechtlich abzustellen ist nämlich auf die Vereinbarung zwischen den Geldgebern und den Geldnehmern. Hier reduzieren die Crowdfunding-Plattformen zwar die Transaktionskosten durch die Vorgabe eines Standardvertrags. Diese Verträge orientieren sich dabei aber an bekannten Finanzierungsformen, die vom Darlehensvertrag mit fest vereinbarten Zins- und Tilgungsterminen (lending-based) über stille Beteiligungen (Seedmatch), atypische stille Beteiligung (Innovestment) oder Genussrechte (Mashup Finance) bis hin zu Aktien (Bergfürst) gehen können (equity-based).

GmbH-Beteiligungen spielen wegen der hohen formalen Hürden für die Übertragung keine Rolle. Es sind aber auch Formen der indirekten Beteiligungen zu finden. So bündelt die deutsche Plattform Companisto die Beteiligungen in einem Pool und schließt für die Investoren einen Vertrag mit dem zu finanzierenden Unternehmen ab.

Das Kapital wird unbesichert zur Verfügung gestellt.[17] Im Falle eines Ausfalls sind dabei in den lending-based Modellen die Kapitalgeber den übrigen unbesicherten Gläubigern gleichgestellt. Im Fall der equity-based Modelle erhalten die Kapitalgeber erst dann Ansprüche, wenn die Gläubiger bezahlt wurden. Im Insolvenzfall droht damit ein Totalausfall.

Knifflig ist bei den equity-based Modellen außerdem die Frage der Anteilsfestlegung und des Verwässerungsschutzes (Anti-Dilution). Gerade bei Gewinnbeteiligungen ist die Frage wichtig, welchen Anteil am Gewinn sie erhalten und wie sich dieser Anteil verändert, wenn später weiteren Kapitalgebern ebenfalls ein Anteil am Gewinn versprochen

---

[17]   Die Kreditbörse Smava bietet allerdings den Kapitalgebern eine hier nicht betrachtete „gemeinschaftliche Absicherung" des Kapitaleinsatzes. Siehe für Details Smava, Gemeinschaftliche Absicherung des Kapitaleinsatzes, abgerufen unter https://www.smava.de/1101+Gemeinschaftliche-Absicherung-des-Kapitaleinsatzes.html am 23.09.2012.

werden soll. Dabei geht es auch um grundsätzliche methodische Fragen der Unternehmensbewertung, die in Abhängigkeit getroffener Annahmen und Bewertungsparameter bekanntlich viel Spielraum lassen.

Bei den equity-based Modellen sind Verfahren zu finden, bei denen

- ein bestimmter Zeichnungsbetrag einem bestimmten vorher festgesetzten Anteil am Gewinn entspricht (*Beispiel: Seedmatch*);

- ein Zeichnungsbetrag zwar auf einen bestimmten Anteil bezogen ist, dieser Anteil sich aber im Lauf des Verkaufsverfahren verändern kann (*Beispiel: das Auktionsverfahren bei Innovestment*);

- eine Genussscheinvariante gewählt wird, bei der eine bestimmte Mindestverzinsung plus Erfolgsprämie gewählt wird (*Gründerplus*);

- ein fester Zins oder variabler Zins ohne Abhängigkeit vom Gewinn gewählt wird.

3.4 Betragsgrenzen und Mindestzeichnung

Von der Anlageseite her gestalten die Plattformen ihre Angebote ebenfalls sehr unterschiedlich. Ein einheitlicher Trend ist hier noch nicht zu erkennen. Bei einigen Plattformen ist kein Mindestbetrag erforderlich (Companisto), andere fordern wiederum eine Mindestzeichnung von 1.000 EUR (Innovestment). Mit einem höheren Zeichnungsbetrag fördern die Plattformen den Anreiz für potenzielle Investoren, sich intensiver mit den Angeboten zu befassen. In den USA begrenzt der in diesem Jahr verabschiedete JOBS-Act[18] die Investitionsgrenzen der Anleger in Abhängigkeit vom Jahreseinkommen und des Vermögens des Anlegers.[19]

Die meisten in Deutschland aktiven Plattformen im equity-based Crowdfunding beschränken die Finanzierungshöhe derzeit auf 100.000 EUR. Über die in der Schweiz operierenden Plattformen investiere.ch oder c-crowd können deutlich höhere Summen finanziert werden.

---

[18] Die Bezeichnung steht für Jumpstart Our Business Startups Act. Das Gesetz trat am 05.04.2012 in Kraft, bedarf aber noch der Umsetzung durch die U.S. Securities and Exchange Commission.

[19] Vgl. Lars Klöhn/Lars Hornuf, Crowdinvesting in Deutschland, in: Zeitschrift für Bankrecht und Bankwirtschaft, S. 253 f.

In Deutschland hat die Beschränkung vor allem regulatorische Gründe. Sofern das Funding in Deutschland unter den Geltungsbereich des Vermögensanlagengesetz (VermAnlG)[20] sowie der Vermögensanlagen-Verkaufsprospektverordnung (VermVerkProspV)[21] fällt, sind für bestimmte öffentlich ausgeschriebene Anlageformen erhöhte Anforderungen zu beachten. Die Kosten für die Erstellung eines Verkaufsprospektes, das die Anforderungen der VermVerkProspV erfüllt, sowie der entsprechende formale Prozess (z.B. Billigung des Prospektes durch die Finanzaufsicht) erhöhen die Kosten beträchtlich und verzögern darüber hinaus den Prozess um 20 bis 60 Tage.

Zu erwarten ist, dass diese Grenzen aber in naher Zukunft ausgeweitet werden. Seedmatch hat bereits auf seiner Webseite angekündigt, künftig Finanzierungen bis 500.000 EUR anzubieten.[22] Soll das Corporate Crowdfunding sich zu einer ernsthaften Alternative für die Unternehmensfinanzierung entwickeln, führt ohnehin kein Weg daran vorbei, die Grenzen deutlich auszuweiten und dazu finanzaufsichtsrechtliche Anforderungen[23] zu erfüllen. Bei entsprechend größeren Finanzierungsbeträgen würden die durch Erfüllung dieser Anforderungen entstehenden zusätzlichen Kosten auf einen entsprechend größeren Finanzierungsbetrag verteilt werden.

---

[20] Gesetz über Vermögensanlagen (Vermögensanlagengesetz – VermAnlG), Artikel 1 G. v. 06.12.2011 BGBl. I S. 2481 (Nr. 63); Geltung ab 01.06.2012.

[21] VermVerkProspV = Verordnung über Vermögensanlagen-Verkaufsprospekte, V. v. 16.12.2004 BGBl. I S. 3464; zuletzt geändert durch Artikel 15 G. v. 06.12.2011 BGBl. I S. 2481. Siehe zur Anwendung des Bankenaufsichtsrechts in Deutschland auf das Crowdfunding auch Jörn Begner, Crowdfunding im Licht des Aufsichtsrechts, Webseite der BaFin, veröffentlicht am 05.09.2012, abgerufen unter http://www.bafin.de/SharedDocs/Veroeffentlichungen/DE/Fachartikel/fa_bj_2012_09_crowdfunding.html.

[22] Vgl. Webseite Seedmatch, Finden Sie Investoren und Unterstützer online, abgerufen unter https://www.seedmatch.de/ueber-uns/fuer-startups am 27.09.2012.

[23] Hier sollte der deutsche Gesetzgeber aber analog des US-JOBS-Act dringend über Erleichterungen nachdenken. So könnte die Betragsschwelle angehoben werden und die Informationsanforderungen abgestuft eingefordert werden. Nicht einzusehen ist außerdem, warum die BaFin einen Prospekt genehmigen soll. Neben der Verzögerung führt dies zu dem falschen Eindruck, es handele sich hier um ein inhaltliches Qualitätsmerkmal. Die BaFin weist selbst darauf hin, dass sie die inhaltliche Richtigkeit der im Prospekt gemachten Angaben nicht prüft. Vgl. BaFin, Hinterlegte Vermögensanlagen-Verkaufsprospekte, abgerufen unter http://www.bafin.de/DE/DatenDokumente/Datenbanken/Prospektdatenbanken/Vermoegensanlagen/vermoegensanlagen_node.html am 27.09.2012.

3.5   Form der Informationspräsentation

Eine ganz entscheidende Frage beim Crowdfunding ist die Frage der Präsentation der Emittenten bzw. deren Unternehmensdaten. Die Funding-Plattformen übernehmen im Prinzip die Funktionen eines Informationsmarktplatzes, auf denen Kapitalgeber und Kapitalnehmer zusammen geführt werden. Dazu machen sie bestimmte Vorgaben für die zu liefernden Informationen. Für die Bereitstellung der Informationen auch unter dem Aspekt der Einhaltung aufsichtsrechtlicher Anforderungen bleiben allerdings die Unternehmen selbst verantwortlich.

Da die aufsichtsrechtlichen Vorgaben bei den meisten Plattformen derzeit nicht greifen (siehe Kap. 3.4), gibt es keine einheitlichen Vorgaben, welche Informationen Unternehmen auf den Plattformen präsentieren. Erwartungsgemäß konzentrieren alle Unternehmen den Schwerpunkt ihrer Präsentation auf die Chancen ihrer Geschäftsmodelle. Die Risiken werden meist nur am Rande, in einem Disclaimer oder in den Vertragsunterlagen genannt. Planungstabellen präsentieren oft nur den Idealfall und sind zum Teil ausgesprochen oberflächlich gehalten.[24] Selten findet man eine Worst-Case-Betrachtung und gar nicht etwa eine Szenarioanalyse mit entsprechenden Maßnahmen im Falle negativer Abweichungen. Ein an das Vermögensanlagengesetz orientierter Verkaufsprospekt erfordert eine deutlich umfangreichere und mehr an den Risiken orientierte Informationsbereitstellung[25] als die bisherigen Präsentationen.

Die Plattformen versuchen hier einen Spagat zwischen dem glaubhaften Abbau von Informationsasymmetrien zwischen Kapitalsuchenden und Investoren.[26] Den Interessen der Investoren nach möglichst hochwertigen und aussagefähigen Daten zum Unternehmen steht dabei das Interesse nach dem Schutz des Unternehmens entgegen vor der Preisgabe

---

[24]   Für oberflächlich ist zum Beispiel eine Finanzplanung zu halten, die aus drei Zeilen besteht: Einnahmen, Ausgaben, EBIT. Hier werden ganz wesentliche Informationen für die Investoren weggelassen.

[25]   Die Bundesanstalt für Finanzdienstleistungsaufsicht (BaFin) hat diese Anforderungen in einem Muster für eine „Überkreuz-Checkliste für Vermögensanlagen-Verkaufsprospekte" zusammengestellt. Die BaFin prüft für eine Genehmigung der Prospekte übrigens nur die Vollständigkeit, Kohärenz und Verständlichkeit der vorgelegten Informationen und bewertet nicht die inhaltliche Qualität. Vgl. Bafin.de, Prospekte für Vermögensanlagen, http://www.bafin.de/ DE/Aufsicht/Prospekte/ProspekteVermoegensanlagen/ prospektevermoegensanlagen_node.html, abgerufen am 04.09.2012.

[26]   Vgl. dazu ausführlich Michael Bitz, Theoretische Grundlagen der Gründungsfinanzierung, Diskussionsbeitrag Nr. 331, Lehrstuhls für Betriebswirtschaftslehre, insbes. Bank- und Finanzwirtschaft am Fachbereich Wirtschaftswissenschaft der FernUniversität Hagen, insbesondere S. 10 ff.

von zu viel Informationen, die möglicherweise Wettbewerber nutzen können. Daneben verursacht Informationstransparenz Kosten und könnte Risiken offenlegen, die Investoren abschrecken.

Eine Möglichkeit zur Financial oder Legal Due Diligence, wie bei größeren Beteiligungsfinanzierungen üblich, wird den Investoren nicht eingeräumt. Die Schweizer Plattform Investiere.ch versucht das Informationsproblem durch eine hybride Form zu lösen. Hier investieren professionelle Risikokapitalgeber gemeinsam mit der Crowd. Den professionellen Kapitalgebern wird dabei ein tieferer Einblick in die Unternehmensdaten gestattet.

Daneben setzen einige Plattformen auf das Prinzip der „Weisheit der Vielen", häufig auch als Schwarmintelligenz bezeichnet.[27] Das dahinter stehende Konzept basiert auf der Idee der kollektiven Intelligenz und dem Prinzip des oben skizzierten Crowdsourcings. Beim Crowdfunding werden also nicht nur die finanziellen Ressourcen, sondern auch das Wissen vieler Personen eingesammelt. Dazu ist es aber erforderlich, dass sich Interessenten auf den Plattformen untereinander und/oder mit den Unternehmen austauschen können.

Der Anbieter United Equity strukturiert die Meinung der registrierten User über ein Crowdrating. Erst wenn ein Unternehmen nach bestimmten Kriterien eine bestimmte Anzahl positiver Bewertungen erhält, wird es zum Investment freigegeben.[28] Auch die Plattform Bergfürst plant einen Austausch von Informationen und deren Bewertung durch die Community.

Wenn sich Crowdfunding für Corporates auch in Größenordnungen deutlich jenseits der 100.000 EUR-Schwelle etablieren soll, dann wird sich die Form der Informationspräsentation noch deutlich professionalisieren und risikoorientierter werden müssen. Schon jetzt liest man in Foren, dass die erwarteten Geschäftsaussichten oft als viel zu positiv angegeben wurden. Die US-Plattform Kickstarter hat aufgrund negativer Erfahrungen im September 2012 ihre Anforderungen an die Projektpräsentationen erweitert und erwartet mittlerweile Informationen zu den Risiken und besonderen Herausforderungen der zu finanzierenden Projekte.[29]

---

[27] Ausführlich eingeführt wird das Konzept in: James Surowiecki, Die Weisheit der Vielen, 2005.

[28] Eine kurze Darstellung des Prozesses findet man im Blog der Volksbank Bühl, Crowd-Rating – Die Crowd als Ratingagentur, abgerufen unter http://blog.volksbank-buehl.de/2012/09/21/crowd-rating-die-crowd-als-ratingagentur/ am 23.09.2012.

[29] Vgl. Gerry Smith, Kickstarter Reminds Worried Backers: We Are 'Not A Store', Huffington Post v. 21.09.2012, abgerufen unter http://www.huffingtonpost.com/2012/09/21/kickstarter-guidelines-backers-blog_n_1904050.html am 23.09.2012.

3.6 Fundingprozess und Erbringung der Einlagen

Die Crowdinvesting-Plattformen betreiben einen virtuellen Marktplatz für Finanzierungs-geschäfte, auf dem am Ende Kapitalgeber und Kapitalnehmer direkt eine Vereinbarung schließen. Eine Vereinbarung gilt aber erst dann als rechtswirksam abgeschlossen, wenn eine so genannte Fundingschwelle erreicht wird (aufschiebende Bedingung), also der mindestens benötigte Kapitalbetrag durch das Gebotsverfahren erreicht wird.

Diese Gebotsverfahren haben die Plattformen unterschiedlich ausgestaltet. Die Möglich-keit zur Beteiligung an einem Unternehmen wird vorher angekündigt und es werden ent-sprechende Informationen bereit gestellt. Zu einem bestimmten Zeitpunkt kann die „Zeichnung" der Anteile beginnen. Erforderlich ist dazu eine Registrierung der interes-sierten Anleger. In einer Eingabemaske wird der Investitionsbetrag eingetragen. Meist ist eine rechtliche Freigabe notwendig, mit der die Kenntnisnahme der Risiken bzw. das Einverständnis der Vertragsbedingungen erfolgt.

Seedmatch hat das Verfahren nach dem **First-come-first-serve-Prinzip** organisiert. Das bedeutet, das Angebot wird geschlossen, wenn der maximale Finanzierungsbetrag (= Fundinglimit) erreicht ist.

Innovestment teilt die Anteile nach einem **Auktionsprinzip** zu. Dazu werden Gebote ab einem Mindestbetrag von 1.000 EUR pro Anteilsschein (hier in Form einer atypischen stillen Beteiligung) ausgegeben. Bieter können einen höheren Betrag pro Anteilsschein nennen. Dieser höhere Betrag wird dann als Grundlage für die Rangfolge der Zuteilung verwendet. Der Preis pro Anteil wird für alle Investoren auf den Preis festgelegt, den der letzte zuteilungsberechtigte Anleger mit dem niedrigsten Preis geboten hat.[30]

Nach Abschluss des Vertrages erhalten die Investoren eine Aufforderung zur Zahlung des Betrages oder der Gegenwert wird über ein Zahlungssystem eingezogen. Auch hier gibt es unterschiedliche Modelle. So wird bei Seedmatch der Geldbetrag an einen Treuhänder geleistet, der das Geld dann (abzgl. einer Provision) an das Finanzierung suchende Unter-nehmen weiterleitet. Bei Innovestment zahlt man direkt an das Unternehmen. Die Platt-formen vermeiden durch solche Konstruktionen, die Gelder der Anleger selbst entgegen zu nehmen und entgehen so einer Genehmigung nach dem Zahlungsdiensteaufsichts-gesetz (ZAG).[31]

---

[30] Ausführlich und mit Beispielen wird das Prinzip auf der Webseite Die Innovestment-Auktion erläutert: http://www.innovestment.de/investors/auction.html.

[31] Vgl. auch Jörn Begner, Crowdfunding im Licht des Aufsichtsrechts, Webseite der BaFin, veröffentlicht am 05.09.2012, abgerufen unter http://www.bafin.de/SharedDocs/Veroeffent-lichungen/DE/Fachartikel/fa_bj_2012_09_crowdfunding.html am 23.09.2012.

Juristisch handelt es sich übrigens bei dem Vorgang auch nicht um Emissionsgeschäfte im Sinne des Wertpapierhandelsgesetzes[32] und ebenfalls nicht um Platzierungsgeschäfte i.S.d. WpHG und KWG.[33]

3.7 Post-Transaction-Services

Mit den von den Plattformen vorgegebenen standardisierten Finanzierungsverträgen zwischen Unternehmen und Anlegern werden in der Regel bestimmte Informationsrechte und -pflichten vorgegeben. So wird regelmäßig erwartet, dass die Unternehmen wichtige Geschäftsdaten und Berichte zur aktuellen Geschäftsentwicklung an die Investoren geben.

Insbesondere unter dem Aspekt der Transaktionskosten für die Unternehmen ist interessant, dass die Plattformen hier unterschiedliche Lösungsmodelle anbieten. Während einige Anbieter die direkte Information der Investoren vorsehen, bieten andere auf der Plattform selbst eine Art Investor-Relations-Kanal, auf dem die Informationen bereitgestellt und von den Investoren kommentiert werden können.

Denkbar wäre darüber hinaus eine Art Sekundärhandel für die Investoren zum Verkauf bzw. Kauf von Beteiligungen nach der Beendigung des Fundings. Einen solchen Beteiligungshandel hat die Plattform Bergfürst auf ihrer Webseite angekündigt.[34]

---

[32] Dazu erläutern Klöhn und Hornuf: „Das Gesetz versteht unter dem Emissionsgeschäft jedoch nur die Übernahme von Finanzinstrumenten für eigenes Risiko zur Platzierung oder die Übernahme gleichwertiger Garantien (§§ 2 Abs. 3 Satz 1 Nr. 5 WpHG, 1 Abs. 1 Satz 2 Nr. 10 KWG). Da Crowdinvesting-Portale die Anlagen nicht auf eigenes Risiko übernehmen, d.h. sich nicht zur Abnahme der zu platzierenden Finanzinstrumente und zur Zahlung des Übernahmepreises verpflichten, betreiben sie kein Emissionsgeschäft i.S.d. WpHG und KWG." Lars Klöhn/Lars Hornuf, Crowdinvesting in Deutschland, in: Zeitschrift für Bankrecht und Bankwirtschaft, S. 249.

[33] Der Grund liegt darin, dass die Plattformen keine eigene auf den Erwerb oder die Veräußerung von Finanzinstrumenten gerichtete Willenserklärung abgeben. Auch weitere Merkmale für Finanz- und Wertpapierdienstleistungsunternehmen sehen die Autoren nach dem derzeitigen Stand der Rechtslage nicht als erfüllt an. Lars Klöhn/Lars Hornuf, Crowdinvesting in Deutschland, in: Zeitschrift für Bankrecht und Bankwirtschaft, S. 249 ff.

[34] Vgl. Bergfürst Webseite, Investieren – Zugang zur Anlageklasse „Wagniskapital", abgerufen unter https://de.bergfuerst.com/investieren am 11.09.2012.

4 Aktuelle Bedeutung

Crowdfunding ist noch ein sehr junger Kanal für die Unternehmensfinanzierung und konzentriert sich derzeit vor allem auf Start-ups. Umfassende Datensammlungen, die eine zuverlässige Beurteilung des Gesamtsektors unter Berücksichtigung der verschiedenen Fundingformen zulassen, existieren für den deutschen Markt nicht.

In Deutschland sind im September 2012 mindestens 15 equity-based und zwei lending-based Plattformen im Crowdfunding aktiv oder bereiten den Start ihrer Aktivitäten vor. Das erste finanzierte Projekt im Eigenkapital- und Start-up-Segment kann die in Dresden ansässige Plattform Seedmatch im Oktober 2011 für sich beanspruchen. Als erstes junges Unternehmen in Deutschland hat es dabei der Online-Shop Cosmopol geschafft, sich per Crowdfunding zu finanzieren.

Trotz einer großen Zahl gestartete Plattformen und vieler Publikationen spielt Crowdfunding als wirkliche Alternative der Außenfinanzierung von Unternehmen bisher keine Rolle. Klöhn und Hornuf schätzten des Marktvolumen in Deutschland im Sommer diesen Jahres auf 2 Mio. EUR.[35] Berücksichtigt man die Volumina der Marktführer mit 2 Mio. EUR von Seedmatch und ca. 1 Mio. EUR bei Innovestment[36], dann liegt das Gesamtvolumen der euqity-based Plattformen im September 2012 etwa zwischen 3,5 und 4,0 Mio. EUR. Rechnet man die lending-based Plattformen Smava und Auxmoney dazu, addieren sich gut weitere 100 Mio. EUR[37] dazu, wobei in dieser Zahl auch Finanzierungen an Privatpersonen enthalten sind.

Zum Vergleich: Die Bundesbank beziffert die Nettomittelaufnahme von Unternehmen (ohne Banken) 2010 auf 128 Mrd. EUR.[38] Angesichts dieser Größenordnung verschwindet das Volumen des equity-based Crowdfunding. Daraus lässt sich freilich nicht ableiten, dass es in Zukunft keine Rolle spielen wird. Ein Blick in die USA mag ein Indiz für das mögliche Potenzial sein.

---

[35] Lars Klöhn/Lars Hornuf, Crowdinvesting in Deutschland, in: Zeitschrift für Bankrecht und Bankwirtschaft, S. 246.

[36] Stand September 2012.

[37] Smava: 69.010.250 Euro per 10.09.2012, abgerufen unter http://www.smava.de/1732+ Statistiken.html; auxmoney 33.483.850 Euro per 10.09.2012, abgerufen unter http://www.auxmoney.com/statistiken/overview.php.

[38] Vgl. Beitrag im Monatsbericht der Bundesbank, Januar 2012 zur langfristigen Entwicklung der Unternehmensfinanzierung in Deutschland, S 19.

Die beiden größten US-Plattformen Lending Club und Prosper zusammen haben im Mai 2012 die Milliardengrenze bei den Ausleihungen überschritten, bei übrigens sehr hohen Wachstumszahlen.[39] Die 2008 gegründete und seit 2009 aktive Plattform Kickstarter.com sammelte in drei Jahren ca. 370 Mio. USD für verschiedene Projekte ein.[40]

5 Ausblick für Unternehmensfinanzierung

Aus den oben genannten Daten lassen sich keine Schlussfolgerungen für die künftige Bedeutung von Crowdfunding auf die Unternehmensfinanzierung ableiten. Hinweisen kann man aber darauf, dass in Deutschland in den vergangenen Jahren alternative Finanzierungsformen signifikant an Bedeutung gewonnen haben. Das stellte die Bundesbank fest.[41] Der Anteil der Kreditfinanzierung über Banken betrug 1991 noch 32% (bei Gesamtverbindlichkeiten von 2.042 Mrd. EUR) und ging auf 18% (gesamt 4.718 Mrd. EUR) zurück. Deutlich gewachsen sind im gleichen Zeitraum die Finanzierungen über andere Gläubiger. Der Trend weg von der Bankenfinanzierung hin zu alternativen Finanzierungsformen dürfte sich angesichts verschärfter regulatorischer Rahmenbedingungen fortsetzen.

Ob sich Crowdfunding vor diesem Hintergrund zu einer ernst zu nehmenden Alternative für die Unternehmensfinanzierung entwickeln kann, lässt sich noch nicht einschätzen. Crowdfunding bietet aber ausreichend Potenzial für bestimmte Problemlösungen der Finanzierung. Finanzierungen scheitern trotz positiver erwarteter Kapitalwerte oft aus zwei Gründen:

1. asymmetrische Informationen zwischen Unternehmen und Kapitalgeber

2. zu hohe Finanzierungskosten

Die Folgen der asymmetrischen Informationsverteilung zwischen Unternehmen und Kapitalgeber untersucht die Finanzierungstheorie bekanntlich unter den Gesichtspunkten der Unsicherheit vor Vertragsabschluss (adverse selection) und der Verhaltensunsicherheit

---

[39] Daten und umfangreiche Statistiken sind auf den Webseiten der Anbieter abrufbar www.prosper.com und https://www.lendingclub.com/.

[40] Stand Ende September 2012. Aktuelle Daten können abgerufen werden unter http://www.kickstarter.com/help/stats.

[41] Vgl. Beitrag im Monatsbericht der Bundesbank, Januar 2012 zur langfristigen Entwicklung der Unternehmensfinanzierung in Deutschland.

nach Vertragsabschluss (moral hazard).[42] Finanzierungen scheitern oft, weil Kapitalgeber diese Risiken als zu hoch einschätzen und nicht ausreichend Informationen zur Verfügung stehen bzw. der Aufwand für eine Prüfung hohe Kosten verursacht.

Um „adverse selection" und das Risiko des „moral hazards" zu überwinden, hat die Neue Institutionenökonomik verschiedene Maßnahmen entwickelt:[43] Signaling, Screening, Monitoring und Reputation. Unternehmen, die über gute Qualitäten verfügen, sollten Anreize haben, diese Qualität dem Markt zu signalisieren. Ihr Ziel muss es also sein, die Informationsasymmetrie abzubauen. Dies kostet allerdings Geld und erhöht somit die Finanzierungskosten. Crowdfunding-Plattformen könnten hier helfen, die Transaktionskosten und insbesondere die Informationskosten zu senken durch:

- Reduktion der Such-, Koordinations- und Abschlusskosten für die Unternehmen und Investoren

- Standardisierung der Informationsbereitstellung und -prüfung

- Nutzung des Konzeptes der „Weisheit der Vielen", um Informationsnachteile einzelner Investoren abzubauen

- Nutzung von Reputationsmechanismen, um weniger erfahrenen Investoren Qualität zu signalisieren

Dem Beteiligungskapitalmarkt mangelte es in der Vergangenheit an ausreichenden alternativen Möglichkeiten zur Verbesserung der Eigenkapitalquote. Die KfW stellte bereits 2003 in einer Studie fest, dass die etablierten Zugangswege zu Eigenkapital für „ganz normale" Mittelständler aus verschiedenen Gründen kein adäquates Angebot darstellen. Eine Angebotslücke sah die Studie vor allem im Bereich von Beteiligungssummen zwischen 1 Mio. EUR und 5 Mio. EUR.[44] An dieser Feststellung hat sich bis heute nichts geändert, denn für Beteiligungsgesellschaften sind Investments unter 5 Mio. EUR oft nicht attraktiv, weil der Prüf- und Abwicklungsaufwand zu hoch ist.

---

[42] Vgl. dazu ausführlich Michael Bitz, Theoretische Grundlagen der Gründungsfinanzierung, Diskussionsbeitrag Nr. 331, Lehrstuhls für Betriebswirtschaftslehre, insbes. Bank- und Finanzwirtschaft am Fachbereich Wirtschaftswissenschaft der FernUniversität Hagen.

[43] Vgl. Bernd Rudolph, Unternehmensfinanzierung und Kapitalmarkt, 2006, S. 141 ff.

[44] KfW, Eigenkapital für den „breiten" Mittelstand, Abschlussbericht der AG „Eigenkapital für den ,breiten' Mittelstand" unter Leitung der KfW, Frankfurt a.M., 2003, S. 17.

Mit Inkraftsetzung des Regelwerks Basel III in 2013 wird allgemein erwartet, dass Banken von ihren Kreditkunden mehr Eigenkapital bzw. höhere Sicherheiten für Kredite verlangen werden.[45] Der Bedarf nach Eigenkapital für den „breiten Mittelstand" wird also weiter zunehmen. Eine Stärkung des Eigenkapitals über Crowdfunding könnte daher ein interessanter Weg der Mittelbeschaffung werden.

Damit sich Crowdfunding hier aber zu einer alternativen Finanzierungsform entwickelt, sind mehrere Faktoren notwendig:

1. Ausweitung des Angebots auf bestehende Unternehmen

2. Erhöhung der Finanzierungsvolumina auf Beträge deutlich über 100.000 EUR

3. Anpassung der Plattformen an regulatorische Erfordernisse bei gleichzeitiger Erleichterung der regulatorischen Anforderungen

4. Professionalisierung und Standardisierung der Informationsprozesse hin zu einer risikoorientierteren Präsentation der Unternehmen

Crowdinvesting hat unter diesen Voraussetzungen das Potenzial, sich zu einem institutionellen Arrangement zu entwickeln, das die Unternehmensfinanzierung in bestimmten Segmenten kostengünstiger als traditionelle Finanzierungskanäle über Banken oder Beteiligungsgesellschaften anbieten kann.[46] In der Professionalisierung und Standardisierung der Informationsbereitstellung besteht allerdings noch erheblicher Nachholbedarf. Hier ist es die Aufgabe der Plattformen, Qualität einzufordern. Qualität heißt dabei nicht, dass Investments ohne Risiko sein müssen. Qualität heißt, dass die Risiken möglichst klar durch die Investoren erkannt werden können.[47]

Aus Sicht der Finanzierung suchenden Unternehmen wäre es vorteilhaft, wenn Banken, sofern sie sich auf den Mittelstand konzentrieren, hier mit Crowdfunding-Plattformen kooperieren würden. Banken verfügen über umfangreiche Informationen und eigene Risikoeinschätzungen zu den von ihnen finanzierten Unternehmen. Oft sind sie zu einer

---

[45] Vgl. T. Berg u. M. Uzik, Auswirkungsstudie Basel III – Die Folgen für den Mittelstand, Berlin, Wuppertal 2011.

[46] Vgl. auch Lars Klöhn und Lars Hornuf, Crowdinvesting in Deutschland, in Zeitschrift für Bankrecht und Bankwirtschaft, S. 259.

[47] Vgl. dazu auch, Dirk Elsner, Crowdfunding ist nichts für Muppets, Wall Street Journal Deutschland Online v. 07.09.2012, abgerufen unter http://www.wallstreetjournal.de/article/ SB10000872396390443686004577636772632217342.html am 07.09.2012 und Jörn Begner, Crowdfunding im Licht des Aufsichtsrechts, Webseite der BaFin, veröffentlicht am 05.09.2012, abgerufen unterhttp://www.bafin.de/SharedDocs/Veroeffentlichungen/DE/ Fachartikel/fa_bj_2012_09_crowdfunding.html.

Krediterhöhung bereit, wenn parallel die Eigenkapitalquote der zu finanzierenden Unternehmen wächst. Genau an dieser Stelle lassen Banken aber oft ihre mittelständischen Kunden allein.

Wenn Unternehmen für das traditionelle Kapitalmarktgeschäft der Banken zu geringe Größen aufweisen, müssen sich die Unternehmen selbst um die Beschaffung eigener Mittel kümmern. Die Transaktionskosten könnten aber erheblich reduziert werden, wenn Unternehmen durch ihre Hausbank unterstützt mit Hilfe von Crowdfunding-Plattformen und vor allem standardisiert Eigenkapital einwerben könnten. Ob Banken dazu bereit sind oder sie eher die Aufweichung etablierter Geschäftsprozesse und die Risiken fürchten, muss sich erst noch zeigen. Richtig umgesetzt, können freilich alle Beteiligten von einer solchen Konstellation profitieren und zumindest einen Teil der erwarteten Eigenkapital- und Finanzierungslücke schließen.

Crowdfunding als genossenschaftliches Prinzip

Boris Janek

1 Einleitung

Die Finanzbranche verändert sich. Aber sie entwickelt sich scheinbar nicht aus eigenem Antrieb. Die Finanzkrise, Technologie und auch das Kundenverhalten sind Treiber dieser Veränderungen, welche auch die Banken zur Weiterentwicklung zwingen. Immer mehr alte und neue Unternehmen schaffen Lösungen, welche den klassischen Angeboten der Banken neue gegenüberstellen, die in der Regel einfacher, verständlicher, leichter nutzbar oder einfach nur attraktiver sind und die deshalb von immer mehr Kunden gerne in Anspruch genommen werden.

Technologie-Anbieter, die herausragende Kunden- oder Nutzererlebnisse produzieren, wie zum Beispiel Apple, Google oder auch Facebook, gewinnen jenes Vertrauen, das Banken im Zuge der Finanzkrise verloren haben. Kein Wunder, dass Banken die neuen Angebote und Konkurrenten mit Argwohn betrachten. Dabei bieten neue kundenfreundliche Technologien auch Chancen für die klassischen Anbieter, dafür müssen diese nur bereit zur Veränderung und Erneuerung sein. Unternehmensstrategie und Vision müssen in das Internetzeitalter übertragen und an die neuen Regeln angepasst werden.

Die genossenschaftliche Bankengruppe würde dann beispielsweise feststellen, dass Crowdfunding und Crowdinvesting eigentlich eine Chance zur Modernisierung der sozialen Innovation „Genossenschaft" wären. Im folgenden Artikel wird dies erläutert und der Versuch unternommen, Ansätze eines genossenschaftlichen Crowdfundings zu entwickeln.

2 Die genossenschaftliche Idee

Hermann Schultze-Delitzsch und Friedrich Wilhelm Raiffeisen gelten weithin als die Wegbereiter der genossenschaftlichen Idee. Sie entwickelten diese Idee jedoch unabhängig voneinander und an verschiedenen Orten. Allerdings lebten sie in derselben Zeit, und die damals vorherrschenden gesellschaftlichen und wirtschaftlichen Bedingungen waren der entstehenden Bewegung förderlich, wenn sie nicht sogar der Grund für den noch heute andauernden Erfolg sind.

Die genossenschaftliche Bewegung entstand im ländlichen und kleinstädtischen Raum und war eine Reaktion auf zunehmend verarmende Mittelschichten in der ersten Hälfte des 19. Jahrhunderts. Vor allem Bauern, Handwerker und kleinen Gewerbetreibenden fehlte es an den notwendigen kaufmännischen und finanziellen Grundlagen, um von den Chancen und Vorteilen der Industrialisierung zu profitieren. Gleichzeitig führte das Fehlen leistungsfähiger Banken zu einer Kreditklemme. Notwendige Geldmittel für die Durchführung der selbstständigen Tätigkeit mussten über Zwischenhändler zu sehr teuren Konditionen erworben werden.

Auf die sich verschärfende Notlage der Menschen fanden Hermann Schultze-Delitzsch und Friedrich Wilhelm Raiffeisen ähnliche Antworten. Sie gründeten private Spar- und Kreditvereine, sammelten Spareinlagen bei Handwerkern und Gewerbetreibenden und vergaben diese als Kredite. 1849 gründete Delitzsch die erste Genossenschaft. Ihm gebührte auch die erste Erwähnung des Begriffes Volksbank im Jahr 1855. Von da an begann die Zahl der Bankgenossenschaften zunächst stetig zu steigen. Im Jahr 1867 wurde die Genossenschaft durch ein Gesetz auch juristisch als Organisationform legitimiert. Genossenschaftsbanken setzten auf das Konstrukt der Mitgliedschaft und folgten den Prinzipien der Eigenverantwortung, Selbstständigkeit, Subsidiarität und Solidarität. Auch der zweite Weltkrieg konnte der positiven Entwicklung der Genossenschaftsbanken wenig anhaben und schon 1958 waren 3, 5 Millionen Menschen Mitglied der Volksbanken Raiffeisenbanken.

Heute sind über 1000 Banken im genossenschaftlichen Finanzverbund mit mehr als 30 Millionen Kunden und 17 Millionen Mitgliedern organisiert, dabei ist die Mitgliedschaft ein einzigartiger USP geblieben. Genossenschaftsbanken räumen jedem Mitglied Mitbestimmungsrechte ein und verpflichten sich der Förderung der Mitglieder.

Die Entwicklungsgeschichte der Volksbanken Raiffeisenbanken führte darüber hinaus zu einer starken regionalen Verwurzelung, die sich in einer ausgesprochen hohen Filialdichte und in dem Ziel ausdrückt, besonders nah am Kunden und seinen Bedürfnissen zu sein. Volksbanken Raiffeisenbanken sind obendrein Partner des Mittelstandes, welches sich ebenfalls aus der historischen Entwicklung der Bankengruppe ableiten und erklären lässt.

Im Verlauf der Geschichte sahen sich die Volksbanken Raiffeisenbanken immer wieder mit neuen Herausforderungen konfrontiert, die mit Beginn des neuen Jahrtausends stetig zunahmen. Etwa seit 2001, mit dem Platzen der New-Economy-Blase, der Euro-Einführung und den Anschlägen des 11. September 2001 befindet sich die deutsche Finanzbranche in einem tiefgehenden Wandlungsprozess, der auch an den Volksbanken Raiffeisenbanken nicht vorbeiging. Verschiedene interne und externe Entwicklungen sind hierfür die Ursache:

- der hohe und durch das Internet noch zunehmende Wettbewerb,

- der nicht zuletzt durch die Direktbanken entstandene Kosten- und Preisdruck,

- rechtliche Aspekte und damit verbundene Regeln und Regulierungen,

- die Globalisierung und die Folgen der Finanzkrise,

- ein sich ständig veränderndes und kaum mehr vorhersagbares Kundenverhalten,

- die demographische Entwicklung in Deutschland,

- politische und wirtschaftliche Entwicklungen im Zuge der europäischen Einigung und als Folge der Bankenkrise.

Dabei stellten die technologischen Entwicklungen, und hier insbesondere das Internet, die Banken vor besondere Herausforderungen. Dies gilt vor allem für die Filialbanken.

Das Internet – so viel steht fest – verändert und beeinflusst die Geschäftsmodelle der klassischen Banken. Also jener Banken, die in einer Zeit entstanden sind und auch jahrzehntelang erfolgreich waren, als das Internet noch nicht erfunden und als Kultur verändernde Technologie in der Mitte der Gesellschaften angekommen war.

3 Das Internet und die Veränderung der Finanzbranche

3.1 Vor dem Internet

Banken haben eine lange und von vielen Veränderungen und auch Krisen geprägte Vergangenheit. Kein Zweifel kann indessen daran bestehen, dass ohne die Kraft der Banken die Entwicklung und der Aufstieg der Menschheit so nicht möglich gewesen wären. In jüngster Vergangenheit folgte auf die äußerst erfolgreichen achtziger und neunziger Jahre die Banken- und Finanzkrise, die uns auch heute noch beschäftigt.

Technologische Veränderungen hatten immer schon einen Einfluss auf die Entwicklung der Banken und dort, wo man sich damit Effizienz- und Kostenvorteile versprach, wurden diese von den Banken schon früh adaptiert und eingesetzt. Dennoch hat sich das Geschäft mit dem Kunden bis tief in die achtziger Jahre hinein kaum verändert. Zwar gab es bereits vereinzelte Angebote von Brief- und Fax-Banking, aber erst mit dem Telefonbanking begann ein langsamer Wandel, der Mitte der neunziger Jahre mit dem Aufkommen und Bedeutenderwerden des Internets langsam Fahrt aufnahm.

3.2 Internet und E-Commerce

Der Siegeszug des kommerziellen Internets begann in Deutschland Mitte der neunziger Jahre. Immer mehr Unternehmen wollten dabei sein und stellten zunächst mehr oder weniger umfangreiche Prospektsammlungen als Unternehmenswebsites ins Internet. Schon schnell professionalisierte sich die Branche. Der Erwerb von Produkten direkt über das Internet wurde möglich. E-Mail wurde zur ersten Killer-Anwendung. Erste Formen des Online-Marketings entstanden.

Auch die Banken entdecken die Möglichkeiten des Internets bereits sehr früh. Aus dem zunächst auf der BTX-Technologie basierenden Homebanking wurde Mitte der neunziger Jahre das Onlinebanking, welches viele Banken als eine Möglichkeit zur Kosteneinsparung entdeckten.

Immer mehr Banken boten ihren Kunden diese einfache und bequeme Möglichkeit zur Verwaltung der eigenen Finanzen und als Ergänzung zum Filialgeschäft an.

Aber durch das Internet entstanden auch gänzlich neue Unternehmensformen, deren Geschäftsmodell ausschließlich auf dem Internet beruhte. Hierzu gehören auch die ersten Onlinebanken und -broker, deren Erfolgsgeschichte heute noch andauert.

Für die klassischen Banken waren die technischen Möglichkeiten Vorteil und Nachteil zugleich. Den neuen Möglichkeiten als Vertriebs- und Kundenservicekanal standen hohe Investitionen in IT-Systeme und deren Betrieb gegenüber, dies trifft Filialbanken besonders hart, weil verschiedene Vertriebskanäle vom Wettbewerbsvorteil zur alltäglichen Kundenerwartung werden und vorausgesetzt werden. Online-Banken können dagegen wesentlich schlanker und kostenextensiver agieren. Hinzu kommt, dass bereits in dieser Phase des Internets Non- und Near-Banks als neue Konkurrenten auftreten und beginnen, die Angebote der traditionellen Banken zu substituieren.

3.3   Web 2.0, soziales Netz, Community Banken

Das Internet veränderte die Art und Weise, wie Kunden mit ihrer Bank interagieren und wie sie auf ihr Geld zugreifen und es verwalten. Schritt für Schritt übernahmen die Kunden die Kontrolle über ihre Bankgeschäfte. Mit dem Web 2.0 und vor allem auch mit der Mobilisierung des Internets wird dieser Trend fortgesetzt und verschärft. Banking wird zu jeder Zeit und an jedem Ort möglich. Menschen tauschen sich in sozialen Netzwerken über Banken und deren Produkte aus. Finanzdienstleistungen werden nicht mehr nur über Google gefunden, sondern über soziale Plattformen empfohlen oder eben nicht empfohlen. Soziale Plattformen sind darüber hinaus Basis für Kooperation und Kollaboration und erlauben die aktive Beteiligung der Verbraucher an der Entwicklung von Finanzprodukten und -dienstleistungen.

Die Finanzbranche, lange Zeit vor branchenfremden Herausforderern geschützt, sieht sich verstärkt neuen Konkurrenten ausgesetzt. Junge und schnelle Internetunternehmen beginnen frühere Selbstverständlichkeiten der Finanzbranche in Frage zu stellen und bieten neue Produkte und Dienstleistungen an, für die teilweise noch nicht einmal mehr eine Banklizenz erforderlich ist. Auf das P2P-Banking (*z. B. smava*), folgt das Communitybanking (*z. B. Fidorbank*), Mobile Payment (*z. B. mytaxi.de*) und auch die Themen Crowdfunding und Crowdinvesting. Banking wird einfacher, bequemer, transparenter, demokratischer und beinahe allgegenwärtig. Dabei treffen die technischen Möglichkeiten auf Kunden, die genau diese Art der Kontrolle, Selbstbestimmung und der besseren Integration des Bankings in den eigenen Alltag wünschen und die aufgrund der Finanzkrise nach Angeboten und Unternehmen suchen, denen sie wieder vertrauen können.

Die klassischen Banken sehen in Social Media dabei bisher überwiegend ein Marketing- und Kommunikationsinstrument, dass sie zudem nur sehr schlecht beherrschen, da in der Regel keine große Kundennähe und -kenntnis existiert und die gleichberechtigte dialogorientierte Kommunikation mit den Kunden erst noch gelernt werden muss. Nur wenige Banken haben darüber hinaus bereits damit begonnen, die Auswirkungen von Social Media auf die internen Strukturen und Prozesse und das Geschäftsmodell zu betrachten.

Das Netz und auch Social Media werden vielfach als Bedrohung und weniger als Chance wahrgenommen, dabei ergeben sich gerade für die regionalen Banken neue Chancen im Wettbewerb mit den Privat- und Direktbanken, zumal deren Vertrauensvorsprung gegenüber den Wettbewerbern noch sehr groß ist und sich durch die Finanzkrise sogar vergrößert hat. Auf diesen Vorsprung ließe sich aufbauen, wenn man dazu bereit wäre, das vorhandene Geschäftsmodell zu innovieren.

4 Neue Chancen und Herausforderungen für die Genossenschaftsbanken

Die genossenschaftliche Bankengruppe blickt inzwischen auf eine einhundertfünfzigjährige Geschichte zurück. Innerhalb dieser Zeit hat sie sich erstaunlich stabil und anpassungsfähig gezeigt. Trotz Finanzkrise war das Jahr 2010 ein erfolgreiches Geschäftsjahr für die Gruppe, die ihren konsolidierten Jahresüberschuss auf 6,1 Milliarden EUR vor Steuern erhöhen konnte. Dieses Ergebnis sowie das Vertrauen von über 17 Millionen Mitgliedern und mehr als 30 Millionen Kunden bieten die Chance, sich den Herausforderungen der Zukunft zu stellen.

Diese Herausforderungen sind:

- ein nach wie vor starker Verdrängungswettbewerb im Retailbanking,

- das sich stark wandelnde Kundenverhalten,

- die demographische Entwicklung, welche die Volksbanken Raiffeisenbanken besonders intensiv trifft,

- die technologische Entwicklung und der Trend zum Self-Service-Banking,

- die nicht optimale Positionierung im Internet und vor allem eine fehlende eigenständige Positionierung gegenüber Direktbanken,

- zunehmende Regulierung als Folge der Finanzkrise.

Der wirtschaftliche Erfolg der vergangenen Geschäftsjahre darf jedoch nicht über die Notwendigkeit von Veränderungen und Anpassungen hinwegtäuschen. Den Volkbanken Raiffeisenbanken spielt dabei aber eigentlich in die Karten, das der Geschäftserfolg in der Internetökonomie und auch im Banking 2.0 zumeist auf einer starken werthaltigen Vision basiert.

Gerade das soziale Internet erfordert von den Anbietern einzigartige USPs, nachvollziehbare und geteilte Werte und eindeutige Argumente dafür, warum der Verbraucher die entsprechende Bank wählen sollte und letztendlich eine Strategie, wie die Vision im sozialen Web zum Leben erweckt und von den Verbrauchern getragen wird.

Eine erfolgreiche Bank muss nützlicher Teil des Lebens der Menschen sein. Banken müssen die Bedürfnisse der Menschen kennen und verstehen, sie müssen da sein, wenn sie gebraucht werden und den Menschen dabei helfen, ihre Lebensziele zu erfüllen. Allerdings ohne zu penetrant auf alte Vertriebs-, Marketing-, und Kommunikationsmethoden zurückzugreifen. Moderne Kunden können kaum noch manipuliert oder überredet werden. Verbraucher suchen mehr denn je nach einem verlässlichen Partner, dem sie vertrauen können und der sie in die Lage versetzt, ihre finanziellen Angelegenheiten selbstständig und kompetent erledigen zu können. Dabei steht das herausragende und bruchlose Kundenerlebnis, die eigene Kontrolle über die Prozesse, die freie Wahl des Kanals und Instrumentes ebenso im Mittelpunkt, wie der Wunsch nach einer Bank, die transparent, offen, ehrlich und authentisch ist und die sich auch über das Normale hinaus engagiert. Auch der Wunsch nach nachhaltigem, am Gemeinwohl orientierten Banking ist bei größer werdenden Bevölkerungsteilen zu erkennen.

Die genossenschaftliche Bankengruppe verfügt mit der genossenschaftlichen Idee und deren Kernelelementen der Eigenverantwortung, Selbstständigkeit, Subsidiarität und Solidarität über eine solche, starke Vision und damit über ideale Voraussetzungen für den Erfolg in der Internetökonomie, wenn es ihr gelingt, diese Werte zu übersetzen und zu modernisieren und gleichzeitig – da, wo es notwendig wird – mit alten Selbstverständlichkeiten zu brechen.

Zentrale zu beantwortende Fragestellungen sind dann zum Beispiel:

- Wie kann regionale Verantwortung und Nähe mit Hilfe des Internets gelebt und intensiviert werden?

- Wie muss das Prinzip der Mitgliedschaft modernisiert und erneuert werden, damit es auch im Internet zu einem Erfolgsmodell wird und gleichzeitig das Gefühl von Gemeinschaft, Verortung und Vertrauen entsteht?

- Wie kann genossenschaftliches Banking im Internet aussehen und wie können die USPs online gelebt werden?

- Welche modernen Online-Angebote und Verfahren passen zur genossenschaftlichen Idee und können in das Leistungsportfolio integriert werden bzw. welche neuen Leistungsangebote können bereitgestellt werden?

Bei der Beantwortung dieser Fragen wird man früher oder später auch auf das Thema Crowdfunding stoßen, welches eine Modernisierung genossenschaftlicher Prinzipien und Werte darstellen würde, da es der genossenschaftliche Grundmaxime:

„Was der Einzelne nicht vermag, das vermögen Viele."

folgt.

Im Folgenden soll kurz erläutert werden, warum Crowdfunding grundsätzlich ein genossenschaftliches Prinzip und eine Möglichkeit für die genossenschaftliche Bankengruppe ist, genossenschaftliche USPs in der Internetökonomie zu leben und davon zu profitieren.

5 Crowdfunding und die Renaissance der genossenschaftlichen Idee

Schon im Jahr 1885 soll das erste Crowdfunding-Projekt durchgeführt worden sein. Das co:funding Handbuch berichtet über die Initiative von Joseph Pullitzer, dem Herausgeber der New York Times. Pullitzer rief seine Leser dazu auf, sich mit Geldmitteln an der Finanzierung des Sockels der Freiheitsstatue zu beteiligen. Im Gegenzug sollte der Name jedes Geldgebers in der Zeitung erwähnt werden.

Damit ist das Grundprinzip des Crowdfundings bereits beschrieben. Menschen, die eine Idee oder ein Projekt umsetzen oder finanzieren möchten, sammeln hierfür die benötigten Mittel ein, indem sie den potenziellen Mittelgebern hierfür eine Gegenleistung versprechen. Je höher die erbrachte Leistung eines Projekt-Förderers, desto höher sind in der

Regel die Gegenleistungen des Projekt-Initiators. Das Projekt kann erst dann ausgeführt werden, wenn die vollständigen Mittel beschafft wurden, die auch erst dann fließen. Das bedeutet, die Mittel müssen zunächst treuhänderisch verwaltet werden.

Der Start einer langsam, aber sich stetig entwickelnden Crowdfunding-Bewegung basiert jedoch auf dem Internet als Enabler. Die Plattformen artistshare.com und sellaband.com gelten als Wegbereiter des Crowdfundings, das im Jahr 2012 langsam Fahrt aufnimmt und in der Mitte der Gesellschaft anzukommen scheint.

Seit 2010 existiert auch in Deutschland eine breitere Crowdfunding-Bewegung, deren wichtigster und größter Vertreter die Plattform startnext.de ist, die sich auf die Finanzierung kreativer Projekte spezialisiert hat. Bekanntheit erzielt die Crowdfunding-Bewegung nicht zuletzt durch die Teilfinanzierung des Stromberg-Films im Jahr 2011. Im Jahr 2012 entstanden mehrere Crowdinvesting-Plattformen, die sich auf die Finanzierung von Unternehmen konzentrieren. Zunächst handelte es sich bei den zu finanzierenden Unternehmen vor allem um Start-ups. Inzwischen können bereits mittelständische Unternehmen auf diese Weise Kapital beschaffen, ohne dafür noch auf Banken angewiesen zu sein. Zu den wichtigsten Anbietern gehören seedmatch.com, bergfürst.de, innovestment.de oder auch unitedequity.de

In den USA und anderen Ländern begannen im Jahr 2012 auch erste Anbieter in regionale Projekte, regionale Unternehmen und auch in Menschen zu investieren.

Spätestens an dieser Stelle sollten Anhänger und Vertreter der genossenschaftlichen Idee aufhorchen.

Crowdfunding ist genossenschaftlich. Würden Friedrich Wilhelm Raiffeisen und Hermann Schulze Delitzsch heute leben, sie hätten das Crowdfunding erfunden oder würden es zumindest als Instrument zur Verfolgung und Verbreitung ihrer sozialen Idee nutzen. Es ist deshalb nicht vermessen zu behaupten, dass Crowdfunding genossenschaftlich ist.

Genossenschaftsbewegung und Crowdfunding entstanden aus einer sozialen Idee. Sie basieren auf dem Wunsch, bestehende Verhältnisse oder Modelle zu verändern, um Unabhängigkeit und Selbstständigkeit zu erlangen. Bezog sich dieses Anliegen bei der Entstehung der genossenschaftlichen Bewegung noch auf ganze Bevölkerungsgruppen, so geht es beim Crowdfunding zum Beispiel darum, Musikern und Kreativen neue Möglichkeiten zu erschließen, um unabhängig von klassischen Vermarktern, Produzenten, Labels oder Verlegern künstlerischen Werke zu produzieren und diesen dadurch die Möglichkeit zu eröffnen, von ihrer Arbeit auch leben zu können. Die Finanzierung von Musikprojekten oder anderen künstlerischen Werken wird dann durch die Interessenten und Fans sichergestellt. So erreichen Viele das, was der Einzelne nicht vermochte.

Ähnlich, wie die genossenschaftlichen Banken ursprünglich eine Idee in den Mittelpunkt stellen und weniger an der Maximierung der Rendite interessiert sind, stellen auch die meisten Crowdfunding-Projekte und -Plattformen den Inhalt der Projekte – also dessen von den Nutzern bewertete Relevanz und Verfolgungswürdigkeit – in den Mittelpunkt. Speziell im klassischen Crowdfunding geht es nicht um Rendite, sondern darum, für eine „gute" Sache einzustehen und dies auch kundzutun. Die Gegenleistung stellt lediglich einen Anreiz da. Der Investor ist vor allem auch an der Online-Währung Reputation interessiert.

Natürlich entstand Crowdfunding auch aus einer Unzufriedenheit mit den vorhandenen Möglichkeiten zur Kapitalbeschaffung. Und die abnehmende Bereitschaft vieler Banken, als Folge der Finanzkrise Kredite an neu gegründete Unternehmen zu vergeben, öffnet einen entsprechenden Spalt für die Crowdinvesting-Szene. Dabei dienen Crowdinvesting-Plattformen in Deutschland bisher weniger der Finanzierung großer und kapitalintensiver Ideen, sondern vielmehr eher mittelständisch geprägten Projekten. Ein Bereich, in dem sich auch die genossenschaftlichen Banken sehr gut auskennen und in dem sie traditionell zuhause sind.

Vor allem innovative Ideen und Geschäftsmodelle, die von klassischen Banken häufig kaum verstanden und gefördert werden, lassen sich über Crowdfunding gut finanzieren. Hier liegt auch eine besondere Chance für die genossenschaftliche Bankengruppe, denn mit dem Angebot von Crowdfunding- und später Crowdinvesting-Plattformen erhält sie Zugang zu neuen Firmenkunden, die möglicherweise zukünftig das Rückgrat des deutschen Mittelstandes bilden. Zusätzlich könnte hiermit ein Prozess zur Verjüngung der überalterten Kundschaft angestoßen werden.

Crowdfunding ist darüber hinaus genossenschaftlich, weil sich viele Menschen zusammenfinden, um gemeinsam eine Aufgabe zu lösen oder eine Idee umzusetzen, die ein Einzelner alleine nicht hätte stemmen können. Von deren Wichtigkeit, Bedeutung und Notwendigkeit zur Umsetzung müssen die Crowdfunder überzeugt sein. Die Projektidee bildet die Grundlage für das Entstehen eines sozialen Zusammenhanges. Um diese Idee herum kann Zusammenarbeit und Zusammenhalt entstehen, der weit über den Wert einer lediglich finanziellen Beteiligung hinausgeht. Wer in ein solches Projekt investiert, will sich einbringen, will mitgestalten und dazu beitragen, dass die gemeinsame Vision auch umgesetzt wird.

Ähnliche Antriebe bewegen Menschen auch dazu, Mitglied eines Vereins oder eben auch einer Genossenschaft zu werden. Die Mitglieder einer Genossenschaftsbank sind beispielsweise prinzipiell Teil des Projektes Genossenschaftsbank, welches sie aktiv mitgestalten können und von dessen Erfolg sie profitieren. Bisher überwiegend in Form materieller

Werte. Die Adaption des Crowdfunding-Prinzips durch die genossenschaftliche Banken-gruppe ist damit gleichzeitig eine Chance, den Mitgliedschaftsgedanken immateriell auf-zufüllen und das Mitglied stärker sozial einzubinden.

Crowdfunding ermöglicht Innovation und fördert die soziale Zusammenarbeit. Die Crowd ermöglicht neue Kooperationen und zeigt Verbindungen zu weiteren Partnern und Kompetenzen auf, indem ein Möglichkeitsraum zur Verfügung gestellt wird, der auch regional Anwendung finden könnte und damit den Genossenschaftsbanken die Chance eröffnet, ihr regionales Engagement weiter zu verstärken und das Prinzip von Selbsthilfe und Solidarität in der Region über das soziale Netzwerk zurückzubringen. Crowdfun-ding ist damit auch deshalb genossenschaftlich, weil es den Genossenschaftsbanken die Möglichkeit gibt, den genossenschaftlichen Gedanken wieder intensiver leben und ver-breiten zu können. Das soziale Internet bildet die ideale Grundlage für die Modernisie-rung der genossenschaftlichen Idee. Zum Beispiel mit einem spezifisch genossenschaft-lichen Crowdfunding Konzept.

Welches sind die Grundprinzipien eines genossenschaftlichen Crowdfunding-Konzeptes? Das genossenschaftliche Crowdfunding müsste eigentlich den Namen „Communityfun-ding" tragen. Natürlich geht es auch und gerade beim genossenschaftlichen Crowdfunding darum, dass viele Menschen zusammenkommen, um die Idee eines anderen Menschen, einer Gruppe von Menschen oder eines Unternehmens möglich zu machen. Definito-risch steht die Crowd allerdings eher für die anonyme Masse, der normalerweise wenig Gutes zugetraut wird. Anonymität, Unkontrolliertheit, die Trennung von den Folgen des eigenen Handelns spielen eine nicht unerhebliche Rolle bei der Entstehung der Banken- und Finanzkrise. Und auch für den zunehmenden Vertrauensverlust in die Banken sind diese Faktoren mit verantwortlich.

Genossenschaftliches Crowdfunding ist der Region und der Gemeinschaft verpflichtet. Es verfolgt ökonomische Zielsetzungen und übernimmt gleichzeitig soziale Verantwor-tung, und stabilisiert dadurch auch regionale Wirtschaftskreisläufe. Crowdfunding stellt eine sehr substanzielle Form des Miteinanders dar und ist dazu geeignet, neue und tiefere Gemeinschaften entstehen zu lassen. Es wäre damit auch eine notwendige und sinnvolle weitere Stufe der Nutzung von Social Media seitens der Banken, da der zu leistende Beitrag eines Projektförderers oder Fans weit über die übliche „gefällt mir"-Verbindung hinaus-geht. Bank und Mensch sind Teil gemeinsamer regionaler Anliegen. Sie fördern und gestal-ten Lebensräume und Lebensläufe.

Das genossenschaftliche Crowdfunding verpflichtet sich den Prinzipien der Subsidarität, Eigenverantwortung, Solidarität und Selbstständigkeit. Die einzelnen Genossenschafts-banken bieten regionale Plattformen an, auf denen Menschen und Projekte zusammen gebracht werden. Die Bank ist Treuhänder der eingesammelten Gelder und schüttet diese bei Erreichung der erforderlichen Projektsumme an die Projektanbieter aus, sie kann sich aber auch selbst am Projekt beteiligen, indem sie Teilbeträge der Projektaufträge zuschießen kann. Darüber hinaus achtet die Bank auch auf die Qualität der eingestellten Projekte. Nur Projekte, die mit den genossenschaftlichen Werten übereinstimmen, werden auf der regionalen Plattform zugelassen. Das Handeln der Bank orientiert sich an dem Ziel, Menschen, Institutionen und Unternehmen innerhalb der Region zu stärken.

Genossenschaftliches Crowdfunding investiert in regionale Projekte, in Vereine, Unternehmen und in Menschen und schafft dadurch auch neue Finanzprodukte, die im Rahmen der Kollaboration angeregt und hervorgebracht werden. Insofern stellt Crowdfunding für die Bank auch eine Möglichkeit zur Marktforschung und zur Entwicklung gemeinsam mit Kunden erzeugter Produkte dar.

Hier einige Beispiele für genossenschaftliche Crowdfunding-Elemente:

Investition in Bildung und Ausbildung von Menschen

Upstart.com ist eine Crowdfunding-Plattform, die in die Bildung und Ausbildung von Menschen investiert. Es handelt sich also um eine neue Form der Ausbildungsfinanzierung. Im ersten Schritt muss ein Profil angelegt werden. Berufswünsche und Karriereziele können beschrieben werden. Verbunden wird diese Beschreibung mit einer Kalkulation des später zu erwartenden Einkommens. Darüber hinaus wird angegeben, welche Summe für die Ausbildung erforderlich ist. Auch hier geht es nicht nur um Geldleistungen. Es besteht die Möglichkeit einen Mentor zu finden.

Als Gegenleistung bietet der Projektgeber einen Teil seines späteren Einkommens an, welches er nutzt, um die geliehene Summe zurückzuzahlen.

Eine solche Form der Ausbildungsfinanzierung ist sehr gut geeignet für eine genossenschaftliche Crowdfunding-Plattform, weil sie die Möglichkeit bietet, in die Zukunft der Region zu investieren, indem in die Menschen der Region investiert wird. Die Plattform ergänzt dadurch stattliche und privatwirtschaftliche Finanzierungsquellen, die heute schon nicht mehr ausreichen, um die für die Zukunft des Wirtschaftsstandorts Deutschland notwendigen Bildungsinvestitionen zu stemmen. Darüber hinaus wird die Genossenschaftsbank ihren Werten und Verpflichtungen gegenüber Menschen und Region gerecht. Es besteht für die Bank natürlich die Möglichkeit, selbst in die Projekte zu investieren.

http://www.upstart.com/

Hilfe für notleidende Menschen innerhalb der Region

Die Crowdfunding-Plattform *http://watsi.org/* hilft beispielweise Menschen in Drittwelt- oder Schwellenländern dabei, lebensnotwendige medizinische Eingriffe vornehmen zu können. Hier steht zwar die klassische Spende stärker im Mittelpunkt, allerdings erfolgt der Aufruf durch die Notleidenden selber. Menschen können direkt und ohne den üblichen Verwaltungsaufwand von Spenden-Organisationen in das konkrete Anliegen investieren.

Eine ähnliche Idee zur Unterstützung notleidender Menschen innerhalb der Region ließe sich auch auf einer genossenschaftlichen Crowdfunding-Plattform abbilden. Statt der anonymen Spende über einen entsprechenden Anbieter oder der direkten Spende auf der Straße kann eine Plattform etabliert werden, mit der Menschen nach dem Prinzip der Hilfe zur Selbsthilfe sich selbst wieder eingliedern und aus einer Notlage befreien können. Hierzu könnten seitens dieser Menschen auch Gegenleistungen angeboten werden. Es muss dabei nicht nur um finanzielle Leistungen und Gegenleistungen gehen. Dadurch kann es gelingen, Menschen am Rande der Gesellschaft wieder einzugliedern und zu attraktiven Bankkunden bzw. Genossenschaftsmitgliedern zu machen.

Beseitigung regionaler oder kommunaler Mängel

Auch für diese Art des Crowdfundings gibt es bereits Vorbilder. Die amerikanische Online-Plattform *good ideas for cities* beschäftigt sich sehr intensiv mit der Stadt als Lebensraum und gewährt den Plattform-Nutzern die Möglichkeit, mit großen oder kleinen Ideen die Stadt der Zukunft zu gestalten. Als sozialen, kulturellen, ökonomischen, ökologischen und menschlichen Lebensraum.

Auch im ländlichen Raum ermöglicht das soziale Internet mit seinen einfachen und kostengünstigen Kollaborationsmöglichkeiten die gemeinsame Entwicklung neuer Ideen und deren Realisierung über menschliche Leistungen oder eben nur über die Beschaffung von Kapital. Wie wäre es, wenn genossenschaftliche Banken den Bewohnern ihres Geschäftsgebietes die Möglichkeit einräumen würde, im öffentlichen Raum entdeckte Mängel auf eine Crowdfunding-Plattform zu stellen, und deren Nutzer darüber entscheiden zu lassen, welcher dieser Mängel in Form eines Crowdfunding-Projektes beseitigt werden soll, um dann gemeinsam für die Beseitigung dieses Mangels zu sorgen.

http://news.good.is/ideas/posts

Investition in Vereine, Sport und Kultur

Genossenschaftsbanken arbeiten schon heute sehr intensiv mit Schulen, Vereinen, Kultureinrichtungen usw. in der Region zusammen. Sie unterstützen diese sowohl finanziell als auch praktisch und ideell. Dies geschieht zum Beispiel durch Stiftungen oder durch Vereins- und Kultursponsoring. Einige Banken haben auch bereits Erfahrungen darin gesammelt, ihre Kunden oder die Verbraucher der Region an der Aufteilung der Sponsoring-Gelder zu beteiligen. Die Bank wäre auch hier in der Lage, ihrer sozialen Verantwortung gerecht zu werden und könnten in Bereichen einspringen, aus denen sich die öffentliche Hand aus Geldmangel schrittweise zurückzieht oder bereits zurückgezogen hat. Sie soll dabei aber nur ergänzen bzw. in der Kooperation mit alten und neuen Trägern durch das Crowdfunding vorhandene bzw. sich auftuende Lücken schließen.

Dieses Angebot ist sehr nah an der klassischen Ausrichtung des Crowdfundings und wäre vermutlich auch ein guter Einstieg in ein schrittweise auszubauendes genossenschaftliches Communityfunding.

Regionale mittelständische Unternehmen

„Invest in the small businesses that you love in your neigborhood“. So beschreibt die amerikanische Crowdfunding-Plattorm smallknot.com ihr Angebot. Der Anbieter zielt darauf ab, das Crowdfunding in den Mainstream der Gesellschaft einzuführen und das Investment noch intensiver an die dahinterstehende Idee und die dafür einstehenden Menschen zu koppeln.

Es werden nicht nur Firmenneugründungen gefördert. Unternehmen, die Geldmittel für eine wichtige Investition, z.B. einen Umbau, benötigen, können über smallknot.com nach Investoren suchen. Die Menschen, die hier investieren, haben bzw. hatten also schon die Gelegenheit, das Unternehmen kennenzulernen, wodurch eine bessere Identifikation mit dem Projekt stattfinden kann und die Möglichkeit, sich auch persönlich auszutauschen und sogar selbst mitzuarbeiten, verbessert wird. Größer Transparenz und Nähe lässt sich heute in keinem anderen Bankangebot realisieren. Eine weitere Besonderheit im Crowdinvesting-Markt: Bei smallknot kann die Gegenleistung der Unternehmen auch aus konkreten Produkten bestehen.

Das smallknot Prinzip ist damit ein Beispiel für eine weitere mögliche Dimension des genossenschaftlichen Crowdfundings. Wenn Genossenschaftsbanken den Schritt in Richtung Crowdinvesting gehen, dann sollten sie vor allem die Investition in kleine und mittelständische Unternehmen fördern und forcieren und dadurch den Menschen auch die Möglichkeit geben, direkt in ihre Region zu investieren. Ein solches Angebot ist plastisch und transparent und befreit von der Abstraktion üblicher Finanzprodukte.

http://www.smallknot.com/

Förderung von genossenschaftlichen Gründungen

Genossenschaftsbanken sollten daran interessiert sein, genossenschaftliche Gründungen zu unterstützen. Genossenschaften können bei vielen kulturellen und kommunalen Angelegenheiten einspringen, die von den bisherigen Anbietern nicht mehr ausgeführt werden können. Eine genossenschaftliche Crowdfunding-Plattform bringt die Menschen und Gelder für die Weiterführung oder auch Neuentwicklung solcher Angebote zusammen. Ein Beispiel:

> *Einem regionalen Schwimmbad droht die Schließung. Es finden sich einige Menschen mit dem Ziel zusammen, das Schwimmbad trotz ausbleibender öffentlicher Mittel und fehlender Einnahmen weiter zu betreiben. Auf der Plattform wird ein Projekt eingestellt, mit welchem Mitglieder für die Gründung einer entsprechenden Genossenschaft gesucht werden, die sich mit jeglicher Investition (Geld, Zeit, Sachmittel, etc.) einbringen können.*

Warum das genossenschaftliche Crowdfunding ein Erfolgsmodell wird

Auch wenn Crowdfunding in Deutschland langsam zu einem Begriff wird, mit dem immer mehr Menschen etwas anfangen können, ist nicht davon auszugehen, dass wir in den nächsten Jahren einen Boom dieser modernen und sozialen Investmentform zu erwarten haben. Crowdfunding kann seine verändernde Wirkung aber nur entfalten, wenn auch der normale Bürger die Möglichkeit und Chance sieht, sich in Crowdfunding-Projekte einzubringen bzw. eigene Initiativen zu starten. Schon heute zeigt sich, dass Crowdfunding besonders gut im Kreativ- und Kulturbereich funktioniert.

Die Potenziale des Crowdinvestings in Unternehmen lassen sich aktuell für Deutschland noch nicht seriös einschätzen. Der großen Zahl von Anbietern stehen relativ wenige Projekte und noch überschaubare Investitionssummen gegenüber. Im Crowdfunding ist bereits absehbar, dass nur wenige oder vielleicht nur eine bundesweite Plattform wirtschaftliche Überlebenschancen haben. Dies gilt zumindest solange, wie das Thema nicht breitere Bevölkerungsschichten erreicht. Den vorhandenen Anbietern ist das jedenfalls bislang noch nicht gelungen.

Eine bundesweit aktive und bekannte Marke wie die Genossenschaftsbanken wäre jedoch in der Lage, das Crowdfunding als wirtschaftliches und gesellschaftliches Instrument in die Fläche zu bringen. Hier sind der nahe Kontakt mit den Menschen der Region und die zahlreichen Kundenkontaktkanäle tatsächlich noch ein Vorteil. Genossenschaftsbanken können das Thema Crowdfunding vermitteln, weil sie prinzipiell auf dieser Idee beruhen und dadurch groß geworden sind. Crowdfunding und genossenschaftliche Idee sind identisch. Die genossenschaftlichen Banken haben zusätzlich die Möglichkeit und auch die Zeit, Crowdfunding behutsam von einem eher karitativen in ein wirtschaftliches Angebot zu überführen bzw. die erforderliche Mischform zu etablieren. Früher oder später kann Crowdfunding dann auch das klassische Produktangebot der Banken ergänzen oder sogar – falls es wirtschaftlich vertretbar ist – ersetzen. Darüber hinaus ließen sich vorhandene Produktangebote ergänzen oder verändern. Vorstellbar wären beispielsweise regionale Crowdfunding-Fonds.

Abbildung 1: Crowdfunding als Schnittstelle genossenschaftlicher Werte/Ziele

Was die Bank davon hat

- Genossenschaftliches Banking und genossenschaftliche Werte werden erlebbar.

- Genossenschaftliche Prinzipien und Lösungen werden in die Online-Welt übertragen.

- Genossenschaftliche Banken verbessern ihre Online-Präsenz und leben ihre Mehrwerte direkt online.

- Online-affine und junge Menschen werden besser erreicht.

- Es werden Potenziale für neue Angebote und Produkte erschlossen.

- Imageeffekte und Reaktion auf Nachhaltigkeitstrend;

- Heranführung von Verbrauchern an Marke, Produkte und Dienstleistungen;

- Festigung der Verankerung in der Region durch den Ausbau von Netzwerken.

- Regionales soziales Engagement verbessert die wirtschaftliche Situation der Bevölkerung und hat positiven Einfluss auf die Nachfrage.

Quellen

Gleber, Peter (2012): Viele Wurzeln – ein Gedanke. Entstehung der Volksbanken Raiffeisenbanken bis zur Zusammenführung, in: 40 Jahre Genossenschaftliche Finanzgruppe Volksbanken Raiffeisenbanken. 1. Auflage, Wiesbaden 2012.

Moormann, Jürgen/Hillesheimer, Martin/Metzler, Christian/Zahn, Christian M. (2012): Wertschöpfungsmanagement in Banken, 3. vollständig überarbeitete Version, Frankfurt.

Tyclipso.me (Hrsg.) (2012): das co:funding handbuch, 2. Auflage, Dresden.

King, Brett (2011): Bank 2.0. How customer Behaviour and technology will change the future of financial services. 1. Aufl., Singapur.

Herbold, Astrid (2012): Das lange Sterben der Crowdfunding Plattformen. www.zeit.de/digital/internet/2012-08/Crowdfunding-plattformen-deutschland [22.09.2012].

Janek, Boris (2012): Ich wünsche mir Community Funding. Verfügbar unter: http://electrouncle.wordpress.com/2012/05/31/ich-wunsche-mir-community-funding/ [22.09.2012].

Baumann, Claude (2012): Weniger ist mehr. Verfügbar unter: http://www.brandeins.de/magazin/kapitalismus/weniger-ist-mehr-2.html, [22.09.2012].

Solis, Brian (2012): 10 tenets to survive digital Darwinism. Verfügbar unter: http://www.briansolis.com/2012/03/10-tenets-to-survive-digital-darwinism/ [22.09.2012].

Electronic Banking (2012): Verfügbar unter: http://de.wikipedia.org/wiki/Electronic_Banking [20.09.2012].

Nachhaltige Banken wachsen (2012): Verfügbar unter: http://magazin.triodos.de/2012/05/11/nachhaltige-banken-wachsen/ [20.09.2012].

Zweite Anxio Financial Service Studie (2012): Social Media-Aktivitäten der Finanzindustrie haben sich 2011 kaum weiterentwickelt (2012). Verfügbar unter: http://www.marketing-site.de/content/knowledge/online-marketing/social-media-aktivitaeten-der-finanzindustrie-haben-sich-2011-kaum-weiterentwickelt;76761 [20.09.2012].

Autorenverzeichnis

Prof. Dr. Stefanie Auge-Dickhut, CVA, leitet die angewandte Forschung des SIF Schweizerisches Institut für Finanzausbildung an der Kalaidos Fachhochschule und gibt zusammen mit Prof. Dr. Bernhard Koye die Reihe „Angewandte Forschung Financial Services" heraus. Bisher erschienen sind folgende Studien: „Kundenorientierung in Banken", „Banken und Social Media – Ergebnisse einer Befragung von potenziellen Private Banking Kundinnen und Kunden in der Schweiz und Deutschland". „Nachhaltigkeit bei Bankgeschäften in der Schweiz", http://www.kalaidos-fh.ch/SIF/Forschung/Publikationen. Ihre Forschungsschwerpunkte liegen im Bereich kundenzentrierter Bankarchitektur, (Multi-Channeling, Client Equtiy, Service und Netzwerkdesign, Geschäftsstrategieoptimierung, und Sourcing-Analysen). Ihre beruflichen Erfahrungen umfassen langjährige Tätigkeit im Investmentbanking der UniCreditgroup (u.a. Head of Valuation HVB Consult) und im Corporate Finance von Ernst&Young. Zuvor hat sie nach Banklehre und Studium der Wirtschaftswissenschaften am Lehrstuhl für betr. Finanzwirtschaft der RWTH Aachen promoviert (DFG-Stipendium, Borchers-Plakette und Friedrich-Wilhelm Preis für Dissertation). Während ihrer gesamten beruflichen Laufzeit war sie als Referentin (u.a. BBZ ST. Gallen, Management Circle, Bankakademie, Bundesverband M&A, Deutsche Bank, Ludwigs-Maximilian Universtität München, FH Erfurt) und Autorin tätig.

Marc P. Bernegger ist ein Mehrfach-Unternehmer und hat bereits in der Primarschule erste unternehmerische Projekte umgesetzt. Nach dem Gymnasium gründete er zusammen mit einem Schulkameraden die Nightlife-Plattform usgang.ch, welche vom Medienkonzern Axel Springer gekauft wurde. Nach seinem Jura-Studium an der Universität Zürich hat er die Ticketing-Plattform amiando mitgegründet und aufgebaut. amiando wurde im 2010 vom World Economic Forum zum „Global Technology Pioneer" gekürt, im gleichen Jahr vom Business-Netzwerk Xing übernommen und beschäftigt in München, Paris, London und Hong Kong über 80 Mitarbeiter. Marc P. Bernegger ist Partner der börsennotierten Beteiligungsgesellschaft Next Generation Finance Invest mit Fokus auf Start-ups im Bereich Finance 2.0, ist als Business Angel bei jungen Unternehmen involviert und wurde vom Verband Swiss ICT zum „Newcomer of the Year" gewählt.

Sarah Brylewski ist seit 13 Jahren im Bereich Retail Derivate tätig und war eine Pionierin des deutschen Zertifikategeschäfts. Sie leitete die Zertifikateabteilung der ABN AMRO Bank Deutschland und hat für die Bank auch in Asien das Derivategeschäft vorangetrieben. Nach Rückkehr in Deutschland war sie zuständig für marketindex, der CFD-Tradingplattform der RBS. In ihrer jetzigen Rolle verantwortet Sarah Brylewski das Deutschlandgeschäft des CFD-Brokers Gekko Global Markets.

Dr. Richard Dratva ist Vorstand und Strategiechef bei CREALOGIX, einem börsen-notierten Schweizer Softwarehaus, das auf innovative Lösungen für die digitalen Kanäle von Finanzdienstleistern spezialisiert ist. Von 1987 bis 1991 war Richard Dratva als inter-ner Berater bei der UBS AG tätig. Von 1992 bis 1994 arbeitete er als wissenschaftlicher Mitarbeiter am Institut für Wirtschaftsinformatik der Universität St. Gallen. Von 1995 bis 1996 war er Consultant bei einem Netzwerkunternehmen, bevor er 1996 Gründungs-mitglied der CREALOGIX wurde. Er studierte Betriebswirtschaft an der Universität Lausanne (HEC) und promovierte im Bereich Wirtschaftsinformatik an der Hochschule St. Gallen (HSG).

Dirk Elsner arbeitet als Senior Berater für die Innovecs GmbH, Zeven. Er berät Banken in Prozessthemen sowie zu Fragen des Next Banking und Anwendung von Social Media sowie mittelständische Unternehmen in kaufmännischen Fragen, insbesondere Risiko-analyse und -simulation und Finanzierungsberatung und -planung. In einer regelmäßi-gen Kolumne für das Wall Street Journal Deutschland befasst er sich außerdem mit den Veränderungen der Banken durch die digitale Gesellschaft. Er hat daneben praktische Projekterfahrungen mit Crowdfunding-Plattformen gesammelt. Dirk Elsner betreibt das private Weblog für Wirtschafts- und Finanzthemen Blick Log (www.blicklog.com), das 2012 mit dem 1. Preis des Finanzblog Awards ausgezeichnet wurde.

Dr. Oliver Everling ist seit 1998 selbstständig (www.everling.de) und Geschäftsführer der RATING EVIDENCE GmbH (www.rating-evidence.net). Als Mitglied von Ra-tingkommissionen (www.dvfa.de), Mitherausgeber der Zeitschrift „Kredit & Rating Praxis" (www.krp.ch), Chairman der Projektgruppe „Rating Services" der Internatio-nal Organization for Standardization (www.iso.org) und als Gastprofessor in Peking (www.cueb.edu.cn) ist er aus unterschiedlichen Perspektiven mit Ratings befasst. Zuvor war er sechs Jahre lang Abteilungsdirektor und Referatsleiter einer Großbank und von 1991 bis 1993 Geschäftsführer der Projektgesellschaft Rating mbH, nachdem er am Ban-ken- und Börsenseminar der Universität zu Köln über Credit Rating promovierte.

Hans Fischer ist Gründer und Inhaber von PlusContent, einem Beratungsunternehmen für Strategie, Marketing und Social Media. Gestartet hat er seine berufliche Karriere als Wirtschafts- und Finanzredakteur bei einer großen Schweizer Tageszeitung. Anschlie-ßend hat der die erfolgreiche Börseninformationsplattform Borsalino.ch mitgegründet und als Geschäftsführer geleitet. Nach dem Verkauf von Borsalino.ch an die Ringier AG hat er den Online-Bereich der Ringier Wirtschaftsmedien verantwortet. Vor der Grün-dung von PlusContent hat er als Head Marketing bei Rolotec AG, einer Gesellschaft der SIX Group AG, unter anderem Finanzbranchenkunden in Strategie- und Marketing-belangen beraten.

Holger Friedrich ist Managing Director von CORE. Zuvor wirkte er in leitenden Positionen bei Technologie- und Beratungsunternehmen. Er verfügt über langjährige internationale Beratungserfahrung im Technologie- und Bankensektor. Schwerpunkt seiner Tätigkeit ist das Transformationsmanagement für Banken und Finanzdienstleister insbesondere mit Blick auf die strategische Kommunikation und Kooperation.

Prof. Dr. Peter Gomber leitet die Professur für Betriebswirtschaftslehre, insbesondere E-Finance am Fachbereich Wirtschaftswissenschaften der Universität Frankfurt und ist Co-Chair und Mitglied des Vorstands des E-Finance Lab. In seiner akademischen Arbeit befasst Herr Gomber sich mit Marktmikrostruktur- und Auktionstheorie, dem Einfluss regulatorischer Maßnahmen auf die Wertpapierindustrie, institutionellem Wertpapierhandel, innovativen Konzepten und Technologien für den elektronischen Wertpapierhandel sowie für die Wertpapierabwicklung und Informationssystemen in der Finanzwirtschaft. Seit 2011 ist Prof. Gomber Mitglied des Börsenrates der Frankfurter Wertpapierbörse (FWB) und des Wissenschaftlichen Beirats des Deutschen Aktieninstituts (DAI), und seit 2012 Mitglied der ESMA Secondary Markets Standing Committee Consultative Working Group.

Alexander Haislip is a marketing executive and former finance and technology journalist. He has written for Reuters, TechCrunch, Wired.com, Forbes.com, Red Herring Magazine and other publications. He is the author of Essentials of Venture Capital and earned a finance degree from Princeton University and a master's degree from the Columbia University Graduate School of Journalism. Follow @ahaislip on Twitter.

Boris Janek (Soziologe) ist seit 1996 in der Online-Branche tätig und arbeitet seit 2001 bei der VR NetWorld-GmbH. Die VR NetWorld GmbH ist der Internetdienstleister der Volksbanken Raiffeisenbanken. Dort treibt er seit 2001 als Manager Digital Business den digitalen Wandel innerhalb der genossenschaftlichen Finanzgruppe voran und beschäftigt sich mit Trend- und Innovationsprojekten. Seit 2007 betreibt er den Finance Blog www.finance20.de und ist als Referent und Speaker innerhalb und außerhalb der genossenschaftlichen Bankengruppe aktiv.

Roland Klaus arbeitet als freier Journalist und Analyst in Frankfurt/Main und ist aktiver Investor. Für den amerikanischen Finanzsender CNBC und den deutschen Nachrichtenkanal N24 berichtete er von 2004 bis 2009 von der Frankfurter Börse. Bekannt wurde er durch seine fast zehnjährige Tätigkeit als Moderator und Börsenreporter für den Nachrichtensender n-tv. Klaus wurde in Temeschburg/Rumänien geboren und ist in Darmstadt aufgewachsen. Er hat in Dortmund Journalistik und Volkswirtschaftslehre studiert. In seinem Buch „Wirtschaftliche Selbstverteidigung" analysiert er die Schuldenkrise und liefert konkrete Ratschläge, wie man sich vor den entstehenden Risiken schützen kann. Sie erreichen ihn unter www.roland-klaus.de.

Prof. Dr. Bernhard Koye leitet das SIF Schweizerisches Institut für Finanzausbildung an der Kalaidos Fachhochschule in Zürich und gibt zusammen mit Prof. Dr. Stefanie Auge-Dickhut die Reihe „Angewandte Forschung Financial Services" heraus, http://www.kalaidos-fh.ch/SIF/Forschung/Publikationen. Seine Dissertation wurde u.a. von „Die Bank" und der „Neuen Zürcher Zeitung" zur Analyse der Konsequenzen des Informationszeitalters für die Finanzindustrie empfohlen. Forschungsfokus: zukunftsfähige Geschäftsmodelle von Finanzdienstleistern (Strategie-, Struktur- & Prozessgestaltung; Industrialisierung & Service Design, nachhaltiges Change Management). Vor dem Studium Bankausbildung und Kundenberater bei der Schweizerischen Bankgesellschaft. Berufliche Entwicklung danach bei der Swiss Banking School (heute Swiss Finance Institute) bis hin zum Bereichsleiter; danach Executive Director und Abteilungsleiter bei der UBS in den Bereichen „Marktstrategie/-entwicklung" und „Produkt-/Service-Design". Heute Prorektor „Finanzen & Steuern" an der KALAIDOS Fachhochschule als erster privater Fachhochschule der Schweiz und als solcher auch Mitglied der Unternehmensleitung der Kalaidos Bildungsgruppe. Dozentenmandate u.a. bei der Schweizerischen Nationalbank, den Universitäten Zürich und St. Gallen und an der AZEK. Chairman der Euroforums-Jahreskonferenz „Bank-Informationstechnologie". Beratungsmandate u.a. bei mehreren börsenkotierten Firmen; Netzwerkpartner von Königswieser & Network.

Jonas Krauß ist Gründer von StockPulse und Geschäftsführer des Unternehmens. Er studierte Wirtschaftsinformatik an der Universität zu Köln. Schwerpunkte seiner Arbeit sind automatisierte Textanalyseverfahren und die Frage, wie kollektive Intelligenz dazu genutzt werden kann, Trends vorauszusagen, insbesondere in Bezug auf das Geschehen an den weltweiten Börsen. Der gebürtige Rheinländer beschäftigt sich bereits seit zehn Jahren mit Finanzmärkten und Handelsstrategien. Praktische Erfahrung sammelte er bei einem Schweizer Start-up, wo er in leitender Position Internet-Anwendungen zur Auswertung sozialer Medien konzipierte und entwickelte. Sein Wissen im Bereich Textanalyse und Prognoseverfahren vertiefte er während eines 18-monatigen Forschungsaufenthalts am Center for Collective Intelligence am Massachusetts Institute of Technology (MIT).

Matthias Lamberti, MBA, ist Gründer und geschäftsführender Gesellschafter der yavalu GmbH. Zuvor war er bei einer Münchner Privatbank für die Bereiche Risikomanagement und Investmentstrategie verantwortlich. Matthias Lamberti hat an der TU München, der Munich Business School und in New York Betriebswirtschaftslehre studiert. Danach war er im Asset Management und im Private Banking bei der UBS AG in Zürich und New York tätig. Seit 2008 lehrt Matthias Lamberti als Dozent an der Munich Business School und referiert an internationalen Hochschulen.

Dr. Hendrik Leber ist seit 1994 selbstständig als Geschäftsführender Gesellschafter und Portfoliomanager der ACATIS Investment GmbH (www.acatis.de). Über Seminare, Preise und Vorträge versucht er, das Thema „Value Investing" in Deutschland bekannt zu machen. Er ist Gründungsmitglied des Zentrums für Value Investing (www.value-investing.net). Bevor er ACATIS gründete, war er 1989–1994 für das Bankhaus Metzler und 1984–1989 für die Unternehmensberatung McKinsey tätig. Hr. Dr. Leber studierte Betriebswirtschaft in Saarbrücken, St. Gallen (Schweiz), Syracuse und Berkeley (USA). Seine Dissertation an der Hochschule St. Gallen trug den Titel „Schweizerische Banken im US-Effektengeschäft".

Dr. Hansjörg Leichsenring (www.hansjoerg-leichsenring.de) ist Experte für Banking, Innovation, Change Management, Social Media und Persönliches Finanzmanagement. Mit mehr als 30 Jahren Erfahrung im Bankbereich, u.a. als Direktor bei der Deutschen Bank, als Vorstand einer Sparkasse sowie als Geschäftsführer eines Online-Brokers verfügt er über die Bankleiterqualifikation nach § 33 KWG und bietet Banken und Finanzdienstleistern Dienstleistungen in den Bereichen (Interims)Management, Beratung/Consulting sowie Persönliches Finanz Management an. Außerdem ist er Herausgeber des Bank-Blogs (www.Der-Bank-Blog.de) sowie Keynote Speaker und Autor.

Robert Lempka ist Gründungspartner und Investment-Manager der Next Generation Finance Invest AG, einer börsengelisteten Schweizer Beteiligungsgesellschaft, die in innovative Geschäftsmodelle im Bereich Finance investiert. Zuvor war er CEO der ABN AMRO marketindex, einer Handelsplattform der nächsten Generation, nachdem er als Managing Director Fixed Income Trading bei Dresdner Kleinwort in Frankfurt und Executive Director Repo Trading bei Goldman Sachs in London tätig war. Er ist Diplom-Kaufmann und studierte an den Universitäten Trier, Dublin City und UCLA.

Axel Liebetrau ist ein gefragter Thought Leader für Innovation in Banking & Insurance (www.axel-liebetrau.de). Er ist Redner, Consultant, Kolumnist, Fachautor und Unternehmer aus Überzeugung und Leidenschaft. Neben seinen mittlerweile 25 Jahren Praxiserfahrung als Banker, Managementberater und Unternehmer hat er eine fundierte akademische Ausbildung als Dipl. Betriebswirt (FH) in Banking und MBA in International Management Consulting. Axel Liebetrau ist Dozent an der Kalaidos Fachhochschule Schweiz und Beirat in verschiedenen Think Tanks und Fachräten.

Lothar Lochmaier arbeitet als freier Fach- und Wirtschaftsjournalist in Berlin. Er ist Autor des im Heise Verlag veröffentlichen Sachbuches „Die Bank sind wir – Chancen und Perspektiven von Social Banking", http://www.dpunkt.de/buecher/3270.html. Er betreibt zudem den Experten-Weblog „Social Banking 2.0 – der Kunde übernimmt die Regie", http://lochmaier.wordpress.com/.

Morten Lund defies easy categorization with a career that's carried him across industries and into the heart of revolutionary digital transformations. He's started and run advertising agencies, technology companies and venture capital firms. He's one of the most prolific startup investors in Europe and has been to bankruptcy and back in the pursuit of world-changing free enterprise.

Morten sold his first company to Leo Burnett when in his early 20s, ran leading European antivirus company BullGuard in his early 30s and began investing in technology startups. His seed-stage investment in Skype helped the company build a prototype of its revolutionary communications service. Morten took over Danish newspaper Nyhedsavisen and turned it into the largest distribution free paper in Denmark before the financial crisis disrupted the global advertising markets. He's worked extensively on startups since then, most recently founding lundXO, an accelerator and partner for people with extraordinary new businesses. lundXO companies apply digital and social technologies to radically transform large industries such as banking and insurance.

Benjamin Manz hat Philosophie und Kulturwissenschaften an der Universität Zürich, der Humboldt-Universität und Freien Universität in Berlin studiert. Bereits während dem Studium hat er seine eigene Textfirma gegründet und war danach bei führenden Internet-Unternehmen für die Bereiche Strategie, Kommunikation und Entwicklung verantwortlich. Seit 2011 ist Benjamin Manz als Online-Unternehmer tätig. Er hat unter anderem das unabhängige Finanzportal assetinum.com gegründet, das er als Geschäftsführer leitet und das ein Entscheidungstool für passende Banken und Vermögensverwalter zur Verfügung stellt. Benjamin Manz ist außerdem Autor diverser Studien und Artikel zur Online-Finanzwelt und Zukunft der Finanzbranche.

Prof. Dr. Jürgen Moormann ist Professor für Bankbetriebslehre an der Frankfurt School of Finance & Management. Seine Lehr- und Forschungsschwerpunkte sind Strategieentwicklung, Business Engineering und Prozessmanagement in Banken. Außerdem ist er Leiter des ProcessLab – ein auf das Prozessmanagement in der Finanzbranche ausgerichtetes Forschungscenter der Frankfurt School (www.processlab.info). Zudem ist er Autor mehrerer Bücher und zahlreicher Buch- und Zeitschriftenbeiträge. Nach seiner Berufsausbildung bei der Commerzbank AG und dem Studium der Betriebswirtschaftslehre an den Universitäten Kiel und Zürich war er wissenschaftlicher Mitarbeiter am Lehrstuhl für Finanzwirtschaft der Universität Kiel. Im Anschluss an seine Promotion war er fünf Jahre in der Unternehmensberatung tätig, bevor er 1995 an die Frankfurt School berufen wurde.

Monika Müller ist Diplom-Psychologin, Master Certified Coach (ICF) und gründete 1999 die FCM Finanz Coaching. Darüber hinaus ist sie seit 2009 auch geschäftsführende Gesellschafterin der FCM Finanz Service GmbH. Mit diesen beiden Unternehmen ist sie auf die psychologischen Faktoren von Geld und Risiko und deren Einfluss auf Finanzentscheidungen spezialisiert. Sie ist aktives Mitglied des BDP (Leiterin der Fachgruppe Finanzpsychologie), dem Bund der Fachberater in Steuern, Recht und Wirtschaft e.V. als Mitglied der Fachgruppe Kapitalanlagen, Bank- und Kapitalmarktrecht, sowie der International Coaching Federation (ICF), wo sie als Mentorcoach und Mitglied im internationalen Prüfungsausschuss die Professionalisierung von Coaches weltweit unterstützt. Als Fachjournalistin (DFJV) und gefragte Interviewparterin zum Thema „Finanzen und Psychologie" trägt sie nun seit über 10 Jahren zur Veränderung der Finanzwelt bei.

Stefan Nann ist Gründer und Geschäftsführer von StockPulse. Der studierte Wirtschaftsinformatiker hat bereits im Jahr 2008 in seiner Diplomarbeit die Auswirkungen von Online-Kommunikation auf den Aktienmarkt untersucht. Während eines 18-monatigen Forschungsprogramms am Massachusetts Institute of Technology (MIT) am Center for Collective Intelligence hat er weitere wertvolle Erfahrungen in diesem Bereich gesammelt. Während seines Studiums verbrachte er ein Jahr an der San Diego State University. Praktische Erfahrungen im Projektmanagement, der Kundenpflege und dem Vertrieb sammelte Stefan Nann während seiner dreijährigen Arbeit bei einem Schweizer Social-Media-Start-up.

Elisabeth Z. Palvölgyi ist wissenschaftliche Mitarbeiterin und Doktorandin am Process-Lab – einem Forschungscenter der Frankfurt School of Finance & Management (www.processlab.info). Im Rahmen ihrer Forschungstätigkeit interessiert sie sich vor allem für Kundenprozesse und wie diese bestmöglich von Unternehmen unterstützt werden können. Nach ihrem Studium der Betriebswirtschaftslehre an der Ludwig-Maximilians-Universität München absolvierte sie ein Trainee-Programm bei der Deutsche Bank AG. Anschließend war sie als Business Analyst und Product Manager in den Bereichen „Group Technology and Operations" und „Global Transaction Banking" der Deutschen Bank tätig.

Torsten Paßmann hat für das VentureCapital Magazin (www.vc-magazin.de) lange Zeit die Gründerszene redaktionell begleitet, zuletzt als Redaktionsleiter, und dabei ein besonderes Augenmerk auf den Bereich der Internetwirtschaft gelegt. Seit Frühjahr 2012 ist er für den herausgebenden Verlag GoingPublic Media AG (www.goingpublic.de) verantwortlich für Web-Strategie und Business Development Online.

Prof. Dr. Hans-Gert Penzel ist geschäftsführender Gesellschafter am ibi, dem Institut für Bankinnovation an der Universität Regensburg GmbH. Von 2004 bis 2010 war er Generaldirektor und CIO in der Europäischen Zentralbank. Davor lagen 13 Jahre als Leiter verschiedener Konzernbereiche der Vereins- und später HypoVereinsbank: Informationstechnik, Strategische Planung, Controlling und Risikocontrolling, Merger Office. Er begann seinen Berufsweg bei Hewlett-Packard und war danach fünfeinhalb Jahre bei McKinsey.

Dr. Anja Peters ist seit 2003 bei ibi research tätig, seit 2009 leitet sie das Competence Center Retail Banking. Schwerpunkte ihrer Tätigkeit sind die Evaluation und die vertriebliche Ausgestaltung von Banken- und Versicherungs-Websites. Sie arbeitet zudem intensiv auf dem Gebiet des Wissensmanagements im persönlichen Bankvertrieb mit dem Schwerpunktthemen Social Media. Zuvor hat sie elf Jahre die inhaltliche Konzeption, den organisatorischen Aufbau sowie die Evaluation diverser bankfachlicher Studiengänge an der Fachhochschule Kaiserslautern sowie bei der Frankfurt School of Finance and Management (Bankakademie) verantwortet.

Dr. Mirko Schiefelbein ist Knowledge Manager bei CORE. Er wurde in Philosophie promoviert und verfügt über eine Vielzahl an Referenzen zu interdisziplinärer Forschung. Er hat verschiedene wissenschaftliche Projekte begleitet und den Aufbau eines Wissensportals im Bildungsbereich verantwortet. Er ist spezialisiert auf integrierte Wissenstransformation mit Schwerpunkt Digitalisierung.

Karl Matthäus Schmidt ist Vorsitzender des Vorstands der quirin bank AG, der ersten Honorarberaterbank Deutschlands. 1994 wurde er mit 25 Jahren Deutschlands jüngster Vorstandsvorsitzender. Im selben Jahr stieg sein Discount-Broker-Haus Consors zum Marktführer im Online-Brokerage auf und Schmidt wurde von der Wirtschaftswoche zum Unternehmer des Jahres gekürt. 2001 übernahm die BNP Paribas Group den Online-Broker Consors, heute Cortal Consors, für rund eine halbe Milliarde EUR. Im Sommer 2005 wurde Schmidt zum Sprecher des Vorstands der Berliner CCB Bank AG berufen, einem Zusammenschluss der ehemaligen Consors Capital Bank und der Setis Bank. Dort lenkte er den Verschmelzungsprozess der beiden Banken und entwickelte innovative Konzepte für das Privatkundengeschäft des neu formierten Geldhauses, das seitdem unter dem Namen quirin bank AG aktiv ist. 2006 wurde Schmidt für sein verbraucherfreundliches Honorarberatungs-Modell vom Economic Forum Deutschland mit dem National Leadership Award ausgezeichnet. Seit 2010 ist Schmidt außerdem Vorstandsvorsitzender des Berufsverbands deutscher Honorarberater e.V. (BVDH), der auch die Interessen der unabhängigen Honorarberater bündelt.

Georg Schürmann ist einer der beiden Geschäftsleiter der Triodos Bank N. V. Deutschland und zuständig für das Privatkundengeschäft. Bevor er im Juli 2009 zur Triodos Bank kam, war er 20 Jahre lang bei der Deutschen Bank im Bereich Privat- und Geschäftskundenbetreuung tätig. Nach einem Studium der Wirtschaftswissenschaften an der Universität Köln begann er seine Karriere bei der Deutschen Bank als Trainee. Es folgten diverse Stationen innerhalb des Konzerns, u.a. Regionalleiter in München mit Verantwortung für 45 Filialen und 600 Mitarbeiter. 2006 wurde er Mitglied der Geschäftsleitung Private Banking Deutschland mit Zuständigkeit für das operative Geschäft.

Dr. Philipp Siebelt ist Associate Principal bei McKinsey & Company und Mitglied der European Banking Practice. Sein Themenschwerpunkt liegt auf digitalen Transformationen von Retailbanken. Er hat Betriebswirtschaftslehre an der European Business School in Oestrich-Winkel sowie in den USA und Frankreich studiert, sowie an der Universität Siegen im Bereich Vertriebsmanagement promoviert.

Ivo Streiff ist Mitgründer und CEO der MDC Media AG, die www.mydepotcheck.com betreibt. Zuvor war er Managing Director eines Software-Unternehmens, das Lösungen für Banken im Bereich Advisory entwickelte. Nach dem Studium der Rechtswissenschaften an der Universität Zürich war er mehrere Jahre lang als Berater tätig und leitete die Internet Division eines internationalen Konsumgüterherstellers.

Radboud Vlaar ist Partner bei McKinsey & Company in Amsterdam und Mitglied der European Banking Practice. Der gebürtige Niederländer leitet außerdem die Distribution Service Line in Europa, Middle East und Afrika (EMEA). Zuvor arbeitete Herr Vlaar für TPG. Er hat vier Master-Abschlüsse von der Universität Groningen.

Dr. Andreas M. Walker promovierte 1995 am Institut für Wirtschaftsgeografie und Raumplanung der Universität Zürich, mehrjähriges Direktionsmitglied bei beiden Schweizer Großbanken, seit 2002 Gründer und Geschäftsführer von weiterdenken.ch – your partner for future, hope & responsibility, berät Wirtschaft, Politik, Verwaltung und Organisationen der Zivilgesellschaft zu mittel- und langfristigen Veränderungen, diverse Verwaltungsratsmandate (das Schweizer Organ als Mischform von Aufsichtsrat und Vorstand) in der Informatik- und Gesundheitsbranche, seit 2009 Co-Präsident von swissfuture, der Schweizerischen Vereinigung für Zukunftsforschung.

Dr. Jochen Weber ist Gründungspartner und CEO der 1blick GmbH. 1blick stellt Banken, Versicherungen und Maklern interaktive Tools und Beratungssysteme zur Verfügung. Kernstück ist ein interaktives Kundenportal 3.0, das Kunden und Berater gemeinsam nutzen und das mit App, Smart-Scan-Technologie und Berater-Service die Lücke zwischen online und offline schließt. Vor 1blick war Jochen Weber selbstständiger Unternehmensberater für marktführende Unternehmen der Versicherungs- und Finanzbranche (MLP, FORMAXX, Daimler). In langjährigen Projekten war er mit interner Managementfunktion u.a. verantwortlicher Bereichsleiter für akademische Kunden, Key-Accounter und Vertriebsmanager. Er ist Dozent an der Dualen Hochschule Baden-Württemberg für den Bereich BWL-Versicherungen. In seiner Zeit als niedergelassener Nephrologe und verantwortlicher Manger baute er mehrere medizinische Zentren auf und war Mitbegründer der Nephronet AG. Er ist Arzt, Dipl. Gesundheitsökonom und studierte an der Universität Tübingen, Utrecht in den Niederlanden und der University of Massachusetts in Worcester, USA.

Thomas Winkler ist Gründungspartner und Investment-Manager der Next Generation Finance Invest AG, einer börsengelisteten Schweizer Beteiligungsgesellschaft, die in innovative Geschäftsmodelle im Bereich Finance investiert. Zuvor war er CEO der ABN AMRO Schweiz und gleichzeitig global verantwortlich für das Private Investor Product Business (PIP), nachdem er Executive Director bei Goldman Sachs (FICC) in London war. Er hat einen Abschluss als kaufmännischer Angestellter und seine Karriere beim Schweizerischen Bankverein Zürich begonnen.

Kai Zimmermann ist seit 2011 im Layer 2 des E-Finance Lab und am Fachbereich Wirtschaftswissenschaften der Universität Frankfurt als wissenschaftlicher Mitarbeiter tätig. Im Rahmen seiner Promotion beschäftigt sich Herr Zimmermann mit den Themen Finanzmarktregulierung, Marktqualität und Handelstransparenz.